FILOSOFIA ANTIGA

Dados Internacionais de Catalogação na Publicação (CIP)
(Câmara Brasileira do Livro, SP, Brasil)

Shields, Christopher
  Filosofia antiga : uma introdução contemporânea / Christopher Shields ; tradução de Luiz Paulo Rouanet. – Petrópolis : Vozes, 2024.

  Título original: Ancient philosophy: a contemporary introduction.

  ISBN 978-85-326-6935-3

  1. Filosofia antiga I. Título.

24-222107   CDD-180

Índices para catálogo sistemático:
1. Filosofia antiga 180

Tábata Alves da Silva – Bibliotecária – CRB-8/9253

Christopher Shields

FILOSOFIA ANTIGA

UMA INTRODUÇÃO
CONTEMPORÂNEA

Tradução de Luiz Paulo Rouanet

EDITORA VOZES

Petrópolis

© 2023 Taylor & Francis
Tradução autorizada da edição em língua inglesa, publicada pela Routledge, membro da Taylor & Francis Group.

Tradução do original em inglês intitulado *Ancient Philosophy: A Contemporary Introduction*.

Direitos de publicação em língua portuguesa – Brasil:
2024, Editora Vozes Ltda.
Rua Frei Luís, 100
25689-900 Petrópolis, RJ
www.vozes.com.br
Brasil

Todos os direitos reservados. Nenhuma parte desta obra poderá ser reproduzida ou transmitida por qualquer forma e/ou quaisquer meios (eletrônico ou mecânico, incluindo fotocópia e gravação) ou arquivada em qualquer sistema ou banco de dados sem permissão escrita da editora.

CONSELHO EDITORIAL

Diretor
Volney J. Berkenbrock

Editores
Aline dos Santos Carneiro
Edrian Josué Pasini
Marilac Loraine Oleniki
Welder Lancieri Marchini

Conselheiros
Elói Dionísio Piva
Francisco Morás
Gilberto Gonçalves Garcia
Ludovico Garmus
Teobaldo Heidemann

Secretário executivo
Leonardo A.R.T. dos Santos

PRODUÇÃO EDITORIAL

Aline L.R. de Barros
Jailson Scota
Marcelo Telles
Mirela de Oliveira
Natália França
Otaviano M. Cunha
Priscilla A.F. Alves
Rafael de Oliveira
Samuel Rezende
Vanessa Luz
Verônica M. Guedes

Editoração: Piero Kanaan
Diagramação: Editora Vozes
Revisão gráfica: Nilton Braz da Rocha | Fernando Sergio Olivetti da Rocha
Capa: Érico Lebedenco

ISBN 978-85-326-6935-3 (Brasil)
ISBN 978-0-367-45835-5 (Reino Unido)

Este livro foi composto e impresso pela Editora Vozes Ltda.

Sumário

Lista de abreviaturas 9
Prefácio à segunda edição 11
Agradecimentos 15

1 – Filosofia antes de Sócrates **17**
    1.1 Tales e os primeiros filósofos naturais 17
    1.2 Xenófanes 25
    1.3 Heráclito 30
    1.4 Parmênides e Zenão 35
    1.5 Demócrito e o atomismo do século V 45
    1.6 O movimento sofístico 51
    1.7 Desafios dos pré-socráticos e dos sofistas .63
    Sugestões para leituras adicionais. 65

2 – Sócrates **67**
    2.1 O *elenchus* socrático 70
    2.2 Os fracassos de Mênon e Eutífron. 73
    2.3 Ignorância e ironia socrática 82
    2.4 Convicção e paradoxo socráticos 84
    2.5 Julgamento e prisão de Sócrates 91
    2.6 Conclusões 98
    Sugestões para leituras adicionais. 99

3 – Platão **101**

  3.1 De Sócrates a Platão 103

  3.2 Paradoxo da investigação de Mênon; resposta de Platão............110

  3.3 Três funções da Teoria das Formas de Platão 116

  3.4 Resposta de Platão à sofística: relativismo e retórica 118

  3.5 Três argumentos a favor das Formas 128

    3.5.1 Introdução de Aristóteles às Formas platônicas................129

    3.5.2 Igualdade em si: um argumento do *Fédon* 136

    3.5.3 Conhecimento e crença: um argumento da existência

       em *A república*, livro V...................................142

  3.6 Caracterização geral das Formas por Platão 146

  3.7 Análise platônica: um estudo de caso............................150

  3.8 O papel especial da Forma do Bem..............................163

  3.9 Linha do conhecimento e caverna: nossas perspectivas epistêmicas...167

  3.10 Problemas sobre as Formas 175

  3.11 Conclusões 181

  Sugestões para leituras adicionais................................182

4 – Aristóteles **185**

  4.1 De Platão a Aristóteles 187

  4.2 Introdução à Teoria das Categorias de Aristóteles 188

  4.3 Apresentação das quatro causas 195

  4.4 Defesa das quatro causas 198

    4.4.1 A defesa de matéria e forma por Aristóteles..................199

    4.4.2 A causa eficiente..203

    4.4.3 A causa final 204

  4.5 Aplicação das quatro causas: alma e corpo 216

  4.6 Aplicação das quatro causas: felicidade e função humana..........221

  4.7 As virtudes de uma pessoa feliz................................229

  4.8 Tratamento por Aristóteles de um paradoxo socrático: *akrasia* 234

  4.9 O naturalismo político de Aristóteles...........................237

  4.10 A análise filosófica de Aristóteles: homonímia...................241

  4.11 Conclusões 250

  Sugestões para leituras adicionais................................252

5 – Filosofia helenística **255**
  5.1 O Período Helenístico. 255
  5.2 Os epicuristas. 261
    5.2.1 As fontes e teses centrais do epicurismo 262
    5.2.2 Hedonismo epicurista 264
    5.2.3 Temor da morte: para os não iniciados 268
    5.2.4 Temer a morte: para os iniciados 271
  5.3 Os estoicos 276
    5.3.1 As fontes e teses centrais do estoicismo. 277
    5.3.2 Virtude estoica: *oikeiosis* e viver em consonância com a natureza . .280
    5.3.3 Liberdade estoica 289
    5.3.4 Monismo de valor: emoções estoicas e indiferentes preferidos . . .295
  5.4 Ceticismo 310
    5.4.1 Fontes do ceticismo e principais abordagens 312
    5.4.2 O caráter do pirronismo 315
    5.4.3 Tropos céticos 320
    5.4.4 Questionamentos céticos. 328
  5.5 Conclusões 336
  Sugestões para leituras adicionais. 338

6 – Filosofia da Antiguidade Tardia **341**
  6.1 Proclo 342
  6.2 Agostinho. 356
  6.3 Conclusões 377
  Sugestões para leituras adicionais. 378

Sugestões finais para leitura. **381**
  Geral. 381
  1. Filosofia antes de Sócrates 382
  2. Sócrates. 383
  3. Platão. 384
  4. Aristóteles. 386
  5. Filosofia helenística. 389
  6. Filosofia da Antiguidade Tardia 390

Referências 393
Índice remissivo 395

Lista de abreviaturas

AG	Anel de Giges
AVF	Argumento avançado para variação fenomênica
CLE	Argumento contra a liberdade estoica
ACM	Argumento contra a mudança
CR	Argumento contra a retórica
AA	Argumento da afinidade
AF	Argumento da função
AO	Argumento da *oikeiosis*
ASA	Argumento da simplicidade da alma
VUB	Argumento de Catão de que a virtude é o único bem
ACP	Argumento do convencionalismo da percepção
EP	Argumento do estudante preguiçoso
ARP	Argumento do relativismo protagoreano
ATH	Argumento do terceiro homem
UB	Argumento do uso da bondade
AFSC	Argumento fundamental pela suspensão da crença
AMT	Argumento metafísico de Aristóteles
AEM	Argumento pela existência da mudança
AFH	Argumento pelas formas induzido pelo heraclitismo
PMA	Argumento pelo ateísmo
ES	Argumento sobre as emoções do sábio
ACAP	Ataque ao conhecimento *a posteriori*
NDC	Desobediência civil
DP	Divisão psíquica
AP	Doutrina da autopredicação
DM	Doutrina da medida
DMP	Doutrina da medida protagoreana
DMv	Doutrina sobre a verdade
ACF	Existência da causa final na natureza
EFM	Existência da forma e matéria

AER	Existência de *A república*
JCO	Formas jamais sofrem a copresença dos opostos
HB	Homonímia da bondade
IUB	Identificação entre o Uno e o Bem
IA	Impossibilidade da *akrasia*
IM	Impossibilidade do movimento
OA	Objeção da *apraxia*
PAIM	Para aqueles iniciados ao materialismo
PNIM	Para esses não iniciados ao materialismo
PIM	Paradoxo da investigação de Mênon
PCU	Participação em todo composto no Uno
PSP	Primado da substância primária
GB	Princípio de ação à guisa do Bem
PGP	Princípio gerador de parte
PP	Princípio-ponte
PrP	Prioridade da *pólis*
PMC	Problema da consistência
PPD	Problema da presciência divina
PE	Problema de Eutífron
PG	Proposição de Górgias
SPS	Silogismo prático da saúde
SI	Silogismo prático indulgente
SFP	Simetria entre o futuro e o passado
TR	Teoria relacional do pensamento
DF	Tese da determinação funcional
SJ	Tese sobre a justiça

Prefácio à segunda edição

Esta segunda edição oferece expansões em duas direções: primeiro, aumentando os períodos e as figuras já tratados na primeira edição; segundo, avançando no tempo de modo a cobrir a filosofia antiga desde a Antiguidade Tardia até a aurora do cristianismo.

Em primeiro lugar, nos períodos já abordados, esta edição oferece uma cobertura mais ampla e profunda dos filósofos pré-socráticos e do movimento sofístico, fornecendo assim um contexto maior para as reações platônica e aristotélica a esses primeiros pensadores; um tratamento avançado da abordagem por Platão da imortalidade da alma; uma discussão do *Górgias*, de Platão, diálogo em que ele examina as teses sofísticas concernentes ao valor da retórica e seu lugar apropriado na investigação intelectual; e um tratamento do naturalismo político de Aristóteles, visando aumentar a apresentação das investigações de Aristóteles sobre o caráter do florescimento humano e sobre nossos melhores meios para alcançá-lo.

Em segundo lugar, passando para uma nova era, esta edição oferece uma concisa introdução à filosofia da Antiguidade Tardia, que podemos convencionalmente datar de meados do século III até meados do século V d.C. Esse período tem sido uma área de intensa pesquisa profissional nas últimas décadas e, decerto, é um período longo e de vasto escopo. Como uma primeira incursão nesse território, esta introdução seleciona duas figuras representativas: Proclo, que oferece uma espécie de epítome de uma área central da filosofia neoplatônica; e Agostinho, que procurou ao longo de toda sua trajetória oferecer uma filosofia adequada às demandas de seu teísmo cristão.

Estendendo-se por vários séculos, o neoplatonismo compreende uma gama de figuras, muitas das quais tentam defender e ampliar a filosofia de Platão, às vezes de maneira surpreendente para um temperamento moderno, sobretudo ao tentar harmonizar suas concepções com as de Aristóteles, mesmo que, como mostram as primeiras seções deste livro, Platão e Aristóteles pareçam estar em nítido contraste entre si sobre uma série de tópicos. Em seu esforço para harmonizar as concepções dessas primeiras figuras, o neoplatonismo, de certa forma, tem um olhar voltado para trás, mas não trata todos os representantes dos períodos anteriores como se estivessem no mesmo patamar: seu primeiro impulso é de defender a filosofia de Platão. Isso vale para a figura representativa que discutimos, Proclo, um pagão que visa preservar e defender os ensinamentos de Platão tal como os compreende. Mesmo assim, ele serve como uma espécie de ponte para a filosofia cristã que se seguiu posteriormente, pois não muito tempo depois de sua morte, seus *Elementos de teologia* foram rearranjados por um expositor cristão, no caso: Pseudo-Dionísio. Devido a essa apropriação, Proclo, talvez *malgré lui*, passou a exercer grande influência sobre filósofos cristãos que se apropriaram de seu sistema. Muitos desses cristãos consideraram que sua obra, tal como rearranjada em roupagem cristã pelo Pseudo-Dionísio, e o platonismo que ela representa tanto em sua forma pagã quanto cristã, tinha afinidades e, supunham, constituía um útil meio para promulgar suas próprias versões dos fundamentos filosóficos do teísmo cristão.

A outra figura central da Antiguidade Tardia, diferentemente do pagão Proclo, é de certa maneira – admitamos: em alguns aspectos quase maníaca – cristã: Agostinho. Como Proclo, Agostinho tem uma pesada dívida com Platão, cujas obras conhecia principalmente por meio de sua representação no neoplatonismo. Também era versado no ceticismo do Período Helenístico, tratado no quinto capítulo desta edição. Além disso, ele conhecia essa obra sobretudo de maneira indireta, dessa vez tal como transmitida por Cícero. Após estudar Cícero, Agostinho permaneceu alerta, ao longo de sua trajetória, aos desafios que os argumentos céticos colocavam para seu teísmo cristão e viu o platonismo como um caminho frutífero para chegar a um entendimento. Em parte, como resposta a esses desafios, Agostinho desenvolveu uma nova forma de filosofia cristã que conseguiu levar toda a filosofia em novas e decisivas direções. Sua influência sobre figuras posteriores, estendendo-se até a época presente, é profunda.

De maneira consistente com a orientação geral desta introdução, seu breve convite ao conhecimento da filosofia da Antiguidade Tardia procura destacar as maneiras pelas quais filósofos posteriores foram beneficiados pela herança dos filósofos anteriores que estudaram. Os estudantes notarão a linguagem de Aristóteles em Proclo e a presença do ceticismo em Agostinho. A seu modo, de diferentes maneiras, Proclo e Agostinho tinham especial afinidade com a filosofia de Platão; é útil, assim, manter em mente os princípios da filosofia platônica ao encontrar e avaliar seus trabalhos. Isso não significa que eles foram obrigados a explicar os trabalhos de Platão como exercício de exegese. Pelo contrário, cada um se apresenta como pensador original, relacionando-se com Platão à sua própria maneira. Ainda assim, guardadas as diferenças entre eles, foram igualmente animados pela filosofia de Platão e julgaram natural estabelecer um diálogo silencioso com ele à medida que forjavam o próprio caminho.

Agradecimentos

Segunda edição

Esta segunda edição se beneficiou de inúmeros estudantes e professores de Filosofia, em todos os níveis, que gentilmente me contataram com dúvidas e sugestões relativas à primeira edição e à sua precursora, *Filosofia clássica: uma introdução contemporânea* (título original: *Classical philosophy: A contemporary introduction*). Sou muito grato a eles e encorajo aquelas pessoas que tiveram reações de qualquer tipo à presente edição a fazer o mesmo. Embora eu não possa prometer incorporar todas as demandas para uma cobertura mais ampla em futuras edições, de fato me esforço em atender às necessidades daqueles ou daquelas envolvidos no ensino de Filosofia Antiga, sempre que for possível. Não obstante, e talvez isso não precise ser dito, como suas versões anteriores, esta edição permanece altamente seletiva; visa, como as anteriores, a servir de trampolim para estudantes que desejem dominar as ferramentas básicas dos filósofos que ela discute. Mais uma vez, terá cumprido da melhor maneira sua função se conseguir ajudá-los a ler as fontes primárias com entendimento e apreciação.

O tratamento dado à Antiguidade Tardia, elemento novo nesta edição, beneficiou-se, em sua apresentação do neoplatonismo, de leituras e conversas com Gonzalo Gamarra Jordán e, para sua apresentação de Agostinho, da instrução informada e segura de Scott MacDonald. O capítulo todo foi lido com cuidado e inteligência por Colin Shields, que também leu versões anteriores do livro, e que mais uma vez retornou com muitas bem-vindas correções e sugestões de melhoria. É com especial prazer que reconheço meu débito com ele.

Agradecimentos especiais são devidos a uma equipe de tradutores japoneses da primeira edição. Eles me notificaram para uma quantidade notável de questões altamente alertas, pedindo clareza em passagens em que eu havia sido vago ou ambíguo, introduzindo precisão onde eu perdera o foco, e corrigindo-me nos lugares em que eu havia sido impreciso. São Kazuya Matsuura, Fuminori Miyazaki, Taichi Miura, Kyungnam Moon e Ai Kawamoto. Sou profundamente grato pelas intervenções; sinto-me honrado em receber atenção e auxílio altamente educados. Tenho a impressão de que se eles se dispuserem a traduzir o novo material desta edição, edições subsequentes irão se beneficiar novamente.

Primeira edição

Este livro constitui uma reelaboração e substancial expansão de *Classical Philosophy: A contemporary introduction* (Shields, 2003), o qual em sua maior parte forme apropriadamente uma parte de seu sucessor. Ao produzir ambos os livros me beneficiei enormemente de muitos estudantes que investigaram os filósofos debatidos comigo em sala de aula. O material contido neste livro foi apresentado de várias formas na Universidade do Colorado, em Boulder; nas universidades Stanford e Yale; e na Universidade de Oxford. Estudantes de todas essas instituições me forneceram valioso retorno e auxílio, às vezes simplesmente me pedindo clareza e franqueza em nossas discussões dos textos aqui investigados. Suas reações e observações melhoraram imensamente a versão final.

Além disso, dois grupos de pareceristas anônimos para a Routledge ofereceram inestimável orientação. Não só me salvaram de gafes mais substantivas que deixei de contemplar, como me forneceram judicioso aconselhamento pedagógico.

De outro modo, tenho uma dívida profunda com muitos amigos e colegas que influenciaram meu pensamento sobre os tópicos discutidos neste livro. Sem dúvida há muitos outros, mas posso detectar os efeitos salutares deixados por encontros com Thomas Ainsworth, Dominic Bailey, Jeremy Buxbaum, Paolo Crivelli, Richard Cameron, Jane Day, Gail Fine, John Fisher, Cissie Fu, Richard Geenen, John Gibert, Terence Irwin, Rusty Jones, Gareth Matthews, Phillip Mitsis, Brian Noone, Graham Oddie, Robert Pasnau, Dave Robb, Rachel Singpurwalla, Nicholas Smith, Paul Studtmann e Ellen Wagner.

Sou singularmente grato a Colin Shields por abdicar de seu tempo para ler e comentar o material sobre filosofia helenística, mesmo estando ocupado revisando seu exame final na Universidade de Cambridge.

Na medida em que reflito sobre o processo que conduziu a produção deste livro, também me conscientizo da dívida de longo prazo que tenho com alguém que tem o *status sine qua non*, meu primeiro professor de Filosofia Grega, que foi também, de fato, meu primeiro professor de Filosofia, Fred D. Miller Jr. Dedico este livro a ele com uma gratidão duradoura e afetuosa pelo dom em vida que me concedeu.

1

Filosofia antes de Sócrates

1.1 Tales e os primeiros filósofos naturais

No início do século VI a.C.[1], um homem chamado Tales olhou em volta de si, para o mundo em que vivemos, e decidiu que *tudo é água*[2]. Esse homem tinha os olhos e todos os outros sentidos pertencentes a um ser humano normal; não há registros de ter sido considerado desequilibrado, doente ou louco. Em vez disso, ele é visto por uma antiga tradição que se estende até nossos dias como o primeiro filósofo.

O que faz dele o primeiro filósofo não é sua predileção perversa por dizer coisas que são obviamente falsas – embora sejamos tentados a encarar seu famoso dito como exatamente isso. Pelo contrário, Tales permanece à frente de uma longa tradição de investigadores e especuladores dispostos a proferir ousados pronunciamentos sobre características fundamentais do universo que não são, e não poderiam ser, imediatamente acessíveis à experiência sensível ou ao senso comum. De certa maneira, ele tem algo em comum com cientistas de hoje que nos dizem

---

1. Muitas das datas neste livro são a.C., a menos que seja especificado sem a abreviação.

2. Essa observação de Tales, como todas as informações que possuímos da filosofia antes de Sócrates, só sobreviveu por meio do testemunho de autores posteriores. Nesse caso, o autor posterior foi Aristóteles, cujo primeiro livro *Metafísica* reproduz as concepções de muitos de seus predecessores. A observação sobre Tales ocorre em *Metafísica* (983b 6-18). É usual citá-lo como DK 11 A 2, referência à grande obra dos estudiosos alemães Diels e Kranz [13], que foram os primeiros a reunir os fragmentos dos filósofos pré-socráticos em um só volume manejável. Diels e Kranz listam dois tipos de testemunhos: designados com a letra A, que registram testemunhos considerados como (1) perifrásticos ou (2) simplesmente sendo obra de autor posterior recontando algo sobre um filósofo pré-socrático; e designados com a letra B, que são considerados como citações efetivas dos pré-socráticos preservadas pelos autores posteriores. Assim, por exemplo, "DK 11 A 2" refere-se ao segundo fragmento do capítulo 11, da seção A. Trata-se, assim, de uma atribuição, mais do que uma citação direta. O número entre colchetes, "[13]", corresponde a uma remissão à "Sugestão para leitura adicional" no final deste volume. Os estudantes encontrarão uma excelente apresentação geral dos fragmentos dos pré-socráticos em grego com as traduções para o inglês em [15]; já uma exposição clara de suas principais contribuições pode ser encontrada em [16].

que se nos movêssemos muito rapidamente em uma linha reta acabaríamos, no devido tempo, de volta ao ponto de onde partimos, apenas um pouco mais jovens do que seríamos se não tivéssemos empreendido essa jornada. Isso não só é contrário ao senso comum, como constitui um ataque a ele, algo que à primeira vista nos enrubesce, e em um sentido estrito do termo, pois nos parece *inacreditável*. Só passaremos a acreditar nisso se o fizermos, isto é, somente se formos confrontados com fortes razões que superem nossos impulsos iniciais na direção contrária.

Quaisquer razões como essas nos levariam além das impressões imediatas dos sentidos, além do reino da concepção comum, nos forçaria a concluir que o mundo não é como parecia ser inicialmente. Semelhantes razões em geral nos induziriam a acreditar que o mundo apresenta funcionamentos internos descobertos somente pela pesquisa e pela reflexão, e que, por conseguinte, a imagem manifesta do mundo precisa ceder lugar a uma imagem científica que corrige e supera a primeira e ingênua concepção que temos dele. São a essas espécies de razões pelas quais Tales tem que recorrer, caso queira nos convencer de que tudo é água. Certamente não é o caso que isso seja assim. Por que deveríamos pensar diferente?

Com base em algum antigo testemunho, é plausível assumir que a notável conjectura de Tales deriva de duas fontes distintas: uma metodológica, em sentido amplo; e outra de caráter mais empírico. No primeiro caso, Tales evidentemente presume uma forma de *monismo material*: ele pensa que o universo consiste, em última instância, de algum material, ou seja, que há algo subjacente do qual tudo deriva e no qual tudo se resolve. As duas partes desse compromisso, seu *materialismo* e seu *monismo*, são plenamente distintas, mas complementares.

Ao se comprometer com uma forma de materialismo, Tales rejeita um retrato do universo encontrado nos poemas homéricos, que postula, além do mundo natural, um quadrante sobrenatural povoado por seres que não estão sujeitos a leis como as que podem governar as interações de todos os corpos naturais. Se todas as coisas se compõem de matéria, então deve ser possível explicar tudo o que há para explicar sobre o universo em termos de corpos materiais e suas interações regidas por leis. Esse simples pensamento já se apresenta em nítido contraste com um mundo que se supõe povoado por seres sobrenaturais imateriais, cujas ações podem ser fruto do capricho ou de deliberações, racionais ou irracionais, bem-vindas ou não, mas que, por um princípio básico, não podem ser explicadas por meio das formas de regularidade encontradas no mundo natural. No universo naturalístico de Tales deve ser possível descobrir padrões e leis e usar essas leis como base para previsões estáveis sobre a direção que o universo tomará; descobrir causas e usar esse conhecimento para encontrar curas para doenças ou desenvolver estratégias para aperfeiçoar nosso bem-estar; e, de maneira menos prática, encontrar explicações amplas para questões fundamentais que pululam em todas as sociedades organizadas. Semelhantes questões persistem: De onde surgiu o universo? Qual é, em última instância, sua matéria básica?

Talvez sejam essas características explanatórias do materialismo de Tales que suscitaram algumas anedotas contadas e repetidas na Antiguidade sobre ele. Como entendia bastante de cosmologia, ao que se diz, foi capaz de prever um eclipse solar que ocorreu em 28 de março de 585 a.C., previsão que o distinguiu de praticamente todos os conterrâneos de sua época. Pelo mesmo motivo, previu padrões climáticos de longo prazo, conhecimento que usou para lucrar alugando todas as prensas de oliva um ano antes, quando percebeu, com base nas predições meteorológicas, que seria de se esperar uma colheita excepcional. Aristóteles mais tarde observou que essa manobra demonstrou que os filósofos são capazes de ganhar dinheiro, mesmo que não tenham inclinação para gastar seu tempo em buscas tão prosaicas (*Política*, 1259a 9-18 [DK 11 A 10]). Ainda que possa ser interpretada dessa maneira, a anedota também apresenta uma moral metodológica que não se perdeu entre os sucessores de Tales: explicações naturalísticas fornecidas em termos das regularidades legais entre corpos materiais podem ter uma capacidade explanatória ao conferir poderes preditivos indisponíveis para explicações sobrenaturais dadas em termos dos desejos dos deuses e de suas predileções ocasionais e caprichos inconstantes.

Se uma explicação materialista traz consigo poder preditivo, isso pode se dever ao fato de ela ter revelado alguma regularidade na natureza que se dá entre as características dos sistemas materiais. Se for assim, é fácil inferir que o poder preditivo resulta de descobrirmos leis da natureza, que investigação racional e empírica conduz à detecção de leis que capturam características básicas causais e explanatórias do universo que não estão escritas diretamente em sua superfície, para que todas as leiam. Se aprendemos que a presença de estreptococos causa infecções, e que agentes antibacterianos neutralizam os estreptococos, então também podemos prever que a infecção pode ser curada pela administração apropriada de antibióticos, pois isolamos uma lei que antes nos era obscura. O mero pressuposto de Tales de que semelhantes regularidades ou leis poderiam ser descobertas e inseridas em explicações materiais já o coloca no campo metodológico dos cientistas naturais e o distancia daqueles que explicariam a garganta inflamada e sua dor correspondente como uma visita feita aos mortais em débito com deuses vingativos que lhe infligem punição por suas más ações.

De uma segunda maneira, ainda, o materialismo de Tales deveria atingir uma corda metodológica naqueles com inclinação científica: ele é um *monista*, alguém que supõe que, em última instância, o universo se compõe por meio de uma única matéria. Essa ideia não parece em si ser de caráter obviamente empírico. Ainda assim, trata-se de um impulso profundo trazendo consigo uma grande carga de pesquisa empírica: cientistas físicos assumiram com frequência que existe algum tipo de bloco de construção último, algum material básico e irredutível, átomos, moléculas, cordas ou supercordas, em termos do qual tudo pode ser explicado. Qual a base para esse pressuposto?

Embora suas motivações tenham sido variadas, muitos cientistas sustentam um compromisso comum com a *parcimônia* na explicação científica. Eles procuram reduzir a mais ampla e diversa gama de casos ao menor número possível de leis explanatórias e postulados. É um fato que homens e mulheres de uma variedade de idades, raças, nacionalidades, afiliações políticas e inclinações sociais contraem câncer. Os cientistas tentam olhar além da superfície para determinar que gama de agentes carcinogênicos estão em jogo em um esforço para isolar as causas e explicações da condição comum. Como preceito metodológico, a parcimônia nos serve bem nesses casos. Se extrapolarmos a partir de nossos êxitos, podemos esperar que a explanação naturalística também seja parcimoniosa, e mesmo usar a parcimônia como critério para escolher entre teorias rivais que tenham poder explanatório equivalente. Extrapolando ainda mais e de maneira mais precária, podemos também esperar que a explicação final e completa do universo natural seja extremamente parcimoniosa, postulando, em última instância, alguma matéria básica em termos da qual tudo o mais possa ser explicado.

Tales pensou que essa matéria era a água. Ele comunga, então, com muitos pesquisadores materialistas um compromisso com a existência de um único fator explanatório último, um cuja descoberta unificaria todas as explicações fornecidas em níveis mais altos. Mas por que a água? Não sabemos, embora esteja bastante claro que a água tem ao menos algumas das características que esperamos que a matéria básica tenha – isto é, se houver uma matéria básica. Afinal, a água é *plástica* no sentido de que pode se mover rapidamente entre vários estados (líquido, sólido, gasoso). Além disso, em seus vários estados, não é tão evidente, com base na percepção mais grosseira, a presença de uma única matéria: o vapor dificilmente parece ser a mesma coisa que o gelo. Assim, a água pelo menos tem a capacidade de assumir diferentes formas, habilidade necessária para a matéria básica, qualquer que ela seja. Além disso, a água está envolvida em todos os sistemas vivos, de uma maneira ou de outra.

Virtualmente todas as coisas vivas requerem água. Ademais, ocorre que muitos sistemas vivos, incluindo os seres humanos, são na verdade compostos em grande parte por água. Embora essa descoberta não justifique exatamente o monismo material de Tales, ela tende a validar seus instintos no que diz respeito à água. Dado que precisamos explicar a existência e as atividades dos sistemas vivos ao explicar o mundo natural, precisamos buscar algo que seja comum a todos. Também aqui a água parece ser pelo menos um palpite razoável.

Ora, não pensamos que a água seja a matéria básica, nem supomos que, em última instância, Tales tivesse justificado seu compromisso com o monismo material. Todavia, nós nos encontramos de várias maneiras próximos a ele em nossos métodos de explanações e predições. Estamos, como ele, preparados para tolerar uma rejeição da percepção sensível e do senso comum onde a sistematicidade científica exigir que o façamos; estamos dispostos a procurar explicações projetáveis fornecidas em termos de correlações que pareçam seguir leis entre fenômenos materiais não correlacionados, e nos inclinamos, finalmente, pela parcimônia tanto no âmbito da teorização local quanto global, assim como Tales. Embora não pensemos que a matéria básica seja a água, alguns de nós mantêm a esperança de que Tales afinal estivesse certo; se não no conteúdo, pelo menos na forma. Esperamos que seu compromisso com o monismo materialista se revele afinal justificado, se não pela água, por alguma outra matéria cuja exata natureza continua a nos escapar. E mesmo que sejamos céticos sobre um dia identificarmos o bloco básico de construção do universo, continuaremos a comungar com Tales, sem desculpas, na busca por explanações parcimoniosas e regidas por leis em uma escala mais local. Como primeiro filósofo, um filósofo natural, Tales nos enviou a um caminho cuja trajetória essencial de fato ainda não nos desviamos.

Tales foi acompanhado, em suas primeiras investigações, por outros filósofos naturais, alguns dos quais eram também monistas materialistas. Outra figura como Tales, relatada por Aristóteles como monista materialista (*Metafísica*, 984a5-7), Anaxímenes, fixou-se sobre um outro elemento, a saber, o ar. Suas motivações parecem afins às de Tales tanto em termos de parcimônia, preferindo apenas um elemento básico, quanto em termos de plasticidade, pelo fato de que o ar é ubíquo e capaz de mudar de forma. Ora, o ar não é como a água, que vemos mudando para o sólido, gelo; e depois para vapor. Ainda assim, Anaxímenes parece ter promovido uma teoria da densidade, sugerindo que o ar, embora imperceptível para a visão, pode ser sentido quando está em movimento, como quando sopra o vento; e que, quando disperso, torna-se mais tênue, até que se torne fogo; e então, quando comprimido e adensado, torna-se o vento que sentimos e a nuvem que vemos e, por fim, a água na forma de chuva. Ainda mais condensado, sugere, o ar se torna terra, e eventualmente, pedra (Hipólito, *Refutação de todas as heresias*, 1.7.1-9; Aécio P, 3, 4, 1). Ele acrescenta que o sol é rubro por óbvias razões, mas, de maneira mais ambiciosa, que os corpos celestiais são levados a se mover devido às pressões do ar condensado (Aécio P, 2, 3, 1).

Uma questão interessante que poderia ser colocada diz respeito à sua teoria da "densificação" e rarefação: Devemos pensar no ar como persistente, como o substrato de todas as outras coisas, ou como sendo transformado ou inteiramente eliminado no processo de mudança elementar? Aristóteles entendia que Anaxímenes sustentava que o ar é uma substância básica que persiste a toda mudança, estando subjacente a toda alteração, como uma espécie de substrato, da mesma forma pela qual um material é substrato primeiramente de um celeiro, e então, de uma mesa feita pelas mesmas tábuas do celeiro, quando ele é derrubado (*Física*, 187a12-16). Como veremos, a sugestão de Aristóteles se revela interessante, pois começa a montar um quebra-cabeças sobre a mudança que passará a ocupar a atenção dos filósofos que se seguirão a esses primeiros monistas materiais, a saber: Como as coisas mudam e permanecem as mesmas? Se mudam, não permanecem as mesmas, mas se permanecem as mesmas, não mudam. De maneira implícita, Aristóteles está oferecendo a Anaxímenes, aqui, uma abordagem a esse quebra-cabeças a qual ele mesmo desenvolverá em maior detalhe.

Tales e Anaxímenes representam uma espécie de abordagem da filosofia natural, materialista, monística e preocupada em estabelecer princípios explanatórios básicos. São acompanhados no primeiro período da filosofia antiga por outro de sua turma, por alguém que introduz uma reviravolta em sua abordagem básica, um filósofo, Anaximandro, às vezes, mencionado como um aluno de Tales (Eusébio, *Praeparatio evangelica*, 10, 14, 11), e assim, sendo ligeiramente mais velho do que Anaxímenes. A maioria dos relatos sobre sua vida provém da Antiguidade Tardia; contudo, e desse modo, as observações sobre ter sido um discípulo de Tales podem ser apócrifas. Mesmo que sejam, capturam corretamente uma coisa: Anaximandro foi uma figura importante e era visto na Antiguidade Clássica como o principal sucessor de Tales na investigação da natureza. Tal qual Tales, creditava-se a ele investigar uma gama de fenômenos naturais, incluindo eclipses e eventos meteorológicos, mas entendia-se que Anaximandro levou suas investigações mais longe, em questões como a origem da vida. Sua forma de monismo é notável por sua disposição para identificar como a matéria básica não era um dos elementos conhecidos, como a água ou o ar; mas sim uma matéria sem características intrínsecas essenciais, chamada de *ápeiron*: sendo igualmente o *ilimitado*, o *indefinido* e o *eterno*. Essa matéria, pensava ele, não era nem úmida nem seca, e não tinha qualquer cor. A matéria básica de Anaximandro carece tanto de características intrínsecas que, pelo menos a princípio, desafia a compreensão.

As razões de Anaximandro para postular uma matéria primordial como essa podem ter sido semelhantes, de certo modo, às motivações de Tales para promover a água, mas de algumas outras maneiras um pouco mais sutis. Na verdade, é razoavelmente fácil ver diferentes tipos de razões pelas quais Anaximandro pode ter postulado uma matéria mais básica do que qualquer um dos quatro elementos tradicionais (terra, ar e fogo, além da água), razões que correspondem diretamente aos três significados de *ápeiron* já identificados. Em primeiro lugar, por mais maleável que possa ser a água, ela apresenta algumas características intrínsecas prontamente identificáveis que parece torná-la inadequada como matéria básica para algumas das coisas que observamos. É difícil, por exemplo, pensar na água como matéria básica do fogo. Por contraste, nada impede algo *ilimitado* e *indefini-*

do de desempenhar esse papel. Com efeito, qualquer que seja a matéria básica, se houver uma, seria melhor que ela estivesse subjacente às características contrastantes tão facilmente observáveis no nível macroscópico: as coisas são úmidas e secas, duras e moles, pretas e brancas, quentes e frias, líquidas, sólidas e gasosas. Algo que pudesse constituir todas essas coisas dificilmente poderia ela mesma ser caracterizada por qualquer um desses termos.

Por outro lado, Anaximandro pode ter assumido que qualquer matéria básica precisaria ser *infinita* em duas dimensões distintas: no espaço e no tempo. Primeiro há o pensamento óbvio de que é preciso haver o suficiente dela para permanecer em qualquer tempo dado. Se supusermos que o universo prossegue indefinidamente, então o mesmo deve se aplicar à matéria do qual é feito. Em outra dimensão, se nosso mundo estruturado se originou no tempo a partir do *ápeiron*, como supôs Anaxímenes, então o próprio *ápeiron* deve ter precedido nosso mundo. Ele precisa, ao que parece, estender-se infinitamente para trás no tempo; e, com base no pressuposto comum de que qualquer coisa que não tem início também não tem fim, é fácil ver porque o *ápeiron* também seria infinito no tempo. Portanto, de ambas as maneiras, o *ápeiron* de Anaximandro teria sido infinito.

Se essas especulações estiverem corretas, encontramos em Anaximandro, assim como em Tales, uma disposição para se envolver numa forma de raciocínio *a priori*, mesmo no campo da filosofia natural[3]. Alguns dados lhe parecem manifestos; alguns preceitos metodológicos emergem como atrativos; e alguns postulados ex-

---

3. Os filósofos distinguem duas formas de conhecimento: o *a priori* e o *a posteriori*. Alguém possui conhecimento *a priori* concernente à proposição *p* se, e somente se, conhece *p* pela razão ou por meio de recursos conceptuais. Conhecimento *a posteriori* é conhecimento que não é *a priori*. Tipicamente, pensamos que a matemática e a lógica são *a priori*, enquanto a ciência empírica é *a posteriori*. Para saber que é necessário que triângulos tenham ângulos interiores que totalizam 360 graus não precisamos conduzir um experimento. Na verdade, dirão alguns que é impossível conhecer essa proposição com base na pesquisa empírica. Ela é conhecida *a priori*. Já se desejamos saber se a vitamina C ajuda a prevenir o resfriado comum, então precisamos conceber e executar um experimento controlado para reunir e avaliar os dados relevantes. Essa proposição é conhecida, se o for, *a posteriori*. A distinção entre conhecimento *a priori* e *a posteriori*, tal como se desenvolveu nos últimos dois séculos, corresponde, em todos os aspectos essenciais, a uma distinção empregada pelos filósofos discutidos neste volume em termos do que é *conhecido pela razão* e o que é *conhecido pela experiência*. Note-se que ambas as distinções pertencem ao modo como o conhecimento é *justificado*, não como ele é *adquirido*. Embora um estudante possa aprender que 2 + 2 = 4 por meio de seu professor de escola, seu conhecimento de que essa proposição é verdadeira, necessariamente verdadeira, de fato, não se justifica pelo apelo ao que seu professor lhe ensinou. Em vez disso, justifica-se pelo recurso à natureza da função de adição. É conhecido *a priori* ou *pela razão*.

planatórios, visando explicar os dados manifestos, são apresentados de acordo com esses preceitos. Chama-lhe a atenção, em outros termos, que alguma coisa ou outra subjaz à mudança que observamos no nível macroscópico. Vários preceitos, incluindo um compromisso com a parcimônia e com a simplicidade explanatória, aparecem-lhe como atrativos. Que esses postulados sejam *em princípio* inobserváveis dificilmente o incomodam: se precisamos de semelhante matéria para explicar o que precisa ser explicado, então esta é uma razão suficiente para aceitar sua existência como sendo racionalmente fundamentada. Seu modo de inferência aqui dificilmente é estranho ou fácil. Pelo contrário, por mais que corretamente exijamos uma confirmação empírica, chegamos a muitos de nossos primeiros palpites científicos de modo bem similar à maneira pela qual Tales e Anaximandro chegaram aos deles, apoiando-se em uma mistura entre o *a priori* e o *a posteriori* (relata-se com frequência que Crick e Watson foram dirigidos em sua busca pela molécula do DNA em parte pela convicção de que isso se revelaria como algo bonito, como de fato o é a dupla hélice. Apócrifo ou não, o relato captura o pensamento de que nem todo preceito metodológico em ciência natural é estritamente empírico).

Não se trata de absolver os primeiros filósofos naturais de seus óbvios erros e tropeços. Em vez disso, pretende-se destacar uma característica de sua atividade que é de orientação genuinamente filosófica. Se olharmos suas formas de explanação contra o pano de fundo de outro tipo de explanação satisfatória para muitos, explicação dada em termos dos desejos e caprichos dos deuses imprevisíveis (por exemplo, a primavera retorna a cada ano porque Perséfone é libertada do mundo subterrâneo para um descanso de seis meses), compreendemos que uma estimulante mudança ocorreu com a chegada de Tales e de outros filósofos naturais do período.

1.2 Xenófanes

Se os monistas materialistas privilegiam explanações naturalistas em detrimento de explanações divinas e mitológicas, eles também implicitamente privilegiam uma forma de evidência a outra. De modo geral, preferem tanto a evidência de seus próprios sentidos quanto a capacidade de suas próprias mentes em detrimento da suposta revelação divina. Enquanto fora usual para Homero e Hesíodo apelar às musas por inspiração, que poderiam lhes trazer dados cosmogônicos e cosmológicos inacessíveis à maioria dos mortais, Tales e seus colegas viajantes evitavam recorrer a semelhantes fontes de informação. Ainda assim, pelo menos nas fontes que chegaram até nós, eles não criticaram Homero e Hesíodo de forma nominal.

As coisas se passam de modo diferente com Xenófanes (c. 570-478 a.C.), um irreverente poeta e filósofo itinerante que tornou explícito o que ficara implícito na obra dos primeiros filósofos naturalistas: ele zomba das formas de explicação oferecidas em Homero e Hesíodo e abertamente ridiculiza de forma cáustica os que neles se apoiam. Xenófanes assinala, por exemplo, que as pessoas habitualmente fazem seus deuses às suas próprias glorificadas imagens. Os habitantes da Trácia pensam que seus deuses têm olhos azuis e cabelos ruivos, assim como eles; já os etíopes fazem seus deuses de pele negra e narizes largos, como, de fato, eles são (DK 21 B 16). Com efeito, brinca Xenófanes, se os cavalos e as mulas pudessem desenhar, sem dúvida desenhariam deuses segundo a concepção de si mesmos, e esses deuses, de modo não surpreendente, pareceriam com cavalos e mulas (DK 21 B 15). O que é pior, os deuses nem sequer idealizam seus deuses: Homero atribui aos deuses condutas que são lastimáveis mesmo para seres humanos: roubo, adultério e fraude (DK 21 B 11). Em suma, observa Xenófanes, os seres humanos são implacavelmente antropomórficos quando se trata de seus deuses. Com certeza, há uma lição aí.

Há isso, pensa Xenófanes, mas a lição não é tão simples quanto essas observações podem dar a entender. Xenófanes não infere que, uma vez que os seres humanos concebem seus deuses à sua própria semelhança, o teísmo é uma tola invenção humana. Ao contrário dos naturalistas antes dele, Xenófanes promove uma forma de teísmo, no caso uma forma de monoteísmo, segundo a qual há um deus que parece ser a mente pura, um ser que pensa, vê e ouve, e que só faz o que é adequado[4]. De certa maneira, portanto, Xenófanes partilha a tendência dos filósofos naturais anteriores de olhar atrás da imagem manifesta para descobrir o que permanece por trás do que é dado pela percepção sensível e pelo senso comum.

Não obstante, afasta-se deles de uma maneira bastante significativa. Implícita na rejeição da explanação mitológica há um compromisso com uma forma superior de explanação, uma que se baseia não na revelação divina, mas nos dados básicos de nossos sentidos e em nossos processos de raciocínio. Implícita nessa

---

4. Cf.: DK 21 B 23; DK 21 B 24; DK 21 B 25; DK 21 B 26.

rejeição, portanto, há uma asserção de que formas não mitológicas de evidência não apenas estão disponíveis, como são preferíveis. Até Xenófanes, ninguém, pelo menos em termos das evidências que chegaram até nós, deu o passo seguinte, passo profundamente ancorado no temperamento filosófico de voltar sua atenção crítica para si mesmo. Xenófanes coloca uma simples questão, mas de longo alcance, ausente em seus predecessores, e que incomodará os filósofos por gerações e gerações depois dele: Como conhecemos? Essa simples questão traz consigo uma série de questões mais detalhadas as quais precisam ser enfrentadas antes que possamos oferecer uma resposta adequada. Quais as fontes em que devemos confiar? Devemos privilegiar o *a priori* sobre o *a posteriori*? Ou o contrário? Qualquer uma dessas formas de justificação é em última instância defensável?

De modo surpreendente, Xenófanes não se limita a colocar uma questão aberta sobre as fontes de nossas pretensões de conhecimento. Em vez disso, envolve sua questão dentro de um desafio cético, de escopo geral e baseado em uma concepção inteiramente plausível do conhecimento humano. Ele nos convida a rejeitar Homero e Hesíodo e a nos associarmos a ele na crença de que há um único deus. Mesmo que suponhamos que esteja certo quando se queixa que Homero retrata os deuses como tendo condutas vergonhosas; que esteja certo sobre culturas individuais, quando observa que cada um molda os deuses para se adequar à concepção que têm de si e que, ao agir assim, os seres humanos traem uma subjetividade arbitrária na conceptualização até mesmo das características mais centrais de seus mundos, por que deveríamos supor que Xenófanes se saia melhor do que eles? Por que, em outros termos, devemos supor que Xenófanes tenha se colocado em um ponto de observação mais seguro a partir do qual pudesse pensar sobre essas questões?

Uma das características mais marcantes da filosofia de Xenófanes é que ele mesmo nos alerta para não aceitarmos suas proposições muito rapidamente. Recomenda, assim, que suas próprias visões não sejam tomadas como verdadeiras, mas como semelhantes à verdade (DK 21 B 35). Isso ele faz por razões perfeitamente baseadas em princípios. Como, afinal, falham as explanações mitológicas? Sua razão simples é bem fácil de enunciar: não há evidência segura para apoiar suas hipóteses, por mais satisfatórias que possam parecer para algumas pessoas. Logo, mesmo que essas crenças se revelassem verdadeiras, não poderíamos dizer que os mitólogos tinham conhecimento, pois conhecimento requer mais do que crença verdadeira. Além dessa última, acrescenta Xenófanes, alguém que conhece deve ter evidência ou justificativa para tal (DK 21 B 34). Até aqui ele está certo, sem dúvida. Se um detetive acreditasse que o mordomo cometeu um assassinato, e que isso fosse de fato verdade, teríamos muita dificuldade para lhe atribuir conhecimento se soubéssemos que ele chegou a essa conclusão porque julga estar em contato paranormal com o espírito do morto. Em vez disso, diríamos que embora tenha pensado que fosse verdadeiro, ele chegou a isso por acidente. Tinha uma crença verdadeira, mas não sabia de fato. Já o detetive que tivesse a crença baseada em evidência forense conclusiva, nós diríamos que tinha não apenas crença verdadeira, como também conhecimento.

O que, no entanto, constitui evidência conclusiva no domínio em que se situa Xenófanes? O que nos diz, no mais alto nível, que explicações racionalistas ou naturalistas fornecem justificação segura para nossas crenças sobre os deuses, sobre cosmologia ou sobre a natureza do conhecimento em si? Tendo levantado essa questão cética, Xenófanes recua. Mesmo que nos deparemos com a verdade, diz ele, não saberemos que o fizemos; a crença, conclui, reina sobre toda a investigação humana (DK 21 B 34). Ainda assim, ao levantar uma questão cética tão geral e clara, instituiu o campo da epistemologia e, em consequência, estabeleceu um curso de investigação para muitos filósofos subsequentes. Essa investigação, para nossos propósitos, pode ser dividida em duas subinvestigações: (1) epistemologia construída de maneira estrita, que analisa a natureza do conhecimento em si em suas características mais gerais (Xenófanes, novamente, de modo plausível, compreendeu o conhecimento como crença verdadeira justificada); e (2) características epistemológicas de pretensões ao conhecimento em várias disciplinas, incluindo investigações sobre os tipos e padrões de justificação (tópico que comandou o interesse de ambos, Platão e Aristóteles).

Dito isso, deve-se reconhecer também que Xenófanes nos dá poucas razões para adotar um ceticismo estridente ou amplo. Em primeiro lugar, ele nos dá poucos motivos para supor que a justificação seja, por princípio, indisponível para os seres humanos. A única base para um ceticismo que possa ser atribuído de maneira plausível a ele se relaciona à sua zombaria da crença religiosa popular. É fácil verificar que pessoas diferentes se projetam – suas esperanças e temores, seus desejos imoderados e as concepções que têm de si próprias – em suas mais profundas convicções; e é fácil concluir que, ao fazê-lo, apoiam-se em uma subjetividade transparente e arbitrária. Não obstante, por que supomos que ter consciência dessa tendência não pode por si só corrigir esse comportamento? E por que supomos que há algo arbitrário ou subjetivo em nossas pretensões ao conhecimento em alguns outros domínios, como a ciência natural ou a matemática? É difícil estimar por que devo supor que minha crença de que $2 + 2 = 4$ seja de alguma forma arbitrária ou subjetiva. Pelo contrário, parece ser profundamente necessária. Em geral, onde há uma abertura para o arbitrário e para o subjetivo no conhecimento matemático ou lógico, ou no *a priori*? Por que, então, devemos ser afetados pelo ceticismo de Xenófanes? Até aqui, pelo menos nessa área de investigação, Xenófanes não parece ter nada muito relevante a dizer.

Mesmo assim, sua postura cética constitui importante desenvolvimento na filosofia pré-socrática. Se estivéssemos confiantes que poderíamos escapar à cegueira de uma subjetividade arbitrária, digamos, na matemática ou na química, há poucos motivos para supor, imediatamente, que estamos igualmente livres disso na política, na moralidade ou na estética. Ao mesmo tempo, nós evidentemente desejamos ser capazes de dizer, como Sócrates dirá, que há algumas coisas que sabemos ser erradas, sobre as quais não supomos que nossas crenças sobre seu caráter errado sejam simplesmente arbitrárias. Tampouco pensamos que toda crença sobre moralidade seja uma crença cuja justificação deva para sempre nos escapar.

Aqui, no entanto, uma nota de advertência deve ser enunciada. Ainda que preocupado com os fundamentos de nossas pretensões ao conhecimento, Xenófanes em lugar algum desposa uma forma de relativismo. Em outros termos, ele jamais sustenta que qualquer verdade que exista dependa, de algum modo, das atitudes ou crenças de indivíduos ou grupos. Em vez disso, ataca a possibilidade de *justificarmos* nossas pretensões a conhecer o que é de fato verdadeiro. Ao proceder assim, revela-se como cético, e não como relativista. Pelo contrário, na medida em que supõe haver uma verdade a ser conhecida, distancia-se do relativismo, o qual questionará precisamente esse compromisso.

Xenófanes propôs um questionamento simples com repercussões de longo alcance. Se o conhecimento consiste em crença verdadeira com alguma forma de justificação, então, sempre que pretendo conhecer algo, também pretendo estar justificado em acreditar no que é verdadeiro. Assim, se pretendo saber que a explanação naturalista é superior à mitológica, preciso ver a mim mesmo, pelo menos em princípio, como capaz de produzir uma justificação adequada para essa crença. De fato, produzir justificação para esse tipo de pretensões de alto nível se mostra difícil em uma proporção alarmante; e, na medida em que não se pode produzir a justificação requerida, é apropriado se sentir espicaçado pelo questionamento cético de Xenófanes.

Por mais poderosas que sejam as preocupações céticas de Xenófanes, no entanto, não se encontra um fundo argumentativo explícito para apoiá-las nos fragmentos restantes. Em seu lugar, é necessário fornecer argumentos sugeridos por suas observações concernentes às nossas limitações de perspectiva. Em certo sentido, sua principal base de apoio, diz que os seres humanos são conduzidos por uma subjetividade arbitrária ao emitir uma ampla gama de seus juízos, é uma maneira de dizer que qualquer evidência que possamos ter concernente, por exemplo, à crença nos deuses, é inescapavelmente comprometida. Se procurarmos justificação objetiva para nossas teses, mas, a cada momento, chocarmo-nos contra os limites de nossas próprias perspectivas, então podemos ser forçados a reconhecer que essa evidência com a qual podemos nos deparar já foi maculada por nossas próprias inescapáveis limitações.

Esse tipo de motivação para a dúvida cética é altamente geral e só é bem-sucedida na medida em que somos *necessariamente* coagidos por ela. Em consequência, as preocupações de Xenófanes têm apenas os efeitos duplos de: (1) encorajar-nos a ser cautelosos sobre a correção de nosso recurso individual a fragmentos de evidência ao emitir uma série de juízos específicos; e, de modo mais geral, (2) de nos instigar a refletir de uma maneira abstrata a respeito das variedades aceitáveis de semelhantes evidências.

1.3 Heráclito

A enigmática e oracular figura de Heráclito (nascido c. 540 a.C.) fornece algum motivo adicional para supor que os tipos de limitações de perspectiva invocados por Xenófanes realmente são insuperáveis. Embora não seja um cético, Heráclito chama atenção para as debilidades epistemológicas de outros. Ele diz, por exemplo, "o conhecimento das mais famosas pessoas, que elas conservam, não passa de opinião"

(DK 22 B). Essas pessoas famosas incluem Homero, o mais reverenciado dos poetas gregos, que ele critica nominalmente em mais de uma ocasião; e Hesíodo, outra fonte canônica da mitologia, do qual também zomba[5]. As pessoas se equivocam, sem dúvida, porque nem sempre se dão conta de que as aparências nem sempre são reais, uma vez que conexões obscuras são superiores às manifestas (DK 22 B 54), mas não podem ser certificadas sem esforço. Ele concorda com os milésios, então, em que a imagem manifesta do mundo pode ser enganadora. Conforme sugere, de maneira simples, " A natureza gosta de se esconder" (DK 22 B 123).

Esse ocultamento assume especial significação para Heráclito, pois ele pensa que nossa abordagem do mundo natural é condicionada pelas perspectivas e pelas preferências que trazemos conosco. Mais do que isso, mesmo que nos tornemos cientes de que estamos ligados a nossas preferências e perspectivas, há pouco que possamos fazer para nos livrar delas. Conforme nota, asnos preferem lixo a ouro; porcos gostam de lama mais do que de água; e pássaros se limpam com cinzas, algo que os seres humanos acham repulsivo[6]. Se sou um asno, prefiro lixo a ouro, pela razão perfeitamente justa de que posso comer lixo, mas não ouro. Isso não mudará para mim se, contrariamente à possibilidade, torno-me consciente de que os seres humanos valorizam o ouro por seu brilho. Em geral, como vejo e valorizo o mundo é função, pelo menos em parte, de quem e o que eu sou. Se busco transcender meu eu subjetivo para atingir conhecimento objetivo, estou destinado a falhar, pois não posso me tornar algo que não sou apenas por querer que isso seja assim.

Com efeito, sugere Heráclito, da maneira como vejo esse mundo posso perceber que estou radicalmente separado dele, de dois modos relacionados. Em seu mais famoso pronunciamento, ele insiste que não é possível entrar duas vezes no mesmo rio[7]. À luz desse tipo de teses, Heráclito se tornou conhecido como o filósofo do fluxo; e, devido a isso, exerceu enorme influência sobre alguns de seus sucessores, mais notavelmente, Platão[8]. Sua ideia parece ter sido a de que o mundo material está em eterna mudança ao longo do tempo. Quando me banho em um rio, hoje, entro em

---

5. Cf.: DK 22 B 56, DK 22 B 42.

6. Cf.: DK 22 B 9; DK 22 B 4; DK 22 B 37.

7. Na verdade, houve várias formulações, não equivalentes, dessa máxima comum na Antiguidade (DK 22 B 12; DK 22 B 91a-b; DK 22 B 49a). O texto discute um amálgama delas.

8. Para a influência de Heráclito sobre Platão, ver, aqui nesta obra, o subtítulo: "O paradoxo da investigação de Mênon; resposta de Platão".

um rio que foi renovado desde ontem, de modo que não estou de fato mergulhando no mesmo rio que ontem. Ele é novo hoje e também será novo amanhã. O rio é uma sinédoque para o mundo natural como um todo: ele flui. Antes de podermos nos familiarizar com o mundo material, ele mudou e mudará de novo.

A importância da concepção do fluxo, de Heráclito, pode ser melhor apreciada compreendendo como ela era entendida na Antiguidade, aplicando-se mais do que a ideia de rios. Platão relaciona Heráclito com um autor de comédias, Epicarmo, o qual oferecia uma divertida paródia de um enigma filosófico então corrente, de caráter heraclítico (*Teeteto*, 152a-e). O título dessa comédia é desconhecido, como são os nomes de seus principais personagens. Nela, Alfa se aproxima de Beta, pedindo seu pagamento de uma parte de uma dívida. Beta, sem dinheiro, responde recorrendo a um artifício de esquiva: "Se você tivesse um número ímpar de seixos – ou, no caso, um só –, e então escolhesse adicionar ou subtrair um seixo, você acredita que teria o mesmo número?" "Não", diz Alfa. E Beta novamente: "Se você tivesse uma medida de um cúbito e escolhesse adicionar ou cortar uma parte dela, essa medida não existiria mais, existiria?" "Não", admite Alfa. Beta extrai então a moral disso: "Ora, pense agora em um humano da mesma maneira: um humano está crescendo e outro diminuindo. Todos estão constantemente em processo de mudança. Mas o que, por natureza, muda e jamais permanece o mesmo já deve ser diferente daquilo que mudou. Você e eu somos diferentes de quem éramos ontem, e pelo mesmo argumento, seremos novamente diferentes amanhã". O resultado, então, é claro: Beta não é o mesmo homem que o devedor. Infelizmente, esse devedor parece ter perecido, deixando Alfa sem ter como receber o que lhe é devido. Alfa, porém, aprende rapidamente. Tendo em vista o raciocínio de Beta, Alfa pode bater em Beta e, de fato, em sua exasperação, o faz. Beta protesta. Alfa agora entrega a Beta uma porção de seu próprio remédio. "Por que você está bravo comigo?", pergunta Beta. "Como alguém por aqui acabou de demonstrar, não fui eu quem lhe atingiu, de modo algum, mas uma pessoa inteiramente diferente"[9].

Essa passagem contém uma paródia do que mais tarde passou a ser conhecido como o *argumento do crescimento*, que foi muito frequente na dialética interescolástica dos estoicos e dos acadêmicos, no Período Helenístico. Pode ser representado de maneira bem simples:

---

9. Essa conversa foi especulativamente reconstruída a partir de DK 23 B 2 = K 170b = DL [Diógenes Laércio], III, 10-11.

1. Se adicionarmos (ou subtrairmos) uma pedra de uma pilha de seixos, a pilha de seixos resultante não será idêntica à original;

2. Um ser humano é como uma pilha de seixos;

3. Assim, quando um ser humano perde ou ganha uma partícula, o ser humano resultante não é idêntico ao original.

Obviamente, muitos objetarão a premissa de número 2, embora não seja muito fácil especificar precisamente a diferença relevante. Mais pontualmente, não é fácil ver por que um heracliteano está errado ao comparar um ser humano a um rio: ambos sustentam contínua reposição material, de modo que, com o tempo, as partículas fluem por meio de um ser humano da mesma maneira que moléculas de água fluem por um rio, até que tenham sido completamente substituídas e o processo se inicie de novo. Ambos se encontram em fluxo.

Heráclito não chama atenção somente para essa forma de fluxo, *fluxo diacrônico*, que consiste em mudança ao longo do tempo, mas também para uma noção comparativamente atenuada do fluxo, o *fluxo sincrônico*, ou seja, por assim dizer, mudar em um momento, relativo a um contexto de comparação. Embora seja de início um pouco difícil distinguir entre ambas, a segunda noção de fluxo é mais interessante e mais importante para o desenvolvimento subsequente da filosofia clássica do que a noção comparativamente simples de fluxo diacrônico. Ele diz, por exemplo, que "o caminho para cima e para baixo é o mesmo" (DK 22 B 60). De maneira similar, sustenta que a água do mar tanto pode ser bebida como não pode ser bebida – potável para peixes, mas destrutiva para seres humanos (DK 22 B 61). Mais uma vez, o humano mais sábio não parece mais sábio do que um macaco em comparação com um deus. Assim, os seres humanos são tão sábios como não sábios, dependendo do ponto de comparação (DK 22 B 83). Essa noção de fluxo sincrônico soa peculiar caso se pense nela como um tipo de mudança, uma vez que normalmente se pensa a mudança como exigindo a passagem do tempo. Heráclito supõe que, não obstante, é um tipo de mudança, mas um tipo que resulta mais de uma mudança de perspectiva do que do fluxo do tempo. Essa, porém, é a chave para compreender a importância de sua concepção. Poderíamos caracterizar um saco de batatas de 18 quilos como pesado ou leve, dependendo de quem o está carregando. Ele não é, em termos absolutos, nem leve nem pesado. O fato de ser leve ou pesado é determinado pelas faculdades que se aplicam a ele. O que vale para a força, vale igualmente para a percepção e o pensamento: o que vemos e pensamos é em parte determinado pela perspectiva pela qual encaramos a situação.

Sendo assim, Heráclito tem como ir além de Xenófanes, ao mostrar não apenas que nossa perspectiva tende a comprometer a maneira pela qual experimentamos o mundo, mas também que somos *necessariamente* conduzidos pela perspectiva. Os fatos do fluxo tanto diacrônico quanto sincrônico mostram que nenhum de nós pode adotar uma perspectiva divina sobre o mundo. Com efeito, talvez nem mesmo um deus pudesse adotar uma perspectiva divina, sugere Heráclito, uma vez que seria uma perspectiva sem perspectiva, uma visão que não é uma visão.

Entretanto, Heráclito não explora os fatos do fluxo para motivar o ceticismo. Em vez disso, deseja mostrar que nossos sentidos, quando propriamente interpretados, podem nos ajudar a nos orientar para as regularidades na natureza. Ele insiste que aqueles com "almas bárbaras" têm em seus olhos e em seus ouvidos más testemunhas (DK 22 B 107). Isso deixa a impressão de que aqueles desprovidos de almas como essas não sofrem com essa deficiência e, assim, podem chegar a conhecer.

Essa impressão é confirmada pela reiterada injunção de Heráclito de que os seres humanos devem aderir ao *logos* – uma palavra ambígua, de múltiplas maneiras, e significando, entre outras coisas, "palavra", "história", "explicação" e "estrutura" (DK 22 B 1). Essa palavra será familiar a alguns a partir da primeira sentença do Evangelho segundo São João, "No princípio era o Verbo [o *logos*]", na qual a tradução apresenta boa parte da sugestiva pregnância encontrada em Heráclito. Em todo caso, em Heráclito, o *logos* evidentemente é entendido como compreendendo todos esses significados e mais. Minimamente, porém, Heráclito deseja transmitir que há uma *ordem* subjacente ao universo, e que ao atentar a suas palavras, com esforço, os seres humanos podem chegar a compreender que "o *logos* sempre se mantém" (DK 22 B 1). É difícil, todavia, atentar a suas palavras com uma apreciação séria quando ele insiste que "a mesma coisa é, tanto viva como morta, desperta e adormecida, e jovem e velha, uma vez que estas se transformam naquelas e aquelas nestas sempre de novo" (DK 22 B 88). Talvez ele pretenda afirmar apenas que todas as coisas formam uma unidade, a ser descoberta pela investigação. Talvez, portanto, esse seja o motivo pelo qual diz, em um humor diferente, "Ouvindo não a mim, mas ao *logos*, é sábio concordar que todas as coisas são uma só" (DK 22 B 50). Como, literalmente, devemos tomar essa tese, é uma questão que suscita alguma disputa. Conforme veremos, um filósofo que se seguiu a Heráclito pretendeu que ela fosse levada de maneira bastante literal, e com muita seriedade.

1.4 Parmênides e Zenão

Parmênides (c. 515-450 a.C.) assemelha-se a Xenófanes e Heráclito pelo fato de que espera que pensemos seriamente sobre a força de nossas fontes habituais de evidência; mas, diferencia-se de Xenófanes na medida em que jamais endossa alguma forma de atitude cética em relação à nossa evidência. Alguma evidência, supõe Parmênides, é realmente descartável, e pode-se mostrar que é assim. Outras formas de evidência, sustenta, fornecem conhecimento seguro, profundamente imune à dúvida cética. Ele também se distingue de Heráclito, porém, pela forma como apresenta suas proposições. Não se contenta em expressá-las com aforismas vexantes, ainda que intrigantes. Em vez disso, diferentemente de seus predecessores, Parmênides toma para si a tarefa de *argumentar* diretamente e de maneira consciente em favor de suas conclusões. De certo modo, ele pretende lançar uma espécie de desafio. Apresenta argumentos diretos cujas conclusões são efetivamente inacreditáveis, apenas para desafiar aqueles que delas duvidam a apontar as próprias falhas. Na ausência dessas falhas, Parmênides espera que seus leitores se unam a ele, abandonando o senso comum não apenas de maneira esparsa, como encontrada entre os primeiros monistas materialistas. De modo muito mais radical, Parmênides espera que rejeitemos inteiramente, até em suas características mais gerais, a imagem manifesta do mundo fornecida pela percepção dos sentidos e da qual o senso comum está impregnado. Ele também espera que renunciemos a todas as pretensões de conhecimento por meio da experiência, insistindo que todo conhecimento só pode ser obtido por intermédio dos recursos da razão.

O que ele rejeita é isto: que exista alguma espécie de mudança; que entidades passem a existir e deixem de existir; que haja pluralidade; que aquilo que existe tenha tido um começo ou tenha um fim; que possamos jamais mencionar ou mesmo pensar no que não existe. O que ele afirma é isto: é (DK 28 B 8).

Se nos concentrarmos em apenas uma de suas notáveis teses, que não existe mudança, podemos apreciar tanto a natureza radical de seu pensamento quanto as razões surpreendentemente boas para explicar a enorme influência que exerceu sobre os filósofos que se seguiram a ele.

Se algo é manifesto para a experiência sensível, é precisamente que existe mudança. Vejo um corvo voar; ele muda de posição. Ouço um trecho de uma sinfonia; há uma mudança de nota. Cheiro o alho queimar; ele muda de doce para acre.

Experimento um leite talhado; minhas sensações passam de uma posição neutra para a detecção de algo pútrido. Em todos esses casos, nada poderia ser mais imediatamente óbvio que *algo mudou*. A princípio, pelo menos, dificilmente parece razoável pedir que eu forneça provas de semelhante crença.

Parmênides tem pouca paciência com esse tipo de atitude. Ele zomba daqueles que sustentam esse tipo de lugares-comuns, e de senso comum. Na verdade, Parmênides encara semelhante visão como efetivamente bovina: qualquer humano pode aprender, usando recursos da razão pura, que não só não *há* mudança, como também *não pode haver* mudança. A mudança é impossível. Logo, se pensamos que percebemos a mudança, devemos estar sendo sistematicamente enganados. Sua visão é análoga, *grosso modo*, à atitude que um pai pode ter em relação a sua filha, que insiste que ela vê o Sol se movendo em torno da Terra. O pai sabe que a criança ainda não é capaz de aprender os princípios do movimento dos planetas, então talvez seja melhor para o adulto que simplesmente a tutele até que ela seja capaz de uma compreensão madura. Se, pelo contrário, o pai encontra outro adulto que insiste que o Sol se move em torno da Terra, ou que a Terra é plana, a despeito de ter recebido de maneira clara e paciente provas ao contrário disso, o pai pode muito bem zombar dessa pessoa como tolamente teimosa ou imbecil. Também aqui a atitude do pai encontra uma contrapartida em Parmênides: aqueles que se espelham na imagem manifesta da percepção sensível são confusos e desorientados, perambulando pela Terra sem a menor ideia de como o mundo é e deve ser.

O mundo tal como *deve* ser é incompatível com o mundo da percepção sensível, porque independentemente de qualquer outra coisa que saibamos *a posteriori*, sabemos que o mundo exibe mudança e pluralidade. Com efeito, Parmênides pretende rejeitar *todas* as formas de justificação *a posteriori* em favor do que pode ser conhecido *a priori*. Em outros termos, dizemos que alguma proposição *p* é conhecida *a posteriori* se, e somente se, sua justificação em última instância recorre aos dados da percepção sensível, então podemos facilmente apreciar que Parmênides simplesmente pretende negar que tenhamos semelhante conhecimento. Qualquer conhecimento que tenhamos é *a priori*[10].

---

10. Sobre conhecimento *a priori* e *a posteriori*, cf. nota 3 mencionada anteriormente.

Vale a pena enfatizar que Parmênides não é completamente cético sobre a possibilidade de um conhecimento *a posteriori*. Em vez disso, pensa que a própria ideia de tal conhecimento é incoerente. Seu raciocínio pode ser mais bem reconstruído como segue. Ele inicia empregando um princípio geral que supõe não somente ser verdadeiro, como necessariamente verdadeiro. Então desenvolve esse princípio denominado "prova endurecida pela batalha" (DK 28 B 7). O princípio é uma teoria relacional do pensamento (TR):

> (TR) Todo caso de pensamento envolve um pensador que está em relação com algo pensado.

A ideia é que o pensamento é como o tato. Cada vez que toco em algo, algo é tocado por mim. Se tentar tocá-lo, mas você se mover, então não fui bem-sucedido em tocar em algo; antes, não fui bem-sucedido em tocar em absolutamente nada. Mais uma vez, para usar um exemplo um pouco mais próximo da própria formulação de Parmênides, se tento expressar algo, porém fracasso, talvez porque simplesmente eu careça das habilidades linguísticas requeridas, então não fui bem-sucedido em expressar nada; antes, não expressei qualquer coisa que seja. Talvez, por exemplo, eu saiba um pouco de coreano, e quando tento expressar algo sofisticado nessa língua só consigo dizer coisas desprovidas de sentido. Terei conseguido proferir algo? Não, é melhor dizer que não afirmei nada, apenas emiti sons ininteligíveis. O mesmo, segundo Parmênides, vale para o pensamento: se tento pensar em algo, mas fracasso, então não consegui pensar em nada; antes, não tenho pensamento.

Alguém poderia objetar que posso pensar *em* nada. Por exemplo, posso pensar que nada no banco seja pior do que algo no banco. Ou, ainda, posso pensar, de maneira mais abstrata, que o nada é um tópico sobre o qual somente filósofos e matemáticos pensam; todos os demais pensam sobre alguma coisa ou outra. Mas, nesse caso, filósofos e matemáticos *de fato* pensam sobre o nada; e, com efeito, também eu estou pensando a respeito, quando penso sobre o que eles pensam sobre isso. Um defensor de Parmênides afirmará agora que, se eles realmente pensaram, então de algum modo devem ter pensado no *conceito* de nada, o que é algo, afinal. Se todo pensamento realmente envolve uma relação entre um pensador e algo pensado, se todo pensamento precisa ter conteúdo, então, nesses casos, não estamos realmente imaginando alguém que pense nada. Em vez disso, se estamos pensando, pensamos em uma coisa ou em outra.

De qualquer modo, munido com a (TR), Parmênides supõe que ele pode derivar uma espécie de corolário, que serve como princípio-ponte (PP) entre pensar e existir:

(PP) É possível pensar qualquer x arbitrário se, e somente se, x existe[11].

Note-se que (PP) diz mais do que (TR). (PP) traz duas afirmações distintas: (1) para qualquer x que exista, é possível pensar x; e (2) para qualquer x que possa ser pensado, x existe. Seguir-se-ia de (PP), entretanto, juntamente com a tese de Parmênides de que *o nada não existe*, que é impossível pensar nada. Logo, se me apercebo parecendo pensar nada, devo estar enganado. O caso é similar a este: se apanho a mim mesmo supondo que estou pensando agora em um número primo entre 14 e 19 que não seja 17, então não estou apenas errado, mas necessariamente errado. O que me parece ser verdadeiro é falso, e precisa ser falso. Não é uma questão contingente que 17 seja o único número primo entre 14 e 19. Assim, se penso que estou pensando sobre algum número com as características que não seja 17, estou enganado sobre o que penso estar pensando. De modo similar, se penso que estou pensando nada, então estou enganado – e simplesmente confuso.

Ora, tudo isso posto, Parmênides pode conduzir seu ataque ao conhecimento *a posteriori* (ACAP). Ele argumenta como segue, em dois estágios:

> 1. Se temos qualquer conhecimento *a posteriori*, então somos capazes de saber que existe pluralidade e mudança;
>
> 2. Não somos capazes de saber que existe pluralidade e mudança;
>
> 3. Logo, não temos conhecimento *a posteriori*.

O argumento é bastante simples e claramente válido. (ACAP-1) parece verdadeiro, de forma plausível. Parece razoável, em outros termos, que se sabemos algo *a posteriori*, então temos a capacidade de detectar mudança e observar o caráter discreto das coisas. Afinal, se sei que estou agora percebendo alguma coisa azul, então também sei que há alguma *região* em meu campo visual; ou somos pelo menos capazes de saber que aquilo que é azul não é alguma outra região em meu campo visual que é preta, e não azul. O que ocorreria, porém, se meu campo visual fosse um mar indiferenciado de azul? Mesmo assim, parece plausível supor que eu poderia me concentrar em metade de meu campo visual e distingui-lo da

---

11. (PP) é formulado para capturar a sugestão de Parmênides de que o que é e o que pode ser podem ser pensados como coextensivos (DK 28 B 8).

outra metade. De modo similar, se venho a saber que uma folha caiu, então também estou em posição de saber que a folha mudou de lugar. Pelo fato de esses exemplos terem sido selecionados de maneira mais ou menos randômica, Parmênides pode pensar, por extensão, que para qualquer fragmento de conhecimento *a posteriori* que você possa considerar, descobrirá que sua capacidade de ter esse conhecimento o envolve, de uma maneira ou de outra, na capacidade de saber que existe pluralidade e mudança no mundo sensível. Assim, podemos admitir (ACAP-1).

Em todo caso, é (ACAP-2) a premissa surpreendente e aparentemente absurda nesse argumento. Por que pensaria Parmênides que não podemos conhecer que existe pluralidade e mudança? Não podemos simplesmente *ver* uma variedade de coisas distintas, uma pluralidade, mudando virtualmente a cada momento que olhamos para o mundo? É aqui que ele pensa que o conhecimento *a priori* prevalece sobre o que *parece ser* um conhecimento *a posteriori*. É aqui, em defesa de (ACAP-2), que ele oferece um argumento surpreendente, um que se apoia crucialmente em (PP), seu princípio-ponte entre o pensar e o existir. Parece haver dois tipos de mudança, geração e simples alteração. A geração envolve algo que passa a existir, que formalmente não existia ainda. Já a alteração envolve algo que já existe mudando de um estado para outro. Supostos exemplos de geração e alteração são o nascimento de um novo humano e esse rapaz fazer um corte de cabelo estiloso aos 17 anos. É claro, Parmênides pensa que esses são meramente *supostos* exemplos de alteração, uma vez que ele pensa, por razões relacionadas, que ambas as noções são incoerentes. Seu argumento contra a mudança (ACM) é este:

1. Não é possível pensar nada;

2. É possível conceber a geração somente se for possível pensar nada;

3. Logo, é não possível conceber a geração;

4. É possível conceber a alteração somente se for possível conceber a geração;

5. Por (3), não é possível conceber a geração;

6. Logo, não é possível conceber a alteração.

Demonstrado isso, Parmênides precisa apenas acrescentar dois pensamentos simples para derivar metade de sua tese aparentemente absurda, que não somos capazes de saber que existe pluralidade e mudança:

7. Toda mudança é um caso de geração ou um caso de alteração;

8. Se for possível conhecer que existe mudança, deve ser pelo menos possível conceber a geração e a alteração;

9. Logo, por (3) e (6), não é possível conhecer que existe mudança.

Essa é, portanto, metade da tese de Parmênides.

Se esse argumento for bem-sucedido, um argumento paralelo pode ser usado para mostrar que não pode haver pluralidade, uma vez que a pluralidade implica nos levar a pensar que não há *nada* separando um par proposto de entidades distintas. Juntos, esses argumentos produzirão precisamente o (ACAP-2) de Parmênides, de que não somos capazes de conhecer que existe pluralidade e mudança. Se aceitarmos (ACAP-2), então, dada a plausibilidade de seu (ACAP-1), que se tivermos qualquer conhecimento *a posteriori* seremos capazes de conhecer que existe pluralidade e mudança, Parmênides parece estar autorizado a extrair a conclusão de que nós, na verdade, não temos de modo algum conhecimento *a posteriori*. Ele teria feito triunfar o *a priori* sobre o *a posteriori*.

Quanto é bem-sucedido esse argumento? Em termos históricos, foi suficientemente bem-sucedido para deter bastante atenção na Antiguidade, eventualmente recebendo diferentes tipos de refutações, de Platão a Aristóteles. Em termos mais puramente filosóficos, bastará para este objetivo esboçar como Parmênides poderia ter algum apoio surpreendentemente bom para seus lances cruciais. Em primeiro lugar, toda argumentação importante se dá na forma do argumento contra a mudança, uma vez que, se for correto, então (ACAP-2) será estabelecido, o qual, com (ACAP-1), realmente produz a conclusão de Parmênides. (ACM-1) recebe apoio do compromisso inteiramente defensável de Parmênides com (TR), a teoria relacional do pensamento, acoplada com seu mais problemático princípio-ponte (PP). Assim, o argumento tem tanta credibilidade, a princípio, quanto essas teses.

A segunda premissa desse argumento (ACM-2) requer comentário. Segundo essa proposição, é possível pensar na geração somente se for possível pensar em nada. A ideia é esta: se estamos pensando sobre geração real, e não em um caso encoberto de alteração, então estamos pensando em algo *proveniente de nada*. Em outros termos, estamos pensando na geração *ex nihilo*. Ora, pode ou não ser possível para *algo* repentinamente vir à existência a partir de absolutamente nada, embora Parmênides corretamente se pergunte como isso poderia ser. Todavia, mesmo que fosse possível, não poderíamos conceber isso, uma vez que nesse caso teríamos que pensar em algo proveniente do *nada*. Pensar no nada, no entanto, é algo que não podemos fazer, se, de alguma forma, (PP) estiver correto. Pois esse princípio sustenta que só podemos pensar no que existe, no que é, então, alguma coisa ou outra; nada, porém, bem, é nada. Nada não existe. Assim, não podemos pensar na genuína geração.

Na verdade, não somos nós tentados a dizer que, quando concebemos a nós mesmos como pensando na geração, estamos realmente pensando em casos de alteração? Uma mesa é gerada. O que realmente ocorre é que certa madeira é transformada na forma de uma mesa. Em outros termos, o que realmente ocorre é que certa madeira é alterada de certa maneira. O mesmo ocorre com a "geração" de uma criança. Nesse caso, um óvulo e um espermatozoide se juntam e começam a se dividir e crescer ao longo de um caminho amplamente programado, por meio do acréscimo de matéria do ambiente. Tampouco aqui temos geração, mas alteração por adição. Desse modo, talvez não possamos conceber geração de fato. Mais precisamente, não percebemos que, ao pensar sobre geração, geração real, devemos ter pensado sobre nada, o que, como sabemos agora, não podemos fazer.

Certamente, então, se admitirmos a conclusão intermediária (ACM-3), não desejaremos prosseguir até (ACM-6). Se a geração for realmente alteração, então podemos pensar na geração pensando na alteração. Afinal, alteração é exatamente o tipo de mudança a que acabamos de reduzir a geração.

Parmênides não pensava assim. Ele evidentemente supõe que não efetuamos semelhante redução. Em vez disso, vimos que a geração é inconcebível. Vemos agora algo adicional, que pela mesma razão, a alteração é inconcebível, pois, conforme afirma (ACM-4), é possível conceber a alteração somente se for possível conceber a geração. Em outros termos, não é a geração que se reduz à alteração; pelo contrário, toda alteração é realmente geração disfarçada. Quando uma mulher aprende a tocar piano, algo novo entra em cena, uma pianista onde não havia nenhuma antes. Examinado do ponto de vista de Parmênides, cada vez que temos um aparente caso de alteração, temos a geração de algo novo, algo que não estava presente antes. Mas também isso nos lança em um problema, uma vez que, nesse caso, só podemos conceber a alteração se concebermos a geração, algo que acabamos de ver que não podemos fazer. Se isso estiver correto, então estamos presos ao resultado de que não podemos sequer conceber a alteração. Com essa conclusão, Parmênides estaria autorizado a passar as suas mais radicais e originais conclusões.

Naturalmente, existem alguns lugares em que podemos querer examinar esse argumento. Começando com (TR) e (PP), surgem questões. Outros tipos de questões podem ser temporariamente postas de lado em relação a várias outras premissas, incluindo, de maneira mais notável, (ACM-2) e (ACM-4), premissas sobre as quais apenas iniciamos uma conversa. Não completamos essa conversa porque há diferentes e não equivalentes possibilidades de questionar essas premissas, cada uma delas com suas próprias vantagens e prejuízos. Na verdade, como indicado, diferentes filósofos na Antiguidade responderam a elas de diversas maneiras. Veremos, no momento devido, como o argumento surpreendente e chocante de Parmênides se confrontou com diferentes refutações nas mãos de Platão e Aristóteles, refutações que, por sua vez, ocasionaram desenvolvimentos surpreendentes e positivos.

Por ora, porém, vale refletir sobre que tipo de atitude pode-se adotar a esse tipo de argumento em geral. De certa maneira, é como uma série de argumentos atribuídos a outro filósofo de Eleia, um pouco mais jovem do que Parmênides, Zenão (c. 490 a.C.), que era tido na Antiguidade como estudante e defensor de Parmênides. Zenão nos legou quatro paradoxos do movimento, preservados por Aristóteles, cada um dos quais com a admirável conclusão de que o movimento é impossível. De certo modo, portanto, pode-se ver Zenão como apoiando a tese parmenidiana de que não possuíamos conhecimento *a posteriori*; pois, mais uma vez, não podemos saber nem sequer que qualquer coisa se move, logo, dificilmente podemos nos apoiar em nossos sentidos para conhecer qualquer coisa que seja.

O mais simples desses paradoxos se apoia em dois pensamentos desprovidos de complicação. Em primeiro lugar, antes de ir a qualquer lugar, preciso ir até a metade desse caminho. Ou seja, sempre que um objeto atravessa uma distância do ponto A para o ponto B, ele primeiro atravessa metade da distância. Em segundo lugar, para qualquer distância D, pode-se dividir D pela metade. Logo, para a distância D, de A até B, existe uma meia distância, ou seja, ½ (D); e existe metade dessa distância, isto é, igual a ¼ (D), e assim por diante até o infinito. Ao que parece, não haveria uma distância mínima que não pudesse ser novamente dividida. Tomados individualmente, nenhum desses pensamentos parece problemático. Ainda assim, juntos, parecem produzir a absurda conclusão de que não posso chegar a qualquer lugar. Estarei para sempre a caminho, primeiro atravessando metade da distância até meu destino antes de chegar, e então novamente atravessando metade da distância até essa distância intermediária, e novamente atravessando metade da distância antes de chegar a essa nova distância intermediária... e assim por diante, sem fim.

Similarmente, suponha que Aquiles esteja em uma corrida com uma tartaruga. Percebendo que ele é muito mais rápido do que a tartaruga, Aquiles decide tornar as coisas mais interessantes, concedendo à tartaruga uma vantagem inicial de dez metros. Isso foi um erro, segundo Zenão. Pois agora jamais poderá recuperar essa vantagem ou se aproximar dela, na medida em que a tartaruga continuar se movendo. Antes que ele alcance a tartaruga, Aquiles precisa chegar à posição p_1, a posição da qual a tartaruga partiu. Nesse momento, porém, a tartaruga terá se movido para p_2, a qual Aquiles precisa alcançar agora antes de alcançar a tartaruga, que está agora em p_3. Com o humilde pensamento de que, enquanto a tartaruga estiver se movendo, ela não permanecerá na mesma posição, essa série de eventos prosseguirá para sempre, e Aquiles jamais alcançará a tartaruga.

É tentador simplesmente colocar esse paradoxo de lado como obviamente falho. Em resposta ao primeiro paradoxo do movimento de Zenão, por exemplo, o leitor pode esperar refutá-lo simplesmente fechando este livro e caminhando até a porta. Isso mostra, ao que parece, que o movimento é possível, porque é efetivo; assim, o paradoxo de Zenão deve estar errado.

Se um leitor adota esse tipo de resposta para sua própria satisfação, ele ou ela só estará satisfazendo a si mesmo. As proposições de Zenão são paradoxais porque nos forçam a aceitar uma conclusão que não podemos aceitar, e o fazemos com base em premissas que julgamos plenamente aceitáveis, até mesmo irresistíveis. Quando caminhamos no quarto, afirmamos algo que não podemos facilmente negar, isto é, *que o movimento é possível*. A conclusão contrária de Zenão, porém, deriva de apenas duas proposições muito simples, cada uma delas intuitivamente plausível: (1) levo tempo para caminhar para qualquer parte, ou de modo mais geral, para atravessar qualquer distância que seja; e (2) sempre que se atravessa qualquer distância do local-1 para o local-2, deve-se atravessar metade da distância até o local-2, *antes* de se chegar ao local-2. É fácil verificar que o segundo princípio pode ser repetidamente aplicado sem fim, gerando um número infinito de distâncias a serem atravessadas antes que qualquer um chegue a qualquer parte. Munido apenas com essas duas teses, em consequência, Zenão pode sustentar a impossibilidade do movimento (IM):

1. Se o movimento é possível, então, em princípio, é possível para um corredor atravessar a distância finita de uma corrida, ou seja, da partida até a chegada, em uma quantidade finita de tempo;

2. Para atravessar a distância da partida até a chegada, o corredor deve *primeiro* atravessar metade da distância até a linha de chegada, e metade da distância até o ponto intermediário, e metade da distância até o ponto intermediário do ponto intermediário, e assim por diante até infinitamente;

3. Se (2), então, para atravessar a distância finita de uma corrida da partida até a chegada, o corredor deve atravessar um número infinito de distâncias em uma quantidade finita de tempo;

4. É impossível para o corredor (ou para qualquer um) atravessar um número infinito de distâncias em uma quantidade finita de tempo;

5. Logo, o movimento é impossível.

Um leitor não refuta Zenão fechando este livro e se afastando: essa é antes uma maneira de *ignorar* Zenão.

Seria uma pena se alguém decidisse ignorar Zenão, em vez de assumir a tarefa de tentar refutá-lo, pois aqueles que o fizeram inspiraram uma matemática extremamente sofisticada, em teoria dos conjuntos e em teorias do infinito, boa parte da qual apresenta impactantes e inesperadas aplicações em ciência da computação e em outras áreas. Com efeito, variantes sofisticadas dos paradoxos do movimento de Zenão continuam a apresentar formidáveis problemas para os matemáticos, até o presente[12]. No atual contexto, contudo, precisamos apenas nos concentrar em uma característica marcante de seu pretenso resultado. Ao argumentar em favor de suas contraituitivas conclusões, Zenão, como Parmênides antes dele, está preparado para se apoiar unicamente nas fontes da razão, a fim de afastar os fáceis ditados do que está dado, ou parecem ser dados, pela percepção sensível. Ele nos insta a aceitar somente o que pode ser mostrado, para pôr de lado o que meramente parece ser o caso em favor do que pode ser demonstrado. Ao fazê-lo, Zenão se distancia da imagem manifesta do mundo de uma maneira que diríamos espetacular.

Nesses e em outros paradoxos semelhantes, somos convidados a refletir sobre a sustentabilidade de pressupostos amplamente aceitos, às vezes profundamente in-

---

12. Aqueles interessados em pesquisar sobre uma parte da fascinante história e do desenvolvimento dos paradoxos do movimento de Zenão farão bem em iniciar com uma excelente coletânea organizada por Wesley Salmon (2001).

tuitivos, sobre espaço, tempo e movimento. Se respondermos com zombaria autoindulgente, dizendo a Zenão que se ele está tão certo que Aquiles *não pode* vencer a tartaruga, então deve estar disposto a apostar as economias de sua vida na tartaruga, então estaremos certamente perdendo o que os paradoxos têm a nos ensinar sobre infinito efetivo e potencial, sobre a infinita divisibilidade do espaço e do tempo; sobre conjuntos infinitos e suas relações com as divisões infinitas de extensões finitas; sobre convergência; e sobre a soma de série futuras. Com efeito, ainda que existam soluções completamente satisfatórias disponíveis para esses paradoxos, elas só foram desenvolvidas no século XX, cerca de 2.500 anos depois de suas primeiras formulações. É certamente digno de nota que esses paradoxos foram primeiramente formulados no âmbito das dúvidas de Parmênides sobre a pluralidade e a mudança.

Da mesma forma, portanto, se formos rejeitar o argumento de Parmênides como sendo, de algum modo, obviamente incorreto, então devemos estar em posição de apontar essas falhas óbvias. Será revelado que, ao expor suas debilidades – e possui várias –, teremos no mínimo aprendido algo sobre a natureza e as limitações do conhecimento *a posteriori*, uma forma de conhecimento cujos princípios de justificação se mostram duradouramente elusivos. Talvez o argumento de Parmênides, a despeito das falhas que possa ter, consiga afinal mostrar que estaríamos enganados em privilegiar o conhecimento *a posteriori*, considerando-o inatacável ou mesmo como mais seguro em suas cadeias justificativas do que o conhecimento *a priori*. É tão claro, afinal, que *vemos* pluralidade e mudança?

1.5 Demócrito e o atomismo do século V

A questão do que é imediatamente evidente para a percepção sensível assumiu nova dimensão e importância adicional com o advento do atomismo do século V a.C. Qualquer que seja o uso que se faça dos argumentos de Parmênides contra o conhecimento *a posteriori*, permanece verdadeiro que suas conclusões são inacreditáveis e é difícil até mesmo imaginar como se pode acreditar que não exista absolutamente pluralidade, ou que nada nunca mudou. Parece, ao contrário, que a pessoa que está lendo este livro começou a lê-lo em algum ponto no tempo, e que mudou em pelo menos um aspecto nesse momento, ou que (enquanto o autor se abster de ler o próprio livro) a pessoa que está lendo este livro não é a mesma que o escreveu, e que, portanto, há pelo menos essa pluralidade.

Na medida em que Parmênides pretende rejeitar esses lugares-comuns, seu raciocínio está condenado a ser visto como radicalmente apartado dos dados de nossas vidas cotidianas. É claro, ele pode desejar que isso seja assim, mas isso dificilmente torna suas conclusões mais palatáveis.

As notáveis teses de Parmênides poderiam ser menos aversivas se ele pelo menos explicasse por que a imagem manifesta do mundo difere tão nitidamente do mundo tal como é de fato, em si mesmo. No entanto, não se esforça para isso. Em vez disso, encontra-se em seus escritos apenas severa e implacável condenação daqueles incapazes ou não dispostos a seguir a direção que ele aponta. Sob esse aspecto, em todo caso, alguns filósofos que se seguiram a ele se saíram melhor. Os atomistas do século V, Leucipo e Demócrito, sustentaram visões semelhantes às de Parmênides no sentido de que concordam com ele em defender que o mundo descrito pela ciência e pela filosofia difere agudamente do mundo do senso comum e da experiência sensível. Ao mesmo tempo, de acordo com algumas antigas exposições, eles pareciam dispostos a explicar por que haveria tanta divergência entre o que sentimos e o que passamos a acreditar a respeito do mundo por trás da imagem que temos dele. Eles ofereceram o *atomismo* como um paliativo conceptual ao monismo parmenidiano: embora o mundo fenomênico não represente o mundo tal como é em si mesmo, há boas razões pelas quais o mundo apareça como o faz. O mundo fenomênico resulta das imperceptíveis interações de átomos minúsculos rodopiando no vazio.

Entre os atomistas, Demócrito (c. 460-360 a.C.) é o mais bem representado por um *corpus* sobrevivente de obras. Podemos compreender suas concepções mais facilmente notando algo conciliatório em sua atitude em relação a Parmênides. Ele concorda com este último, sob pressupostos *a priori*, de que não é possível que haja geração *ex nihilo*. Logo, qualquer coisa que venha a existir provém de algo já existente; e qualquer coisa que deixe de existir se resolve em algo que não é nada. Partindo do nível macro, podemos ver que isso pode se dar da seguinte forma: uma mesa surge a partir da madeira e, se destruída por um machado, transforma-se em madeira outra vez. Vista desse modo, a mesa é simplesmente uma modificação temporária de uma matéria básica já existente: a madeira. O mesmo, todavia, vale para a madeira em si, em relação a alguma matéria ainda mais básica, da qual ela provém e para a qual retorna. Esse processo pode tanto prosseguir indefinidamente para baixo quanto pode se deter em alguma matéria ou matérias básicas. Demócrito tomou a segunda alternativa: na base há átomos diminutos, que são eles próprios indivisíveis e, assim, não podem jamais deixar de existir (a palavra grega *atomos* significa: "não dividido" ou "indivisível"). Cada pequeno átomo é desprovido de linhas, sem início ou fim, e uma unidade absoluta. Cada um é, de certo modo, um Uno parmenidiano em si mesmo.

Porém, não há, como Parmênides sustentara, apenas um átomo englobando tudo. Antes, defendem os atomistas, existem inumeráveis átomos, todos girando no vazio. Sem enfrentar diretamente os argumentos de Parmênides, os atomistas procuraram circundá-lo, primeiro concordando com ele que, se a mudança e a geração forem genuínas, então deve haver não ser, pelo menos no sentido mínimo de que deve ser possível dizer que isto não é aquilo, mas em seguida insistir na realidade da mudança, com o resultado último de que deve haver não ser. Como sustenta Demócrito, "O não ser não é menos do que o ser é"[13]. Ao identificar esse não ser com o vazio, conclui Demócrito que os átomos se movem no vazio, e que seu movimento explica a mudança que experimentamos no mundo fenomênico. Seus átomos aparentemente possuíam tamanho, forma e peso, em termos dos quais observações no nível macro podiam ser dadas. Assim, a sensação de amargor poderia ser pensada como uma função da prevalência de átomos pontiagudos em alguns tipos de alimento, já a doçura como a preponderância de suaves e delicados átomos esféricos em outros.

Ora, pode ser tentador ler essa resposta atomística a Parmênides como um triunfo a favor do senso comum. Embora se revele que o mundo tal como é permanece separado do mundo da experiência comum, pelo menos o mundo tal como experimentado se baseia em – e é explicado por – um mundo de átomos inacessível à experiência sensível. Nossas experiências são coerentes e explicáveis. Não precisamos temer as exortações ou censuras parmenidianas.

Essa garantia fácil seria prematura por duas razões relacionadas entre si. Primeiro, deveria estar claro, a essa altura, que em lugar algum os atomistas conseguiram refutar diretamente Parmênides. Este forneceu, afinal, um argumento detalhado defendendo que não é possível pensar o que não é; nada na resposta atomística enfrenta diretamente esse argumento. Nesse ponto, é justo dizer que Parmênides

---

13. DK 68 B 156. Em inglês: *"Non-being is no less than being is"* [N.T.].

não ficaria impressionado; e também é justo afirmar que os atomistas não lhe deram nada que pudesse impressioná-lo. Em segundo lugar, ao ser conciliatório, Demócrito pode ter concedido demais, ao sustentar, em acordo com Parmênides, que, em última instância, há apenas um tipo de mudança. Vimos que Parmênides implicitamente desejava reduzir todos os casos de alteração à geração (na premissa ACM-4). Se isso não parecia justificado então, não parece que seja mais justificado agora para efetuar a redução oposta, de toda geração para mudança qualitativa. Segundo a descrição democriteana, tudo constitui, em última instância, uma modificação dos átomos no vazio. O que parece ocorrer, na verdade, é uma nova configuração de átomos, a qual constitui um arranjo ou modificação temporária deles, mas que, enquanto tal, é transitória e, de certa maneira, ilusória.

Esse último ponto não passou despercebido para o próprio Demócrito. Em um fragmento distingue nitidamente entre o que ele denomina os julgamentos "bastardos" dos sentidos e outra forma, legítima, de julgamento, que não se baseia na experiência sensível, mas sim nas operações da razão (DK 68 B 11). Desse modo, pelo menos, ele soa praticamente parmenidiano. O julgamento dos sentidos pertence à visão, audição, paladar, olfato e tato. Os julgamentos da razão, que dizem respeito aos átomos e ao vazio, são em princípio imunes às pretensões dos sentidos. Em outros termos, por mais simpática que possa soar a postulação do atomismo para ouvidos contemporâneos, Demócrito dificilmente parece motivado pelo tipo de evidência empírica ou dados que estão por trás do atomismo contemporâneo. Além disso, ele compreende seu atomismo como tornando grandes porções dos dados sensoriais não objetivos e meramente convencionais. Diz que, na verdade, há *apenas* átomos e o vazio; qualquer outra coisa que exista o faz apenas por convenção, como uma espécie de ficção conveniente. Todo o resto, sustenta, existe apenas por convenção: doçura e amargor; quente e frio; até mesmo cada cor (DK 68 B 9).

Ao comparar o que existe na realidade e o que existe apenas por convenção, Demócrito se apoia em um argumento poderoso, o qual terá uma longa história na filosofia. O argumento parte do simples fato de que diferentes pessoas relatam diferentes experiências sensoriais ao interagir com os mesmos objetos, e tenta concluir que, como consequência, não há fato objetivo a respeito do que é percebido. Trata-se do argumento do convencionalismo da percepção (ACP):

1. Se S_1 percebe algum objeto x como sendo F (por exemplo, um balde de água supostamente quente) e S_2 percebe o mesmo x como sendo não F (ou seja, o mesmo balde de água como fria), então nem F nem não F são propriedades de x em si mesmo;

2. Ocorre com frequência na percepção que S_1 percebe x como sendo F e S_2 percebe x como sendo não F;

3. Logo, qualidades perceptivas não são objetos em si mesmas.

Dificilmente pode-se discutir (ACP-2). Se alguém acaba de sair da sauna, a piscina parecerá fria para ele. Se outra pessoa acabou de sair de uma casa com ar-condicionado ligado, a piscina lhe parecerá quente. De modo similar, parece um fato evidente da experiência que, em alguns casos, o que parece doce para uma pessoa parecerá amargo para outra. Talvez um copo de limonada provoque em alguém a sensação do azedo e em outro alguém a sensação do doce. Isso pode ocorrer mesmo quando ambas são pessoas de saúde perfeitamente normal, que simplesmente têm diferentes referências e diferentes sensibilidades.

Portanto se (ACP-1) é verdadeira, segue-se diretamente (ACP-3). Por que supor que (ACP-1) é verdadeira? É mais fácil compreender o argumento todo de Demócrito, e (ACP-2) em particular, como *realismo ingênuo* ostensivo sobre percepção sensível, a visão de que as qualidades sensoriais são propriedades intrínsecas dos objetos percebidos. É a limonada que é doce, o carro que é vermelho ou a piscina que é quente. Essas são todas propriedades reais, intrínsecas aos objetos que as possuem, esperando no mundo para nos afetar quando as encontramos. O realista ingênuo supõe que nós simplesmente experimentamos essas qualidades interagindo de maneira habitual com os objetos que as manifestam. Se (ACP-1) é correta, portanto, então o realista ingênuo está errado.

Há pelo menos algum motivo para supor que (ACP-1) está de fato correta. Se somos realistas ingênuos, podemos evidentemente precisar supor que a piscina parece fria para algum sujeito S_1, mas quente para S_2, então apenas uma das quatro circunstâncias deve se obter: (1) S_1 está certo e S_2 errado; (2) S_2 é certo e S_1 errado; (3) estão ambos certos; e (4) estão ambos errados. É difícil sustentar as alternativas (1) e (2). Nada nos fornece alguma razão para supor que, seja S_1, seja S_2, goze de alguma posição superior relativa ao outro. Nem nada do ponto de vista do realismo ingênuo recomenda (4), a visão de que ambos os sujeitos estão errados. Isso só nos deixa com (3), isto é, que estão ambos certos. Ora, como é que a piscina pode estar *em si* tanto fria quanto quente? Essa terceira alternativa parece se contradizer duplamente.

Pode parecer natural dizer, nesse ponto, que nem S_1 nem S_2 estejam absolutamente ou objetivamente errados ou certos: ambos estão certos no que diz respeito a cada afirmação. Esse, porém, seria o centro do argumento de Demócrito: cada afirmação é correta apenas na medida em que as coisas parecem ser, não como as coisas são de fato *em si*, independentemente e antes de nossas experiências. Caso se revele agora que cada pessoa que percebe é uma autoridade sobre como as coisas aparecem, e não é possível que os objetos da percepção sejam objetivamente, em si mesmos, tal como aparecem, então o realismo ingênuo deve ser falso. Não será o caso que coisas no domínio da percepção, para usar as próprias expressões de Demócrito, sejam *na realidade* de uma maneira e não de outra. As coisas são quentes e frias apenas *por convenção*.

Demócrito leva esse argumento um passo além, ao incluir as cores entre as propriedades que são relativas às pessoas que percebem. Nem mesmo as cores, sustenta, são propriedades dos objetos em si. Ao variar as condições de iluminação, e com diferenças entre as pessoas que percebem, um mesmo objeto parecerá azul para um e vermelho para outro. Em um extremo, pessoas daltônicas, que não enxergam vermelho e verde, confundirão o que pessoas sem essa condição percebem como vermelho, em vez de verde. Ora, se alguém é tentado a responder indicando que a pessoa cega para as cores é de uma maneira óbvia anormal, Demócrito responderá simplesmente que tal fala de normalidade é, na verdade, uma conversa de *normas* convencionais, e assim concede este ponto, a saber, que o realismo ingênuo é falso. Isso significa, porém, dizer apenas que, dado (ACP-1), segue-se (ACP-3). Logo, estamos errados em atribuir muita importância a nossos julgamentos bastardos. Eles nos dizem como o mundo parece; mas não nos informam sobre como o mundo é. Na verdade, o mundo é constituído por átomos e pelo vazio.

Assim construído, o atomismo preserva alguns elementos da imagem manifesta ao minar outras. Há de fato mudança e pluralidade; mas toda mudança é meramente alteração, e não geração; e toda pluralidade é uma pluralidade de átomos girando no vazio. Nós percebemos o mundo, contudo nossas percepções produzem apenas julgamentos bastardos que nos afastam de tudo o que existe na realidade, átomos no vazio. Mesmo assim, a razão pode descobrir o que é de fato o caso. Dessa forma, Demócrito reflete uma enigmática consciência do delicado jogo entre a mente e os sentidos – e, por extensão, entre conhecimento *a priori* e *a posteriori* – em um divertido fragmento no qual ele retrata os sentidos como se dirigindo à mente: "Pobre mente, tomas tua própria evidência de nós e então nos descarta? Nosso descarte é tua própria derrota"[14]. Os sentidos indicam aqui que a mente recebe a evidência deles e, por consequência, qualquer tentativa por parte da mente de minar sua autoridade, em última instância, serve apenas para minar a própria mente. Estava bastante claro que Parmênides desejara minar inteiramente as pretensões dos sentidos. Resta uma intrigante questão relativa à censura autocrítica de Demócrito: Em que medida o argumento da relatividade da percepção representa uma tentativa, por parte da mente, de minar a confiabilidade da percepção sensível enquanto tal?

1.6 O movimento sofístico

A disposição do atomismo de postular um domínio da realidade abaixo do limite da percepção sensível o coloca em uma posição um tanto quanto precária, especialmente dada (ACP), proposição segundo a qual as qualidades experimentadas na percepção sensível não são sequer intrínsecas aos objetos externos. Mesmo assim, a despeito de semelhantes preocupações céticas, Demócrito jamais duvidou que exista uma realidade objetiva subjacente. Pelo contrário, é precisamente isso o que ele aceita quando compara o que existe por convenção com o que existe *na realidade*. Se ele se vê, de algumas maneiras, separado de uma realidade inacessível aos sentidos, isso só pode se dever ao fato de que há uma realidade independentemente do que ele encontra na percepção sensível, uma realidade que existe objetivamente antes de ele experimentá-la.

As coisas assumem uma direção radicalmente nova com o advento do Movimento Sofístico, especialmente dadas as tendências de seu mais famoso e formidável praticante, Protágoras (c. 485-414 a.C.). Embora haja muito pouco para conectar todos esses chamados "sofistas" na Antiguidade, ou depois a qualquer doutrina ou credo particular, permanece verdadeiro que houve um fenômeno social associado a esse rótulo, que pode ser chamado, ainda que de maneira vasta,

---

14. DK 68 B 125. Em inglês: "*Wretched mind, do you take your own evidence from us and then overthrow us? Our overthrow is your downfall*" [N.T.].

movimento. Esse movimento deveu suas origens principalmente às surpreendentemente duradouras e entranhadas instituições democráticas de Atenas, que se estendeu, sem interrupções, desde as reformas de Clístenes, no início do século VI a.C., até a abolição da democracia pelas mãos dos macedônios, em 322 a.C.; mesmo depois disso, durante o Período Helenístico, a democracia foi restaurada várias vezes, embora não por longos períodos.

A democracia criou oportunidades de poder político negadas a muitos sob oligarquias ou monarquias. Essas oportunidades foram mais prontamente exploradas por cidadãos educados em práticas de debates públicos efetivos e nas artes da persuasão, uma consequência da democracia severamente criticada por famílias ricas e privilegiadas. Ainda assim, mesmo sob governo democrático, o poder se concentrou efetivamente entre os bem-nascidos, uma vez que apenas aqueles pertencentes às classes ociosas podiam se permitir treinar seus filhos em retórica e em discurso público. Aqui o sofismo fez sua entrada na vida ateniense. Muitos sofistas se gabavam, com considerável justificação, que eles eram oradores públicos excepcionalmente capazes; e, dadas suas habilidades, muitos eram procurados como professores por famílias ansiosas em equipar seus filhos com as ferramentas do êxito social. Dados seus objetivos sociais, essas famílias compreensivelmente pagavam aos sofistas somas consideráveis por seus serviços como professores.

Contudo, as atitudes em relação aos sofistas eram ambivalentes, de certa maneira espelhando atitudes contemporâneas em relação aos advogados: as pessoas amam odiá-los, todavia querem o melhor que o dinheiro pode comprar quando se veem necessitados de serviços legais. Do mesmo modo, os atenienses às vezes zombavam dos sofistas como charlatães desavergonhados, mas ainda assim contratavam seus serviços mediante pagamento. Alguns atenienses, incluindo alguns filósofos, criticavam os sofistas pelos efeitos perniciosos e desestabilizadores de seus ensinamentos sobre a moralidade tradicional. Essas críticas eram de certo modo justificadas, pelo menos no sentido de que, reconhecidamente, os ensinamentos sofísticos de fato minavam formas confortáveis e tradicionais do pensamento moral e de tomadas de decisões. De maneira notável, sob esse aspecto, Protágoras pregava uma variedade de relativismo que ameaçava abolir qualquer forma de autoridade moral concentrada. Seu ensinamento podia razoavelmente ser visto como perigoso por aqueles que procuravam endossar a noção de uma autoridade moral independentemente de práticas e crenças individuais. Mesmo assim, tinha seus adeptos; de fato, a julgar por vários setores da opinião pública e acadêmica, muitas pessoas continuam a considerar tais concepções altamente atrativas. Em alguns círculos, o relativismo protagoreano é assumido como óbvio ou até mesmo inquestionavelmente correto, a ponto de ser inatacável.

Suas posições, todavia, foram atacadas na Antiguidade, mais efetivamente por Platão e Aristóteles. Talvez seja mais fácil de examinar por que eles se preocupavam tanto com o sofista, compreendendo o relativismo protagoreano como uma extensão e revisão não cética das preocupações atomísticas sobre a realidade da percepção sensível. Protágoras sustentou, mais notoriamente, uma doutrina da medida (DM), segundo a qual os seres humanos são eles próprios as medidas ou os padrões do que é belo e feio, do que é certo e errado, do que é real e irreal. "Um ser humano é a medida", sustenta Protágoras, "do que é, que é, e do que não é, que não é"[15]. Posto de maneira simples, a (DM) sustenta que os seres humanos determinam o que é o caso para os seres humanos; eles não descobrem o que é dado pelo mundo antes de sua interação com ele. Por pelo menos uma série de qualidades, isso pode parecer a muitas pessoas como perfeitamente justo. Não é que seja uma questão de mera convenção que o vinho tenha sabor suave: ele *realmente* é suave, pelo menos para aquele que o experimenta como tal. O fenômeno é o mesmo notado pelos atomistas, isto é, que diferentes pessoas experimentam o mundo de maneiras diferentes; a atitude adotada em relação a esse fenômeno, porém, é marcadamente diversa. Protágoras não admitirá que exista uma realidade por trás das aparências. Em vez disso, as aparências são a realidade. O que me parece ser desta forma, é desta forma para mim; e não há motivo para duvidar seja da realidade do que aparece para mim, seja de minha habilidade de conhecer diretamente essa realidade.

A doutrina da medida encontra apoio, precisamente no fenômeno notado pelos atomistas, de que existe variabilidade entre nossas percepções. Ora, essa observação, contudo, estende-se a outro domínio: a moralidade. A maneira mais fácil de conceber essa extensão é considerar uma simples variação de (ACP), o argumento do convencionalismo da percepção, dos atomistas. Agora, porém, em vez de dizer respeito a qualidades perceptuais, o argumento lida com qualidades supostamente morais, produzindo um simples argumento do relativismo protagoreano (ARP):

---

15. DK 80 B 1. Mais comumente traduzido como: "O homem é a medida de todas as coisas", mas sigo aqui a opção do autor, que traz: "*A human being is the measure*" [N.T.].

1. Se S_1 percebe alguma ação x como sendo F (por exemplo, a eutanásia como sendo moralmente permissível) e S_2 percebe o mesmo x como sendo não F (a eutanásia como sendo moralmente proibida), então nem F nem não F são propriedades de x em si mesma;

2. Ocorre com frequência na percepção que S_1 percebe x como sendo F e S_2 percebe x como sendo não F;

3. Logo, qualidades morais não são ações em si mesmas.

Aqui, mais uma vez (ARP-2) parece quase inegável. Claramente, as pessoas têm discordâncias morais. Diferentes culturas, épocas e grupos divergem em suas avaliações da moralidade do mesmo tipo de ações. É agora lugar-comum que os americanos denunciem a escravidão como tremendamente imoral: não foi há tanto tempo que eles mantiveram escravizados. O primeiro historiador na Grécia, Heródoto, relata com admiração os espantosos costumes dos egípcios, que fazem tudo para trás; os persas, que se casam com as próprias filhas; os indianos, que comem os próprios mortos; e os citas, cujos modos nômades impedem que construam templos ou se envolvam com agricultura. Sobre estes últimos, Heródoto admira a habilidade deles de escapar da dominação persa por meio de rápida fuga; mas, em virtude de outros traços, diz: "Não gosto deles". Heródoto até mesmo fornece uma explicação geral para esse desdém. Aqueles que conhecem um pouco mais sobre culturas além das suas próprias, observa ele, habitualmente encaram a própria cultura como superior. Assim Heródoto decide: "A convenção reina sobre tudo"[16].

Protágoras certamente sentirá simpatia por isso, mas não meramente da maneira atomística, na qual a convenção é comparada com o que existe na realidade. A doutrina da medida de Protágoras sugere que qualquer comparação como essa é inútil. Em vez disso, *o que é certo para os persas* difere daquilo *que é certo para os gregos*. Fim da história. Não existem fatos adicionais para provar que os gregos que, como diz Heródoto, sentem-se superiores, sejam de fato superiores. Nem, da mesma forma, existem fatos para provar que os indianos sejam superiores, mesmo que também eles, não menos do que os gregos, vejam-se como superiores aos que lhes são estrangeiros. O que eles fazem *é certo para eles*, embora não *certo para os gregos*. Além disso, não parece haver fatos para provar que alguns gregos sejam superiores a outros gregos, quando mantêm discordâncias internas.

---

16. Cf.: Heródoto, *Histórias*, III, 38.

Heródoto relata que os gregos não têm estômago para aguentar a irreverência dos indianos em relação a seus mortos. Quando se expressa dessa maneira, Heródoto se esquece de Heráclito, que sustenta que "é mais fácil descartar corpos do que excrementos"[17]. Se não existem fatos não convencionais para provar que os gregos sejam superiores aos indianos, é difícil compreender por que deveria haver fatos para provar que alguns gregos sejam superiores a outros. De modo bastante claro, Heráclito não se impressiona muito pelos "fatos" da convenção.

Retornando ao (ARP), portanto, podemos ver como Protágoras estendeu o argumento do convencionalismo da percepção de três maneiras, cada uma das quais assinala uma dificuldade para ele. A primeira extensão, notada por Platão, diz respeito à própria noção de *percepção* empregada (ARP-2). Como em inglês, é fácil em grego passar de uma percepção sensível em sentido estreito para uma forma mais intelectual de juízo perceptivo (de: "Ela percebeu o azul" a "Ele percebeu seu desconforto em ser a única mulher presente", daí a "Ele percebeu no começo do ano fiscal que o preço do combustível iria diminuir nos meses seguintes"). Demócrito se preocupava principalmente com divergências sobre casos de percepção sensível, construídas de modo estreito. Não é tão imediatamente óbvio que percebemos em cada caso as discordâncias morais que supomos perceber. Pode ser que indianos e gregos concordem sobre os princípios morais que regem o funeral dos mortos. Todas as partes podem concordar, afinal, que a moralidade requer uma expressão de piedade em relação aos mortos; sua discordância dirá respeito, então, sobre qual a melhor maneira de expressar essa piedade, com o resultado de que sua discordância não será mais bem compreendida como dizendo respeito a princípios morais.

A segunda extensão é um pouco mais complexa. Suponha que (ARP-2) seja verdadeira, como parece plausível, afinal: há discordâncias sobre moralidade e essas se estendem aos desacordos sobre princípios morais. Admitamos (ARP-2) apenas nesse sentido. Isso, no entanto, diz-nos menos do que alguns imaginaram. (ARP-2) afirma apenas que, em termos descritivos, existe discordância moral. Como, porém, espera Protágoras passar do mero fato da discordância moral para a rejeição da moralidade tradicional, que sustenta que algumas ações estão certas ou erradas independentemente de e antes de nossos julgamentos sobre elas? Em outros termos, tal como afirmada, (ARP-2) é uma simples asserção sobre diferen-

---

17. DK 22 B 16. Em inglês: *"corpses are more fit to be cast out than dung"* [N.T.].

ças culturais ou individuais. Para que evitemos equívocos entre as premissas do argumento, a primeira premissa deve ser tomada como sustentando que o mero fato da discordância moral basta para mostrar que não há qualidades morais independentes daquele que percebe. Ora, pode não haver semelhantes qualidades. Talvez haja boas razões para duvidar de sua existência. No momento, entretanto, estamos nos perguntando se Protágoras forneceu razões desse tipo. Até agora não o fez. Para estabelecer que o relativismo moral é verdadeiro, ele terá que fazer mais do que apelar para o mero fato da discordância moral. Quando, por exemplo, existe discordância científica, nós não inferimos imediatamente que não há fatos sobre a matéria em ciência. Em vez disso, tentamos aprender quais são os fatos a fim de resolver nossa discordância em uma direção ou em outra. Mais uma vez, se – como alguns até hoje parecem ser tentados a fazer – Protágoras responde que questões morais e científicas são inteiramente distintas, ele pode estar caminhando sobre um terreno seguro. Aqui também, no entanto, sua asserção de que isso seja assim não faz que isso seja desse modo. A fim de *estabelecer* o relativismo moral – contraposto a meramente *afirmá-lo* – Protágoras e seus colegas de caminhada precisarão fornecer um argumento. Esse argumento claramente terá que se apoiar sobre mais do que o fato indisputável, mas comezinho, da discordância moral.

Isso se torna ainda mais premente quando nos concentramos na terceira e final extensão por Protágoras do argumento dos atomistas em favor do convencionalismo. Essa extensão diz respeito à sua atitude em relação à própria conclusão última. Os atomistas evidentemente desejavam sustentar que o que percebemos não é, por assim dizer, de fato real. O que é objetivamente real reside por trás do reino da percepção e, em alguma medida, ajuda a explicar nossas experiências. Era isso o que Demócrito compreendia por sua rejeição do realismo ingênuo: ele concluiu que as qualidades perceptuais não são características intrínsecas dos objetos, mas resultam de nossas interações com átomos imperceptíveis girando no vazio. Protágoras tem uma visão muito menos severa. Não nega a realidade das qualidades perceptuais ou morais; sustenta, em vez disso, que são de fato reais. Ocorre apenas que sua existência depende de nossos juízos. O sofista não é uma espécie de cético. Sei o que é *certo para mim*; é precisamente o que acredito ser *certo para mim*. Tampouco considera esses juízos como sendo convencionais, se for para comparar o que é convencional com o que existe objetivamente em uma realidade não convencional. Enquanto os atomistas pensavam que o mesmo objeto poderia ser tanto doce como não doce, e inferia que a doçura não existia na realidade, mas somente por convenção; Protágoras concluía que algumas coisas realmente são doces para mim, mesmo que não sejam para você. Segundo Protágoras, o que vale para a doçura vale para as propriedades morais; com efeito, se compreendemos que a doutrina da medida seja completamente irrestrita, como evidentemente Protágoras pretendia que fosse, o que vale para qualidades perceptuais e morais vale para qualidades em geral. Um ser humano é a medida do que existe.

Vista desse modo, a (DM) parece muito extrema. Ela poderia receber uma formulação positiva (DM_{pos}) ou negativa (DM_{neg}):

> (DM_{pos}) Para qualquer proposição arbitrária p, se S acredita em p, então p é verdadeira para S;
>
> (DM_{neg}) Para qualquer proposição arbitrária p, se S_1 acredita em p e S_2 acredita em não p, então não se pode estabelecer um fato sobre se S_1 ou S_2 está correto.

Assim posto, é difícil de acreditar em (DM_{pos}). Se uma criança de escola básica acredita que $3 + 2 = 6$, então certamente ela está errada e é justamente corrigida por seu professor. Se, porém, "verdadeira para S" significa meramente "acredita-se que seja verdadeiro por S", então (DM_{pos}) é obviamente banal, sustentando apenas que, se S acredita em p, então S acredita em p. Espera-se que o relativismo seja mais do que isso. Precisa ser, para que mereça a nossa atenção.

Ora, pode haver uma tendência a ajudar Protágoras, restringindo explicitamente a gama de proposição sob o domínio (DM_{pos}). Não se trata apenas de matemática ou de questões que podem ser empiricamente decididas, mas, sim, de moralidade. Quando temos discordâncias nesse campo, dirão alguns, não há quem está certo ou errado. Isso se desloca para o que é essencialmente uma versão restrita da formulação negativa da doutrina da medida (DM_{neg}). O primeiro e mais óbvio aspecto é que nós agora nos distanciamos de Protágoras, que não está interessado em uma restrição como essa. Além disso, quando oferecemos essa restrição, incorremos em uma obrigação de oferecer uma razão com base em princípios para endossá-la. Essa razão, claramente, precisará mostrar por que estamos justificados em pensar que o relativismo deve ser rejeitado como doutrina geral, mesmo que tenha um lugar reservado em alguns campos de investigação. Como vimos, apelos ao mero fato da discordância moral não bastarão. Assim, aqueles que desejam implementar essa restrição devem ao mundo um argumento.

Aqui, no entanto, podemos querer ir com calma quando falamos de "dever ao mundo um argumento". Tomado de certo modo, muitos dos sofistas estavam perfeitamente dispostos a cumprir com essa exigência – embora isso se deva em parte ao fato de que também estavam perfeitamente dispostos a se apropriar da noção de "argumento" e moldá-la aos próprios fins. Será útil aqui distinguir dois sentidos de "argumento", e também distinguir de maneira nítida, ainda que artificialmente, entre os dois usos de argumentos. O primeiro deles é o que poderíamos chamar de *sentido estrito e propriamente lógico*, segundo o qual um argumento é um conjunto de proposições, algumas das quais pretendem ser garantidas ou implicadas pelas outras e que, se bem-sucedidas, o argumento será válido e correto. Por "válido" pensamos em um argumento (no sentido estrito e propriamente lógico) que é tal que *se* suas premissas forem verdadeiras, sua conclusão deve também ser verdadeira. Por "correto" entendemos um argumento válido com premissas que são, de fato, verdadeiras[18]. Outro sentido de "argumento" não é lógico, mas não por isso inapropriado. É o sentido mais conhecido de "argumento" como discordância, com partes opostas adotando posições opostas[19]. Existem outros sentidos, porém trabalhemos por ora com esses dois sentidos. Podemos acrescentar a eles duas funções de "argumentação", que aproximadamente correspondem a esses dois sentidos. A primeira função da argumentação é *demonstrar* a verdade de alguma proposição, oferecer uma prova de sua verdade. A segunda função, que mais frequentemente vem à tona em argumentos no segundo sentido, como discordâncias entre partes opostas, consiste simplesmente em *persuadir* alguém a aceitar alguma proposição, estabelecê-la, seja ela verdadeira ou não. Nesse sentido, um advogado pode legitimamente arguir para um júri que sua cliente não é culpada, esperando persuadi-los dessa visão, mesmo que, particularmente acredi-

---

18. Para ilustrar, primeiro, um argumento inválido, com premissas verdadeiras (embora um argumento inválido também possa ter uma premissa falsa): (1) alguns pássaros podem nadar por baixo da superfície da água; (2) peixes nadam por baixo da superfície da água; (3) assim, alguns pássaros são peixes. Ambas as premissas são verdadeiras, mas a conclusão é falsa. Um argumento válido com premissas falsas: (1) todas as mulheres sopranos são italianas; (2) todos os italianos bebem café expresso; (3) assim, todas as mulheres sopranos tomam café expresso. Note-se que, embora falsas, *se* essas premissas fossem verdadeiras, a conclusão teria de ser verdadeira. Sabemos, portanto, que se temos um argumento válido com uma conclusão falsa, pelo menos uma das premissas deve ser falsa. Finalmente, um argumento correto: (1) todos os humanos são mortais; (2) Sócrates é humano; (3) logo, Sócrates é mortal. No sentido estrito e propriamente lógico do "argumento", o padrão de ouro é a correção.

19. Em inglês, "*argument*" também tem o sentido de discussão, debate, controvérsia. Em português, existe igualmente esse sentido, mas é menos usual [N.T.].

te que sua cliente seja culpada. Ele estaria argumentando com eles sem considerar a efetiva verdade ou falsidade da proposição de que sua cliente não é culpada. Já um filósofo que tente a sério montar um argumento correto a favor, digamos, da existência de Deus, se concentrará estritamente na correção do argumento a ser desenvolvido; o filósofo pode esperar que pessoas razoáveis sejam persuadidas pelo argumento, mas esse não é o objetivo do exercício. Nesse caso, um argumento poderia ser visto tal qual uma demonstração em matemática. Uma demonstração que estabeleça o teorema do ponto fixo de Brouwer, por exemplo, tem o propósito de mostrar que o teorema é verdadeiro; pessoas razoáveis, adequadas e instruídas aceitarão a demonstração quando a estudarem, mas Brouwer, diferentemente do advogado arguindo o seu caso, não tinha o objetivo de convencer as pessoas independentemente da verdade ou falsidade efetiva do teorema.

De posse dessa distinção, alguém poderia pedir a Protágoras um argumento em favor de sua doutrina da medida (como veremos adiante nesta obra, no subtítulo: "Resposta de Platão à sofística: relativismo e retórica", foi precisamente isso que fez Platão). Em resposta, Protágoras poderia se propor a responder, ou parecer responder, somente ao mudar do primeiro para o segundo sentido de "argumento", supondo que precisemos apenas *convencer* alguém que inicialmente discorda a aceitar a doutrina da medida. Se ele conseguir persuadir essa pessoa, então, tenha ou não conseguido fornecer um argumento no sentido estrito e propriamente lógico, ele pode declarar vitória. De fato, mesmo que encare sua própria posição como enganosa e falaciosa, enquanto persuadir, ele vence.

Nesse segundo sentido de argumentação, o que importa mais do que estabelecer a verdade por meio de um argumento correto é a persuasão por meio da *retórica*. Ora, essas duas funções de argumentação podem se sobrepor, como quando um ateu tenta demover um teísta por meio do que ele considera ser um argumento correto, mas, com mais frequência, ficam de lados opostos. Um vigarista, adepto da prática de separar você de seu dinheiro ganho com o suor de seu rosto, pode ser hábil na retórica, embora não se importe absolutamente com a verdade ou com argumentos no sentido estrito e lógico; na verdade, provavelmente estará tentando obnubilar a verdade ao dar um golpe. O que importa aqui é a persuasão, e nada mais. Ora, não devemos concluir, com base nisso, que todos os usos da retórica são desonestos ou mesmo problemáticos. Um pai que tenta persuadir uma criança a evitar situações que são legitimamente danosas pode ceder à retórica para convencer a criança a permanecer distante de perigos que ela não está ainda em posição de compreender; a persuasão, aqui, é o objetivo, mais do que a promulgação da verdade em abstrato. Assim, em termos de sua utilização, a retórica parece estritamente neutra: como uma faca afiada ela pode ser usada para o bem ou para o mal.

A estrita neutralidade da retórica é importante quando passamos a considerar outro sofista, Górgias, contemporâneo de Protágoras, nascido aproximadamente na mesma época (c. 485 a.C.) e tendo vivido, segundo se relata, uma vida excepcionalmente longa, aproximando-se ou mesmo ultrapassando os 100 anos, até c. 380 a.C.[20] Ele debateu com filósofos, Parmênides e Zenão, sobretudo, mas em muitas descrições é apresentado principalmente como retórico, capaz de discorrer por um longo tempo sobre qualquer tópico. Viaja de um lugar para outro, feliz em debater com qualquer um em qualquer ocasião e de falar de maneira eloquente em resposta a qualquer questão que alguém se dignasse a postular (*Mênon*, 70a5-c3).

Ele provou sua habilidade retórica, ao que parece, não só respondendo a qualquer questão, a qualquer momento, sobre qualquer assunto, mas também ao defender ou atacar teses que eram por si só estranhas. Uma tese assim, relatada pelo filósofo cético posterior Sexto Empírico (discutido adiante nesta obra no subtítulo: "Ceticismo"), apresenta-se em três ondas. Sexto relata que Górgias sustentava, "Primeiro, que nada existe, e segundo, mesmo que algo de fato exista, é incompreensível para os seres humanos, e terceiro, mesmo que seja compreensível, certamente não pode ser expresso ou comunicado ao próximo" (*Contra Academicos*, 7.65). Segue-se um complicado argumento em Sexto, que parece se apropriar de várias teses de Zenão e de Parmênides (tratadas anteriormente no subtítulo: "Parmênides e Zenão"), voltando-as contra si em uma exibição de habilidade verbal e inteligência, efetuando ao longo do processo uma variedade de afirmações sobre as limitações da percepção e da fala, sugerindo que a percepção é permanentemente superficial, jamais indo atrás da superfície em direção à natureza das coisas, enquanto a linguagem meramente aponta para as coisas sem revelar o que são, mesmo se, como nem sempre é o caso, a linguagem consiga apontar para algo que esteja de fato ali. Pode-se, afinal, apontar para um fantasma, ou para

---

20. Cf.: Filostratos, *Vidas dos sofistas*, 1.9.6; Apolodoro, *FGrHist* F33.

nada, ao alucinar, quando se está assustado ou quando se está simplesmente confuso. Um aldeão medieval que faz gestos na direção de uma montanha e adverte um viajante para tomar cuidado com a "toca do dragão" pode ser tomado como alguém apontando para a coisa errada ou para nada. Presumimos que nos referimos a coisas no mundo, com nossa linguagem. Às vezes estamos errados. Talvez, devido a uma deficiência da linguagem, ou ao nosso uso dela, erramos com mais frequência do que nos damos conta.

Alguns críticos antigos não estavam tão certos sobre o que fazer com Górgias. Suas habilidades retóricas pareciam impressionantes para alguns, mas para outros pareciam excessivas e exageradas, e seus debates com filósofos como Zenão e Parmênides pareceram a alguns sérios; já a outros, sátiras. O orador Isócrates, por exemplo, alerta-nos para tomarmos cuidado com "os argumentos dos antigos sofistas, alguns dos quais dissertam que existe um número infinito de coisas [...] enquanto Parmênides e Melisso disseram que há apenas uma coisa, e Górgias que não há nada!"[21] Platão e Aristóteles oferecem outro tipo de advertência, com foco na professada *expertise* de Górgias em retórica. O uso da retórica era então, como hoje, especialmente valorizado como instrumento de persuasão em contextos políticos e jurídicos. Se Górgias é capaz de ensinar a arte da persuasão – persuasão sobre praticamente qualquer coisa, a qualquer momento, em qualquer contexto que seja –, então certamente sua habilidade é útil e merecedora de ser adquirida, mesmo que se precise pagar uma soma principesca para aprendê-la de alguém capaz de ensiná-la. Platão se pergunta se poderíamos de fato tratar a arte de persuasão como superior a todas as outras artes, dado que, em princípio, sua própria neutralidade a torna capaz de ser usada para qualquer fim, não somente em política e disputas forenses, mas em medicina e estratégia militar, e em qualquer coisa que seja: "Ouvi Górgias dizer muitas vezes que a arte da persuasão é superior a todas as outras artes, pois ela escraviza a todas as outras, e com sua própria concordância, e não mediante o uso da força" (*Filebo*, 58a, 7-b2).

---

21. Isócrates, *Antidosis*, 268. Note-se aqui que Isócrates inclui Parmênides entre os sofistas, ao passo que nós o tratamos como filósofo, mas não como sofista. Isso, em parte, reflete a maneira atualmente aceita de dividir os personagens da filosofia antiga, o que pode não ter sido uma visão partilhada na Antiguidade, mas em parte também pelo fato de que "sofista" seja um termo fluido, usado às vezes de maneira derrogatória e às vezes com certa neutralidade ou mesmo como termo de louvor. Em inglês coloquial, temos uma espécie de eco na palavra "*wise*" [sábio], como em "O juiz tomou uma sábia decisão" e "Ele era um rapaz realmente esperto (ou um verdadeiro espertalhão)".

Considera-se que sua superioridade nessa abordagem reside na aplicabilidade universal da retórica, a arte da persuasão, mas sua superioridade, portanto, também vem com um custo alto, a saber, que ao ser especialista em *tudo*, a arte da retórica de fato não é especialista em nada. Em particular, não parece ser especialista em filosofia, ao estabelecer a verdade de acordo com o primeiro, estrito e apropriado sentido do argumento, argumentação lógica. A retórica é a arte da persuasão, mas a persuasão evidentemente se baseia na crença e na manipulação da crença. Em particular, baseia-se nas crenças da audiência visada, cujas crenças, e também cujas emoções e temores, são orquestradas pelo mestre da retórica para alcançar o resultado desejado. Mais uma vez, esse resultado não envolve ou não precisa envolver a verdade. A finalidade é a persuasão, ponto-final. Não fica claro, portanto, como se pode presumir que a retórica ofereça alguma coisa de valor no que concerne a qualquer coisa que consideremos importante, dizendo respeito, por exemplo, conforme sugere Platão, "ao que é justo e injusto" (*Górgias*, 454; 9-455 a 2).

Ora, Górgias e outros sofistas desse jaez poderiam responder a essa alegação de várias maneiras. Em algumas passagens, Górgias é representado como zombando desse tipo de crítica (*Mênon*, 95c1-4), como se fosse apenas uma má piada e uma forma deplorável de pretensão supor que alguém poderia chegar à verdade no que concerne a semelhantes questões, como, por exemplo, ao que *realmente* é justo, o que é objetivamente justo, contraposto ao que se sustenta ser justo ou se acredita ser justo, ou simplesmente pretender que seja justo apenas para vencer alguma disputa local. Afinal, se os membros do júri acreditam que desejam fazer a coisa certa, qualquer que seja ela, então se o advogado de defesa os persuade que seria justo absolver o réu, e eles o fizerem, logo o caso estará vencido e encerrado. Não há mais litígio em que se envolver. Se alguns filósofos remanescentes quiserem se retirar para um bar para discutir teorias sobre a natureza da justiça, eles são livres para fazê-lo, mas o verdadeiro trabalho do dia já chegou ao fim.

Um sofista como Górgias, que adota esse tipo de atitude, pode ser motivado por qualquer conjunto de considerações. Ele pode ser um *niilista*, que pensa que não há algo como a justiça, de fato, que pensa que supor algo diferente disso é acreditar na existência da fada dos dentes. Ou pode ser um *cético*, que não nega a existência da justiça, mas que pensa que mesmo que haja (ou tenha havido) algo como a justiça, ela não pode (ou não poderia) ser conhecida. Assim, tudo o que nos resta é persuadir com base na crença. Ou, ainda, poderia ser como Protágoras, ou seja, um *relativista*, e admitir que há algo como a justiça, mas que não é o que alguém poderia pensar que fosse: é meramente o que é considerado por/para alguma pessoa, sociedade ou civilização. Qualquer uma dessas posturas poderia recomendar uma atitude de desprezo em relação aos que defendem que há algo como a justiça de fato, objetivamente, no mundo e independentemente de nossas preferências e crenças, cuja verdade poderíamos descobrir e revelar com base na argumentação – isto é, argumento do tipo estrito e propriamente lógico. Com efeito, algum tipo de defensor da superioridade da retórica já poderia zombar das pretensões de alguém que supusesse que exista realmente algo como argumento no sentido estrito e propriamente lógico ou, nesse sentido, algo chamado de "verdade", que não seja apenas a atitude de alguém revestida da aparência de ser alguma coisa maior.

Esses tipos de questões e desafios foram precisamente aqueles que os filósofos da geração posterior a Protágoras e Górgias adotaram. Não é por acaso, afinal, que Platão deu o nome de um diálogo para cada um deles: *Protágoras* e *Górgias* (discutidos adiante nos subtítulos: "Resposta de Platão à sofística: relativismo e retórica" e "Três argumentos a favor das Formas").

1.7 Desafios dos pré-socráticos e dos sofistas

Protágoras, Górgias e os demais sofistas legaram um desafio aos que se seguiram a eles. Mesmo que concordemos que Protágoras não estabeleceu a doutrina da medida, devemos conceder que não tivemos até agora uma razão conclusiva para rejeitá-la. Além disso, levando em conta os atomistas, sobre os quais se apoia Protágoras, podemos observar que enfrentamos um perigo relutantemente posto de lado pelo próprio Protágoras: o ceticismo. Se nos posicionamos de início a favor dos naturalistas, contra os mitólogos, conforme observou Xenófanes, precisamos oferecer não apenas justificações para nossas diversas explicações, mas uma forma mais geral de justificação para nosso próprio quadro explanatório de preferência, um que conscientemente apresentamos como superior ao de nossos predecessores. Se favorecermos justificações *a priori*, então corremos o risco de nos alinharmos com Parmênides e Zenão na adoção de algumas conclusões que parecerão bem bizarras. Por outro lado, é difícil ver como podemos, de uma maneira que não seja circular, oferecer justificações *a posteriori* para nossos métodos *a posteriori*. Nesse estágio, talvez, tenhamos que ficar com Demócrito, com nossas faculdades disputando umas com as outras por supremacia justificatória. De qualquer modo, sem o fácil e sem motivação expediente do relativismo protagoreano, vemo-nos em busca de um método suficiente para a tarefa de escapar do ceticismo, sem nos separarmos radicalmente do mundo fenomênico. Além da ameaça do ceticismo sempre à nossa espreita, temos também de confrontar aquilo que, pelo menos para algumas interpretações, é o legado do sofista Górgias: o *niilismo*. Um cético poderia alegar não saber se existem aspectos da realidade além do que parece ser o caso, ou poderia sugerir que mesmo que houvesse, esses aspectos da realidade nos são para sempre incognoscíveis. Tome-se, por exemplo, a questão que passará a ocupar Platão, de saber se é de nosso interesse sermos justos. O cético poderia simplesmente ficar quieto, afirmando modestamente que isso está além de nosso alcance. Já o niilista ficaria perplexo com a questão de Platão, pois ela pressupõe algo claramente falso, a saber, que haja algo como a justiça. É como perguntar, de forma séria, quanto dinheiro seria preciso para subornar um fantasma para deixá-lo em nosso sótão e parar de assombrar nossa casa. A resposta do niilista, nesse caso, parece a correta: má questão, pois não existem fantasmas. Ainda assim, do ponto de vista do cético, o niilista é uma espécie de dogmático: ele pretende saber o que se precisa conhecer sobre fantasmas e, de modo similar, sobre a justiça, isto é, que não existem fantasmas e não há algo como a justiça.

Os desafios do ceticismo, do relativismo e do niilismo não passaram despercebidos pelos filósofos que se seguiram aos pré-socráticos e aos sofistas. Pelo contrário, foram todos abordados com variados graus de sucesso por Sócrates, Platão, Aristóteles e pelos filósofos helenísticos e da Antiguidade Tardia. Se eles enfrentaram essas questões de maneira adequada é o que será examinado a seguir.

Sugestões para leituras adicionais

Textos primários

> Para referência comum aos pré-socráticos e a alguns dos sofistas, os estudiosos usam a seguinte coletânea de fragmentos gregos, a maior parte dos quais acompanhada de traduções em alemão:

DIELS, H.; KRANZ, W. *Die Fragmente der Vorsokratiker*. 6. ed. Berlim: Weidmann, 1952. Original publicado em 1903.

> Os estudantes encontrarão traduções inglesas em:

SPRAGUE, R. (org.). *The older Sophists*. Cambridge: Hackett, 2001.

> Para uma seleção de fragmentos pré-socráticos em grego com traduções em inglês e valiosos comentários, a melhor fonte é:

KIRK, G. S.; RAVEN, J. E.; SCHOFIELD, M. *The Presocratic philosophers*. 2. ed. Cambridge: Cambridge University Press, 1984.

> Para o mesmo texto traduzido em português, a opção é:

KIRK, G. S.; RAVEN, J. E.; SCHOFIELD, M. *Os filósofos pré-socráticos*. História crítica com seleção de textos. 7. ed. Lisboa: Fundação Calouste Gulbenkian, 2010.

> Uma fonte mais abrangente e, de certo modo, mais amigável ao leitor, e que apresenta a clara vantagem de incluir os textos dos sofistas, é o conjunto em dois volumes:

GRAHAM, D. *The texts of early Greek philosophers*. Cambridge: Cambridge University Press, 2010.

Textos secundários

> Para boas e acessíveis introduções aos pré-socráticos, vale consultar:

MCKIRAHAN, R. *Philosophy before Socrates*: An introduction with texts and commentary. Cambridge: Hackett, 1994.

HUSSEY, E. *The presocratics*. Londres: Duckworth, 1972.

BURNET, J. *Early Greek Philosophy*. Londres: A & C Black, 1932 (Original publicado em 1892).

BURNET, J. *A aurora da filosofia grega*. Rio de Janeiro: Contraponto, 2007.

BARNES, J. *The presocratic philosophers*. Londres: Routledge, 1982.

> Adicionalmente, os estudantes encontrarão uma riqueza de informações sobre os pré-socráticos em [1], [2] e [3][22].

---

22. Os números entre colchetes se referem às abrangentes sugestões para leitura adicional compiladas ao final deste livro.

2
Sócrates

Quando tinha 70 anos, Sócrates (469-399 a.C.) foi julgado pelos atenienses por impiedade. Ao fim do julgamento, foi condenado pela maioria de um júri composto por 500 de seus concidadãos. Sua pena: morte por envenenamento. Embora Sócrates não tenha deixado uma explicação em primeira mão do processo, seu seguidor Platão oferece dramáticas reconstruções, na forma de diálogo, dos discursos finais de defesa em seu julgamento, de seu período de encarceramento após a condenação e de suas últimas conversas no dia de sua execução[23]. Embora com frequência diferindo das descrições de Sócrates oferecidas por alguns de seus outros contemporâneos imediatos[24], a apresentação de Sócrates encontrada nos escritos de Platão é ao mesmo tempo cativante e complexa: Sócrates podia ser encantador ou grosseiro; cáustico ou conciliatório; dissimulado ou transparen-

---

23. O discurso de defesa é apresentado na *Apologia*, de Platão (*apologia* é simplesmente a palavra grega para "defesa"). Em *Críton* contém as conversas de Sócrates concernentes à justiça e à desobediência civil, conduzidas enquanto estava na prisão; e *Fédon* apresenta a última conversa de Sócrates, versando principalmente sobre a imortalidade da alma. Embora isso seja objeto de controvérsia na comunidade acadêmica, ainda que esses três diálogos apresentem uma unidade dramática, é provável que os dois primeiros se esforcem para apresentar um retrato mais ou menos preciso do Sócrates histórico, enquanto *Fédon* apresenta as próprias concepções de Platão, utilizando Sócrates como porta-voz. Sobre o caráter dos diálogos socráticos contraposto ao dos platônicos, cf. o subtítulo: "De Sócrates a Platão".

24. Sócrates mesmo não escreveu praticamente nada. Estudiosos enfrentam, portanto, o "problema socrático": como determinar as concepções do homem histórico, Sócrates, contraposto aos vários retratos não equivalentes dele e de suas concepções? Além de Platão, as outras principais fontes para Sócrates são: (1) o autor de comédias Aristófanes, que caracteriza Sócrates, de maneira ridícula, como sofista, em *As nuvens*; e (2) os detalhados retratos de Xenofonte, que escreveu a *Apologia de Sócrates*, assim como vários outros textos nos quais Sócrates figura, incluindo *Memorabilia*, *Banquete* e *Oeconomicus*. Em termos de seu conteúdo filosófico, esses textos são banais em comparação com os diálogos de Platão. Assim, centro-me na apresentação de Sócrates nos chamados diálogos socráticos de Platão.

Embora seja imprudente comprometer-se abertamente com essa visão, é razoável, não obstante, considerar os diálogos socráticos de Platão como visando representar as concepções do Sócrates histórico (sobre a ordem dos diálogos de Platão, cf. capítulo "Platão", nota 42 do capítulo em questão). Todas as referências à *Apologia* são da *Apologia* de Platão, exceto quando indicado de outro modo.

temente sincero; determinado em suas crenças ou admitidamente agnóstico. Por meio dessa complexidade emerge um retrato único de um homem com formidável intelecto e caráter íntegro.

Os escritos de Platão também contêm algumas explicações sobre o motivo pelo qual Sócrates pode ter desagradado, até mesmo intensamente desagradado. Ele tinha o hábito de envolver seus concidadãos em discussões às vezes desconfortáveis nas quais eram forçados a revelar surpreendentes formas de ignorância no que concerne aos próprios tópicos sobre os quais professavam ter conhecimento especializado. Tipicamente, Sócrates começava uma discussão colocando uma questão direta e sem rodeios sobre a natureza de alguma qualidade moral simples, familiar. Seus interlocutores pretendiam conhecer um pouco mais sobre essa qualidade, mas acabavam ruindo sob o questionamento socrático, frequentemente caindo em uma autocontradição dolorosamente óbvia.

Em um exemplo característico, Platão narra como Sócrates, a caminho do julgamento que terminaria com sua vida, encontrou um conhecido chamado Eutífron, que havia ele próprio acabado de concluir um assunto jurídico. Questionado por Sócrates sobre qual era o assunto, Eutífron relatou que acabara de dar início a um julgamento contra o próprio pai, sob acusação de impiedade, a mesma que Sócrates enfrentaria. Embora isso tivesse surpreendido Sócrates, Eutífron se mostrava impassível: de seu ponto de vista, seu pai cometeu um crime e, assim, precisava ser levado à justiça. Mesmo que outros membros da família o reprovassem, Eutífron permaneceu confiante, até mesmo se considerando moralmente superior, segundo a expressão afirmativa e segura de seu próprio conhecimento. Ele sabia que era apropriado fazer a acusação, pois sabia que seu pai havia cometido tal ato de impiedade.

A despeito da complexidade de suas próprias circunstâncias, Sócrates não resistiu à oportunidade de colocar uma questão que é ao mesmo tempo simples e revolucionária: O que é a piedade? A questão é simples pela óbvia razão de que ele se limita a pedir a Eutífron para explicar aquilo que este último já diz conhecer. É revolucionária porque nenhum filósofo havia ainda posto esse tipo de questão em uma forma tão despojada. Embora Xenófanes tivesse implicitamente se apoiado em uma análise do conhecimento quando colocou seus desafios céticos, ele jamais havia dado um passo atrás e perguntado de maneira direta: O que é o conhecimento?[25] De modo similar, Parmênides negava a existência da mudança e da pluralidade; mas o fez apoiando-se em uma compreensão desarticulada de cada uma e jamais demandou uma explicação de qualquer uma delas. Mesmo Protágoras defendeu o relativismo de valores sem primeiro investigar a natureza do valor como tal. Já Sócrates embarca em um *impulso para análise*. Ele deseja conhecer, por exemplo, *o que é a piedade*; e parece genuinamente encantado quando alguém como Eutífron aparece pretendendo ter esse conhecimento.

Ao requerer essa análise, Sócrates não parece de todo preocupado com o *conceito* de piedade, pelo menos não se esse for compreendido como limitado à posição particular de Eutífron em relação ao conceito. Sócrates deseja antes uma análise da qualidade ou propriedade de *ser piedoso* ou da piedade; aquela mesma coisa, diz ele, cuja presença torna todas ações piedosas (*Eutífron*, 6d). Assim, não está nem um pouco interessado no que alguns filósofos posteriores chamaram de *análise conceptual*, que se restringe a uma consideração da estrutura profunda de nosso esquema conceptual; em vez disso, deseja analisar a coisa mesma de modo que se revele a sua natureza. Se um químico deseja uma análise química do sódio, então ele não quer uma explicação de como alguém passa a conceber a matéria; ele quer que a matéria em si seja explicada de modo que se possa aprender sobre essa natureza. Sócrates deseja a química da piedade, não sua sociologia ou psicologia.

Infelizmente, porém, Eutífron se mostra incapaz de entregar o produto. Quando questionado por Sócrates, ele termina oferecendo uma visão que não resiste ao exame. Ao mesmo tempo, a despeito de sujeitar as asserções de Eutífron à investigação, Sócrates sustenta que ele próprio carece de conhecimento da resposta que procura. Embora possa ver por que a resposta de Eutífron fracassa, Sócrates não tem nada a oferecer em seu lugar. Desse modo, o método de Sócrates parece principalmente destrutivo. Pensando que ninguém realmente deseja se enganar sobre seus próprios defeitos epistêmicos, ele pretende revelar a ignorância dos outros como benefício para eles. Ele parece até mesmo esperar que seus interlocutores o agradeçam por ajudá-los a descobrir suas próprias ignorâncias, até então não detectadas. Em sua maioria, eles não o agradecem. Em vez disso, ficam embaraçados, humilhados e, às vezes, enraivecidos. No fim de seu questionamento,

---

25. Por contraste, Platão pergunta e responde a essa questão de maneira extensa em *Teeteto*. Cf. os subtítulos: "O paradoxo da investigação de Mênon; resposta de Platão"; "Três funções da Teoria das Formas de Platão"; e " Três argumentos a favor das Formas" para uma discussão de sua abordagem do conhecimento e de seus objetos.

Eutífron não fica com raiva. Na verdade, ele mal parece ter percebido o que acabou de lhe acontecer. Em seu encontro com Sócrates, Eutífron é claramente incapaz de explicar o que diz conhecer. Não obstante, ao fim da discussão, quando é mostrado que não fizeram nenhum progresso, Eutífron simplesmente escapa, alegando precisar cuidar de alguns assuntos urgentes.

De muitas maneiras, o encontro de Sócrates com Eutífron é profundamente característico de seu método e missão. O que é mais central, revela três consistentes traços socráticos: um impulso para análise; uma profissão de ignorância; e um método de investigação usado repetidamente em seus encontros com outros, o método do *elenchus*.

2.1 O *elenchus* socrático

No *elenchus*, Sócrates coloca uma série de questões visando produzir um enunciado sobre a natureza ou essência de alguma importante virtude. Em cada caso, as questões acabam por mostrar uma incapacidade por parte de seus interlocutores, mais frequentemente revelando uma contradição escondida em seu pensamento sobre o assunto. Em abstrato, um *elenchus* típico é um processo dividido em seis estágios:

1. Sócrates coloca uma questão da forma: O que é F? (O que é a coragem? O que é a justiça? O que é a virtude?);

2. O interlocutor responde: F é G (Coragem é permanecer firme na batalha; justiça é ajudar o amigo e prejudicar o inimigo; virtude é a habilidade de adquirir coisas boas);

3. Sócrates obtém crenças adicionais da parte de seu interlocutor (É possível permanecer firme na batalha mesmo estando paralisado pelo temor? É justo ajudar os amigos quando eles foram injustos? A virtude é sempre justa? Não é possível adquirir coisas boas de maneira injusta?);

4. Sócrates mostra aos seus interlocutores que suas visões apresentam inconsistências internas (não é possível sustentar simultaneamente, por exemplo: (a) virtude é a aquisição de coisas boas; (b) atividade virtuosa é sempre atividade justa; (c) a aquisição de coisas boas é às vezes injusta);

5. Os interlocutores de Sócrates se dão conta de que endossaram um conjunto inconsistente de proposições, e assim precisam abrir mão de algo. Eles quase invariavelmente abandonam sua resposta inicial à análise proposta por Sócrates;

6. Sócrates declara partilhar da ignorância deles e os recomenda a uma nova busca pela essência da qualidade moral sob consideração.

Como é natural, aqueles assim refutados por Sócrates às vezes se sentem envergonhados; dificilmente os comove ouvir Sócrates afirmar que também é ignorante.

Mais precisamente, quando Sócrates professa tanto ignorância como deseja analisar a qualidade em questão, ele parece se colocar em uma posição difícil. Não é fácil, em primeira instância, apreciar como – embora Sócrates às vezes use outros argumentos em sua defesa – o método elêntico seja algo mais do que destrutivo[26]. Sócrates coloca sua questão usual, a *questão qual a natureza de x*? Seus interlocutores arriscam uma resposta. Essa resposta se mostra inadequada, pois é inconsistente com outras coisas nas quais acredita o interlocutor. Assim, a resposta original é rejeitada. Por que supor que esse processo de refutação não prosseguirá indefinidamente? Na verdade, todos os diálogos socráticos de Platão são *aporéticos*[27]: eles terminam em perplexidade, com uma expressão de ignorância. Dado o método empregado, isso pode parecer perfeitamente previsível. Além disso, de um ponto de vista puramente formal, não é fácil compreender por que Sócrates e seus companheiros abrem mão tão prontamente de suas respostas originais às questões do tipo: *qual a natureza de x*. Em outros termos, quando surge uma contradição sob a força do questionamento socrático, tudo o que se exige racionalmente do interlocutor é que uma das crenças em contradição seja retirada. Nada, do ponto de vista da lógica, recomenda que a resposta original, a tentativa de análise, seja rejeitada antes de qualquer outra crença no conjunto inconsistente.

Talvez Sócrates e seus seguidores pressuponham uma concepção comum daquilo em que consiste a análise bem-sucedida, e também podem pensar que contam com os recursos para determinar quando uma análise fracassou. De qualquer modo, isso parece ser aceito no *Cármides*, de Platão, no qual a questão qual a natureza de *x* diz respeito à natureza da virtude da temperança. Quando convidado a investigar sua natureza recorrendo a qualquer método que lhe pareça melhor, Sócrates nota que, se a temperança estiver presente em alguém, ela fornecerá àquele que a possui uma pista não só de sua presença, como também indicará os contornos de sua natureza oculta (*Cármides*, 158e-159a). Por extensão, ele parece sustentar, então, que se alguém é piedoso, a piedade em si fornecerá evidências so-

---

26. Sócrates ocasionalmente sustenta que o *elenchus* pode alcançar a verdade (*Górgias*, 479e; 487e; 508e-509b), embora essas declarações jamais apareçam nos diálogos mais curtos, inteiramente apoéticos, que colocam a questão sobre a natureza de F. Cf.: *Laques*, 186c e *Cármides*, 166d.

27. Sobre os diálogos socráticos *versus* os diálogos platônicos escritos por Platão, cf. o subtítulo: "De Sócrates a Platão". A nota 42 do capítulo: "Platão" fornece uma lista parcial dos diálogos socráticos e platônicos.

bre sua própria natureza. Assim, se Eutífron é realmente piedoso, deve ser capaz, pelo menos, de efetuar algum progresso para a caracterização de sua natureza.

Julgada em seus termos mais gerais, a sugestão de que a posse traz a consciência de si parece absurdamente otimista (se sou habitualmente uma pessoa vítima de autoengano, não há motivo para supor que eu tenha um acesso especial à natureza do autoengano). Ainda assim, Sócrates pode estar expressando um otimismo mais modesto, de que, se estamos familiarizados com a piedade, então com um trabalho conceptual suficientemente árduo devemos pelo menos sermos capazes de passar para uma compreensão mais profunda de sua natureza ao analisá-la. Visto com esse distanciamento, o impulso socrático de analisar assume apenas que a análise filosófica de algumas qualidades centrais pode, em princípio, ser bem-sucedida. É de se presumir que a sugestão de que possuímos os recursos para conduzirmos o tipo de investigação necessária para obter progresso genuíno é, principalmente, uma maneira de afirmar que os métodos da análise filosófica são em grande parte, ou exclusivamente, *a priori*.

Quaisquer que sejam elas, as forças e debilidades do método elêntico podem ser mais bem-apreciadas ao se refletir sobre alguns exemplos substanciais. Por esse motivo, dois diferentes tipos de ilustração são necessários, pois Sócrates demonstra as inadequações das visões de seus interlocutores de duas importantes maneiras; no primeiro tipo de refutação, Sócrates procura mostrar apenas que a visão sob exame não é adequada nem mesmo do ponto de vista de sua extensão. Em outros termos, Sócrates procura mostrar como a análise proposta não é capaz sequer de capturar os exemplos não controversos da qualidade sob investigação, fornecendo um contraexemplo simples ou direto[28]. A segunda forma de refutação é mais sutil: em alguns casos, Sócrates pretende mostrar que, embora uma análise proposta possa ser adequada do ponto de vista da extensão, ela ainda assim fracassa. Nesse tipo de refutação, Sócrates exige mais do que adequação extensional para que uma análise seja bem-sucedida.

---

28. Uma explicação é *extensionalmente adequada* se, e somente se, capturar todas, e apenas, as instâncias que incidem sob a extensão, ou classe, da qualidade em questão. Assim, por exemplo, uma explicação de um quadrado como "uma figura plana fechada de quatro lados com ângulos interiores totalizando 360 graus" não é extensionalmente adequada, uma vez que admite retângulos na extensão. Por sua vez, uma explicação de um cisne como: "um grande pássaro aquático branco com um longo e sinuoso pescoço" não é extensionalmente adequada, pois exclui os cisnes negros da Austrália (*Cygnus atratus*).

A ilustração da primeira forma de refutação é retirada do *Mênon*, de Platão, no qual Sócrates e Mênon, em conjunto, ilustram a natureza da virtude, ou *areté*. Para uma ilustração do segundo tipo, nada melhor do que a investigação da natureza da piedade conduzida por Sócrates e Eutífron.

2.2 Os fracassos de *Mênon* e Eutífron

Quando Sócrates se depara com o aristocrata Mênon, da Tessália, que veio a Atenas para algum assunto não especificado, ele lhe submete uma questão que se tornou significativa devido às atividades dos sofistas. Os sofistas pretendiam ensinar virtude, ou *areté*, e cobravam uma taxa para seus serviços[29]. Dado que a *areté* se estendia não só à virtude moral estritamente concebida, mas às formas de excelência associadas com notáveis habilidades nas artes ou na conduta da vida, em geral, havia questões muito justas a serem colocadas sobre o que eles ensinavam e se o que pretendiam ensinar podia de fato ser ensinado. Pode-se compreender o problema desta maneira: podemos falar da virtude primária de um médico como consistindo em sua técnica de diagnóstico, ou da virtude de certo advogado como residindo mais em suas habilidades retóricas do que em sua pesquisa minuciosa, mas também falamos mais restritamente de virtudes de caráter associadas à probidade moral. Assim, o médico é excelente em um sentido, o advogado em outro, e pessoas de qualidade moral excepcional em outro, ainda. Se alguém agora pretende ensinar a excelência enquanto tal, pode-se muito bem desejar saber, antes de lhe oferecer pagamento, exatamente o que esse valor comprará. São esses tipos de questões que Sócrates coloca a Mênon, não porque Mênon seja ele próprio um sofista, mas devido a uma suposta admiração tessaliana pelo sofista Górgias, que de fato professava que a *areté* podia ser ensinada. Dado o impulso socrático para a análise, essas questões logo dão lugar a outras. O que é a virtude? Ou, o que é a excelência? Sócrates professa ignorância; Mênon pretende saber (*Mênon*, 70a-71d).

Mênon afirma, primeiramente, que a virtude de um homem consiste em sua capacidade de administrar os assuntos cívicos e de beneficiar seus amigos, ao mesmo tempo em que prejudica seus inimigos; a virtude de uma mulher consiste em que ela administre bem sua casa, ao mesmo tempo em que é submissa a seu marido; e as virtudes das crianças, dos mais velhos e dos escravos também são diferentes. Com efeito, há uma virtude "para cada ação e para cada idade" (*Mênon*, 71d-72a).

---

29. Sobre os sofistas, cf. o subtítulo: "O movimento sofístico".

A resposta de Sócrates a essa primeira tentativa apresenta consequências tanto metodológicas quanto substantivas. Ele brinca que, embora tenha perguntado por uma virtude, foi cercado por todo um enxame delas, conforme a resposta de Mênon. Este respondera a uma pergunta do tipo qual a natureza de *x*, caracterizando uma pluralidade de virtudes. Em resposta, Sócrates insiste que, mesmo que houvesse várias virtudes distintas, todas elas devem ter a mesma forma, algo cuja presença *torna* virtuosas todas as ações virtuosas. Assim como homens e mulheres podem ser saudáveis de diferentes maneiras, o que é ter saúde significa o mesmo para ambos. Logo, se desejamos saber o que é a saúde em geral, desejaremos, por conseguinte, descobrir o que homens e mulheres têm em comum quando são saudáveis. Sócrates assume, portanto, que análises unificadas são possíveis para as qualidades cuja natureza ele investiga. Em outros termos, adota os *pressupostos de univocidade*, segundo o qual há uma única definição ou análise singular para as qualidades que lhe interessam. Ele reconhece que tanto um leão quanto um artilheiro podem ser bravos. Não obstante, ao investigar a natureza da bravura, ao responder à questão *O que é a bravura?*, Sócrates espera por uma explicação que capture tudo o que todos os casos de bravura, e somente esses, têm em comum. Mesmo que existam diversos tipos de virtude, por conseguinte, deve haver apenas uma coisa, a virtude, cuja natureza geral possamos compreender e exibir. Sócrates chega a ponto de sugerir que a virtude é como uma forma. Embora quadrados e círculos sejam ambos formas, apontar para eles não responde à questão *O que é a forma?* (*Mênon*, 72 a-b; 72c-d; 74b-76b). Somente uma análise da qualidade de *ser uma forma* exibirá o que todas as formas, e somente elas, têm em comum.

Diante do pressuposto de univocidade de Sócrates, Mênon finalmente determina que a virtude é simplesmente a habilidade de adquirir coisas boas. Essa pode parecer uma sugestão estranha. Ainda assim, se lembrarmos que a *areté* se estende além do campo da virtude moral, a análise proposta por Mênon não parece tão peculiar. É como se alguém a quem perguntasse o que poderia ser um excelente tipo de vida respondesse que uma vida excelente seria aquela na qual alguém tivesse a habilidade de adquirir todas as coisas boas que desejasse. Seja correta ou incorreta, essa proposição pelo menos merece ser ouvida.

Sócrates escuta por pouco tempo; ele suavemente e com facilidade reduz Mênon à contradição. Sócrates indica que é claramente possível adquirir coisas boas injustamente, por meio do roubo ou da mentira. Porém, como concorda Mênon, a expressão da virtude jamais pode ser injusta. Temos assim uma tríade inconsistente: (1) a virtude é a habilidade de adquirir coisas boas; (2) uma expressão de virtude não pode ser injusta; e (3) pode-se adquirir coisas boas injustamente. Além disso, se corrigirmos (1) de modo a tratar a virtude como a habilidade para adquirir coisas boas justamente, recaímos em nosso problema anterior de tentar definir a virtude apelando a apenas um de seus tipos, uma vez que a justiça é apenas uma forma de virtude, como se fôssemos definir a forma como qualquer figura relevante que seja similar a um círculo (*Mênon*, 78c-79e).

A refutação de Mênon por Sócrates ilustra mais do que um mero apoio em um pressuposto de univocidade. Evidencia também como deve ser uma análise socrática bem-sucedida, pelo menos que seja extensionalmente adequada. Mênon fracassa porque inclui na classe das ações virtuosas algumas coisas que manifestamente não são exemplos de virtude, como o roubo. Quando tenta excluir esses tipos de ações, fracassa em uma direção diferente, ao ser demasiadamente específico. Por enquanto, sugere que a virtude é a habilidade de adquirir coisas boas de forma justa. Infelizmente, ele já concordara que há muitas virtudes além da justiça, incluindo a moderação, a sabedoria e a munificência (*Mênon*, 74a). Desse modo, Mênon mais uma vez falhou até mesmo em apreender corretamente a extensão da virtude. De diferentes maneiras, portanto, os fracassos de Mênon ilustram não só o pressuposto da univocidade de Sócrates, como também sua exigência perfeitamente razoável de que qualquer análise proposta seja pelo menos extensionalmente adequada.

Ora, em resposta a Sócrates, Mênon poderia ter simplesmente listado todas as virtudes sobre as quais concordaram; poderia ter sustentado que uma ação de qualquer um dos tipos listados se qualificaria como virtuosa e, pelo menos, afirmado ter especificado adequadamente a extensão. Caso o tivesse feito, Sócrates ainda assim não teria ficado satisfeito com a resposta. Isso fica claro pelo tratamento de Sócrates a Eutífron, que não só apreende corretamente a extensão da qualidade que ele investiga, como evidentemente dá um passo além ao identificar uma classe que é *necessariamente* coextensiva a essa qualidade. Entretanto, Sócrates continua insatisfeito. Isso implica que a adequação extensional não é suficiente para a análise socrática: um caso bem-sucedido de análise, conforme Sócrates dá a entender, deve ser *mais do que* meramente adequado do ponto de vista da extensão. Para verificá-lo é necessário considerar uma forma mais forte, mais sutil de refutação elêntica do que a que encontramos em *Mênon*.

Quando Sócrates lhe pede que caracterize a piedade, Eutífron dá seu primeiro passo em falso. Ele afirma que a piedade é fazer justamente o que está fazendo, processar um criminoso mesmo quando esse criminoso é um parente. Isso desagrada a Sócrates, pois Eutífron forneceu um tipo de resposta inteiramente errado. Sócrates deseja uma explicação geral; Eutífron fornece um exemplo – ou um possível exemplo. Mesmo que sua ação seja de fato piedosa, o fato de ele indicar isso não constitui uma análise da piedade. Tanto Sócrates como Eutífron concordam que todas as ações piedosas são piedosas "por meio de uma forma". Logo, uma explicação seria bem-sucedida se capturasse esse aspecto comum. A primeira resposta de Eutífron falha com base nisso. Além disso, Sócrates insiste em uma explicação que seja epistemicamente útil, no sentido de que seja possível tomá-la como modelo e usá-la como padrão para julgar se supostos casos de piedade são de fato assim ou não. Sócrates deseja uma explicação que o guie quando as coisas estiverem em uma zona cinzenta, como parece estar no próprio caso de Eutífron.

Eutífron passa a apreciar a força do pressuposto da univocidade e, assim, responde com uma explicação apropriadamente geral: uma ação é piedosa apenas no caso em que seja amada pelos deuses. Sócrates fica muito mais feliz com essa abordagem, embora não obtenha uma qualificação significativa, por parte de Eutífron, de que os deuses terão que ter uma só posição sobre essas questões, para que a proposição tenha chances de ser exitosa. Quando concede esse ponto, Eutífron também rejeita implicitamente o protagoreanismo, uma vez que ele agora admite que não pode ser o caso em que uma mesma ação possa ser tanto piedosa quanto não piedosa, dependendo de qual Deus a tenha em vista. De qualquer modo, a proposição de Eutífron tem agora, pelo menos, a forma correta.

Com efeito, a teoria assim articulada tem uma importante história, uma que se inicia antes de Platão e se estende até os nossos dias. Pois é razoável ver a atitude de Eutífron em relação à natureza da piedade como uma resposta natural ao relativismo protagoreano, algo tão difundido hoje como na Antiguidade. Sob o questionamento socrático, Eutífron articula uma concepção realista da piedade que parece um caso especial de uma atitude mais geral em relação à moralidade, adotada, por exemplo, por Antígona, que sustentava que os deuses tinham leis imutáveis superiores às transitórias leis humanas, e que, em consequência, a lei divina prevalece sobre a lei humana quando ambas entram em conflito (*Antígona*, 450-9; 1065-8; 1270). A concepção de piedade de Eutífron, portanto, pode ser facilmente vista como um exemplo da teoria da moralidade do mandamento divino, segundo a qual uma ação *A* é moralmente exigida se, e somente se, *A* for ordenada pelos deuses; e uma ação *A'* é moralmente proibida se, e somente se, os deuses ordenarem que *A'* não seja feita. Segundo essa teoria, algumas ações devem ser feitas, outras não, e outras ainda são indiferentes do ponto de vista da moralidade. Um relato conhecido do Livro do Êxodo, no Antigo Testamento, traz que honrar os próprios pais é moralmente esperado, e que roubar é moralmente proibido; mas, no que diz respeito a esses comandos, dirigir um carro vermelho em vez de dirigir um carro azul é uma questão indiferente do ponto de vista moral.

Dado que se trata de um primeiro caso da teoria do comando divino, a análise final da piedade de Eutífron assume maior importância, assim como apresenta vantagens e desvantagens em relação a suas primeiras tentativas de análise. Pode-se alegar como vantagem, pelo menos, que ela satisfaz à exigência de univocidade: segundo Eutífron, ser piedoso é ser amado pelos deuses. Ainda assim, embora esteja feliz com o que alcançou até agora, Sócrates levanta um problema devastador para a análise de Eutífron. Ele coloca uma simples questão: É o piedoso amado pelos deuses porque é piedoso, ou é piedoso porque os deuses o amam? (A questão também apresenta uma forma mais geral: São as ações morais porque Deus as ordena assim, ou Deus as ordena assim porque são morais?) Essa questão contém as sementes de um dilema para Eutífron, que emerge em uma conversa assustadoramente complexa e sutil, cuja conclusão última é que Eutífron fracassou em capturar a natureza da piedade, pois ele conseguiu especificar apenas uma característica ou qualidade da piedade, a saber, que os deuses a amam (*Eutífron*, 10a-b).

Importante destacar que essa conclusão já nos permite deduzir os padrões que Sócrates estabelece para uma análise bem-sucedida. Levando em conta o pressuposto da univocidade já identificado, três são os padrões que uma análise bem-sucedida deve seguir: (1) ser inteiramente geral e unívoca; (2) ser epistemicamente útil; e (3) ser mais do que extensionalmente adequada. Já encontramos as primeiras duas dessas exigências no diálogo de Sócrates com Mênon. A terceira é nova e requer elaboração. Sócrates espera que uma análise da piedade mostre o que é essencial à piedade; isso, por sua vez, exige que sua natureza intrínseca seja especificada. Em consequência, não bastará capturar uma característica da piedade, mesmo que essa a tenha de maneira não contingente. Em outros termos, mesmo que seja verdade que as qualidades *ser moralmente obrigatória* e *ser ordenada por Deus* sejam exemplificadas por todas e pelas mesmas ações, e mesmo que seja necessariamente o caso, não se seguirá diretamente que *ser ordenado por Deus* forneça qualquer forma de análise da qualidade de *ser moralmente ordenada*. Do mesmo modo, do ponto de vista de Sócrates, nem *ser triangular* nem *ser trilateral* fornecem uma análise adequada da outra, mesmo que, necessariamente, todo triângulo seja trilateral e todo trilateral seja triangular. Para tomar um exemplo não disponível para Sócrates: *ser uma função recursiva* e *ser computável pela máquina de Turing* são necessariamente coextensivos, embora sejam qualidades distintas e nenhuma delas seja uma análise da outra. Em geral, Sócrates exige mais do que a necessária coextensão.

É daí a queixa de que Eutífron fracassou em tornar a *natureza* da piedade clara quando solicitado a fazê-lo. Eutífron falhou em fornecer uma análise porque identificou apenas uma de suas qualidades, que ela seja cara aos deuses (*Eutífron*, 11a-b). O argumento para essa conclusão, o problema de Eutífron (PE) é ao mesmo tempo complexo e intrincado. Procede em dois estágios.

(PE) Estágio Um:

> 1. Sempre que x seja afetado por algum y, x adquire a qualidade de ser afetado, porque y o afeta; não é o caso que y adquira a qualidade de afetar algo porque x é algo afetado;
>
> 2. Ser amado é uma maneira de ser afetado;
>
> 3. Logo, quando x é amado, x adquire a qualidade de ser amado *porque* algum y o ama; não é o caso que y adquira a qualidade de amar x *porque* x é algo amado;
>
> 4. O piedoso é amado pelos deuses;
>
> 5. Logo, o piedoso adquire a qualidade de ser amado *porque* algo, no caso, os deuses, o amam.

Até aqui, Sócrates suscitou o pensamento de que alguém ser amado por Deus é explicado por uma atividade dos deuses, a saber, o fato de amarem o que amam. Assim, o que explica o piedoso ser amado é precisamente que os deuses o amam. O pensamento aqui é que, sempre que algo é afetado de certa maneira, o fato de ser afetado dessa forma é explicado pela atividade que faz com que ele seja afetado dessa forma. Até aqui, isso não parece muito problemático. Se Larry ama Sally, então o que explica o fato de que Sally tenha a qualidade de ser amada é precisamente o fato de Larry amá-la. Já o fato de que Sally seja amada não explica o amor de Larry por ela. Desse modo, o fato de Larry amar Sally é *anterior do ponto de vista explanatório* ao fato de Sally ter a qualidade de *ser amada*. Sócrates também estabelece nessa fase do argumento que a prioridade explanatória é assimétrica. Se x explica y, então y não explica também x (se uma coronária parcialmente obstruída explica o fôlego curto e a persistência da fadiga de alguém, então não é o caso que esses sintomas também expliquem o fato de essa pessoa ter uma artéria coronária parcialmente obstruída).

A questão agora é saber se o que explica o fato de uma ação ser piedosa pode ser a condição de ela ser amada pelos deuses. De maneira legítima, Sócrates deseja saber isso, uma vez que, pela proposta de Eutífron, ser piedoso e ser amado pelos deuses são realmente a mesma coisa. Com efeito, uma análise da piedade, segundo ele propõe, revela que sua natureza é apenas isso, *ser amado pelos deuses*. Logo, se correta, a visão de Eutífron implicaria que a qualquer momento em que quiséssemos explicar por que alguma coisa é piedosa poderíamos, ou na verdade, precisaríamos apelar ao fato de ela ser amada pelos deuses. Isso nós não podemos fazer, sustenta Sócrates: as qualidades de ser piedoso e de ser amado são, no máximo, necessariamente coextensivas.

O segundo estágio do argumento, que é um pouco mais difícil do que o primeiro, visa mostrar por que isso é assim:

(PE) Estágio dois

6. Uma ação arbitrária A é piedosa porque tem a qualidade de ser piedosa;

7. Se A é também amada pelos deuses, é porque é piedosa;

8. Se (7), então o fato de A ser piedosa é explanatoriamente anterior ao fato de A ser amada pelos deuses;

9. Assim, o fato de A ser piedosa é explanatoriamente anterior ao fato de ser amada pelos deuses;

10. Se a análise proposta por Eutífron fosse correta, (6) poderia ser analisada como (6'), ou seja: uma ação arbitrária A é piedosa porque possui a qualidade de ser amada pelos deuses;

11. Se (6'), então o fato de A ser amada pelos deuses é explanatoriamente anterior ao fato de ser piedosa;

12. Dado (9), não é possível, então que o fato de A ser amada pelos deuses será explanatoriamente anterior ao fato de ser piedosa;

13. Logo, (6') não é uma análise aceitável de (6);

14. Logo, a análise da piedade proposta por Eutífron é incorreta.

Esse é um argumento complicado, e necessita de explicação e defesa. Sua própria complexidade no contexto elêntico já demonstra uma agilidade intelectual, por parte de Sócrates, não demonstrada por nenhum de seus predecessores.

Crucial para todo esse argumento é uma noção de prioridade explanatória. Sócrates assume, em (PE-12), algo que ele considera ter estabelecido na primeira fase da discussão, que a prioridade explanatória é assimétrica. Munido com esse pressuposto, Sócrates não tem dificuldade em levar Eutífron a se contradizer: este sustenta que ser piedoso é explanatoriamente anterior a ser amado pelos deuses, assim como ser amado pelos deuses é explanatoriamente anterior a ser piedoso. Ele viola assim a assimetria da prioridade explanatória. Em consequência, a análise de Eutífron fracassa.

Dito de outra maneira, fracassa com base no pressuposto, admitido por Eutífron, de (PE-7) de que uma ação arbitrária *A* é amada pelos deuses porque ela é piedosa. Pois é aí que Eutífron concorda que ser piedoso é explanatoriamente anterior a ser amado pelos deuses. Será que ele cometeu um engano aqui? Talvez devesse simplesmente negar (PE-7), e sustentar que os deuses podem amar qualquer ação cometida. Isso, afinal, permitiria que ele rejeitasse (PE-9) e assim afirmasse (PE-11), e concluísse que (PE-6') é a análise correta de (PE-6). Este último, na verdade, é o propósito de sua visão, a qual, mais uma vez, é simplesmente um caso especial da teoria da moralidade do comando divino.

De fato, Eutífron não recua e reflete sobre se deveria ter concedido (PE-7), quando teria sido pelo menos consistente que ele não o tivesse feito. É de se presumir, portanto, que Eutífron também partilha um outro pressuposto com Sócrates, que não foi defendido ou mesmo articulado por nenhum deles. É este: é possível que existam algumas ações tão intrinsecamente ímpias que nenhum deus jamais as amaria. Posto de maneira mais geral nos termos da teoria do comando divino, o pressuposto é que há algumas ações tão intrinsecamente desprezíveis que um Deus inteiramente bom jamais, ou de forma mais precisa, *não poderia* jamais ordená-las. Defensores de Eutífron, ou proponentes da teoria do comando divino, poderiam querer investigar esse pressuposto. No contexto do *Eutífron*, porém, Sócrates se contenta em apontar algo que constituiria um obstáculo para qualquer um que quisesse defender Eutífron. Certamente, conclui, qualquer que seja a essência da piedade, será algo intrínseco à piedade. Ao examinar algo que está fora da piedade, Eutífron assegura seu próprio fracasso: identifica algo extrínseco, quando Sócrates lhe pediu para identificar algo intrínseco, algo essencial.

É uma sutileza do método de Sócrates, que em momento algum nega que os deuses amam o que é piedoso, ou, por extensão, que Deus ordenará o que é moral. Pelo contrário, ele parece admitir que é razoável esperar que os deuses, necessariamente, amem o piedoso, ou que os deuses, por necessidade, ordenem o que é moral. Sua preocupação é simplesmente estabelecer que esse tipo de coextensão necessária seja insuficiente para responder à questão qual a natureza de F. Sua interação com Eutífron revela porque Sócrates sustenta isso. A coextensão necessária por si só não captura a prioridade explanatória. É por isso que uma análise bem-sucedida deve ser mais do que extensionalmente adequada. É por isso também que a exigência a que Sócrates submete Eutífron se revela inter-relacionada e mutuamente sustentada. Sendo geral e unívoca, uma análise bem-sucedida deve capturar a essência da qualidade investigada; para que uma essência seja revelada, a análise deve apreender o que é intrínseco e explanatoriamente anterior; mas se ele o fizer, a análise bem-sucedida será epistemicamente útil. Permitirá que Sócrates se baseie na análise para determinar se a forma da qualidade está presente em qualquer ação dada. Saber isso lhe permitiria saber se um suposto caso de piedade, mesmo um questionável, como é a própria ação de Eutífron, qualifica-se como um exemplo desse tipo.

De diferentes modos, as interações de Sócrates com Mênon e Eutífron revelam características distintas de seu método filosófico. Quando ele se entrega a uma análise, Sócrates espera que seus interlocutores atinjam um alto padrão. Traz consigo um pressuposto de univocidade que condiciona suas expectativas em relação a respostas a qualquer questão do tipo qual a natureza de F. Uma análise bem-sucedida deve ser plenamente geral e unívoca; deve ser epistemicamente útil; e deve ser mais do que extensionalmente adequada. Sob esse último aspecto, o tratamento de Mênon por Sócrates mostra que uma análise proposta deve ser *pelo menos* extensionalmente adequada; seu tratamento de Eutífron revela, além disso, que uma análise bem-sucedida deve ser mais do que extensionalmente adequada, com o resultado que nem mesmo a necessária coextensão basta para a análise socrática.

2.3 Ignorância e ironia socrática

Ao fim de sua discussão com Eutífron, Sócrates relata um profundo desapontamento. Se tivesse aprendido a natureza da piedade com Eutífron ele poderia ter escapado das acusações de impiedade levantadas contra ele, ao demonstrar que havia pelo menos adquirido conhecimento sobre o que é divino, com o resultado de que sua ignorância não lhe levaria mais a ser descuidado e desatento a essas questões. Na verdade, ele lamenta que, com semelhante conhecimento, "[se] tornaria melhor para o resto de minha vida" (*Eutífron,* 16a).

Dada a óbvia destreza de seu exame de Eutífron, é difícil apreciar como Sócrates poderia ser tão ignorante quanto dizia ser. Tampouco essa profissão de ignorância é tão incomum assim[30]. Com efeito, algumas das principais figuras céticas da Antiguidade Tardia reivindicaram Sócrates como seu progenitor intelectual[31]. Pensavam que Sócrates era perfeitamente cético, que ele professava ignorância porque se dava conta de que o conhecimento era impossível; e que tinha razões defensáveis para manter semelhante postura. É por esse motivo que alguns de seus interlocutores o acusam de falsidade ou de um tipo de ironia cáustica e cruel[32]. Desse modo, acusações de ironia e profissões de ignorância tendem a se encaixar como uma luva para Sócrates. Dado que ele deve conhecer as respostas a algumas das perguntas que coloca, supõem seus críticos, Sócrates não deve ser sincero, também, quando insiste que não sabe. Sua falta de sinceridade se revela na maneira como zomba e brinca com os gostos de Eutífron, a quem claramente supera intelectualmente – tão claramente, na verdade, que Eutífron nem reconhece o quão completamente havia sido refutado. Outros interlocutores não são tão obtusos; eles sentem a aguilhoada do *elenchus* socrático e respondem com raiva movida pela vergonha.

---

30. Sócrates professa sua ignorância com frequência, embora de diferentes maneiras: *Apologia,* 20c, 21d, 23b; *Cármides,* 165b, 166c-d; *Eutífron,* 5a-c, 15c; *Laques,* 186b-e, 200e; *Lísias,* 212a, 223b; *Górgias,* 509a; *Mênon,* 71a, 80d.

31. Relata-se que o presidente da academia cética, Arcesilau, adquiriu todo seu ceticismo do estudo de Sócrates: Cícero, *De oratore,* 3.67; *De finibus bonorum et malorum,* 2.2, 5.10; *Academica,* 1.43-44; *De natura deorum,* 1.11; Numenius *apud* Eusébio, *Praeparatio evangelica,* 14.6.12-13. Cf. o subtítulo: "Ceticismo".

32. Acusações de ironia socrática por seus interlocutores: *Górgias,* 489 e, *A república,* 337a; *O banquete,* 216e; acompanhadas por Aristóteles, *Ethica Nicomachea,* 11, 27b22-6.

Essa visão de Sócrates como um jogador intelectual de uma ironia sem remorso, primariamente interessado na própria diversão, encontrou seus defensores. Ainda assim, é fácil de ver que não há nada na apresentação de Sócrates por Platão que apoie essa visão. Entre outras coisas, não há motivo algum para supor que Sócrates realmente deve conhecer as respostas às questões do tipo qual é a natureza de F que ele coloca. O que se deve supor é apenas que Sócrates tem facilidade de expor contradições nos conjuntos de crenças de seus interlocutores. Certamente, é possível para alguém que não sabe se o último teorema de Fermat é verdadeiro ou falso reconhecer uma tentativa malsucedida de provar sua verdade ou falsidade – especialmente se for possível expor essa tentativa como contendo inconsistências internas. Logo, alguém que não sabe se determinada proposição *p* é verdadeira pode ainda assim saber que qualquer um que pretenda conhecer *p*, de fato, não o conhece. Não há motivo, portanto, para condenar Sócrates por falsidade ou por ironia maliciosa com tão poucos fundamentos.

A questão torna-se então saber se ele poderia manifestar sua habilidade de revelar contradições sem, em última instância, ter o conhecimento daquilo que afirma carecer. Claramente poderia. Poderia igualmente ter algum conhecimento, mas carece de *determinado* conhecimento; ou possui conhecimento comum, porém não *especializado*; ou poderia ter conhecimento em algumas esferas, contudo não em outras. Na maioria dos casos, parece negar apenas que ele detém conhecimento de uma análise completa e bem-sucedida de qualquer uma das qualidades que investiga. Sua carência desse tipo de conhecimento *analítico* o levaria, de maneira razoável e defensável, a caracterizar-se como ignorante no contexto da análise filosófica. Seria compatível, também, com uma boa parte do êxito elêntico, uma vez que não se exige conhecimento analítico completo para obter progresso elementar. Nem se exige isso para refutar aqueles que se perdem facilmente no caminho (alguém que não é cientista poderia facilmente corrigir alguém que pensasse que o urânio é um gás, mesmo que não seja capaz de identificar sua posição na tabela periódica). Assim, sem primeiramente esgotar todas essas possíveis explicações para o indisputável êxito elêntico de Sócrates, não há absolutamente motivo algum para supor que ele *deve realmente* conhecer as respostas às questões que ele coloca; e sem essa conclusão, não há absolutamente nenhum motivo, por sua vez, para condená-lo por ironia e falsidade. Até esse ponto, Sócrates pode ser perfeitamente sincero. Com efeito, parece evidentemente correto insistir, como ele faz, que o impulso para análise parte da ignorância, mesmo da aporia; é precisamente quando se sente perplexo que ganha corpo o impulso para filosofar. Nesse sentido, a ignorância socrática é um tipo de fenômeno bastante comum e bastante difundido; é quando não sabemos, não quando sabemos, que nos envolvemos na análise.

Além disso, a sugestão de que Sócrates é *completamente* ignorante simplesmente não se enquadra com o retrato que dele traça Platão. Este o representa como sustentando que é crucialmente ignorante em contextos analíticos. Mesmo assim, ele igualmente o representa como um homem com profundas convicções morais, que estão suficientemente entranhadas, a ponto de governarem sua conduta e caráter pessoais. Essas convicções fazem parte às vezes de lugares-comuns; mas, às vezes, causam também perplexidade, tanto que chegam a parecer paradoxais.

2.4 Convicção e paradoxo socráticos

Se Sócrates afirma não ter o conhecimento necessário para produzir análises bem-sucedidas de qualidades morais imprescindíveis, ele não afirma também que não tem conhecimento de importantes princípios morais que orientam a ação. Além disso, expressa confiança de que certos tipos de teses morais sempre sucumbirão a um *elenchus*, presumivelmente porque ele sabe que elas são falhas. Às vezes, suas visões soam como platitudes morais do senso comum. Ele insiste, por exemplo, que perpetrar injustiça com impunidade não pode jamais ser uma coisa boa; e sustenta que não é, em nenhuma hipótese, justo prejudicar outra pessoa, e que em geral não é nunca aceitável fazer o mal. Em outras ocasiões, no entanto, defende visões que são profundamente contraintuitivas, as quais, portanto, requerem defesa para que sejam levadas a sério. Assim, por exemplo, após notar que não é justo, em nenhum situação, prejudicar outrem, ele infere, primeiro, que não se deve jamais devolver o mal com outro mal e, em última instância, que é melhor sofrer do que perpetrar o mal ou o dano. Sócrates aqui passa de uma tese de aparência inócua, que pode parecer inteiramente não problemática, para uma tese que muitos terão dificuldade em endossar[33]. Em outros casos, as defesas de Sócrates são mais obscuras, e suas visões mais difíceis de aceitar.

---

33. Cf.: *Górgias*, 472e, 507b-c, 508e-509b; *Apologia*, 30b; *Críton*, 48b.

Nesses outros casos, tendo a ver principalmente com a relação entre conhecimento e virtude, Sócrates defende visões que são tão contraintuitivas que ficaram conhecidas como *paradoxos socráticos*. Ainda assim devemos ser cautelosos ao considerar as teses morais centrais de Sócrates como propriamente paradoxais, no sentido em que as concepções de Zenão eram paradoxais. Ao apresentar seus paradoxos, Zenão mostrara que cada uma das duas proposições mutuamente incompatíveis são motivadas por premissas aparentemente inescapáveis[34]. Embora uma parte do que Sócrates diz pareça inicialmente estranha, uma crença estranha não é em si um paradoxo, mesmo se ofende o senso comum. De qualquer modo, um dos mais famosos chamados paradoxos de Sócrates não assume a forma de um paradoxo propriamente dito. Consiste, antes, em uma tese chocante e surpreendente que, se puder ser defendida, exige que adotemos algumas atitudes de revisão sobre nossa psicologia moral do senso comum.

Essa tese é a afirmação de Sócrates de que a fraqueza da vontade, ou *akrasia*, é impossível[35]. A maior parte das pessoas, diz Sócrates, acredita que às vezes tem vontade fraca. Acreditam que mesmo quando sabem o que é melhor, às vezes deixam de fazê-lo. Em semelhantes casos, são tomados pela perspectiva do prazer, com o resultado que seu conhecimento é arrastado, como um escravo, por suas paixões e desejos irracionais. Por exemplo, algumas vezes um estudante sabe que deve estudar para um importante exame, mas julga a possibilidade de socializar com seus amigos simplesmente muito atrativa. Embora lamente mais tarde sua ação – decide festejar e não estudar. Faz isso mesmo que, ao que parece, reconheça que não é de seu melhor interesse fazê-lo. Não faz aquilo em que acredita, ou mesmo sabe ser prudente.

Mais comum ainda é a experiência de deixar de fazer o que se sabe ser moral. Um pastor pode sinceramente acreditar que a prostituição é errada. Não obstante, quando confrontado com uma oportunidade de se envolver em algumas práti-

---

34. Sobre os paradoxos de Zenão, cf. o subtítulo: "Parmênides e Zenão".

35. Um segundo "paradoxo" socrático é a tese de que as virtudes canônicas de sua época (coragem, piedade, justiça, temperança e sabedoria) são, de certo modo, unificadas, minimamente no sentido de que jamais se pode ter uma sem ter as outras; embora, às vezes, se pretenda uma doutrina mais forte, que essas virtudes são a mesma. Cf.: *Protágoras*, 329c-d, 332a-33; *Laques*, 198a-199e. Os dois paradoxos se ligam pelo cognitivismo socrático, uma vez que Sócrates sugere que a virtude moral é simplesmente conhecimento moral (em apoio da unidade das virtudes) e que o conhecimento, assim, é suficiente como virtude (contra a possibilidade da *akrasia*).

cas sexuais tabus, que geralmente não estariam para ele disponíveis, ele sucumbe. Talvez o faça mesmo todas as noites de sexta, logo após ter preparado o sermão do domingo. Depois, se for pego, chora rios de lágrimas na televisão, ao mesmo tempo que implora por perdão; diz que lamenta profundamente suas ações, que foi fraco, que somos todos pecadores. Sócrates não duvida de sua sinceridade; mas duvida da precisão da caracterização que faz de si próprio.

Esses dois cenários parecem ilustrar relatos de fracassos. O estudante é *prudentemente fraco*. O pastor é *moralmente fraco*. O que eles têm em comum é que ambos sabem que devem realizar a ação *A*; mas nenhum deles o faz; em vez disso, cada um deles realiza alguma outra ação *B*, que lamentarão no futuro. Diferem no fato de que o estudante julga principalmente com bases prudenciais, enquanto o pastor julga principalmente com bases morais. Ainda assim, ambos podem descrever a si mesmos como tendo sido dominados pelo prazer. Ambos têm uma vontade fraca. Ambos sofrem de *akrasia*.

Sócrates pensa que, de algum modo, o estudante e o pastor erraram na descrição de suas experiências. Pois fraqueza de vontade é simplesmente impossível, sustenta ele. Assim, aqueles que pretendem sofrer disso devem estar equivocados. É claro, é em princípio possível que estejamos enganados sobre algumas de nossas experiências e motivações. Podemos, por exemplo, não nos darmos conta de que estamos experimentando ciúme ou que estamos agindo com base nele, mesmo muito tempo depois de tê-lo feito, se é que chegamos a percebê-lo. Podemos até mesmo precisar depender de um amigo perceptivo e simpático que nos aponte os motivos de nossas ações. Podemos, dessa forma, sermos opacos para nós mesmos. Mesmo assim, como percebe Sócrates, precisaremos de uma razão especial para acreditar que jamais tivemos vontade fraca, ou que nem o estudante nem o pastor descreveram acuradamente o que ocorreu em suas vidas.

Pode-se compreender mais facilmente as razões de Sócrates focando na *akrasia* prudencial, o tipo de *akrasia* que o estudante parece experimentar, embora certos ajustes de seu raciocínio se apliquem a supostos casos de *akrasia* moral. Sócrates pensa que a *akrasia* prudencial é impossível, pois sua falsidade é implicada por algumas outras teses que a maioria das pessoas aceita. Com efeito, em *Protágoras*, onde ocorre sua principal discussão da *akrasia*, Sócrates expressamente atribui essas teses de fundo aos "muitos", ou seja, as massas não educadas, a fim de mostrar a eles que, dadas suas próprias crenças, são forçados a concordar que descreveram erroneamente suas próprias experiências quando afirmam ter sido vítimas de *akrasia*. As teses são as seguintes:

Egoísmo psicológico (EP)	Todos sempre agem de modo a maximizar aquilo que percebem como seu próprio bem.
Hedonismo (H)	O bem último para os seres humanos é o prazer.

(EP) é uma tese descritiva; ela não prescreve como as pessoas devem agir. Em vez disso, simplesmente sustenta que todos, de fato, sempre agem de modo a maximizar aquilo que percebem como seu próprio bem. No entanto, a tese não especifica qual é esse bem. Não obstante, se compreenderem tanto (EP) quanto (H), e conseguirem apreender a conexão entre eles, também perceberão que o bem que todos procuram é seu próprio prazer. Em outros termos, se muitos concordam que todos sempre buscam seu próprio bem, e se supõem que todos sabem que o bem é apenas o prazer, então também concordarão que o bem que todos buscam é simplesmente o próprio prazer. Logo, conforme os muitos, os seres humanos são hedonistas egoístas.

Como nota Sócrates, a maior parte das pessoas julga (H) e (EP) como congênitas. Ainda assim, uma vez admitidas essas teses, ele é capaz de montar a seguinte *reductio ad absurdum* (redução ao absurdo) para a impossibilidade da *akrasia* (IA):

1. (H) e (EP) (assumida com base no juízo dos muitos);

2. Se (H), então "prazer" "bem" nomeiam a mesma coisa;

3. Logo, se S determina que *A* é *melhor* do que *B*, S determinou de fato que *A* é *mais prazeroso* do que *B*;

4. Se (EP), S sempre age de modo a maximizar aquilo que é percebido como próprio bem por S (que é, de acordo com (H), aquilo que S percebe como o próprio prazer);

5. Se S sempre age de modo a maximizar o próprio prazer, então não é possível para S determinar que *A* seja mais prazeroso do que *B*, mas faz *B* (de modo consciente e deliberado) mesmo assim, devido ao prazer que *B* proporciona;

6. Assim, se não é possível para S determinar que *A* é mais prazeroso do que *B*, mas realizar *B* (de modo consciente e deliberado), pelo fato de ser dominado pelo prazer.

(IA-6) é simplesmente a negação da possibilidade da *akrasia*, tal como construída em *Protágoras*. Pois ali, a *akrasia* é razoavelmente caracterizada como a visão de que as pessoas, às vezes, tendo determinado o que é melhor, são dominadas pelo desejo do prazer e deixam fazer o que acreditam ser o melhor. Algumas pessoas são prudentemente fracas; outras moralmente fracas. Na verdade, a maioria das pessoas, em algum momento de suas vidas, se considera como ambas. Se (IA) estiver correta, elas estão erradas.

Algumas pessoas atacam (IA-3), pois pensam que ela se apoia em um falso princípio de substituição: que se N e N' são termos singulares correferenciais, N e N' podem ser substituídos *salva veritate* (independentemente da condição de verdade) em qualquer contexto que seja. Esse princípio geral é obviamente falso (Maria pode negar que seu marido Burt seja um transformista[36], mesmo que saiba que Bertha é transformista, pois ela não sabe que seu marido, Burt, é Bertha. Aqui, "Burt" e "Bertha", embora sejam termos singulares correferenciais, não podem ser substituídos *salva veritate*). Mesmo assim, não é óbvio que (IA-3) exija um princípio irrestrito como esse. No contexto do argumento, estamos assumindo que S é um hedonista convicto. Portanto, S pensa que a melhor ação entre as alternativas relevantes é aquela que propicia o máximo de prazer. Para S, *ser melhor* significa simplesmente *ser mais prazeroso*. Em geral, S jamais estará numa posição de determinar que a alternativa *A*, em todas as coisas consideradas, é melhor do que a alternativa *B*, sem sustentar também que, em todas as coisas consideradas, *A* propicia mais prazer do que *B*. Nada sobre (IA-3) parece problemático, portanto, por razões que tenham a ver com substituições ilícitas de qualquer forma.

Uma vez estabelecido (IA-3), porém, o resto do argumento flui com muita facilidade. (EP), a tese de que as pessoas sempre agem de modo a maximizar aquilo que percebem como seu próprio bem, sugere exatamente isso, ou seja, que todos buscam maximizar aquilo que percebem como seu próprio prazer – assumindo, mais uma vez, que aceitaram (H), como muitos de fato fizeram. Assim, (IA-4) não parece ter problemas. (IA-5) pode parecer cometer uma falácia modal, passando, como é o caso, daquilo que as pessoas *sempre* fazem para aquilo que é *possível* que elas façam. É de se presumir, porém, que os proponentes de (EP) não pensem como um fato aleatório ou contingente que as pessoas sempre agem de modo a maximizar aquilo que percebem como seu bem. Em vez disso, elas presumem que a verdade de (EP) se baseia em algum fato profundo sobre os seres humanos, talvez algum fato essencial

---

36. Em inglês, *cross-dresser* refere-se a pessoa que usa roupas ou apetrechos geralmente associados a outro gênero que não o seu. Usualmente, traduzido como travesti, mas como o termo adquiriu forte significado pejorativo, preferimos aqui o termo "transformista" [N.T.].

sobre a natureza humana. Logo, qualquer modalidade ligada a (EP) predomina: se for verdade, então as pessoas não podem deixar de tentar maximizar seu próprio bem percebido. Assim, (IA-5) também está correto. Com isso, a conclusão (IA-6) se segue. Desse modo, pelo menos no que se relaciona ao conjunto de premissas endossadas em comum por Sócrates e pelos muitos, a *akrasia* é impossível.

O que é especialmente impossível, segundo Sócrates, é a descrição da *akrasia* oferecida pelos muitos. Eles pensam que podem voluntariamente fazer o que é insuficiente pelo fato de serem dominados pelo prazer. Ora, isso parece absurdo. Se S deseja maximizar seu prazer, e supõe que *A* seja a melhor maneira de fazer isso, então sua sugestão de que busca por *B* apesar disso, pelo fato de ser dominado pelo prazer, consiste em afirmar que procura menos prazer do que mais em nome do próprio prazer. Sócrates parece estar sobre bases firmes ao questionar qualquer explicação como essa. Na verdade, a explicação parece incoerente, abarcando três proposições mutuamente excludentes: (1) eu sempre maximizo o prazer; (2) julgo que *A* proporciona mais prazer do que *B*; (3) escolho *B*. Se eu agora alegar que escolho *B* devido ao prazer, então, uma vez que também aceito (2), eu certamente rejeito (1). Sócrates, portanto, insiste que a atitude comum em relação à *akrasia* é incoerente.

Logo, o que dizer do fenômeno? Certamente *parece* que minha vontade foi fraca na ocasião. Como estou me enganando? Isso pode ser mais bem considerado retornando ao caso do estudante que sabe que deveria estudar, mas mesmo assim decidiu festejar. Se ele realmente pensa que estudar é preferível, então, dado (H), isso é porque pensa, levando tudo em consideração, que estudar lhe proporciona a maior quantidade de prazer. Acredita, por exemplo, que uma vida com um bom emprego proporciona mais prazer do que uma vida sem estabilidade financeira, e corretamente acredita que estudar é um meio para assegurar semelhante vida. Assim, como pode festejar em vez de estudar? Sócrates em momento algum nega o óbvio, que ele pode fazer precisamente isso. O que nega é *sua descrição* do caso, que o fez porque teve vontade fraca. Não poderia ter. Em vez disso, deve ter feito um erro de cálculo, induzido pela sedução do prazer da festa. Por mais que tenha sido induzido, seu erro de cálculo não passou disso: um erro de cálculo. O estudante acreditou, falsamente, que festejar lhe proporcionaria mais prazer no cômputo geral. Se errou sobre isso, não o fez por ter vontade fraca. Em vez de sofrer de *akrasia*, ele teve uma falha cognitiva.

Esse último ponto é enfatizado por Sócrates. Ele concebe o caso do estudante como similar a um homem que calcula a melhor maneira de maximizar o valor de sua carteira de investimentos. Ninguém deliberadamente escolhe perder dinheiro no mercado. Porém, alguém pode desviar parte de sua carteira para uma ação de curto prazo, com risco moderado, na esperança de maximizar rapidamente os lucros, em vez de permitir que o dinheiro fique parado, de modo seguro, em uma cota de fundo previsível de longo prazo. Seu objetivo, em ambas as estratégias, permanece o mesmo: maximizar seus ganhos gerais. É simplesmente que ele vê a estratégia de curto prazo como a melhor maneira de alcançar esse objetivo. Ora, suponha que ele perca dinheiro na ação arriscada. Terá sido vítima de *akrasia*? Parece que não; em vez disso, cometeu um erro de cálculo. Uma maneira de verificar isso é a seguinte: tivesse o homem toda a informação relevante disponível, ele teria preferido as cotas do fundo em lugar da ação de curto prazo. Ele agiu, como Sócrates se compraz em dizer, por ignorância. A ignorância, porém, é uma falha cognitiva, mais do que um exemplo de fraqueza da vontade. É claro, haverá outras questões no que concerne a saber se algumas formas de ignorância são deliberadas, ou se somos culpados por algumas formas de ignorância, mas não por outras; todavia essas questões já concedem o ponto básico que Sócrates quis estabelecer: que os fracassos em maximizar o prazer resultam de erros cognitivos. Semelhantes fracassos, portanto, também exigem soluções cognitivas.

É a negação da *akrasia* por Sócrates um paradoxo? Só se persistirmos em acreditar que podemos escolher cursos de ação insuficiente devido a alguma forma de fraqueza não cognitiva, talvez porque sejamos simplesmente dominados pelo prazer. O cognitivismo socrático sugere que essa é uma descrição autoindulgente de nosso comportamento, que de alguma maneira somos passivos diante de nossas próprias escolhas. Na realidade, quando fazemos algo ruim, sugere ele, nós o fazemos como resultado de descaso intelectual, mais do que pela fraqueza de nossas vontades, como se nosso conhecimento pudesse ser arrastado, como escravo, e obrigado a fazer uma parte de nós mesmos ser determinada a nos prejudicar contra nosso melhor juízo. Se nossos juízos estivessem seguros, então nós não hesitaríamos; e se hesitamos, não devemos atribuir isso ao prazer ou à fraqueza de nossa vontade. Em vez disso, devemos perceber que carecemos do conhecimento sobre como assegurar o que é melhor para nós. Nesse sentido, Sócrates está pedindo que descrevamos nossos fracassos de maneira acurada. Devemos preferir explicações que capturem as causas básicas de nossas más ações àquelas que desviem nossa atenção para causas não relacionadas, por mais que nos sirvam como desculpas. Embora seja desconfortável, portanto, a recomendação de Sócrates não é em si paradoxal.

Dito isso, a negação socrática da *akrasia* está condenada à excentricidade. Será posteriormente questionada e em parte rejeitada tanto por Platão quanto por Aristóteles. Por conseguinte, vale a pena refletir brevemente sobre suas forças e debilidades evidentes. Em primeiro lugar, Sócrates parece estar preocupado apenas com a *akrasia* de primeira ordem, isto é, com episódios individuais de suposta fraqueza de vontade. Não está imediatamente preocupado com questões relativamente vexatórias no que concerne à formação como tal, incluindo, por exemplo, se somos cognitivamente culpados pelo desenvolvimento de nossas próprias disposições e desejos. Além disso, ele estruturou seu argumento contra o fundo de (H) e (EP), cada um dos quais, tal como formulados, certamente admitem questionamento. Ainda assim, constitui uma força do argumento de Sócrates que ele pode ser adaptado para lidar com variedades mais nuançadas de hedonismo, e mesmo com várias outras concepções não hedonistas sobre nosso bem supremo. No que se refere ao (EP), ele é ou falso ou não (admite óbvios contraexemplos, ou se torna trivial por estipulação). Na medida em que Sócrates e os muitos se apoiam nele, o questionamento da *akrasia* se coloca em risco. Não obstante, o argumento pode ser facilmente reestruturado de modo a dispensar inteiramente (EP). Uma reestruturação particularmente forte rejeita (EP) em favor de uma espécie de egoísmo racional, que apresenta um caráter normativo, na medida em que mantém que um agente idealmente racional sempre age de modo a maximizar o seu próprio bem. Uma vez estabelecida essa tese, que Sócrates claramente aceita, o questionamento socrático à *akrasia* assume um caráter ainda mais forçoso. Visto desse modo, o argumento de Sócrates contra a possibilidade da *akrasia* é uma espécie de modelo que pode ser alterado e adaptado de várias maneiras. Levando em conta o quão contraintutiva de início ela era, (IA) se revela como sendo um argumento de surpreendente força e resiliência.

2.5 Julgamento e prisão de Sócrates

Sócrates mantém suas convicções de maneira firme e constante. Ele é particularmente imune aos tipos de pressões sociais que muitos outros sentem. Nesse sentido, é um não conformista, que não teme se distinguir nitidamente de seus concidadãos, cujos princípios morais ele testa e cuja melhoria moral busca. Em seu discurso de defesa, Sócrates diz que seu zelo em melhorar a si mesmo e aos outros é de inspiração divina, que se encontra em uma missão em parte instigada por um deus pessoal que lhe fala, fornecendo-lhe orientações negativas (Xenofonte, *Apologia*, 31c-d)[37]. Ele também relata que é levado a questionar os outros porque deseja compreender o que o oráculo de Apolo, em Delfos, poderia ter pretendido quando proclamou – como relata ter ocorrido o amigo de Sócrates, Querefonte – que nenhum homem é mais sábio do que Sócrates. Este, consciente de sua profunda ignorância, propõe-se a examinar os outros a fim de mostrar que eles eram mais sábios do que ele, de modo que ele poderia chegar a um entendimento do enigma proposto pelo oráculo. Sócrates relata, por bons motivos, que descobriu que são aqueles com as maiores reputações na cidade os que apresentam mais deficiência intelectual. Outros seriam ignorantes, mas viam a si mesmos como sábios; já Sócrates não seria sábio, mas pelo menos tinha a vantagem de reconhecer sua própria ignorância. Como ele relata, porém, seu persistente questionamento o levou a se tornar impopular e a ser difamado por aqueles cujas reputações de grande sabedoria tinham sido diminuídas graças ao *elenchus* socrático (Xenofonte, *Apologia*, 21a-24b).

Sócrates jamais relata dúvidas sobre a probidade de sua própria missão. Reconhece que até mesmo seu discurso de defesa pode lhe causar danos, mas, de acordo com suas convicções morais, adverte ao júri que matá-lo lhes causará mais danos do que a ele. Com efeito, chega a ponto de dizer que seu acusador, Ânito, *não é capaz* de prejudicá-lo, uma vez que não se permite "que um homem melhor [seja] prejudicado por um pior" (Xenofonte, *Apologia*, 30d). Ao apresentar esse tipo de proposição, Sócrates parece retratar a si mesmo como moralmente superior a Ânito, e a outros. Talvez isso deva a ele também se ver, pelo menos em relação ao que menciona, como intelectualmente superior a outros, àqueles que nem mesmo reconhecem a própria ignorância. Dada a conexão entre conhecimento moral e ação virtuosa que vimos ser sustentada por Sócrates, é difícil escapar à conclusão de que virtude e conhecimento caminham juntos.

Se ele aparece como irreverente ou indevidamente descompromissado em sua própria defesa, Sócrates não se preocupa com isso. Em vez disso, conforme assinala repetidamente, agirá a serviço do deus, mesmo quando isso o puser em discordância em relação a outros na *pólis*. Ele lembra como se recusou a se envolver em ações que considerava ilegais ou injustas, como quando rejeitou aqueles

---

37. Cf.: Xenofonte, *Apologia de Sócrates*, 12; *Memorabilia*, 1.1.2.

que insistiam que membros do conselho processassem dez generais que deixaram de socorrer os sobreviventes atenienses, na Batalha das Arginusas, devido a uma tempestade violenta, ou quando, após a queda da democracia, para o governo dos oligarcas, em 404 a.C., ele se recusara a obedecer a suas ordens diretas. Nesses casos, Sócrates age em consonância com seus princípios morais, de um modo que não esperaríamos que ele agisse. Em particular, quando a justiça pede algo incompatível com a lei civil, para ele, a justiça tem precedência, mesmo que esse confronto resulte em sua própria execução. Desse modo, não é de se surpreender que Sócrates afirme diretamente que não aceitará a absolvição sob condição de deixar de praticar filosofia; a obediência a esse tipo de decreto seria injusta. Sócrates obedecerá antes ao deus do que à cidade (Xenofonte, *Apologia*, 32a-d, 29d-e).

Causa surpresa, todavia, que, após ter sido condenado e preso, Sócrates se recuse a fugir, como normalmente se esperaria que ele fizesse. Ou, antes, é surpreendente que se recuse a escapar pelas razões que fornece em *Críton*, um diálogo que reproduz conversas conduzida por Sócrates na prisão, à espera de sua execução. Por esses motivos, parece incompatível com a frágil linha que Sócrates está preparado para estabelecer em seu discurso de defesa entre os mandamentos da justiça e os mandamentos da lei humana. Dado seu desejo frequentemente expresso de melhorar a si mesmo e aos outros, parece apropriado determinar se Sócrates defende um conjunto inconsistente de crenças no que concerne à justiça e à sua relação com a lei cívica.

O caso contra ele pode ser apresentado de maneira bem simples. Enquanto está na prisão aguardando sua execução[38], Sócrates recebe a visita de seu amigo Críton, que tenta persuadi-lo a fugir. Críton inicialmente apela à opinião da maioria, que provavelmente o verá como alguém muito avarento, não querendo gastar o dinheiro necessário para subornar os guardas de modo que Sócrates pudesse escapar e fugir para longe do alcance das lei atenienses. Como nota Críton, a maior parte das pessoas o considerará um homem desonrado, uma vez que não há pior reputação do que ser considerado como alguém mais preocupado com o dinheiro do que com os amigos. De modo previsível, Sócrates o censura por sua preocupação. Não

---

38. Sócrates passa aproximadamente um mês na prisão antes de sua execução, pois seu julgamento ocorreu logo após a partida de uma missão religiosa oficial de Atenas a Delos. Não se permitia qualquer execução enquanto o navio que transportava a comitiva permanecia fora de Atenas. Somos informados, no início de *Críton*, que o navio está se aproximando de Atenas, em sua viagem de retorno (*Críton*, 43d).

devemos, explica ele, preocuparmo-nos com o que a maioria pensa; em vez disso, devemos determinar o conselho das pessoas mais razoáveis, os sábios. Esse, afinal, tinha sido seu costume no passado. Nada na atual circunstância justifica abandonar sua confiança habitual na razão e no argumento (*Críton*, 44b-d, 46e-48b).

Até aqui, tudo parece apropriado. O problema surge quando os sábios aconselham Sócrates a não fugir, evidentemente porque a desobediência civil não se justifica jamais. Chegam a ponto de advertir Sócrates de que ele "deve persuadir ou obedecer" às ordens do Estado, e seguir seus decretos até mesmo até a morte, se for incapaz de persuadir o Estado no que se refere à natureza da justiça (*Críton*, 51b). Se os sábios realmente aconselham uma concepção tão extremada, então Sócrates mesmo agiu de maneira insensata quando, conforme relata na *Apologia de Sócrates*, desobedeceu aos oligarcas. Ele também sustentou diretamente, nesse texto, que teria desobedecido a qualquer ordem para que deixasse de filosofar caso fosse absolvido sob essa condição. Nota-se às vezes que os oligarcas não constituíam um governo legítimo, e que Sócrates, na verdade, apenas ameaçou desobedecer a um decreto ateniense devidamente promulgado, e que jamais o fez de fato, com o resultado de que, estritamente falando, não se contradisse. Esse tipo de resposta não ajuda, uma vez que passa por cima do assunto em questão.

Esta é a questão: Sócrates repetidamente endossa a seguinte tese:

(SJ) Deve-se sempre fazer o que é justo.

O argumento do *Críton* parece implicar que:

(NDC) A desobediência civil não se justifica jamais.

Até aqui, (SJ) e (NDC) são compatíveis – na medida em que os ditados da justiça e das leis da sociedade sempre e em toda parte se sobrepuserem perfeitamente. Mas, como Sócrates mesmo nota, isso não acontece: há, às vezes, leis injustas. Dado esse simples fato, (SJ) e (NDC) não podem ser ambas verdadeiras. Assim, se ele sustenta ambas, Sócrates entrou em contradição. Tomando emprestado um argumento técnico do *elenchus* socrático, podemos ver diretamente que *o que é justo* e *o que é legal* não são sequer coextensivos. Quando encontramos algo que é justo, mas não legal, esperamos que Sócrates favoreça (SJ) sobre (NDC), como, por exemplo, fez Martin Luther King em sua tocante *Carta de uma cadeia em Birmingham* (*Letter from a Birmingham Jail*), quando ele clamava por desobediência civil não violenta a serviço da justiça, política que King diz ter derivado em parte de Sócrates. Nessa carta, escrita a seus colegas pastores cristãos para explicar seu apoio à desobediência civil, King sustenta, por meio do espírito socrático, que leis injustas *devem* ser infringidas, precisamente porque são injustas. O Sócrates de King é o da *Apologia*, mas o Sócrates de *Críton* parece estar em discordância com o Sócrates de King.

A questão, portanto, é saber se Sócrates jamais endossou algo tão extremo como (NDC). O argumento do *Críton* começa em um tom conhecido. Sócrates diz que jamais é justo fazer mal a alguém voluntariamente, e infere que, portanto, não é justo, mesmo quando lhe fizerem mal, retaliar uma situação injustiçando alguém em retribuição (*Críton*, 49a-c). Até aqui, isso não parece problemático, mas já se mostra controverso. Um defensor da retaliação poderia simplesmente rejeitar o princípio basilar de Sócrates, sustentando que, uma vez que a retaliação contra um dano não justificável é permissível, em certas circunstâncias é justo fazer mal a alguém deliberadamente. É justo quando o sujeito a ser prejudicado merece sê-lo, devido as próprias más ações. Embora reconheça que algumas pessoas pensarão dessa maneira, Sócrates se mantém firme a seu princípio basilar. Convida Críton a refletir sobre a defensibilidade dessa posição, advertindo que ela pode ter algumas consequências de longo alcance. Críton o faz, e reafirma seu próprio compromisso, preparando o terreno, assim, para o principal argumento em favor de (NDC) (*Críton*, 49b-e).

O argumento principal contra a desobediência civil (NDC) é apresentado pelas leis personificadas, que dão voz ao ponto de vista do Estado:

1. Se S acabou de fazer um contrato com S', então S deliberadamente prejudica S' se S conscientemente romper esse contrato sem autorização para isso;

2. Sócrates possui um contrato efetuado de maneira justa com Atenas, de persuadi-la em relação à natureza da justiça ou de obedecer a suas leis;

3. Sócrates não persuadiu Atenas no que se refere à natureza da justiça;

4. Logo, Sócrates só pode romper seu contrato com Atenas se for autorizado para isso;

5. Atenas não concordou em liberar Sócrates de seu contrato;

6. Logo, Sócrates deliberadamente prejudicará Atenas ao fugir.

A (NDC-6) afirma simplesmente que fugir é uma forma de desobediência, e assim, é contratualmente proibido. Dado que se concordou que dano intencional não é jamais justo, segue-se que, uma vez que se romper os contratos que se assinou é uma forma de dano deliberado, fugir da prisão se revela como injusto. Em certo sentido, portanto, em vez de ver que (SJ) e (NDC) entram em conflito, Sócrates deseja usar (SJ) como premissa em um argumento cuja eventual conclusão é (NDC) (*Críton*, 49e-51c).

Isso é surpreendente, dado que (SJ) e (NDC) são incompatíveis, desde que seja permitido que o justo e o legal não sejam coextensivos. Uma vez que isso foi algo que Sócrates também admitiu, é difícil compreender como ele pode defender (NDC), como o faz. Essa tensão recomenda uma análise mais estreita de (NDC).

Há muitos problemas *prima facie* com esse argumento. (NDC-1) já parece muito forte, a menos que tenha em vista condições liberais de liberação. Conforme argumenta Sócrates em outro lugar, temos justificativas para romper alguns de nossos acordos, como, por exemplo, quando somos confrontados com a necessidade de devolver uma arma, conforme combinado inicialmente entre as partes, mas descobrimos que o homem de quem a pegamos emprestada enlouqueceu (*A república*, 331c-d). Por outro lado, se as condições de liberação forem liberais, então se pode perguntar por que não é suficiente para anular um contrato que uma das partes tenha tratado a outra de maneira injusta. Sócrates parece insatisfeito com essa conclusão, uma vez que sustenta que a questão da injustiça do passado é irrelevante no que concerne à questão de casos futuros de dano deliberado.

(NDC-2) recebe seu próprio argumento, dotado de uma rica história subsequente. As leis notam que, embora Sócrates jamais tenha assinado um contrato oficial com o Estado, ele certamente consentiu, de maneira tácita, a um contrato ao receber livremente os muitos benefícios que o Estado lhe proporcionou (*Críton*, 52a-d). Sócrates, nesse aspecto, é como a maioria de nós: jamais assinamos um contrato de qualquer tipo com nossos governos. Logo, se esses contratos existem, e estamos vinculados a eles, nós tacitamente consentimos com os seus termos. Supondo que ele esteja certo sobre isso (embora alguém possa muito bem duvidar que esteja), surge imediatamente uma questão espinhosa: Quais são os termos com os quais se concordou? Sócrates especifica alguns termos surpreendentes: persuadir ou obedecer. Mais uma vez, parece haver pouco motivo para supor que termos como esses tenham sido específicos das circunstâncias locais e da época de Sócrates. Aqueles que decidem se desejam endossar (NDC) podem querer refletir, por conseguinte, se concordaram tacitamente ou de algum outro modo com tais termos. Houve algumas tentativas de relaxar esses termos tão cogentes, notando que, em grego, "persuadir" nem sempre significa um verbo de ação completada, de modo que pode simplesmente significar "tentativa de persuadir" (algo similar é verdadeiro sobre o adjetivo em inglês baseado nesse verbo, quando se diz que "Embora a advogada de defesa tenha sido bastante persuasiva, ela em última instância falhou em convencer o júri")[39]. Pode ser assim, embora pareça improvável que a noção mais fraca esteja presente em *Críton*. De todo modo, se for o caso, isso simplesmente realoca a questão: Por que o discurso de defesa de Sócrates não se qualifica como uma tentativa de persuadir os atenienses no que se refere à natureza da justiça? Com efeito, não há um sentido no qual toda sua missão elêntica consiste precisamente nisso?

Nossa compreensão de "persuasão" claramente afeta também nossa atitude em relação à (NDC-3). Algumas das mesmas questões, por conseguinte, aparecerão em relação a isso, juntamente com outra. Se aplicarmos o padrão mais fraco, e supusermos que a única obrigação contratual imposta a um cidadão é que ele tente persuadir o seu Estado no que se refere à natureza da justiça, então é preciso perguntar por que Sócrates não desejou sequer efetuar uma tentativa nesse caminho. Ao suscitar semelhante questão no atual contexto, não estamos inquirindo sobre as características da biografia psicológica de Sócrates. Em vez disso, estamos suscitando outra possível tensão em sua apresentação no *Críton*. Se Sócrates sequer tentou persuadir os atenienses a respeito da natureza da justiça, ele parece ter abdicado de uma parte central da missão divinamente inspirada que ele assumia para si na *Apologia*.

De qualquer modo, estabelecidas essas premissas, as leis têm uma conclusão provisória em (NDC-4). Sujeitas às cláusulas concernentes à liberação de contrato, discutidas no contexto de (NDC-1), as leis são livres para estipular (NDC-5) e, assim, podem derivar sua conclusão final, que é simplesmente uma aplicação específica de sua proibição geral à desobediência civil. Em outros termos, elas parecem estar em posição, agora, de afirmar (NDC), a tese de que a desobediência civil não é, em nenhuma situação, permissível. Por endossar essa posição, Sócrates também parece forçado a aceitar essa conclusão, no que parece ser uma forte forma dela.

Há várias maneiras de restringir o alcance de (NDC), algumas das quais *podem* ser consistentes com o argumento do *Críton*. Estudantes e acadêmicos fazem bem em examinar algumas dessas restrições, dado que, em sua forma irrestrita (NDC), ela parece estar em conflito com o espírito de boa parte da filosofia positiva do próprio Sócrates, incluindo, especialmente, (SJ), isto é, a tese de que sempre deve se fazer o que é justo. Os estudantes podem avaliar as disposições

---

39. No original em inglês: "*Although the defense attorney was very persuasive, she ultimately failed to win over the jury*". Por convenção, na língua inglesa, quando se menciona uma terceira pessoa, ela é geralmente colocada como feminina. Aqui, e em outras ocasiões similares, optamos por utilizar também o pronome feminino [N.T.].

dominantes de Sócrates determinando qual seria sua provável atitude em relação aos corajosos defensores dos direitos civis, como Gandhi, Martin Luther King ou o Movimento Rosa Branca, ousado grupo estudantil, cujos membros foram executados pelos nazistas devido a suas atividades subversivas. Os nazistas estavam certos em considerá-los como subversivos; é difícil acreditar que Sócrates veria essa subversão como algo diferente de uma exemplar tentativa de assegurar a justiça em circunstâncias desesperadas.

Essas investigações sobre a força dos argumentos de Sócrates no *Críton*, por conseguinte, não são feitas em um esforço para condená-lo por inconsistência interna. Em vez disso, visam ilustrar que, tendo em vista o franco compromisso de Sócrates com a justiça, onde quer que haja uma ameaça de inconsistência, (NDC) tem que chegar à (SJ). Ao aderir à anunciada missão de Sócrates, parece inteiramente apropriado pedir-lhe para demonstrar como isso deve ser feito, e assim, justificar-se, mostrando que suas próprias concepções são à prova de *elenchus*.

2.6 Conclusões

O Sócrates que aparece nos diálogos de Platão é uma figura marcante e complexa. Do ponto de vista estritamente metodológico, duas características se sobressaem: (1) o impulso para análise, de Sócrates, que resultou em colocar questões sobre a natureza das coisas em relação a uma ampla gama de qualidades morais desejáveis; e (2) seu método elêntico, com seus esperados altos padrões de sucesso. Segundo esses padrões, um caso de análise filosófica é bem-sucedido somente se for inteiramente geral e unívoco, epistemicamente útil e mais do que extensionalmente adequado. Se ele julgava a si mesmo incapaz de atender aos próprios padrões elevados, Sócrates jamais se desviava do curso de tentar. Isso porque sustentava que "a coisa mais importante não é viver, mas viver bem" (*Críton*, 48b), sendo que viver bem consiste em viver de maneira nobre e justa. Viver dessa forma, para Sócrates, requer um compromisso com contínua investigação intelectual, não meramente como uma diretiva abstrata, mas como um princípio íntimo e pessoal de orientação da ação. Eis por que diz, com sua característica e tocante candura, que "uma vida não examinada não vale a pena ser vivida" (Platão, *Apologia de Sócrates*, 38a).

Sugestões para leituras adicionais

Textos primários

> O melhor conjunto de traduções para a apresentação de Sócrates por Platão está disponível em:

COOPER, J. (org.). *Plato*: Complete Works. Cambridge: Hackett, 1997.

> Todos os diálogos individuais discutidos no texto também estão disponíveis em formatos mais baratos do que [22]. Uma seleção relevante dos textos concernentes a Sócrates em [22] também pode ser encontrada em:

PLATÃO. *Five dialogues (Eutyphro, Apologya, Crito, Meno, Phaedo)*. Cambridge: Hackett, 1981.

Notas do tradutor

> No Brasil, as obras de Platão foram publicadas por várias editoras. Sugiro as seguintes edições publicadas na Coleção Vozes de Bolso:

PLATÃO. *Apologia de Sócrates*. Petrópolis: Vozes, 2020 (Vozes de Bolso).

PLATÃO. *Fédon*. Petrópolis: Vozes, 2022 (Vozes de Bolso).

PLATÃO. *O banquete*. Petrópolis: Vozes, 2017 (Vozes de Bolso).

Textos secundários

> Vagar pela vasta bibliografia secundária sobre Sócrates pode ser algo intimidante. Bons lugares para começar, além de [4], são:

SMITH, N.; BRICKHOUSE, T. *The philosophy of Socrates*. Boulder: Westview, 2000.

VLASTOS, G. *Socrates*: Ironist and moral philosopher. Cambridge: University Press, 1991.

SANTAS, G. *Socrates*: Philosophy in Plato's early dialogues. Londres: Routledge, 1979.

> Outras boas leituras são as seguintes antologias, que contêm excelentes artigos sobre uma variedade de tópicos na filosofia socrática:

AHBEL-RAPPE, S.; KAMTEKAR, R. (orgs.). *A companion to Socrates*. Oxford: Blackwell, 2005.

BENSON, H. *Essays on the philosophy of Socrates*. Oxford: Oxford University Press, 1992.

BUSSANICH, J.; SMITH, N. D. (orgs.). *The Bloomsbury companion to Socrates*. Londres: Bloomsbury, 2013.

VLASTOS, G. (org.). *The Philosophy of Socrates*. Londres: Doubleday, 1971.

VLASTOS, G. *Socratic Studies*. Cambridge: Cambridge University Press, 1994.

3
Platão

Platão (429-347 a.C.) é um filósofo construtivo e sistemático, de espantoso alcance e profundidade. Diferentemente de Sócrates, ele não se limita a questões de conduta ética. Ele investiga também questões da metafísica; epistemologia; filosofia da mente; teoria estética; moralidade, incluindo metafísica moral e epistemologia moral; filosofia política; e, de uma maneira nova e abstrata, questões relativas ao método filosófico. Assim, tão abrangente foi a influência filosófica de Platão que o eminente filósofo britânico Alfred North Whitehead afirmou, com evidente e sincera reverência, que "A mais certa caracterização geral da tradição filosófica europeia é que ela consiste em uma série de notas de pé de página a Platão" (Whitehead, 1929, p. 39). Começamos aqui uma investigação sobre as mais duradouras contribuições de Platão à filosofia, não examinando primeiro sua espantosa influência, mas nos envolvendo diretamente com seus textos, em um esforço para determinar se devemos aceitar sua principal doutrina filosófica como verdadeira. É possível, é claro, que passemos a ver algumas de suas principais proposições como falsas e indefensáveis. Isso, porém, seria dar a Platão o tratamento que ele buscava: parece claro, ao ler os diálogos de Platão, que ele espera que cheguemos a conclusões discordantes, quando isso se justificar, mas, ao mesmo tempo, de nos associarmos a ele em caso contrário.

Um ponto-chave para compreender a filosofia de Platão é um exame de seu duplo compromisso com a possibilidade de se defender o conhecimento *a priori* e a existência de entidades abstratas que ele chama de *Formas*. Platão não é o primeiro filósofo a supor que os seres humanos têm uma facilidade para o conhecimento *a priori*[40]. Certamente, antes dele, Parmênides sustentava a mesma visão,

---

40. Sobre a distinção entre conhecimento *a priori* e *a posteriori*, cf. a nota 3 mencionada anteriormente no capítulo "Filosofia antes de Sócrates".

embora de uma maneira extrema e radical, na medida em que ele sustentava que o *a priori* esgotava todo o conhecimento humano. Embora Platão concorde com Parmênides sobre a existência do conhecimento *a priori*, nada em seus escritos sugere uma aproximação em relação às ideias de Parmênides em seus imoderados pressupostos sobre seu escopo. Platão tampouco se alinharia com esses filósofos contemporâneos que são radicais na outra direção, sustentando que o conhecimento humano se restringe ao *a posteriori*. Em vez disso, ele se posicionaria entre ambos, admitindo a existência das duas formas de conhecimento. Essa parece ser a posição moderada de centro, pelo menos se estivermos dispostos a admitir que algum conhecimento, por exemplo na matemática, é *a priori*; enquanto outros tipos de conhecimento, incluindo no campo das ciências naturais e sociais, é em grande parte *a posteriori*.

Os postulados epistemológicos de Platão se tornam discutíveis e controversos, no entanto, quando ele os liga com alguns compromissos metafísicos, que muitos consideram extravagantes ou, de certa maneira, extremos. Isso porque ele pensa que a gama de conhecimento *a priori* se estende bem além da matemática: Platão afirma que há um tipo distinto de conhecimento filosófico *a priori* que toma como seus temas objetos materiais afins aos objetos da matemática. Como já notamos previamente, ele os chama de Formas. As Formas são para a filosofia o que os números são para a matemática e as figuras para a geometria. Quando descobrimos as relações entre os números, descobrimos algo necessário e inalterável. Do mesmo modo, quando aprendemos que os ângulos internos de um triângulo equivalem a 180 graus, passamos a apreciar algo que não poderia ser de outra maneira. Não se trata de um fato contingente ou convencional sobre os triângulos que eles têm esse tipo de características. Do mesmo modo, argumenta Platão, quando aprendemos a natureza da Justiça ou do Belo, descobrimos algo sobre a Justiça em si que não é produto de convenção, algo que não é relativo a um momento ou a um lugar, algo que não pode ser de outra maneira. A tese pode surpreender até os leitores mais simpáticos a Platão. Nosso objetivo será apresentar os motivos e argumentos que ele usa para sustentá-la. Também começaremos, mas apenas começaremos, o fascinante processo de avaliar a correção desses argumentos. Se, ao fim, ficarmos persuadidos de que valeu a pena nos envolvermos nesse processo, então teremos pelo menos aumentado o crédito à reverencial avaliação de Whitehead sobre a monumental obra de Platão.

3.1 De Sócrates a Platão

Sócrates professava ignorância analítica: ele não conhecia as respostas corretas às convocações para análise que iniciava. Uma vez que seus interlocutores regularmente fracassavam em ilustrá-lo, os diálogos socráticos de Platão, de maneira característica, terminavam em uma admissão do fracasso pontuada por um otimismo incentivado no sentido de que novos esforços filosóficos deveriam alcançar ricas recompensas filosóficas. Não há um registro claro, porém, de um êxito reconhecido por ambos. Nesse sentido, os diálogos socráticos de Platão são, primariamente, destrutivos, mais do que construtivos, mesmo que nada no método elêntico enquanto tal exija que o sejam. Ademais, a despeito de seus claros e sofisticados critérios para a realização analítica, Sócrates não voltou sua atenção para a epistemologia ou para a metafísica como objetos especiais por si mesmos. Em vez disso, conforme observa Aristóteles, Sócrates se preocupava exclusivamente com qualidades morais, centrando-se em suas características universais e definidoras (*Metafísica*, 987b1-2). Já Platão, mais uma vez segundo Aristóteles, preocupava-se com a natureza como um todo e com questões metafísicas não abordadas por Sócrates.

Se nos apoiarmos no julgamento de Aristóteles, como parece razoável fazer[41], podemos começar diferenciando os diálogos de Platão nos quais se faz um esforço para apresentar as visões do Sócrates histórico daqueles nos quais Sócrates aparece como mero personagem voltado a exprimir as teorias positivas do próprio Platão. Embora haja controvérsias acadêmicas sobre as datações relativas dos diálogos de Platão[42], é razoavelmente fácil, e pouco controverso, separá-los tema-

---

41. Aristóteles foi aluno e colaborador íntimo de Platão, assim como o primeiro historiador sistemático da filosofia. Foi membro da escola de Platão por aproximadamente 20 anos. É difícil, portanto, ignorar sua caracterização das diferenças entre Platão e Sócrates.

42. Ao datar os diálogos platônicos, os estudiosos se apoiaram nos seguintes critérios: (1) o testemunho antigo (incluindo relatos externos, por exemplo, as observações de Aristóteles em *Metafísica*, I, 6, XIII, 4 e 9; e *Política*, 1264b24-30), assim como referências cruzadas internas entre os próprios livros de Platão; (2) análise estilométrica (focando-se em características da dicção e da sintaxe de Platão); (3) características literárias gerais (profundidade da caracterização, preocupação com o cenário dramático e com detalhes); (4) questões filosóficas e doutrinas (por exemplo, se são aporéticos ou dogmáticos, se se restringem a questões morais, se aderem à Teoria das Formas).

Usando esses critérios, podemos formular a seguinte hipótese aproximada para a datação dos livros principais mais comumente lidos pelos estudantes:

Socráticos: *Eutífron, Apologia de Sócrates, Críton, Alcibíades, Cármides, Laques, Lísias, Eutidemo, Hípias Maior* e *Hípias Menor, Íon, *Protágoras* e **Górgias* (* = provavelmente de transição, no sentido de que incorporam algumas características dos primeiros diálogos de Platão).

Platônicos anteriores: *Mênon, Fédon, Crátilo, O banquete, A república, Fedro* e *Parmênides*.

Platônicos posteriores: *Teeteto, Timeu, Filebo, Crítias, Sofista, Político* e *Leis*.

ticamente entre os diálogos socráticos[43], que formam a base de nossas discussões de Sócrates, e os diálogos platônicos, que, por sua vez, podem ser prontamente divididos entre períodos intermediários e tardios. Esses diálogos platônicos são as fontes de nossa investigação sobre a filosofia platônica.

Quaisquer que sejam nossas atitudes concernentes às datações relativas dos diálogos de Platão, chama nossa atenção uma importante mudança na apresentação de si mesmo feita por Sócrates ao longo do *corpus* platônico. O Sócrates que encontramos até agora, o Sócrates histórico, professa sua ignorância analítica. Ele também é agnóstico sobre questões tão importantes como a existência *post mortem*. Com efeito, em seu discurso de defesa, Sócrates afirma diretamente que ele não sabe se existe vida após a morte. Mesmo assim, é capaz de ver que a morte é uma de duas coisas: nada, caso em que ela não causa dano; ou realocação da alma de um lugar para outro, caso em que se trata de uma bênção positiva, uma vez que proporcionará prazerosas conversas com poetas imortais como Homero e Hesíodo (Platão, *Ap.*, 40c-e) (ficamos imaginando o *elenchus* socrático com Homero a respeito da *aretê*!). Isso contrasta fortemente com o Sócrates de *Fédon*, que tem uma crença perfeitamente segura na existência *post mortem*. De fato, ele apresenta provas e mais provas da imortalidade da alma, cada uma visando estabelecer, além de uma dúvida razoável, que a morte terrena é a separação da alma do corpo, e não o fim de nossa existência.

Dois argumentos desse tipo ilustram o quanto Sócrates se distancia do agnosticismo que demonstra em sua *Apologia*. O primeiro é positivo, e baseado em uma concepção definida da natureza da alma, a saber, que a alma é, metafisicamente falando, simples. O segundo argumento é ligeiramente menos direto, mas também traz consigo um compromisso positivo no que concerne à natureza da alma, a saber, que ela tem "Forma", ou seja, que é semelhante ao que se mostrará ser o mais distintivo desenvolvimento de Platão nas áreas de metafísica e epistemologia: a Teoria das Formas. Consideremos cada um desses argumentos separadamente.

O primeiro argumento surge em uma discussão com Símias e Cebes, ambos seguidores do filósofo Pitágoras. Símias nota que a maior parte das pessoas supõe que a alma morre com o corpo, que é dispersa após a morte como areia ao vento: "no

---

43. As principais características distintivas dos diálogos socráticos são estas: curtos, dramaticamente agitados, elênticos, preocupados quase que exclusivamente com questões morais e, por último, aporéticos.

mesmo momento em que um ser humano morre, a alma se dispersa e é o fim de sua existência" (*Fédon*, 74b4-5). Note-se que já deixamos para trás o estrito agnosticismo do Sócrates da *Apologia*: negar a existência *post mortem* já é assumir uma posição sobre a questão acerca da qual Sócrates se dizia agnóstico. Platão responde com uma posição igualmente determinada, sustentando que a alma, de fato, continua a existir após a morte. Seu argumento nessa direção apela para o tipo de coisa que ele considera ser a alma: "Devemos nos perguntar isto: que tipo de coisa há para que seja dispersa?" (*Fédon*, 78b4-6). Certamente, isso se aplicará a uma bola de areia ou a uma pilha de folhas secas, mas ambas são compostas de pequenas partes materiais.

Por contraste, insiste Platão, a alma não é composta. Ela é simples e, assim, de modo algum, passível de ser dispersa. De fato, por ser simples, a alma não pode deixar de existir, uma vez que a única maneira de alguma coisa deixar de existir é que ela seja quebrada em partes. Isso é claramente o que acontece com o corpo após a morte, ainda que de maneira mais lenta do que uma bola de areia; o processo, porém, é o mesmo. A alma carece de partes materiais e, assim, não pode dissolver-se em partes, à maneira do corpo. Isso produz o argumento da simplicidade da alma (ASA):

1. É possível para x deixar de existir somente se x for composto;

2. A alma sempre permanece no mesmo estado;

3. Se x permanece sempre no mesmo estado e jamais varia, x não é composto;

4. A alma permanece no mesmo estado e jamais varia;

5. Assim, a alma não é composta;

6. Assim, a alma não pode deixar de existir;

7. Logo, a alma é imortal.

Há, é claro, um bom número de preocupações com esse argumento, a começar com (ASA-2) e (ASA-4), a sugestão de que a alma jamais varia e que, uma vez que nunca varia, não deve ser composta, ou seja, é simples.

Admitamos esses argumentos por ora, porém, uma vez que a premissa com mais consequências é (ASA-1), a proposição de que, uma vez que a única maneira de alguma coisa deixar de existir é dissolver-se em partes, nada simples pode deixar de existir. Essa, compreensivelmente, é a premissa que prende a atenção de Símias e de Cebes.

Em seu favor, temos o seguinte pensamento. Normalmente, quando vemos coisas deixando de existir, é de fato precisamente desse modo. Se temos uma mesa velha fora de prumo que viu melhores dias e decidimos que queremos jogá-la fora, nós a desmontamos e a jogamos na caçamba de lixo. Ela deixa de existir precisamente ao ser dissolvida em partes menores, de cima a baixo, ou se decidimos parti-la em várias partes com um machado, isto é, em várias quantidades de matéria, as quais quando conectadas formam uma mesa, mas que indicam seu fim quando fragmentadas; então, mais uma vez, nós a fazemos deixar de existir ao dissolvê-la em partes menores. Compare isso com o número 7. Suponhamos que o número 7 seja uma entidade abstrata, existindo por si só, imutável, sempre o mesmo, sempre ímpar e, em geral, sempre igual a 7 e jamais algo a mais ou a menos. Como entidade abstrata, ele não parece ter qualquer parte; certamente, não apresenta partes materiais. Não pode ser excluído, quebrado ou disperso. É presumivelmente por isso que aqueles que acreditam na existência de números como existentes por si mesmos (chamados de "platônicos", até hoje) pensam nos números como existindo *necessariamente*: sendo mais objetivo, não possuem partes, e sem ter partes, não podem ser dispersos. Os números não deixam de ser. É claro, números não têm vida; logo, não morrem, mas nisso são diferentes da alma, que está viva. Mesmo assim, pela proposta sob consideração, a alma é como o número 7 por ser simples, com o resultado de que, como esse número, ela jamais deixa de existir, o que, no caso da alma, significa dizer que ela não morre. A alma, portanto, é imortal.

Chama a atenção, em *Fédon*, que Símias e Cebes estão dispostos a conceder que a alma é simples, mas atacam (ASA-1), a premissa que sustenta que algo pode deixar de existir somente se for composto. Eles o fazem de uma maneira que introduz bem-vindas complexidades à questão da natureza das relações entre alma e corpo. Eles se perguntam se a alma não poderia ser uma espécie de afinação do corpo, da mesma forma que um violino está afinado quando todas as suas partes se encontram em perfeita tensão entre si, de modo que ele possa produzir notas em um tom apropriado e com o tipo certo de sonoridade. Em princípio, pode-se olhar essa afinação como uma espécie de proporção, caracterizando as partes do violino entre si, e assim, como um tipo de entidade abstrata, mesmo como a razão matemática, e desse modo, sob esse aspecto, como o número 7. Mesmo se admitirmos todos esses pontos, isso implica que a afinação do violino deixa de existir se o violino for despedaçado. Quando destruído, o violino não mantém sua afinação solta no espaço em que costumava estar: sua afinação é exatamente *seu* estar afinado. Quando o violino/coisa deixa de existir, o mesmo vale para sua afinação.

De modo similar, a alma pode ser concebida como a estrutura de um corpo, uma estrutura viva. Mesmo que essa estrutura seja uma "afinação", o que significa que é basicamente a condição do corpo quando todas as suas partes estão adequadamente unidas, de modo a possibilitar as atividades da vida, ela poderia muito bem deixar de existir quando o corpo é despedaçado. Assim, mesmo admitindo o restante de (ASA), sua primeira premissa é falsa, e portanto, o argumento como um todo é incorreto.

As outras premissas, que admitimos provisoriamente, também ocupam um papel em um segundo argumento, mais complexo, conhecido como o argumento da afinidade. Ele é mais complexo, em parte, porque apela de maneira mais central e inescapável à Teoria das Formas de Platão, a qual, juntamente com o compromisso com a doutrina positiva da imortalidade da alma, também parece assinalar uma transição da filosofia socrática para a platônica. Enquanto Sócrates alegava não saber nada, ou nada de valor, Platão aceita a existência de entidades independentes da mente e da linguagem, cuja existência examinaremos em breve. Por ora, porém, para os fins desse argumento a favor da imortalidade da alma, elas podem ser caracterizadas como entidades imutáveis, existindo permanentemente, capazes de serem conhecidas, assim como outras entidades abstratas tal qual o número 7, pelo poder da mente.

Ao construir esse argumento, Platão se apoia em algumas teses sobre a alma, as quais ele pensa terem sido demonstradas:

> "Considera agora, Cebes", continuou, "se de tudo o que dissemos não se concluir que ao que for divino, imortal, inteligível, de uma só forma, indissolúvel, sempre no mesmo estado e semelhante a si próprio é com o que a alma mais se parece; e o contrário: ao humano, mortal e ininteligível, multiforme, dissolúvel e jamais igual a si mesmo, com isso é que o corpo se parece? [...]"[44] (*Fédon*, 80a10-b5).

---

44. Utilizamos aqui a tradução brasileira de Platão (2011) [N.T.].

Ele está, na verdade, oferecendo-nos uma espécie de bifurcação de tudo o que existe:

O mundo inteligível	O mundo perceptível
Divino	Humano
Imortal	Mortal
Conhecido pela mente	Percebido pelos sentidos
Uniforme	Multiforme
Indissolúvel	Apto a ser dissolvido
Sempre o mesmo em si	Jamais consistentemente o mesmo em si

A sugestão desse argumento é que, pelo fato de a alma exibir características próprias de itens do mundo inteligível, ela pertence a esse lado da linha divisória e, assim, provavelmente manifesta todas as características que pertencem a entidades desse mundo.

Com toda essa estrutura por trás, Platão oferece seu argumento da afinidade a favor da imortalidade da alma. O argumento tem sido compreendido e desenvolvido de várias formas, mas em um primeiro momento parece ser uma espécie de argumento por analogia. Argumentos assim não devem ser compreendidos como provas dedutivas, mas como fornecendo boas razões para aceitar suas conclusões.

Como ilustração, suponhamos que uma sonda da Terra pouse em Marte pela primeira vez e, ao chegar, faça uma descoberta surpreendente. Suponha-se que ela encontre o que parece ser um artefato, algo no nível de complexidade, digamos, de um telefone celular. Quando confrontados com essa evidência, é razoável que nos inclinemos a argumentar: (1) esse objeto exemplifica o nível de complexidade de um telefone celular; (2) o que explica o nível de complexidade de um celular é o fato de ter sido concebido por um ou mais *designers* conscientes; (3) assim, o que explica a complexidade desse artefato é o fato de ter sido concebido por um ou mais *designers* conscientes; (4) se (3), é razoável supor que há, ou houve, seres conscientes no lugar em que esse artefato foi encontrado; (5) ele não proveio da Terra; (6) assim, há, ou houve, *designers* conscientes em outro lugar além da Terra.

Ora, esse argumento não prova que existe vida inteligente em outro lugar do universo. Mesmo assim, supondo que haja boas bases para aceitar suas premissas, uma pessoa razoável concluiria que é inteiramente provável que haja vida extraterrestre e passaria a agir com base nesse pressuposto.

A situação é similar no caso da alma, sugere Platão. Seu argumento da afinidade (AA) procede de maneira similar:

1. A alma exibe características similares às dos objetos do mundo inteligível;

2. O que explica o fato de que objetos no mundo inteligível tenham as características que têm é que são necessariamente assim e, desse modo, invariantes;

3. Se (2), o que explica a exibição dessas mesmas características no caso da alma é o mesmo, a saber, que é necessário e invariante;

4. Se as almas são necessárias e invariantes, é razoável acreditar que as almas são imortais;

5. Assim, é razoável acreditar que as almas são imortais.

Conclui Platão que por ser mais afim aos objetos no mundo inteligível, é razoável assumir que a alma é imortal. Com efeito, os conjuntos de propriedades que se encontram nos dois mundos caminham juntos, agrupam-se devido a uma causa comum e, assim, se encontramos um objeto com alguma das características e, portanto, com toda probabilidade, com a mesma causa, será provável também que possuam as outras características em comum, causadas pelo mesmo princípio básico subjacente. No caso de itens no mundo inteligível, o princípio subjacente é que coisas nesse mundo são necessárias, o que significa, portanto, que não podem não existir. Se a alma tem essa característica, ela é imortal. Ou, pelo menos, é razoável, com base nessas considerações, concluir que a alma é imortal e, portanto, conduzir a própria vida de acordo com esse pressuposto.

Afastando-nos ligeiramente dos detalhes desse argumento, podemos observar que Platão argumenta com teses positivas e o faz com boa dose de verve.

Supondo que o Sócrates de *Fédon* represente agora as concepções de Platão, mais do que aquelas do Sócrates histórico, podemos identificar um primeiro afastamento significativo de Platão em relação a ele. Platão, diferentemente de Sócrates, não só possui convicções positivas, como está preparado para defendê-las extensamente. Não se contenta em envolver outros em uma investigação elêntica, e teorias com alcance que vai bem além das questões morais que constituíam a preocupação primária de Sócrates.

Ao fazê-lo, Platão também demonstra uma disposição para se envolver nos tipos de questões epistemológicas que invariavelmente acompanham a investigação metafísica, incluindo aqueles no campo da metafísica da moralidade. Platão, diferentemente de Sócrates, está perfeitamente disposto a oferecer uma análise de qualidades morais, incluindo, de maneira mais central, a natureza da justiça, tópico principal de seu livro *A república*, cujo antigo subtítulo, na verdade, era *Sobre a justiça*. Quando o faz, apresenta-se como estando familiarizado com as naturezas ou essências dessas qualidades. Compreensivelmente, questões sobre seu acesso epistêmico a essas naturezas jamais ficam esquecidas. Em geral, quando alguém pretende conhecer a natureza da justiça, ou da virtude, ou do certo e errado, ou que a alma é imortal, ou que o relativismo é falso, uma parte interessada perguntará *como* essa pessoa sabe o que ela pretende saber. Uma vez que jamais pretendeu ter esse tipo de conhecimento, Sócrates não enfrentou esse tipo de questões. Já Platão precisa enfrentá-las; e o faz sem se envergonhar quando lhe é conveniente fazer.

3.2 Paradoxo da investigação de Mênon; resposta de Platão

Uma das primeiras e mais notáveis incursões de Platão na epistemologia ocorre em um diálogo que já encontramos, o *Mênon*. Esse diálogo se inicia com um paradigmático *elenchus* socrático[45]. Sócrates pergunta a Mênon o que é a virtude.

Sob a tutela de Sócrates, Mênon respeita o pressuposto da univocidade, oferece uma análise, e é prontamente reduzido à contradição. Sócrates, à sua maneira, confessa a própria ignorância e encoraja um novo começo, na esperança de capturar sua elusiva presa analítica (*Mênon*, 79e, 81d). Até aqui, trata-se do procedimento padrão de Sócrates.

As coisas assumem um rumo inesperado quando Mênon abruptamente se recusa a continuar o jogo. Em vez disso, ele levanta uma questão epistemológica sem precedentes nos diálogos socráticos. Aparece, de repente, um momento platônico: Mênon questiona a profissão de ignorância de Sócrates, perguntando-lhe como pode progredir em direção a um objetivo se ele não pode sequer reconhecê-lo. Como é possível continuar a analisar a virtude quando a análise correta é desconhecida por todas as partes da discussão? A questão de Mênon, de certa maneira, lembra a queixa de Xenófanes de que mesmo que conseguíssemos apreender toda a verdade, careceríamos de conhecimento, pois mesmo assim não teríamos como

---

45. Cf. o subtítulo: "Os fracassos de Mênon e Eutífron" para uma discussão do *elenchus* desenvolvida em *Mênon*.

saber com o que nos deparamos[46]. Mas a questão de Mênon dá um passo além de Xenófanes, na medida em que Mênon está preparado para argumentar que a investigação enquanto tal é impossível, mediante meios mais elaborados.

O paradoxo da investigação de Mênon (PIM) assume a forma de um dilema simples:

> 1. Para todo x, você conhece x ou não;
>
> 2. Se você conhece x, então a investigação sobre x é impossível, uma vez que você não pode investigar aquilo que você já conhece;
>
> 3. Se você não conhece x, então a investigação sobre x é impossível, uma vez que você não pode investigar quando você nem sequer sabe aquilo que procura;
>
> 4. Assim, para todo x, a investigação sobre x é impossível.

A ideia de Mênon é bastante simples. (PIM-1) parece ser um apelo direto ao princípio do terceiro excluído. (PIM-2) sugere de maneira evidente que não é possível investigar aquilo que já se conhece, contanto que se saiba tudo o que é preciso saber sobre o tópico em questão. Não posso, por exemplo, investigar se $2 + 2 = 4$. Sei que esse é o resultado; não há nada mais que eu possa certificar sobre isso. (PIM-3) é um pouco menos evidente, e assim, requer um pouco mais de desenvolvimento. A ideia é que não é possível investigar algo sobre o que nada sabemos. Por exemplo, se perguntassem a uma pessoa completamente sem educação o que é um *cosseno*, ela não seria capaz sequer de escolher entre três respostas possíveis: (1) uma vasilha na qual é guardado o pão consagrado para a comunhão em cerimônias religiosas; (2) a proporção do comprimento de um lado adjacente a um dos ângulos agudos em um triângulo retângulo com o comprimento da hipotenusa; ou (3) uma forma especial de bandeira nacional portada por navios militares. Em suma, se não soubéssemos nada a respeito, então a investigação seria impossível, uma vez que jamais saberíamos por onde começar ou por onde terminar.

Platão imediatamente caracteriza (PIM) como um "argumento erístico" ou um "argumento de polemista", onde o claro propósito é que ele se baseie em alguma falácia ardilosa. Com certeza ele está certo sobre isso. Conforme apresentado, (PIM) emprega um sentido equívoco de conhecimento, uma vez que se (PIM-2) for verdadeiro, o conhecimento deve significar *saber tudo a respeito*, enquanto

---

46. Sobre Xenófanes, cf. o subtítulo: "Xenófanes".

que se (PIM-3) for verdadeiro, o conhecimento deve significar *não saber nada a respeito*. Se fixarmos um ou outro desses significados, então (PIM-2) ou (PIM-3) serão falsos e o argumento incorreto. Se compreendermos o conhecimento diferentemente em (PIM-2) e (PIM-3), de modo que ambos sejam verdadeiros (ou tenham a chance de ser verdadeiros), então (PIM-1) não mais será um caso do terceiro excluído, mas será em vez disso falso, uma vez que será lido agora assim: para todo x, ou você sabe tudo a respeito de x ou você não sabe nada a respeito de x. Claramente isso é falso, uma vez que há muitas coisas sobre as quais temos apenas um conhecimento parcial. De maneira igualmente clara, portanto, Platão está certo quando insiste que o paradoxo de Mênon, tal como reformulado e explicitado, contém uma falácia de deslocamento, que não seduzirá qualquer um que reflita, nem que seja por pouco tempo, sobre ela[47].

Surpreendentemente, porém, após notar que o argumento é falacioso, Platão não prossegue expondo a falácia. Em vez disso, a usa como plataforma para lançar uma de suas mais distintas e notórias teses: *a doutrina da rememoração*. Platão introduz essa doutrina, inicialmente, citando a autoridade de poetas e sacerdotes e sacerdotisas, mas depois, à sua maneira característica, oferece um argumento envolvente em sua defesa. Essa doutrina da rememoração consiste nas seguintes teses: (1) a alma é imortal; (2) não há nada que a alma não tenha aprendido; e (3) o que os seres humanos chamam de aprendizado trata-se na verdade de rememoração. Assim, quando "aprendemos" alguma coisa, como a natureza da virtude, na verdade o que estamos fazendo é provocando a nós mesmos para nos lembrarmos do conhecimento já disponível para nós, pois já se encontra em nossas almas. Se me pedirem para reproduzir agora o discurso de Gettysburg, que aprendi quando menino, posso ter de lutar para reconstituí-lo, pedaço por pedaço. Se for bem-sucedido, então terei feito uma rememoração. Não o aprendi novamente, mesmo que, em um primeiro momento, não fosse capaz de simplesmente recitá-lo. Por analogia, se Mênon deseja "aprender" a natureza da virtude, ele precisa apenas olhar para dentro de si, escavar no que, de fato, já está disponível para ele, e sacudir sua memória até que consiga. Em consequência, diz Platão, não devemos ligar para o argumento do polemista (PIM). Em vez disso, devemos permanecer atentos e enérgicos em nossa busca analítica.

---

47. O paradoxo da investigação de Mênon e a resposta inicial de Platão (*Mênon*, 80d-81a).

Dado o pretexto com que foi introduzido, é difícil saber como responder imediatamente à doutrina da rememoração. Esse pretexto é um argumento que Platão reconhece como falacioso, (PIM), mas cuja falácia ele não pretende exibir. Além disso, é uma falácia cuja exposição elimina a necessidade de introdução de uma resposta com algo que se aproxime mesmo vagamente da extravagância metafísica da doutrina da rememoração. Para piorar as coisas, não é sequer claro como a doutrina da rememoração, mesmo que inteiramente admitida, responde a (PIM). Não expõe o truque de seu debatedor; não refuta diretamente sua conclusão; nem sequer parece diretamente se envolver com ela. De certo modo, parece até mesmo conceder sua conclusão, uma vez que evidentemente admite que aquilo que os seres humanos *chamam* de aprendizado é na verdade algo diferente disso, a saber: rememoração, que não consiste em aquisição de novo conhecimento, mas de reavivar o antigo. Se isso estiver certo, então a investigação – se isso for entendido em termos de uma tentativa de descobrir o que não se sabe – realmente não tem sentido.

É de se presumir que Platão esteja atento a esse último ponto, uma vez que é uma questão em aberto saber em que consiste a investigação. Um componente da doutrina da rememoração de Platão, que há um sentido no qual o que parece ser aprendizado, em alguns casos, é na verdade um caso de acessar o que já está disponível para nós, pode não ser tão extravagante assim. Com efeito, uma maneira de compreender a resposta de Platão a (PIM) tal como ele o faz, com a teoria da rememoração, em vez de por meio de uma curta exposição do equívoco de Mênon, é supor que ele identifica um formidável argumento por trás do paradoxo de Mênon. De todo modo, estaria certo em fazê-lo, uma vez que o paradoxo de Mênon de fato admite formulações às quais a doutrina da rememoração de Platão forneceria uma resposta apropriada. Poderia-se muito bem perguntar, no espírito de (PIM), que tipo de progresso é possível na análise filosófica. Se a análise filosófica apenas especifica a estrutura profunda de uma qualidade que está sendo analisada; então, se correta, ela se limita a expor essa mesma propriedade. Em outros termos, se estiver correta, alguém pode sustentar que ela meramente nos diz o que já sabemos em algum nível e, assim, dificilmente pode ser informativa. Entretanto, mesmo a análise socrática parecia informativa, pelo menos no sentido mínimo de que revelava a alguns que eles não sabiam o que pensavam saber. Do mesmo modo, se realmente soubessem o que pretendiam saber, então não teriam feito qualquer progresso em direção ao conhecimento no processo de análise. Não teriam aprendido nada. Para usar a metáfora de Platão, o máximo que poderiam fazer é rememorar o que já sabiam. Assim, talvez Mênon tenha um argumento, afinal a análise filosófica do tipo praticada por Sócrates e Platão é completamente sem sentido e uma verdadeira perda de tempo. Cada episódio de análise é ou desnecessário ou incorreto.

Tendo em vista esses tipos de preocupações com a análise, o argumento de Platão a favor da doutrina da rememoração, enquanto contraposto à sua citação inicial de poetas e autoridades religiosas, tem uma pretensão legítima a ser escutada. O argumento é apresentado de maneira discursiva, na forma de um diálogo com um escravo não nomeado que jamais recebeu treinamento em geometria, mas parece conter em si, de algum modo, as respostas a questões geométricas que inicialmente lhe causam dificuldade. Quando pedido para formar um quadrado com duas vezes a área de um quadrado original ABCD, o escravo comete dois erros iniciais, todavia acaba chegando à resposta correta. O quadrado que tem duas vezes a área de ABCD não é aquele cujo lado é duas vezes maior, tampouco aquele cujo lado tem a metade desse comprimento, mas é o quadrado baseado na diagonal de ABCD[48]. O escravo, assim, tem algum sucesso, embora, insista Platão, esse êxito não possa ser atribuído ao que ele aprendeu nessa vida. Pois, embora tenha aprendido grego, jamais estudou geometria[49].

Com base nessa apresentação, Platão infere que "a verdade sobre a realidade" está sempre em nossas almas, e que a alma é imortal, os dois mais importantes componentes da doutrina da rememoração. Quanto ao terceiro componente, Platão assinala que não importa muito se chamamos o que fazemos de aprendizado ou rememoração, uma vez que o que queremos fazer é avançar diretamente para um claro e manifesto conhecimento na análise filosófica, o tipo de conhecimento que pode ser ensinado[50]. Porém, um componente da doutrina da rememoração,

---

48. Assim, por exemplo, se ABCD possui lados de 60 centímetros, ele terá uma área de 36 metros quadrados. Logo, o quadrado com o dobro de comprimento, ou seja, 120 centímetros, terá uma área de 144 metros quadrados. Por sua vez, o quadrado com a metade do comprimento de ABCD, isto é, 30 centímetros em cada lado, terá uma área de 9 metros quadrados. Assim sendo, o quadrado com uma área de 72 metros quadrados, isto é, com duas vezes a área de ABCD, será aquele baseado apenas na diagonal de ABCD, a linha que atravessa de canto a canto o quadrado original.

49. Na passagem do escravo (*Mênon*, 82a-86c), o escravo fala grego (*Mênon*, 82b), mas não lhe ensinaram geometria (*Mênon*, 85e).

50. O que importa, de fato, é se pode ser ensinado (*Mênon*, 87b-c). Posteriormente, Platão identifica a rememoração com o processo de fornecer uma justificação racional (*Mênon*, 98a).

o de que a alma é imortal, e existiu antes de sua atual encarnação, dificilmente parece estabelecido pelo argumento expresso na passagem do escravo. Esse argumento é simplesmente que, uma vez que o escravo jamais aprendeu as verdades em sua alma durante sua vida, ele deve tê-las adquirido em algum momento antes de nascer, o que implicaria que sua alma usufruiu de alguma forma de existência pré-natal. Por exemplo, poderia simplesmente ter um conhecimento *a priori* no que concerne às verdades da geometria; ou talvez semelhante conhecimento seja simplesmente inato. Em todo caso, para algumas espécies de verdade, a justificação está disponível para qualquer criatura racional disposta a se envolver em uma reflexão disciplinada, com o resultado, conforme diz Platão a respeito do escravo, de que podemos passar da crença verdadeira para o conhecimento por meio de um processo de investigação[51].

Esse resultado, por mais que seja deflacionário quando posto ao lado da doutrina integral da rememoração, suscita considerável interesse por si só. Pois, como Leibniz e alguns filósofos posteriores reconheceram, a passagem do escravo traz consigo um interessante e importante argumento a favor da existência de um conhecimento *a priori*. O argumento é sugerido de várias maneiras, a começar com o tipo de conhecimento que Platão seleciona para ilustração. Esse tipo de conhecimento é *conhecimento de verdades necessárias*, como o conhecimento geométrico, um tipo de conhecimento que Platão implicitamente contrasta com o tipo de conhecimento contingente que o escravo manifesta ao falar grego. Embora, tomada dessa maneira, a passagem do escravo sugira algo modesto por comparação com a doutrina da rememoração, o que ela sugere é algo significativo, ou seja, que o conhecimento de verdades necessárias, se o tivermos, não pode ser justificado *a posteriori*. Em outros termos, Platão parece argumentar que, para qualquer proposição *p*, se *p* for necessário, então *p* pode ser conhecimento somente *a priori*. Essa sugestão é realmente dupla. Primeiro, se *p* é necessário, então pode ser conhecido *a priori*; e, segundo, se *p* é necessário, não pode ser conhecido de qualquer outra forma que não *a priori*. Assim, nesse sentido, se o escravo conhece a proposição geométrica de que o quadrado com o dobro da área de um quadrado original é o quadrado formado sobre a diagonal do quadrado original, então ele deve conhecer essa proposição *a priori*.

---

51. Passando da crença verdadeira para o conhecimento (*Mênon*, 85c-d).

A razão de Platão para acreditar nessa tese não é obscura, por mais controversa que possa ter se tornado desde então. A questão é esta: não só o escravo não aprendeu geometria em vida, como ele *não poderia* ter aprendido a necessidade das verdades da geometria apelando à percepção sensível. Não importa quantas figuras veja desenhadas na areia por Sócrates ou por qualquer outra pessoa, ele jamais estará em posição de apreciar que a proposição que ele conhece *deve* ser verdadeira, a menos que aprenda algo sobre a natureza dos próprios quadrados. O fato de que *p* é verdadeiro para cada representação de um quadrado que ele viu até agora não justifica, e não pode justificar por si mesmo outra tese, que o escravo também está em posição de saber que *p* é verdade, porque precisa ser verdadeiro, para qualquer quadrado que ele venha a encontrar. Uma vez que de fato sabe disso, e não poderia sabê-lo *a posteriori*, o escravo deve conhecer a proposição geométrica que conhece *a priori*. Não há porque negar que ele o saiba; assim, não parece haver motivos, implica Platão, para negar que ele o conheça *a priori*. Se isso estiver correto, então não há razões para negar que exista conhecimento *a priori*. Conforme diz Platão posteriormente em *Mênon*, ecoando a análise de Xenófanes, o conhecimento é simplesmente uma crença verdadeira junto com uma explicação racional, em que a explicação racional é aquela que fornece a forma necessária de justificação[52]. Se a passagem do escravo estiver correta, no entanto, Xenófanes estava errado em suas conclusões céticas, pois, para uma série de proposições – as proposições necessárias –, é possível justificação *a priori*.

3.3 Três funções da Teoria das Formas de Platão

Platão acredita que a série de proposições necessárias se estende bem além da geometria, alcançando questões morais e metafísicas, as quais, como sustentava Sócrates antes dele, têm consequências imediatas sobre como devemos conduzir os assuntos de nossas vidas. Muitas pessoas podem desejar seguir Platão quando ele sugere que as verdades da geometria são necessárias e conhecidas somente *a priori*[53]. Ainda assim, muitas dessas pessoas hesitam quando Platão apela à justi-

---

52. Conhecimento equivale à opinião verdadeira mais uma explicação racional: (*Mênon*, 98a).

53. Lembre-se de que conhecimento *a priori* é conhecimento, cuja *justificação* não reside em qualquer apelo último à percepção sensível. Não é uma tese sobre a gênese do conhecimento. Sobre a distinção entre conhecimento *a priori* e *a posteriori*, cf. nota 3 mencionada anteriormente no capítulo "Filosofia antes de Sócrates".

ficação *a priori* no campo da moralidade. Há dois motivos para essa hesitação. O primeiro deriva das intuições relativistas. Por ser um realista no que diz respeito a valores, Platão nega o protagoreanismo e busca estabelecer a existência de valores transcendentes independentes da mente – e da linguagem –, que são apreendidos por meio do discernimento das mentes, mas em sentido algum criados ou constituídos por elas[54]. O segundo motivo não é o relativismo, e sim o ceticismo tanto sobre a existência de semelhantes valores quanto sobre nosso acesso epistêmico a eles, caso existam. Novamente, em virtude de seu realismo, Platão procura fornecer boas razões para acreditar que os valores que ele postula devam ser aceitos por qualquer um capaz de apreciar os argumentos que ele oferece em sua defesa.

Os argumentos de Platão em favor da existência das Formas constituem sua base para rejeitar o niilismo. Além disso, Platão enfrenta tanto questões céticas quanto questões relativistas com sua Teoria das Formas. Ele supõe que aqueles que pensam que temos conhecimento seguro em domínios como matemática e geometria estão em uma posição instável se, ao mesmo tempo, negarem que haja um conhecimento assim disponível para nós na moralidade. Pois os objetos de tal conhecimento são os mesmos em ambos os casos: são objetos abstratos precisos, fixos, necessários e imutáveis, que apresentam todas as suas propriedades intrínsecas de maneira essencial. Assim como um triângulo escaleno genuíno abstrato é perfeitamente escaleno de uma forma que nenhuma representação física de um triângulo escaleno jamais poderia ser, a justiça, tomada por si só, em seus próprios termos, conforme diz Platão com frequência, é um ideal do qual instituições e indivíduos justos se aproximam, mas que jamais alcançam. Se Platão estiver correto em postular que objetos de conhecimento no domínio dos valores correspondem aos tipos de objetos que muitas pessoas aceitam no domínio da geometria, então ele tem bons motivos para acreditar que o relativismo sobre valores é indefensável. Ele também incorrerá, todavia, em um débito especial em relação aos céticos, que legitimamente pedirão bons argumentos para a existência dessas qualidades, assim como alguma explicação do acesso epistêmico que supostamente temos a essas qualidades. De modo não surpreendente, Platão afirmará que nosso conhecimento sobre elas é *a priori*.

---

54. Sobre o relativismo protagoreano, cf. o subtítulo: "O movimento sofístico".

3.4 Resposta de Platão à sofística: relativismo e retórica

Se Platão estiver certo, Protágoras está errado[55]. Vimos que Protágoras tem uma resposta clara ao ceticismo sobre valores: sabemos que coisas são boas ou más, justas ou injustas, belas ou feias, pois cada uma dessas qualidades é determinada ou constituída por nossas próprias atitudes. Se acreditar que o quarto movimento da *Sinfonia n. 4*, de Mahler, é bonito, então é belo *para mim*, e não tenho dificuldade em saber isso; preciso apenas consultar minhas próprias atitudes. De modo similar, se acredito que, consideradas todas as coisas, a escravidão é uma instituição justa, então ela é justa *para mim*, e não há questão adicional sobre se posso ou não estar enganado. Aqui, mais uma vez, há pouca abertura para o cético. Já que sei como as coisas parecem para mim, e estou ciente de que a escravidão me parece justa, não tenho por que duvidar que é justa para mim. Assim, se Platão tem bons motivos para rejeitar o relativismo, ele perde qualquer vantagem que este último possa lhe oferecer em termos de resposta ao ceticismo sobre valores.

Esse é um preço que Platão está disposto a pagar, uma vez que ele pensa que, quaisquer que sejam suas vantagens epistêmicas, o relativismo é indefensável. Sua mais desenvolvida crítica ao relativismo ocorre em *Teeteto*, no diálogo em que investiga a natureza do conhecimento. De maneira estritamente socrática, Platão postula uma questão do tipo qual a natureza de F, embora não se trate de uma qualidade moral. Em vez disso, ele deseja saber: *O que é o conhecimento*? Ao longo do *Teeteto*, Platão considera e rejeita três explicações do conhecimento (*epistéme*). As três definições que ele considera são:

1. x é um caso de conhecimento = $_{df}x$ é um caso de percepção (*Teeteto*, 151e2-e3)[56];

2. x é um caso de conhecimento = $_{dt}x$ é (a) uma crença; e (b) x é verdadeiro (*Teeteto*, 187b5-6, 187c5);

3. x é um caso de conhecimento = $_{df}x$ é (a) uma crença; (b) verdadeiro; (c) acompanhado de uma explicação (*Teeteto*, 201c9-d1).

Platão julga as três análises falhas, com o resultado que o diálogo termina, novamente à maneira socrática, de forma aporética.

---

55. Sobre o relativismo protagoreano, cf. o subtítulo: "O movimento sofístico".

56. Aqui e ao longo do texto, a locução "=$_{df}$" deve ser compreendida como especificando as características essenciais ou definidoras da coisa definida. Assim, o esquema significa: "uma essência especificando definição de algo ser uma instância de conhecimento é que ela seja uma instância da percepção". A finalidade desse tipo de locução é simplesmente o fato de que evidencia que Platão busca explicações que façam mais do que meramente capturar a extensão das qualidades investigadas; ele deseja conhecer o que elas são essencialmente, em suas próprias naturezas.

A resposta de Platão a Protágoras ocorre no contexto de sua refutação da primeira dessas definições, segundo a qual o conhecimento é apenas percepção. Essa definição pode parecer inteiramente não promissora e, na verdade, Platão tem pouco trabalho em refutá-la. No processo, porém, de maneira surpreendente, ele caracteriza a sugestão de que o conhecimento é percepção como um tanto quanto protagoreana,[57] o que, por sua vez, identifica-a com certo heracliteanismo[58]. Isso pode parecer um pouco lato, mas no contexto do *Teeteto* as transformações de Platão parecem bastante justas. Se o conhecimento é percepção, então, uma vez que os objetos da percepção estão sempre em fluxo, o mesmo vale para os objetos do conhecimento. Se isso estiver correto, então Heráclito estava certo sobre isso. Mais do que isso, se o conhecimento é percepção, as coisas são como parecem. O que me parece ser o caso, realmente é o caso para mim. Como vimos, é fácil em grego, como em inglês, passar de um sentido estritamente perceptivo de "parece" para uma noção cognitivamente mais rica (por exemplo, "Com pouca luz, a cor castanha parece púrpura" e "Parece que a monarquia está em risco"). Assim, é natural tratar a sugestão de que "As coisas são como parecem" tanto em sentido amplo quanto em sentido estreito.

O sentido mais amplo é equivalente à doutrina da medida de Protágoras, sua principal formulação do relativismo. A doutrina da medida (DM), tal como formulada por Platão no *Teeteto*, sustenta que "o ser humano é a medida de todas as coisas: tanto das coisas que são, enquanto elas são, quanto das coisas que não são, enquanto elas não são". Compreendendo a doutrina de maneira predicativa, como parece justificado pelo tratamento que Platão lhe dá, temos:

(DM_p): Se um ser humano S acredita que algum x é F, então x é F para S; e se S acredita que algum x não é F, então x não é F para S.

Assim, por exemplo, se Rodrigo acredita que sua taça Riesling é frágil, então é frágil para ele. De modo similar, se acredita que o infanticídio é justificável, então, para ele, é justificável. Novamente, uma vez que, como estabelecido, (DM) é irrestrito em seu domínio, então se Rodrigo acredita que 2 + 2 tem a propriedade de ser igual a 5, então é igual a 5 para ele. Como vimos[59], é um pouco difícil

---

57. A identificação da primeira definição com o protagoreanismo ocorre em *Teeteto*, 152a.

58. Sobre Heráclito, cf. o subtítulo: "Heráclito". A afiliação entre o protagoreanismo e o heraclitismo ocorre em *Teeteto*, 152e, 179d-e.

59. Sobre formulações positivas e negativas do relativismo protagoreano, cf. o subtítulo: "O movimento sofístico".

compreender que se pretenda que essa última sugestão seja entendida como algo mais além da trivialidade de que Rodrigo acredita que 2 + 2 = 5, e que, portanto, Rodrigo acredita que 2 + 2 = 5.

Algo similar se aplica a outra formulação de Platão acerca da (DM). De maneira igualmente apropriada, embora não de forma equivalente, Platão trata a (DM) como uma doutrina sobre a verdade:

(DMv) Se um ser humano S acredita que alguma proposição p é verdadeira, então p é verdadeira para S; e se um ser humano S acredita que alguma proposição p é falsa, então p é falsa para S.

Se, por exemplo, Henrieta acredita que Epidauro é um anfiteatro na Grécia, então é verdade para ela que Epidauro é um anfiteatro na Grécia. De maneira similar, se Henrieta acredita que a raça branca é superior a outras raças, então, para ela, isso também é verdadeiro. Finalmente, dado o caráter irrestrito de (DMv), como estabelecido, será igualmente verdadeiro para ela que quadrados têm ângulos interiores que equivalem a 180 graus, se é nisso que ela acredita. Aqui, mais uma vez, a força da doutrina, e, em particular, a locução "verdadeiro para S" é um pouco obscura e corre o risco, de modo análogo, de cair em trivialidade.

Por qualquer motivo que seja, até agora não vimos um ataque frontal a (DM), em qualquer uma de suas formulações (*Teeteto*, 169d-171d, 177c-179b). Isso é o que Platão apresenta no *Teeteto*, no qual ele se concentra principalmente em (DMv). O argumento assume a forma de uma *reductio ad absurdum* (redução ao absurdo) dilemática para a doutrina da medida protagoreana (DMP). Em outros termos, ele assume (DMv) como hipótese; e mostra, com base em um dilema exaustivo, como ela se reduz ao absurdo.

1. (DMv);

2. Alguma pessoa S acredita que (DMv) é falsa;

3. Se S acredita que (DMv) é falsa, então aquilo em que S acredita é verdadeiro ou falso;

4. Se aquilo em que S acredita é verdadeiro, então (DMv) é falsa para S;

5. Se (DMv) é falsa para qualquer um, então (DMv) não é verdadeira;

6. Se, por outro lado, aquilo em que S acredita é falso, então (DMv) não é verdadeira;

7. Assim, se (DMv), então (DMv) não é verdadeira.

Se esse argumento estiver correto, então Platão não precisa se preocupar com questionamentos relativistas à Teoria das Formas.

O argumento procede sob o pressuposto da (DMv). A primeira premissa, portanto, é inteiramente inquestionável. (DMP-2) é uma simples estipulação. Qualquer um, incluindo Platão, é livre simplesmente para afirmar que rejeita a doutrina da medida. Platão afirma isso (na verdade, ele pensa que quase todas as pessoas a rejeitam implicitamente sempre que procuram por um conselho de um especialista, ao visitar um médico, contratar um engenheiro ou consultar um advogado tributarista). Assim, é difícil ver como o relativista pode objetar a (DMP-2). Note-se, porém, que boa parte do trabalho do argumento já foi feita: Platão simplesmente coloca (DM) em seu próprio escopo e então observa o que ela implica assim que parece falsa a alguém.

Essa é a questão das premissas restantes. (DMP-3) pode agora parecer questionável para alguém, uma vez que ela aparentemente apela a uma noção de verdade que o relativista pretende colocar em questão, talvez alguma noção de verdade independentemente daquele que nela acredita. Platão responde que nem Protágoras nem qualquer outro relativista forneceu até agora qualquer razão para supor que seja verdade que os quadrados possuem quatro lados e que seja verdade que Margaret Thatcher foi a primeira mulher Primeira-ministra da Grã-Bretanha (somente pessoas mal-intencionadas dirão que isso é uma questão de opinião). O que Platão parece supor é apenas que (DM) é o tipo de tese que podemos avaliar antes de decidir se devemos aceitá-la ou rejeitá-la; (DM), como outras teses, está sujeita ao escrutínio e à consideração. Se Protágoras deseja negar isso agora; então, conforme Platão implica, ele não deve apresentá-la para nossa consideração e eventual aceitação.

Se sujeita à avaliação em termos de sua verdade ou falsidade, então (DM) parece se sair muito mal no resto do argumento. (DMP-4) e (DMP-5) operam juntas. A primeira dessas premissas simplesmente indica que, se alguém acredita que (DMv) é falsa, e a crença dessa pessoa é verdadeira, então, como (DMv) mesma requer, (DMv) é falsa, para essa pessoa. Entretanto, se (DMv) é falsa quando aplicada a essa pessoa, então não é verdade que cada pessoa é a medida do que é verdadeiro ou falso para cada um. Assim, nesse caso, o que (DMv) sustenta, a saber, que cada pessoa é a medida do que é verdadeiro ou falso, não pode ser correto. Em outros termos, ela parece exigir sua própria falácia na medida em que alguém acredita que ela é falsa.

Finalmente, por outro lado, (DMP-6) sustenta a possibilidade de que ela ser aparentemente falsa não garante que (DMv) seja falsa para a pessoa que acredita que ela é falsa. Então, essa pessoa não é a medida do que é verdadeiro ou falso para ela. Nesse caso, nota Platão, (DMv) é falsa para a pessoa que acredita que ela é falsa, logo estamos implicados, diretamente, em negar a própria (DMv).

Daí, conclui Platão, uma vez que (DMv) é trazida para seu próprio escopo, assim que alguém pensa que ela é falsa, sua óbvia e autossabotadora debilidade se torna evidente. O que vale para o caso especial de (DMv) vale igualmente para a doutrina mais geral (DM). Essa doutrina refuta a si mesma. Nesse sentido, não é o caso somente que, se Platão está certo sobre a existência das Formas, Protágoras está errado sobre a relatividade de valores. Mais precisamente, do modo como Platão vê as coisas, se Protágoras está certo, então Protágoras está errado.

Existem, é claro, várias reações relativistas ao argumento de Platão. Algumas delas são recuos que efetivamente evisceram totalmente (DM). Outras procuram removê-la do campo do escrutínio racional. Mais comum ainda é uma restrição implícita sobre (DM): ela valeria não para proposições lógicas, matemáticas ou históricas; apenas para proposições morais. Além disso, seus proponentes podem insistir, agora, que ela não vale para princípios reguladores, o tipo de princípio que ela própria é. Essa última sugestão tenta afastar (DM) de seu próprio escopo e, assim, torná-la imune ao tipo de argumento de autorrefutação ao qual Platão a submete. Parece haver pouca justificação, porém, para restringir (DM) apenas dessa maneira. Se um ser humano é a medida do que é verdadeiro, então devemos ser capazes de comparar (DM) com as outras proposições nas quais acreditamos.

Note-se, no entanto, que ao proceder como faz aqui, Platão pensa nos argumentos como aquilo que chamamos de "sentido lógico estrito", como conjuntos de proposições que, quando corretas, fornecem provas para a verdade de suas conclusões. Vimos também que o sofista Górgias tinha outra, mas perfeitamente aceitável, compreensão sobre a natureza e a função dos argumentos, como ferramentas de retórica, visando não à prova ou à verdade, e sim à persuasão. Sobre essa abordagem sofística, um argumento bem-sucedido é um que vence a discussão, independentemente da verdade, ou da verdade presumida, de sua conclusão. Vimos ainda que Górgias pode ter sido motivado de diferentes formas para rejeitar o que agora vemos como uma preocupação platônica com a verdade e com a argumentação no sentido estrito e lógico. A princípio, Górgias pode ter sido um cético que pensou que a verdade, se existir, deve ser incognoscível para os seres humanos; pode ter sido um niilista, que simplesmente pensou que não há algo como a verdade, e que pensar de outro modo seria uma ilusão, assim como acreditar em fadas ou duendes.

Suponha-se, como sugere seu texto *Sobre o não ser* (citado anteriormente no subtítulo: "O movimento sofístico"), que Górgias seja um niilista. Se isso estiver correto, então em muitas áreas, talvez todas, ele simplesmente pensa que não existem fatos a serem asseridos, tampouco verdades a serem estabelecidas por argumentos compreendidos no sentido estrito e lógico. Como caso especial, ele pensará, por exemplo, que não existe fato no que se refere ao que é a *justiça*: simplesmente não há algo como a justiça. Assim, quando Sócrates e Platão se propõem a descobrir o que é a "Justiça em si", ou o que é a "Virtude em si", estão embarcando em uma jornada de tolos, fadada a terminar em um fracasso abissal. Dado o niilismo, quando encontramos pessoas discutindo entre si – ou seja, quando as encontramos discordando umas das outras –, a única forma de resolução reside na persuasão. O que se precisa, então, não é de filosofia, mas de retórica, a arte[60] da persuasão. Se isso estiver correto, então a prática socrática de se envolver no *elenchus* é uma perda de tempo[61]. O mesmo vale para a tentativa platônica de descobrir a natureza das coisas ao se envolver em investigação filosófica: não há simplesmente nada a ser descoberto.

O *Górgias* de Platão enfrenta extensamente as visões do sofista Górgias, criticando-o e defendendo a superioridade da filosofia sobre a retórica. Ele defende o *elenchos* socrático em grande detalhe[62], e tenta mostrar como pode alcançar a verdade, incluindo sobre questões de moralidade. Chega a ponto de dizer que "o que é verdadeiro jamais é refutado" (em que "refutado" traduz "*elenchetai*", o verbo do qual é derivado "*elenchus*" (*Górgias*, 473b10)). O diálogo apresenta discussões sucessivas entre Sócrates e três interlocutores: primeiro o próprio Górgias (*Górgias*, 447a-461b), seguido por seu aluno Polo (416b-488b) e, por fim, de maneira mais formidável por Cálicles, que é retratado como interessado em retórica principalmente como ferramenta para promover a própria carreira e conquistar

---

60. O termo em inglês é *craft* = técnica; porém, refere-se ao termo grego *technê*, que pode ser traduzido tanto por técnica quanto por arte. Para manter uma padronização, optamos por traduzi-la em geral por arte, mas ocasionalmente utilizamos técnica, onde o contexto exigir [N.T.].

61. Sobre o *elenchus*, cf. o subtítulo: "O *elenchus* socrático".

62. Cf.: *Górgias*, 447c, 453b-c, 461d-462b, 471d, 475e, 482c-d, 495e.

uma posição na sociedade (481b-527e)[63]. Em geral, Górgias cai em autocontradição e é substituído por Polo, que por sua vez encontra dificuldades, ponto em que Cálicles assume a discussão e prossegue até o fim. No momento em que o diálogo é transferido para Cálicles, o niilismo não está mais em questão, se é que esteve. Cálicles pensa que há uma coisa como a justiça, e que o que as pessoas geralmente pensam que ela é, para ele não é realmente justiça. A maior parte das pessoas acredita que a justiça envolve o que é exigido pela lei convencional, que envolve cumprir as próprias promessas e honrar as obrigações contratuais. Cálicles contrapõe que essas pessoas não apenas estão erradas, como também se mostram tolas: a justiça é simplesmente a dominação do fraco pelo forte. Há pessoas fracas que foram persuadidas a sacrificar seus próprios interesses sob a duvidosa base de que fazer isso é o que a "justiça" exige. Em outros termos, trata-se apenas de justiça convencional. Ser justo "por natureza" reside em um homem superior tomando do fraco, por meio da força, o que aquele deseja para que homens melhores governem homens inferiores e a nobreza tenha uma parte maior dos bens do mundo (*Górgias,* 488b-c). No exame que se segue de sua posição, Cálicles também é posto sob pressão. Ele titubeia e precisa reformular sua posição, mas, quando se recompõe e avança, mais uma vez se depara com sérias dificuldades.

De várias maneiras, portanto, o *Górgias* de Platão constitui uma defesa da filosofia contra as pretensões da retórica. Inevitavelmente, trata-se não só da defesa do método filosófico, incluindo o uso da argumentação no sentido lógico estrito, mas da existência da verdade em si, como ideal a ser alcançado na investigação e nos esforços humanos. A fim de considerar as forças relativas da retórica e da filosofia tal como examinadas no diálogo, precisamos nos concentrar apenas na primeira discussão, entre Sócrates e Górgias, embora as duas outras discussões também mereçam cuidadoso estudo.

Como indicado, Platão submete Górgias a um exame que o deixa perplexo e incapaz de responder, com o resultado que ele passa a investigação para Polo. Para compreender como Platão conduz Górgias à autocontradição, devemos distinguir entre duas maneiras de ver a retórica como a arte da persuasão. Podemos

---

63. Tanto Polo como Cálicles eram evidentemente figuras históricas reais, mas, uma vez que tudo o que se sabe sobre eles provém das várias apresentações que deles faz Platão, é difícil saber se Platão os descreve de maneira justa e acurada. Polo, pelo menos, é atestado fora do *Górgias* e de fato também além de Platão; Cálicles só é conhecido pelo *Górgias*. No atual contexto, porém, o que importa são as visões acerca deles.

pensar na *persuasão* como meios puramente formais, tais quais o uso de uma linguagem floreada ou sedutora, ou frases espertas e enganadoras, todas calculadas para produzir concordância. Em contraste com essa maneira puramente formal de persuasão, há uma compreensão substantiva da retórica como meio de persuasão baseado no conhecimento especializado em uma ou outra área. Quando o seu médico o aconselha a tomar uma medicação antiviral, é persuasivo devido a seu conhecimento substantivo superior; já quando um político pede o seu voto com apelos chamativos à sua vaidade e ameaças sombrias sobre os riscos de votar na oposição, tudo envolvido em um hábil palavreado, ele está, sobretudo, usando formalmente a retórica. Tal como Platão o apresenta, Górgias, talvez mal-aconselhado, tende a confundir essas duas maneiras de pensar a retórica, pretendendo que ela seja superior a outras artes, precisamente porque ele pode utilizá-las para seus próprios fins (*Górgias*, 455d-457c). Aqui Górgias parece pensar na persuasão retórica de maneira substantiva.

De fato, sugere Górgias, a retórica é um poder inteiramente neutro e pode ser dirigido para o bem ou para o mal, mas isso não é diferente da medicina: um doutor com conhecimento pode prescrever com igual facilidade veneno ou remédios benéficos; a arte da medicina é precisamente o que o dota desse poder. Ainda assim, é de se presumir que o médico, que dominou a arte médica, esteja melhor equipado do que o orador mal-informado no que se refere a persuadir o paciente sobre o melhor curso de ação? Certamente, o conhecimento substantivo supera o conhecimento retórico, aqui? Naturalmente, desejamos que nossos especialistas não apenas nos orientem a fazer isso ou aquilo, mas que nos aconselhem em relação ao que é *bom para nós*. Aqui, mais uma vez, o praticante da arte médica prevalece, de modo que é difícil ver como a retórica pode ser superior à medicina, como uma espécie de arte que a utiliza para seus próprios fins.

Crucial para esse tipo de argumento comparativo é um pressuposto que parece partilhado por todos os interlocutores nesse estágio do diálogo, a saber, que alguém é bom em determinada arte apenas se, ao praticá-la, puder fornecer um benefício àqueles para quem a pratica. Isso fica evidente quando Górgias é forçado a confrontar sua própria admissão de que o orador, que, afinal, é com muita frequência um governante ou um político, tem conhecimento substantivo de tudo o que diz respeito ao justo e ao injusto (*Górgias*, 454b). Górgias acata sem resistência a sugestão de Platão de que a retórica, tal qual a medicina, é uma arte que pode ser apreendida e, assim como outras artes, quando aprendida, confere certo tipo de poder ou habilidade a quem a possui. Tomados em conjunto, concede Górgias, os pressupostos parecem levá-lo à visão de que o orador conhece a respeito de justiça e de injustiça e, portanto, sabe, além disso, que assim como aprender a arte médica torna alguém médico, do mesmo modo aprender a arte da retórica, que inclui, entre muitas outras coisas, o conhecimento do que é justo, torna essa pessoa justa (*Górgias*, 460b-d). Porém, uma vez que a justiça é boa para a pessoa justa, certamente o orador a praticará e promoverá a justiça. Entretanto, a retórica pretendia ser estritamente neutra. Embora não seja uma contradição formal, essa constelação de compromissos produz uma tensão notável nas concepções de Górgias.

Pode-se reconstruir um argumento da discussão com Górgias, argumento que termina com a conclusão de que aqueles que defendem a retórica como superior à filosofia são, em última instância, confusos. O argumento opera mostrando que, contrariamente à afirmação feita por Górgias no que concerne à neutralidade da retórica, a retórica, como técnica, é estritamente neutra.

A proposição de Górgias (PG): Retórica, a arte da persuasão, é estritamente neutra em relação a produzir coisas boas ou más.

Tendo feito essa proposição, Platão monta um argumento contra a retórica (CR):

6. A retórica é uma técnica;

7. Técnicas dotam aqueles que as aprendem com o conhecimento e com o poder para usar esse conhecimento;

8. Assim, a retórica dota o orador de conhecimento e de poder para usar o conhecimento concernente à técnica da retórica;

9. Uma forma de conhecimento que o orador tem envolve a capacidade de persuadir as pessoas no que concerne ao que é justo;

10. Assim, a retórica dota o orador de conhecimento em relação ao que é justo e ao poder de persuadir pessoas no que concerne ao que é justo;

11. Se S tem o conhecimento do que é justo, então S será justo;

12. Se (6), então o orador sempre buscará fazer o que é justo;

13. Assim, o orador sempre procurará fazer o que é justo;

14. Se (8), então a retórica não é estritamente neutra em relação a ser usada para o bem ou para o mal;

15. Assim, a retórica, a arte da persuasão, não é estritamente neutra em relação a ser usada para o bem ou para o mal.

(PG) e (CR) formam uma contradição. Assim, algo precisa ser retirado no que concerne à defesa da retórica por Górgias como uma arte superior à filosofia. Em última instância, ao que parece, Górgias não deveria ter concordado, como fez, que "o orador é incapaz de usar a retórica de maneira injusta" (*Górgias*, 461a6-7). Por outro lado, se ele se retratar em relação a essa proposição, ele parece ficar na desconfortável posição de admitir que a retórica é o tipo de arte que pode ser voltada para a injustiça.

É possível que Górgias tenha cometido uma série de deslizes na discussão que conduz a essa conclusão e, de fato, Polo e Cálicles, que assumem a discussão depois que ele a abandona, continuam indicando exatamente isso. Pode-se ver, porém, que as pretensões da retórica exigem defesa.

Em toda essa discussão, Platão prevalece em uma maneira, mas não em outra. Se Platão pode induzir Górgias a afirmar suas concepções em termos de argumentos que aspiram à verdade, então Górgias tem que fazer mais do que persuadir. Ele precisa passar a ver a retórica não como uma técnica meramente formal, neutra em relação ao conteúdo, contudo como uma técnica com compromissos substantivos específicos. Porém, Górgias poderia, nesse ponto, efetuar uma retirada estratégica, negando qualquer compromisso com a verdade, recusando-se a admitir que o orador conhece qualquer coisa que seja sobre o que a justiça *realmente* é, sugerindo, de maneira niilista, que a justiça não é de fato nada. Parece improvável que Górgias persuada Platão sobre essa posição, mas sua tentativa de fazê-lo teria pelo menos o efeito salutar de deixar o ônus da argumentação para Platão, este tendo que sustentar, pelo contrário, que realmente há algo como a justiça, a Justiça em si. Felizmente, Platão aceita esse ônus e prepara exatamente essa defesa[64]. Sem essa defesa, porém, a disputa entre o niilista e o realista sobre a justiça provavelmente resultaria em um improdutivo impasse.

Ao confrontar a autopromoção de Górgias como sofista digno de estima e admiração, Platão enfrenta as pretensões da retórica como superior à filosofia. Se tomar Górgias como esposando uma espécie de niilismo, encontramos, no fim, uma demanda legítima para que Platão refute esse niilismo. Um tipo diferente de desafio o aguarda na pessoa de Protágoras, o qual, como vimos, é outro tipo de sofista, não um niilista, mas um relativista.

---

64. Cf. o subtítulo: "Análise platônica: um estudo de caso".

3.5 Três argumentos a favor das Formas

Se esse tipo de argumento contra Protágoras for forte, então isso abre caminho para que Platão pelo menos tente um argumento em favor da existência de valores objetivos que não são nem criados nem constituídos por nossas atitudes ou práticas. Sua tentativa consiste em um argumento a favor da existência do que ele chama de *Formas* (*eidê*), o que evidentemente compreende como entidades abstratas independentes da mente e da linguagem que apresentam todas as suas propriedades intrínsecas de maneira essencial[65], que são também, em algum sentido, paradigmas perfeitos das qualidades que são. Assim, por exemplo, Platão se dispõe a falar, usando uma terminologia nova e distinta, em "Beleza tomada em si mesma", "Justiça em si", "sabedoria mesma, como é em si mesma", ou ainda "o Bem tomado em seus próprios termos"[66] – todas maneiras de traduzir o epíteto de Platão: "*auto kath'hauto*", que ele atribui a vários termos a fim de expressar o seu desejo de que as coisas às quais os termos se referem sejam consideradas como são em si mesmas, por si próprias, segundo suas próprias naturezas, e não como se manifestam de diversas maneiras no mundo sensível. Desse modo, por exemplo, ele contrastará a beleza que vemos em Helena de Troia, uma bela mulher, com a "Beleza em si, como é em si mesma", uma entidade abstrata com a qual Helena tem alguma relação em virtude das quais ela se qualifica como bela. Isso já deveria ser familiar a partir do *Eutífron*, onde a forma de piedade era alguma coisa cuja presença *tornava* piedosas as ações individuais[67].

---

65. Uma propriedade *intrínseca* é uma propriedade tida por algum sujeito, ou objeto, sem referência a qualquer coisa fora dele. Propriedades intrínsecas podem ser distinguidas de propriedades relacionais, propriedades que os sujeitos, ou objetos, possuem apenas com referência a outros sujeitos/objetos. Se Haroldo é mais alto do que Marcela, então ele está na relação de *ser mais alto do que* em relação a ela. Assim, *ser mais alto do que* é uma propriedade relacional. Já se Marcela está contente, ela tem a propriedade de *estar contente*. Essa é uma propriedade que ela tem sem referência a qualquer outro sujeito. Assim, *estar contente* é uma propriedade intrínseca. Uma propriedade é *essencial* somente se o sujeito que a possui não poderia perdê-la e continuar a existir. Assim, *estar contente* não é uma propriedade essencial de Marcela, ela poderia um dia acordar insatisfeita com sua vida. De modo plausível, *ser humano* é uma propriedade essencial de Marcela, uma vez que ela não poderia perder essa propriedade e continuar a existir. Se existem formas, portanto, elas são diferentes de Marcela ou de outros particulares materiais no fato de que todas têm essencialmente suas propriedades intrínsecas. Evidentemente, todo particular material tem pelo menos algumas propriedades intrínsecas de maneira não essencial.

66. Cf.: *Fédon*, 100b; *Eutidemo*, 281d3-5.

67. Aristóteles afirma que tanto Platão quanto Sócrates aceitaram a existência das Formas, mas que Platão levou as coisas mais longe do que Sócrates ao *separá-las*: *Metafísica*, 1040b26-30, 1078b31, 1086a32-b13. Sobre a separação, cf. o subtítulo: "Três argumentos a favor das Formas". Noto a diferença entre as abordagens socrática e platônica ao colocar em maiúsculas as Formas platônicas, mas não as socráticas.

Dada sua pronunciada tendência a reificar as qualidades, a tratá-las como entidades por seu próprio direito, na verdade, como entidades que são explanatórias anteriormente a seus casos, Platão nos deve um *argumento pela existência* das Formas. Essa é uma obrigação que ele reconhece e aceita. De fato, ele o despeja várias vezes nos diálogos, em alguns casos mesmo que algumas pessoas não estejam dispostas a colocar em dúvida a existência das Formas[68]. Alguns de seus argumentos têm um impulso primariamente epistemológico; outros são mais diretamente metafísicos. Na verdade, porém, uma das melhores abordagens à Teoria das Formas, que deriva inicialmente de considerações epistemológicas, é oferecida não por Platão, mas por Aristóteles, em prol de Platão. Após examinarmos esse argumento, seguiremos com dois argumentos do próprio Platão. Nenhuma dessas discussões pretende mostrar de modo conclusivo que as Formas existem. Cada uma, entretanto, visa mostrar como Platão concebe as Formas, e por que ele pensa que uma pessoa razoável deve aceitar sua existência. Certamente, sejam ou não, em última instância, bem-sucedidos, os argumentos de Platão pela existência das formas merecem cuidadoso estudo[69].

3.5.1 Introdução de Aristóteles às Formas platônicas

Aristóteles fornece um argumento da existência que serve como uma introdução especialmente útil à Teoria das Formas, não só devido à sua clareza estrutural como também por ajudar a identificar uma das principais motivações epistemológicas de Platão para as Formas, tal como surgiu no contexto das preocupações filosóficas de Platão (*Metafísica*, 987a29-b13)[70]. Conforme salienta Aristóteles, Platão foi influenciado pela filosofia de Heráclito[71], evidentemente em uma versão bastante extrema atribuída a um de seus seguidores, chamado Crátilo. Segundo Aristóteles, uma vez tendo se familiarizado com as doutrinas de Heráclito, Platão continuou a endossá-las, de certa forma, mesmo como filósofo maduro. Não é que Platão fosse inteiramente heracliteano. Ele via, antes, que Heráclito tinha um

---

68. Em *A república*, livro V, por exemplo, Platão nota que há muitas pessoas assim e procura persuadi-las. Cf.: 475d-480a, 479a.

69. Além da passagem concernente às Formas discutidas no texto, algumas importantes passagens incluem: *Fedro*, 247c; *A república* 477a-480a; *O banquete*, 210e-211e; *Timeu*, 27d-28a, 38a, 52a-b; *Filebo*, 59c.

70. O argumento de Aristóteles pode se apoiar em parte em Platão (*Timeu*, 51b-52b).

71. Sobre Heráclito, cf. o subtítulo: "Heráclito".

argumento sobre o mundo físico, isto é, que toda uma gama de qualidades percebida no mundo físico não é jamais estável, mas está sempre mudando no tempo e no contexto. Entidades sensíveis, para usar a terminologia preferida de Heráclito, estão em toda parte em *fluxo*. Esse fato sobre fluxo é incompatível, supõe Platão, com termos conhecimento das coisas sensíveis. Logo, se temos conhecimento, seus objetos não devem ser itens sensíveis: os objetos do conhecimento devem ser abstratos, sem localização no espaço ou no tempo.

Como aquecimento para a apresentação por Aristóteles do argumento de Platão, vale refletir que Platão está pelo menos inicialmente justificado em supor que temos algumas formas de conhecimento. De maneira paradigmática, sabemos que 2 + 2 = 4; mais importante, sabemos que essa proposição é *necessária*. Além disso, é necessária não como um artefato da linguagem, ou produto de convenção, ou meramente resultado de alguma forma de prática social ou outra. Platão deseja que reflitamos sobre o fato de que nós *apreendemos* a necessidade dessa e de algumas proposições similares quando compreendemos plenamente seus componentes. Quando compreendemos a função de adição e a relação de igualdade numérica, vemos diretamente não só que certas proposições são verdadeiras, como também que elas são necessariamente verdadeiras. Estamos, ainda, em certo sentido, passivos diante de sua necessidade. Nós não colocamos em questão que é necessário que dois mais dois seja igual a quatro, nós simplesmente aceitamos que é assim. Do mesmo modo, com algumas outras proposições paradigmaticamente necessárias, por exemplo, que a soma dos ângulos de um triângulo é igual a 180 graus. Aqui também, pensa Platão, temos conhecimento da necessidade e devemos admitir que esse conhecimento não é de modo algum convencional.

Ao admitir isso, não sugerimos que essas teses são impermeáveis ao questionamento cético. Em vez disso, devemos pensar em semelhantes proposições como *prima facie* seguras, como privilegiadas em comparação com algumas outras, incluindo, por exemplo, a proposição de que é sempre certo processar o próprio pai quando se acredita que ele é culpado de impiedade.

Na medida em que vemos algumas proposições necessárias como casos paradigmáticos de conhecimento seguro, sugere Platão, devemos ser capazes de apreciar alguns fatos sobre seus objetos que terão significativas consequências para objetos análogos em outros domínios. Quando pensamos sobre um triângulo reto, utilizamos vários tipos de representações como auxílios para a compreensão, por exemplo desenhar linhas na areia ou na lousa. Esses desenhos, porém, não são em si triângulos de fato. Um triângulo reto, por exemplo, possui um ângulo interior exata e perfeitamente igual a 90 graus. Nenhum desenho de um triângulo terá exatamente essa propriedade. Para começar, todo desenho de um triângulo tem traços com extensão e profundidade, enquanto um triângulo de fato não apresenta essas dimensões. Esse fato sobre representações de triângulos implica que elas são apenas aproximações, mas não, por assim dizer, triângulos *reais*. Além disso, uma vez que toda representação física de um triângulo tenha características imprecisas, *na medida em que são físicas*, segue-se que triângulos reais são objetos não físicos. Logo, os objetos de conhecimento, em casos paradigmáticos de conhecimento, são entidades não físicas. Em consequência, são abstratos, independem da linguagem (não importa se os chamamos de triângulos, *dreieck* ou porcos-espinhos); e são perfeita e necessariamente o que são (algo com ângulos interiores que totalizam 360 graus seria um quadrado, e não um triângulo).

Uma vez, portanto, que temos conhecimentos em casos como esse, podemos extrapolar para determinar o que seria ter conhecimento em casos não paradigmáticos. Teria de ter contato mental com entidades abstratas, independentes da mente e da linguagem, que sejam perfeitas e necessariamente o que são. É assim que Platão concebe as Formas. A Forma da Justiça, se é que existe uma, é uma entidade abstrata que é essencialmente o que a justiça é: algo cuja natureza é apreendida por uma mente capaz de discernimento, algo que é perfeitamente o que é e não poderia ser de outro modo. Se não posso, por um ato de vontade, fazer com que um triângulo seja diferente do que é; então também não posso, por um ato de vontade, fazer com que a justiça em si seja algo diferente do que é.

Em outros termos, não posso querer que a justiça seja outra coisa do que é, *se* houver uma Forma da Justiça. A apresentação, por Aristóteles, do argumento da existência de Platão joga com essas considerações, situando-as em seu contexto heracliteano. O argumento pelas Formas induzido pelo heraclitismo (AFH) é:

1. Os sensíveis encontram-se em fluxo;

2. O que quer que esteja em fluxo é incognoscível;

3. Portanto, os sensíveis são incognoscíveis;

4. Há algum conhecimento;

5. Logo, há objetos de conhecimento não sensíveis, a saber, as Formas.

De forma mais modesta, (AFH-5) poderia concluir meramente que há objetos de conhecimento não sensíveis disponíveis para os seres humanos. Visto desse modo, poderia haver uma questão adicional concernente à gama desses objetos de conhecimento.

De qualquer modo, a primeira premissa necessita de explicação. Ela é tomada mais naturalmente como afirmando que os objetos físicos mudam ao longo do tempo, que eles sofrem *sucessão diacrônica de opostos*. Em outros termos, o que é em t_1 um menino, em t_2 não é mais; o que é em t_1 frio, em t_2 não é mais frio; o que é belo em t_1 é murcho em t_2 e não é mais belo. Tudo isso também tem relação com o pensamento heracliteano de que não se pode entrar duas vezes no mesmo rio; pois, tendo entrado nele antes, ele terá mudado no momento seguinte, com o resultado de que o rio será novo e diferente.

Note-se, porém, que dada a apropriação por Platão da noção de fluxo de Heráclito, é necessário que refinemos nossa avaliação de sua doutrina em relação ao que fizemos quando avaliamos o próprio Heráclito, que não extraiu nenhuma das consequências que Platão retira de sua própria doutrina. Pois agora se torna relevante para nossa apreciação de (AFH) que a noção de sucessão diacrônica de opostos admite uma formulação extrema e uma mitigada. Segundo o *fluxo diacrônico mitigado*, todos os objetos físicos mudam em todas as ocasiões, pelo menos em *alguns* aspectos. Isso é defensável, contanto que a mudança em questão se estenda à mudança relacional e não se restrinja à mudança intrínseca. Essa interpretação mitigada pode ser confrontada com uma noção de *fluxo diacrônico extremo*, segundo a qual todos os objetos físicos mudam em todas as ocasiões em *todos* os aspectos. Essa é a doutrina que Aristóteles relata, relacionada ao mais radical dos heracliteanos, Crátilo, o qual "ao fim não julgava necessário dizer nada, mas apenas mover seu dedo", que até mesmo criticava Heráclito por defender que não se pode entrar no mesmo rio duas vezes, uma vez que, segundo pensava, "não se poderia fazê-lo nem mesmo uma vez" (*Metafísica*, 101a10-15). Crátilo evidentemente sustentava a visão extremamente radical de que os objetos são, no máximo, instantâneos, de modo que qualquer evento que exija um pouco de tempo, como a ação de entrar em um rio, será impossível, uma vez que as coisas mudaram mesmo antes de o evento ter se completado. Por isso, é de se presumir, que ele tombou em silêncio. Ele pensava que, antes de que alguém pudesse se referir a uma entidade, ela teria mudado e se tornado outra coisa novamente.

Se Crátilo estivesse certo sobre o fluxo diacrônico extremo (AFH-2), a tese de que os sensíveis são incognoscíveis também estaria correta. Certamente Platão está certo ao afirmar que o conhecimento requer pelo menos alguma fixidez: não se pode conhecer o que está eternamente mudando sob todos os aspectos. Infelizmente, a doutrina do fluxo diacrônico radical é claramente falsa. Ao menos algumas coisas permanecem as mesmas ao longo do tempo em pelo menos alguns aspectos. Embora, por exemplo, o leitor deste livro tenha mudado de inúmeras formas durante sua leitura, haverá uma miríade de outras formas de estabilidade. O leitor ainda será um ser humano, estará vivo, ainda será, bem, um leitor. Essas formas de estabilidade importam, uma vez que mostram que a maior parte dos heracliteanos, aqui incluindo Platão, podem ter uma expectativa em relação ao fluxo diacrônico mitigado, a visão segundo a qual tudo muda ao longo do tempo sob alguns aspectos. Isso importa, por sua vez, porque se isso for tudo em que consiste (AFH-1), então (AFH-2) é falsa: se algum x permanece F entre um momento e outro, então deve ser possível saber que isso é assim. Por exemplo, se Jasper é um cão em t_1 e t_2, então deve ser possível que alguém saiba que isso é assim. De qualquer modo, nada sobre o fluxo impede que alguém tenha semelhante conhecimento.

Tomadas em conjunto, essas observações mostram que (AFH-1) pode ser interpretada como uma doutrina mitigada ou extrema. A interpretação extrema produz uma premissa manifestamente falsa, ao passo que a interpretação mitigada apresenta algo plausivelmente verdadeiro. Infelizmente, a leitura verdadeira de (AFH-1) torna (AFH-2) falsa. Essa premissa só é verdadeira na extrema leitura de (AFH-1). Logo, tanto (AFH-1) quanto (AFH-2) são falsas. Logo, AFH, até aqui, parece incorreta.

Nesse momento, porém, não devemos rejeitar (AFH). Pois a linha de avaliação que levou à sua incorreção segue apenas uma interpretação do fluxo heracliteano, que é, admita-se, a compreensão mais natural e acessível dessa doutrina, dada em termos de mudança *diacrônica*. Vimos, no entanto, que Heráclito também pretendeu promulgar um segundo tipo de "fluxo", menos natural, na verdade, mas que não obstante suscita alguma preocupação conceptual[72]. Trata-se da noção de fluxo *sincrônico*, isto é, uma mudança em um tempo, relativa a um contexto de especificação. Nesse sentido, Heráclito desejava chamar a atenção não apenas para o fenômeno da sucessão de opostos, mas igualmente para a *copresença de opostos*,

---

72. Sobre a noção de Heráclito de fluxo sincrônico *versus* fluxo diacrônico, cf. o subtítulo: "Heráclito".

e está claro que Platão notou essa característica do pensamento de Heráclito e a usou ao tentar estabelecer a existência das Formas[73].

Vale a pena considerar a ideia de Heráclito aqui. Ele nota, por exemplo, que somos inclinados a dizer que Helena de Troia é bela. Quando falamos dessa maneira, porém, estamos implicitamente comparando-a a algumas outras mulheres que não são tão belas. No entanto, se refletíssemos sobre o assunto, veríamos que, ao emitir esse tipo de julgamento, estamos implicitamente restringindo a classe de comparação, bloqueando considerações de algumas outras mulheres, incluindo as deusas que, são, podemos presumir, ainda mais belas. (Heráclito observa, dessa forma, que os seres humanos são inteligentes em comparação aos macacos, mas de modo algum em comparação aos deuses.) Assim, há um sentido no qual, em relação a diferentes contextos, Helena é tanto bela quanto não bela. Do mesmo modo, o Empire State é um arranha-céu ao mesmo tempo grande e não tão grande. É grande em comparação com um bangalô normal do subúrbio, porém pequeno em comparação com o Monte Evereste. Este, por sua vez, é grande em comparação com a estátua do Almirante Nelson na Trafalgar Square, mas insignificante em relação à Via Láctea. Em todos esses casos, algum x é tanto F quanto não F ao mesmo tempo. Essa, portanto, é a noção de Heráclito de fluxo sincrônico, a qual Platão reintroduz como copresença de opostos.

Se retornarmos ao (AFH), munidos com essa peculiar noção de fluxo, as coisas se tornam mais interessantes, mas também mais complexas. Agora (AFH-1), a premissa de que os sensíveis estão em fluxo, parece correta, contudo somente para uma gama de propriedades. Em relação à grandeza, beleza e bondade, as coisas realmente sofrem com a copresença dos opostos. Algumas coisas são ao mesmo tempo grandes e não grandes, belas e não belas, boas e não boas –, em cada caso especificadas a diferentes contextos e em relação a diferentes classes de comparação. Dito isso, algumas coisas claramente não sofrem a copresença de opostos. Conforme nota o próprio Platão, meu dedo não é ao mesmo tempo um dedo e um não dedo. É simplesmente um dedo (*A república*, 523d). Tampouco um número qualquer é tanto ímpar quanto par; todo número é par ou ímpar. A copresença de opostos se estende somente para propriedades avaliativas ou normativas, às

---

73. Cada um dos dois próximos argumentos da existência nesta seção apela à copresença dos opostos como premissa.

quais podemos chamar de *propriedades contextualmente sensíveis*. Ora, embora nem todas as propriedades sejam contextualmente sensíveis, pode ser que haja mais delas do que, de maneira irrefletida, supomos. Em todo caso, por mais propriedades contextualmente sensíveis que haja, isso estende (AFH-1). Assim, se o argumento se revelar correto, terá estabelecido Formas apenas para propriedades contextualmente sensíveis[74].

Sua correção é uma questão complexa, entre outras coisas, porque agora se torna difícil avaliar (AFH-2). Segundo essa premissa, não podemos saber o que está em fluxo, o que agora consiste na afirmação de que não podemos conhecer propriedades que são contextualmente sensíveis na medida em que são contextualmente sensíveis. Presumivelmente, Platão não pode pretender com isso que não podemos nem mesmo estar cientes das propriedades tais quais elas se manifestam por meio de particulares sensíveis. Afinal, emitimos o julgamento de que Helena é bela, ou de que o Monte Evereste é grande. Seu pensamento aqui pode ser, em vez disso, que experimentamos itens em fluxo por meio da percepção sensível, mas que não podemos nos apoiar somente nela quando procuramos explicação para a grandeza ou beleza das coisas. Quando as coisas estão em fluxo da maneira especificada, elas não podem ser conhecidas por meio de uma faculdade que experimenta o mundo sensível diretamente. A ideia seria então que, se sabemos o que é a grandeza, deve ser em virtude de alguma faculdade não sensorial.

Isso, em todo caso, é o que Platão sugere em *Fédon*, quando nota que não explicamos a grandeza de um gigante pelo que vemos nele[75]. Se o homem, André o Gigante, tem dois metros e meio de altura, então explicamos sua grandeza pelo fato de ele ter dois metros e meio de altura. Essa, todavia, não pode ser uma explicação da ideia de grandeza enquanto tal, uma vez que ter dois metros e meio de altura em alguns outros casos, por exemplo em uma girafa, explica o fato de ela ser baixa, não alta. Mesmo assim, sabemos o que é a grandeza, mesmo que não possamos no presente oferecer uma análise completamente satisfatória. Esse seria

---

74. Esse é um resultado que Platão expressamente acolhe em algumas passagens (*A república*, 523a-e), mas implicitamente rejeita em outras (*A república*, 597d). Isto não constitui por si uma contradição, se assumirmos que (AFH) estabelece Formas para uma gama de propriedades, mas que outros argumentos o fazem para outras. Haveria uma incompatibilidade, todavia, se Platão sustentasse que a gama de Formas se restringiria àquelas geradas por (AFH). Passagens relevantes a esse respeito incluem *A república*, 523a-b e *Parmênides*, 130b-d.

75. Cf.: *Fédon*, 96d-97b.

o propósito de (AFH-4), a asserção de que temos algum conhecimento, mesmo que ele não ocorra e seja consciente (talvez, como sugeriu Platão em *Mênon*, esse conhecimento pode estar disponível para nós apenas por rememoração ou por reflexão *a priori*). Se agora tivermos que abrir mão de (AFH-4), negando que saibamos o que é a grandeza; então Platão terá uma espécie de vitória, pelo menos no sentido de que precisaríamos sustentar algo que deve parecer estranho, que não sabemos nem sequer o que é a grandeza. Mais do que isso, nosso sucesso em aplicar a propriedade a uma ampla gama de contextos discretos pode tender a minar semelhante admissão. Já, se afirmarmos (AFH-4), admitindo que temos algum conhecimento, então concordamos com (AFH-1) e (AFH-2), tal como os caracterizamos até agora, Platão efetuou pelo menos algum progresso no estabelecimento da existência das Formas.

O argumento heracliteano de Platão em favor das Formas suscita grandes e difíceis questões. Nosso exame desse argumento não estabeleceu que ele seja obviamente correto ou incorreto. Nosso interesse, em vez disso, foi mostrar como, conforme sugere Aristóteles, alguém apaixonado por temas heracliteanos, como era Platão, pode muito bem ter uma motivação legítima epistemicamente fundada para acreditar na existência de ideias abstratas, incluindo até as Formas.

3.5.2 *Igualdade em si:* um argumento do Fédon

A explicação de Aristóteles da motivação de Platão para acreditar nas Formas apresenta um tipo de argumento da existência. Essa explicação é útil, em parte, porque destaca especialmente as motivações epistemológicas para as Formas, ao explicar a reação de Platão ao heracliteanismo. Outro argumento da existência, dado diretamente pelo próprio Platão, apresenta um aspecto mais metafísico. É um argumento curto, que faz um apelo central à copresença de opostos. É um argumento metafísico, pois é mais bem compreendido como uma tentativa de impedir todos os esforços para *reduzir* propriedades sensíveis ao contexto a conjuntos dos particulares sensíveis que as manifestam. Se correto, o argumento mostra que não há nenhuma redução assim em perspectiva. Se isso estiver certo, as propriedades devem ser não sensíveis e, portanto, abstratas. Mais do que isso, como entidades abstratas, assume-se por esse argumento que as Formas têm uma característica especial: não sofrem jamais a copresença dos opostos. Em vez disso, são pura e essencialmente o que são, desprovidas de sensibilidade ao contexto e, assim, explanatoriamente básicas em relação aos particulares, que, para usar o termo de Platão, *participam* delas.

O argumento ocorre em *Fédon*, livro em que Platão une a doutrina da rememoração e a Teoria das Formas, insistindo que são igualmente necessárias e que toda a noção de rememoração seria fútil se não houvesse Formas (*Fédon*, 96d-97b). Minimamente, sua ideia aqui é que não há por que postular um conhecimento *a priori* se não houver entidades abstratas para servir como objetos desse conhecimento. De qualquer modo, ele se sente seguro afirmando a existência de semelhantes objetos, uma vez que acabou de apresentar o seguinte argumento (*Fédon*, 74b-d), o qual se apoia na afirmação de que as Formas jamais sofrem a copresença dos opostos (JCO):

> 1. Paus e pedras iguais, às vezes, permanecendo os mesmos, são iguais em relação a uma coisa e não iguais em relação a outra (sofrem a copresença dos opostos);
>
> 2. A igualdade em si mesma[76] não é jamais desigual (e assim, jamais sofre a copresença de opostos);
>
> 3. Logo, a Igualdade em si e as coisas iguais não são a mesma coisa.

O argumento consiste em um apelo simples à Lei de Leibniz[77]. A Igualdade em si jamais sofre a copresença dos opostos, ou seja, carece da propriedade de sofrer a copresença dos opostos em relação à igualdade. Uma vez que todos os particulares sensíveis sofrem a copresença dos opostos em relação à igualdade, a Igualdade em si não pode jamais ser identificada com qualquer particular sensível ou conjunto de particulares sensíveis. Segue-se que a Igualdade em si é uma entidade abstrata.

O argumento é evidentemente válido. Além disso, se o apelo à Lei de Leibniz é legítimo, então, enquanto as premissas forem verdadeiras, Platão nos forneceu uma boa razão para aceitar a igualdade como uma entidade abstrata. Dado que ele poderia facilmente ter escolhido qualquer propriedade sensível ao contexto, aleatoriamente, o argumento sobre a igualdade; se correto, também estabelece que todas as propriedades semelhantes são entidades abstratas. Essa conclusão não implicaria, porém, que existem Formas, entidades abstratas independentes da

---

76. De fato, Platão fala aqui de uma forma que causa perplexidade sobre "os iguais eles próprios" (*auta ta isa*) e não simplesmente da Igualdade em si. Adaptei ligeiramente o argumento por motivo de simplicidade; nada em termos de seu propósito filosófico se perde nessa adaptação.

77. Em sua formulação mais simples, a Lei de Leibniz sustenta que, para cada duas coisas x e y, $x = y$, se e somente se, x e y partilharem todas as mesmas propriedades.

mente e da linguagem que têm todas as suas propriedades intrínsecas de maneira essencial; mas nos levaria um passo mais próximos dessa conclusão, e forneceriam de fato evidência adicional para aceitar a existência das Formas para toda uma gama de propriedades sensíveis ao contexto.

Mais uma vez, (JCO) é mais bem compreendida como um argumento *antirredutivo*. Em outros termos, Platão tem em vista aqui um interlocutor que concorda que exista algo como a Igualdade, mas que nega que seja uma forma ou qualquer tipo de entidade abstrata. Em vez disso, o interlocutor imaginário insiste que a Igualdade deve ser simplesmente identificada com todas as outras coisas iguais que existem. Platão pensa que fatos sobre a copresença de opostos impedem qualquer identificação desse tipo. Uma vez, portanto, que todas as partes concordaram que há algo como a Igualdade, se (JCO) mostra que essa não deve ser identificada com qualquer conjunto de objetos sensíveis, a Igualdade terá de ser um objeto abstrato.

(JCO-1) defende que paus e pedras iguais, ou qualquer outra coleção aleatoriamente selecionada de coisas iguais, serão tanto iguais quanto não iguais. Embora a premissa admita várias outras interpretações, uma leitura simples e direta a toma como sugerindo apenas, por exemplo, que uma pedra e um pau podem ser iguais em peso, ao mesmo tempo que não iguais em comprimento. Sob alguns aspectos, serão iguais; e, sob outros, não. Ora, sugere Platão, compare-se essa situação com a que se obtém para a Igualdade em si. Segundo (JCO-2), a Igualdade em si não é jamais desigual; assim, ela jamais sofre a copresença de opostos. Isso poderia ser por uma ou por duas razões: (1) a Igualdade em si é igual, mas jamais não igual; ou (2) a Igualdade em si não é nem igual nem não igual. Pela segunda abordagem, a Igualdade em si não seria o tipo de coisa que poderia ser igual ou não. Seria, portanto, um erro categórico dizer da Igualdade em si que ela é igual, o que é análogo ao erro cometido por alguém que diz que a função de adição ronca ou não ronca. Aqui parece razoável apontar que a função de adição não é o tipo de coisa que pode roncar. Do mesmo modo, pode haver algum sentido em dizer que a Igualdade em si não é o tipo de coisa que pode ser igual ou não. Para a primeira abordagem, que é bastante sugerida pela linguagem de Platão[78], e também aceita por Aristóteles[79], a Igualdade em si é igual, mas jamais não igual. Se essa for sua

---

78. Passagens sugerindo autopredicação: *Fédon*, 74e-75 a; *Protágoras*, 330c-d; *Banquete*, 211 a-b.

79. Cf.: *Metafísica*, 1038b35-1039a3; *Tópicos*, 178b36-179a10.

visão, então Platão aceita uma forma de *autopredicação*, compromisso que pode lhe causar alguma dificuldade[80]. Minimamente, a ideia aqui seria que a Igualdade em si é igual, em que isso pode significar, no máximo, que ela tem a propriedade que tem, e no mínimo que essa é a essência da Igualdade. Em ambos os casos, porém, a Igualdade jamais seria não igual. Se não fosse assim, ela jamais sofreria com a copresença de opostos. Uma vez que coleções de particulares sensíveis sempre sofrem, a Igualdade não pode ser identificada com eles. Logo, deve ser uma entidade abstrata, como uma forma.

É tentador queixar-se nesse ponto que Platão simplesmente comete uma petição de princípio em favor das Formas em (JCO). Afinal, (JCO-2) usa "Igualdade" como se fosse um termo singular, uma expressão de referência que seleciona uma entidade definida. Isso, porém, parece ser o que está em questão.

Em resposta, Platão pode de maneira justa e apropriada apelar ao contexto dialético do argumento. Todas as partes haviam concordado que existe algo como a Igualdade. Talvez, porém, essa admissão seja duvidosa. De fato, uma admissão desse tipo é uma estratégia conhecida de Platão. Ele com frequência colocará a questão: É o *F* alguma coisa ou nada?[81] Por exemplo, a justiça é alguma coisa ou não é nada? É a igualdade alguma coisa ou nada? Em cada caso, os interlocutores de Platão assentem. Embora isso possa retrospectivamente levá-los a pensar que foram precipitados, esse tipo de concessão é na verdade bastante modesto. Eles não estão concedendo que a justiça ou a igualdade sejam alguma coisa de caráter ou categoria particular. Não estão nem sequer concedendo que a justiça é uma qualidade ou propriedade. Em vez disso, estão meramente admitindo que a justiça não é nada, que ela existe. É importante reconhecer aqui que, se eles mais tarde renegarem sua concessão anterior, não podem lamentar que tenham erroneamente, ou implicitamente, aceito alguma forma de realismo sobre a justiça. A estratégia última de Platão é fazer com que eles apreciem que, *se* a justiça é algo, então ela terá características que exigem que ela seja uma forma. A negação do antecedente dessa condicional não é, por si só, uma afirmação de nominalismo ou relativismo. É, em lugar disso, uma admissão de niilismo, a visão de que realmente não há algo como a justiça. Por mais coerente que possa ser essa posição, não é uma à qual os

---

80. Cf. o subtítulo: "Problemas sobre as Formas" para autopredicação e dificuldade sobre as Formas.

81. Um exemplo típico: *A república*, 476e.

interlocutores de Platão se dispusessem a manter, nem uma que tem os atrativos dos vários tipos de nominalismo sobre as qualidades cuja natureza Platão investiga. A estratégia de Platão, assim, pode ser vista mais como uma tentativa de forçar, seja o realismo, seja o niilismo, mostrando que algumas posições intermediárias de aparência moderada não podem ser defendidas.

Isso pode ser apreciado ao focar mais uma vez na estratégia de (JCO). O argumento procura apenas bloquear uma análise redutiva da igualdade, sem tentar estabelecer, a partir de inatacáveis primeiros princípios, que deve haver algo como a Igualdade em si, independentemente de qualquer coisa, e única. No contexto dialético, é como se um detetive policial, quando perguntado sobre a identidade de um assassino, tivesse conjecturado que havia sido o açougueiro. Quando lhe é indicado, com base em sólida evidência forense, que o assassino, *quem quer que fosse*, pesa mais de 90 quilos, mas que o açougueiro pesa somente 65 quilos, ele estará certo em concluir, com base na Lei de Leibniz, que a identificação proposta falha. De modo similar, Platão pode agora insistir que a Igualdade, *o que quer que ela se revele como sendo*, não pode ser identificada com qualquer conjunto de particulares sensíveis. Essa redução bloqueada, no entanto, também produz alguma informação positiva sobre Igualdade: que ela precisa ser algum tipo de entidade abstrata. É claro, isso é passível para qualquer um discordar desse ponto, renegando a admissão de que a Igualdade existe; o que, no contexto, seria análogo a negar que há um assassino a ser procurado, uma vez que a morte deve ter sido por acidente ou por suicídio. Embora possa haver, é evidente, boa razão para concluir isso, não parece ser recomendado pelo mero fato de que o açougueiro não o fez. Por analogia, sugere Platão, não devemos imediatamente endossar o niilismo quando as reduções nominalistas fracassam.

Se, em função dessas considerações, concordarmos com Platão que a Grandeza não pode ser reduzida a qualquer conjunto de particulares sensíveis, então também estaremos interessados em ver como ele estende suas observações sobre a copresença de opostos, a fim de mostrar que as Formas não podem ser reduzidas a uma espécie de entidade mais conhecida. Pois ele também pensa que as Formas não podem ser identificadas nem mesmo com alguns tipos mais conhecidos de entidades abstratas, as *propriedades sensíveis*, os tipos de propriedades cujos casos são imediatamente acessíveis à experiência sensorial (assim, *ser verde* é uma propriedade sensível; *ser justo* não é). Ao procurar estender seu argumento dessa maneira, Platão se apoia no papel explanatório das Formas, tal como as concebe. Segundo ele, a presença de uma forma *explica* por que uma determinada ação se qualifica como manifestando essa ou aquela propriedade[82]. Se o processo de Eutífron contra seu pai realmente é um caso de piedade, então o que o faz assim é sua participação na própria piedade. Se a participação em uma Forma da F-dade explica por que algum particular sensível é F; podemos, então, concluir que uma redução da F-dade a um conjunto de *"particulares"* sensíveis é impossível. Além disso, segundo adianta Platão, uma redução das Formas a *"propriedades"* sensíveis não será menos implausível. Por exemplo, se um pau e uma pedra são ambos grandes, talvez porque cada um pese dez quilos, então podemos ser tentados a analisar a Grandeza como *pesar dez quilos*. Platão contrapõe que essa mesma propriedade, pesar dez quilos, pode igualmente explicar, em um contexto diferente, por que algo se qualifica como pequeno. Assim, por exemplo, pesar dez quilos faria de uma fêmea de lince, plenamente madura, pequena, ao invés de grande. De modo similar, a dissonância em um contexto torna um concerto feio, quando Bach é maltocado; e torna outro belo, quando Bartók é bem-tocado. Logo, em diferentes contextos, a mesma propriedade sensível explica por que coisas diferentes, às vezes de tipos diferentes, e às vezes do mesmo tipo, têm propriedades completamente opostas. Logo, essa propriedade sensível não pode ser identificada com a Grandeza ou com a Beleza, quaisquer que sejam elas. Nesses casos, a observação de Platão sobre a sensibilidade ao contexto entre propriedades apresenta uma intersecção com suas concepções sobre a copresença de opostos, para mostrar por que tentativas de reduções das Formas a tipos mais conhecidos de propriedades sensoriais fracassam.

Em cada uma dessas maneiras, Platão se apoia sobre (supostos) fatos sobre a copresença de opostos a fim de bloquear a redução das Formas a tipos mais conhecidos de entidades; particulares sensíveis em um caso; e propriedades sensíveis em outro. Cada um desses argumentos não redutivos tende a seguir na mesma direção positiva. Enquanto concordarmos que existe algo como Grandeza ou Beleza, e também concordarmos que os argumentos antirrelativistas de Platão têm alguma força, concordaremos também que as Formas não são particulares

---

82. *Eutífron*, 6d-e; *Fédon*, 100b.

sensíveis e, assim, são abstratas, e que não são nem mesmo propriedades sensíveis e, portanto, não podem sequer ser apreendidas indiretamente pelos sentidos. São, conforme sugere Platão, com frequência objetos de pensamento em vez de objetos dos sentidos. No argumento em *Fédon*, Platão se apoia de maneira especialmente clara em fatos sobre a copresença de opostos, em última instância, ancorados em doutrinas heracliteanas sobre o fluxo. É em resposta a essas doutrinas que Platão passa a pensar nas Formas como entidades permanentes, imutáveis e abstratas, apreensíveis por mentes capazes de discernimento, mas indisponíveis para a percepção sensível pura. Além disso, dependendo de como se compreende asserções como "a Justiça em si é justa", Platão pode ter motivo adicional para encarar as Formas não só como abstratas, mas como exemplares perfeitos dos quais os particulares sensíveis apenas se aproximam, contudo jamais se realizam completamente[83].

3.5.3 *Conhecimento e crença:* um argumento da existência em A república, *livro V*

A apresentação de Aristóteles do argumento a favor das Formas de Platão é de orientação principalmente epistemológica. O próprio argumento de Platão em *Fédon* é mais estritamente metafísico, embora também ele tenha pontos de continuidade com argumentos que se apoiam na concepção de adequação explanatória de Platão. Um argumento importante e ampliado de *A república* se apoia em todos esses diferentes tipos de considerações; ao entrelaçar esses fios em seu pensamento, Platão procura converter alguém cético sobre a existência das Formas em um realista platônico completo.

O argumento funde os interesses metafísicos e epistemológicos de Platão pelas Formas ao correlacionar diferentes estados ou faculdades mentais e diferentes classes de objetos. Ele sustenta que: (1) conhecimento é estabelecer o que é; (2) ignorância é estabelecer o que não é; e (3) se há algo que seja e não seja, e isso se situa entre o que é o que não é, deve haver algo entre o conhecimento e a ignorância, que se revela como a opinião[84]. A divisão que Platão apresenta aqui é um pouco obscura, especialmente se entendemos que ele utiliza o mesmo sentido de

---

83. Platão com frequência trata as Formas como paradigmas perfeitos: *Parmênides*, 132d; *Eutífron*, 6e; *Timeu*, 28a-b; *A república*, 472d-e, 500c, 596b; *O banquete*, 211d; *Sofista*, 240a.

84. *A república*, 477a-b, 478d.

"é" ao longo de todo o argumento, como também nós poderíamos fazer. Há efetivamente três escolhas na interpretação dessas correlações: existencial, predicativa ou verídica. Tomada como existencial, (1) sustenta que o conhecimento é o que existe; (2) e ignorância é o que não existe; (3) enquanto a opinião lida com o que existe e não existe. Tomada predicativamente, (1) sustenta que conhecimento é o que é F; (2) que ignorância é o que é não F; e (3) opinião é o que é tanto F quanto não F. Finalmente, tomada veridicamente, (1) sustenta que conhecimento é o que é verdadeiro; (2) que ignorância é o que é falso; e (3) que opinião é o que é tanto verdadeiro quanto falso.

Uma breve reflexão sobre essas alternativas sugere que nenhum sentido de "é" faz sentido completo em todos os casos. Assim, embora faça sentido, de imediato, afirmar que o conhecimento é o que é verdadeiro, não é imediatamente evidente por que a ignorância deve lidar com o falso (há muitas coisas verdadeiras que eu não conheço). De modo similar, embora seja verdadeiro que o conhecimento lida com o que existe, é difícil imaginar o que significa dizer que a opinião diz respeito tanto ao que existe quanto ao que não existe; com efeito, é difícil até mesmo compreender o que poderia significar a afirmação de que algo tanto existe quanto não existe. A existência parece ser uma noção de ligado/desligado, de modo que algo existe ou não existe. Finalmente, se refletirmos sobre a preocupação de Platão com a copresença de opostos, as coisas, de início, podem parecer mais esperançosas. Pois faz perfeito sentido afirmar que a opinião tem a ver com o que é F e não F, e que o conhecimento diz respeito ao que é puramente F. Não obstante, é um pouco difícil apreciar como a ignorância diz respeito ao que é não F. Embora seja verdade que, como resultado da ignorância, eu posso efetuar o falso juízo de que algo que é não F é F, talvez o mangusto seja ovíparo, é difícil construir minha ignorância nesse ou em qualquer outro caso como dizendo respeito exclusivamente ao que é não F.

Ainda assim, Platão claramente se apoia pelo menos no sentido predicativo do "é" em seu argumento a favor das Formas, mesmo que não se apoie exclusivamente nele. Isso porque ele mais uma vez se baseia em alguns fatos sobre a copresença dos opostos, em que inegavelmente há o emprego de um sentido predicativo do verbo (*A república*, 479a). É importante, todavia, perceber que Platão, em seu argumento, pode na verdade se apoiar em vários sentidos de "é" sem incorrer em falácia, enquanto os vários sentidos não resultem em ambiguidades que tornem o argumento incorreto.

Mesmo assim, vale a pena formular o argumento da existência em *A república*, livro V, de vários modos, empregando diferentes sentidos de "é", como de fato os especialistas em Platão fizeram. A seguinte formulação, portanto, pode ser vista como uma espécie de amostra que adere à própria apresentação por parte de Platão e que fornece um quadro para inserir análises mais minuciosas.

O argumento da existência em *A república*, livro V, visa, em parte, sustentar a espantosa tese de que as cidades serão para sempre assoladas por todos os tipos de males e alheias à felicidade, pública ou privada, até que os filósofos se tornem reis. Platão espera que sua proposição seja recebida com desprezo ignorante, mas pensa que é capaz de se explicar para uma audiência simpática (*A república*, 473c-474c). Os filósofos, afinal, amantes da sabedoria (em grego: *philos*, amor; *sophia*, sabedoria), são naturalmente aptos a conhecer o Bem e, assim, também aptos a liderar uma cidade em direção ao bem. Pelo menos terão o conhecimento do que é melhor. Nisso, contrastam nitidamente com alguns outros, incluindo algumas pessoas de boa vontade, os "amantes da imagem" (*sight-lovers*) que amam belas imagens e sons, mas são incapazes, pois pouquíssimos são capazes disso, de "alcançar o Belo em si e vê-lo por si mesmo" (*A república*, 476b). Aqueles que são capazes de apreender a Beleza (ou a Justiça, ou a Bondade) compreendem o que é a Beleza, e podem ver algumas outras coisas que dela participam. Assim, não confundirão as coisas que meramente participam da Beleza com a Beleza em si, ou a Beleza em si com aquelas que dela participam (*A república*, 475d-476d) (é de se presumir, portanto, que aqueles que procuraram reduzir a igualdade a conjuntos de coisas iguais, em *Fédon*, fizeram esse tipo de confusão).

Se alguém sem conhecimento se queixa dessa proposição, porque confunde opinião com conhecimento, Platão procurará persuadir essa pessoa primeiramente de algo que é não controverso, que o conhecimento não é a mesma coisa que opinião, e então, de algo inteiramente controverso, que o conhecimento exige Formas como objetos. A primeira fase do argumento da existência de *A república* (AER) procede da seguinte forma (*A república*, 476e-478e):

1. O conhecimento concerne à F-dade em si, em que F-dade jamais é não F;

2. A opinião concerne ao que é F e não F;

3. Capacidades com objetos diferentes são distintas;

4. Logo, opinião não é o mesmo que conhecimento.

Se compreendemos o argumento até aqui de maneira predicativa, seus temas já nos serão mais familiares. (AER-1) sustenta que o conhecimento concerne ao que é estável, e assim, que não pode sofrer a copresença de opostos; (AER-2) acrescenta que o domínio da opinião é precisamente o que sofre a copresença de opostos. A novidade se dá por conta da premissa (AER-3), que sugere que cada capacidade humana tem um conjunto discreto de objetos em termos dos quais ela é distinguida das outras capacidades. Dessa forma, como a visão toma as cores como seus objetos e o olfato toma o cheiro, com o resultado de que a visão e o olfato são capacidades sensoriais distintas; do mesmo modo, a opinião e o conhecimento são capacidades mentais diferentes, uma vez que seus objetos distintivos são necessariamente discretos. Seguir-se-ia, portanto, que opinião e conhecimento são distintos. Note-se aqui que Platão parece estar falando não dos estados de *ter uma opinião* e de *conhecer alguma proposição p*, mas das faculdades mentais em virtude das quais ingressamos nesses estados.

As partes iniciais da segunda fase de (AER) também são conhecidas, embora agora Platão acrescente um elemento modal. Essa fase do argumento, diz Platão expressamente, dirige-se aos que negam a existência das Formas (*A república*, 479a-480a):

5. Cada um dos diferentes Fs é tanto F como não F;

6. Os amantes da imagem têm somente atitudes intencionais em relação aos muitos Fs;

7. Logo, os amantes da imagem só têm atitudes intencionais em relação ao que é F e não F;

8. Por conseguinte, os amantes da imagem só têm opinião, jamais conhecimento;

9. O conhecimento é possível;

10. Logo, deve haver objetos potenciais de conhecimento;

11. Portanto, deve haver objetos como a F-dade em si, em que F-dade não é jamais não F;

12. Por conseguinte, existem Formas, os objetos do conhecimento.

Ao diferenciar verdadeiros filósofos dos amantes da imagem e outros que lidam com opinião, Platão mais uma vez se apoia na copresença de opostos para distinguir objetos da opinião de objetos genuínos do conhecimento. Assim, em (AER-5), por meio de (AER-8), Platão procura estabelecer que aqueles que não têm contato intencional com as Formas carecem de conhecimento. Se aceitarmos os resultados da primeira fase de (AER), concluiremos que os amantes da imagem têm somente opinião.

Agora, no entanto, Platão assinala que *há algumas pessoas que conhecem algumas coisas*. São os filósofos. Mais uma vez, dados os resultados da primeira fase de (AER), essas pessoas devem ser capazes de ver além do que sofre a copresença dos opostos. Se, porém, algumas pessoas têm conhecimento, e conhecimento exige objetos livres da copresença de opostos, então deve haver objetos adequados desse conhecimento, expressões puras e permanentes das qualidades imperfeitamente manifestadas pelos objetos dos sentidos.

(AER) suscita muitas questões difíceis. Para começar, haverá aqueles que simplesmente negam que haja pessoas que tenham conhecimento. Pode parecer bastante justo que pensem assim. Entretanto, Platão evidentemente precisa se apoiar apenas no ponto comparativamente modesto, representado em (AER-9), que o conhecimento é possível. Até aí, isso já é assumido em (AER-1), em que Platão se apoia no pensamento plausível de que conhecimento não é o mesmo que opinião. Se não são a mesma coisa, então há algo que os diferencia. Além disso, dado que já rejeitamos o relativismo protagoreano, não temos motivo para afirmar que conhecimento é o mesmo que opinião, tese que, de imediato, parece inteiramente insustentável. Porém, caso se conceda que conhecimento e opinião não são a mesma coisa; então, com base no pressuposto de que a primeira fase do argumento é convincente, Platão pode ter um ponto: se objetos de conhecimento estáveis são necessários até mesmo para a possibilidade do conhecimento, e o conhecimento é possível, então deve haver tais objetos. É mais fácil, assume Platão, negar a existência do conhecimento do que negar sua mera possibilidade.

3.6 Caracterização geral das Formas por Platão

Como os outros argumentos da existência, (AER) suscita muitas questões que merecem ser investigadas mais detalhadamente – questões tanto sobre os pressupostos dos argumentos da existência quanto sobre suas formulações propriamente ditas. As discussões, até aqui, visaram principalmente recapitular as motivações filosóficas de Platão para defender seu compromisso com as Formas, considerando os argumentos em favor de sua existência. Se Platão estiver errado sobre a existência das Formas, então os argumentos da existência que ele apresenta obviamente fracassam. Mesmo assim, seria instrutivo descobrir e explorar suas dificuldades. Em todo caso, se refletirmos sobre as principais caracterizações que faz Platão, vemos que as Formas platônicas:

> 1. São os objetos do conhecimento, as essências das qualidades cujas naturezas procuramos na investigação filosófica;
>
> 2. Jamais sofrem a copresença de opostos, seja porque são (a) autopredicativas; seja porque (b) são categoricamente inadequadas para ter as qualidades que possuem, ou seus opostos, seus predicados;
>
> 3. São entidades estáveis, imutáveis, abstratas;
>
> 4. São paradigmas perfeitos, ou modelos que as entidades sensíveis copiam, mas jamais igualam;
>
> 5. São os tipos de seres nos quais as entidades sensíveis "participam", onde essa pode ser uma relação primitiva, mas que parece análoga à instanciação ou à relação de predicação;
>
> 6. São separadas.

As primeiras três características tiveram papéis significativos nos argumentos da existência. As outras três requerem alguma explicação, especialmente na medida em que parecem gerar alguma tensão com a Teoria das Formas de Platão.

Platão, com frequência, caracteriza as Formas como paradigmas, como modelos copiados pelas entidades físicas, que recebem seus nomes[85]. Assim, a Justiça em si é o próprio modelo da justiça, de modo que essas instituições ou pessoas a que chamamos justas são assim chamadas devido à semelhança que apresentam com a Forma da Justiça. Ora, nesse tipo de caso, é um pouco difícil saber como analisar a sugestão de Platão. No primeiro caso, esperamos que uma cópia se assemelhe a seu modelo, pelo menos em alguma medida, de modo que manifestem muitas das mesmas propriedades. Se for assim, a Justiça em si evidentemente será autopredicativa[86], uma vez que coisas justas serão justas manifestando a propriedade da justiça, assemelhando-se à forma que a manifesta perfeitamente. É difícil, porém, interpretar literalmente a proposição de que a Justiça em si é justa, uma

---

85. Cf.: nota 81, mencionada anteriormente.

86. Sobre autopredicação e o problema que ela constitui para Platão, cf. posteriormente o subtítulo: "Problemas sobre as Formas".

vez que a Justiça em si é uma entidade abstrata, incapaz de se envolver nos tipos de atividades requeridos de indivíduos ou instituições justas. Talvez, portanto, o paradigmatismo não deve ser compreendido como uma exigência da autopredicação. Haverá, no entanto, uma questão no que se refere a como as Formas servirão como modelos a serem copiados, uma vez que a semelhança, em sua interpretação mais natural, parece exigir propriedades comuns de algum tipo (isto, é claro, pode ser questionado).

De qualquer modo, os particulares sensíveis, segundo Platão, não só se assemelham às Formas como também *participam* delas. Esse é um termo que Platão admite ter dificuldade em tornar literal[87]. Minimamente, porém, ele parece ter em vista algo semelhante à instanciação. Conforme essa abordagem, a relação que os particulares terão com as Formas não será de semelhança, mas algo mais como a relação entre um particular e um universal quando a denota. Se Platão pensa assim sobre as Formas, então ele as trata como universais, mais do que como paradigmas perfeitos, como entidades com instâncias, em vez de entidades com cópias. Ora, não há contradição em sustentar tanto que uma Forma é universal quanto que ela é um paradigma; tampouco há qualquer incoerência em sustentar tanto que as Formas são instanciadas quanto que elas são copiadas. Ainda assim, essas relações parecem ter diferenças importantes. Minimamente, seria esperado de Platão uma explicação de como elas devem ser compreendidas em termos de suas relações de prioridade. Além disso, parecem indicar diferentes ontologias para as Formas, o paradigmatismo sugerindo que as Formas são particulares; e a participação sugerindo que as Formas são universais[88]. Talvez seja por isso que Aristóteles se queixou de que, conforme Platão, as Formas eram tanto universais quanto particulares, situação que ele julgava intolerável (*Metafísica*, 1.086a35-b14).

A última noção, de que as Formas são separadas, também suscita uma censura especial de Aristóteles (*Metafísica*, 991b1). Ao sustentar que Platão, não Sócrates, separou as Formas, Aristóteles implica que, segundo Platão, as Formas podem existir sem que sejam realizadas. Em outros termos, a Forma da Justiça existe sozinha e por si só, como ideal, mesmo que não haja justiça no mundo. Nesse sentido,

---

87. Cf.: *Fédon*, 100c-e; *Parmênides*, 130e-131e; Aristóteles acusa Platão somente sobre esse aspecto (*Metafísica*, 991a20-23).

88. Para uma discussão de algumas tensões na Teoria das Formas de Platão, cf. posteriormente o subtítulo: "Problemas sobre as Formas".

se as Formas são universais, a separação não consiste em nada mais do que realismo *ante rem* para Platão[89]. Ora, dado que Aristóteles supõe que a separação causa dificuldades especiais para Platão, vale refletir sobre a questão de saber se Platão de fato endossa a separação das Formas. Estritamente falando, ele não o faz: ele jamais caracteriza expressamente as Formas como separadas ou como podendo existir independentemente dos particulares sensíveis[90]. Ainda assim, três coisas que Platão diz implicam que ele endossava a separação. Primeiro, as Formas são perfeitas e imutáveis, como paradigmas, e não estão de modo algum em fluxo. Isso sugere que são o que são de maneira necessária e essencial, caso em que parecem indiferentes às idas e vindas dos contingentes particulares sensíveis. Segundo, são objetos de conhecimento que devem ser necessários e estáveis. O heracliteanismo de Platão exige que ele sustente que o conhecimento não é jamais possível quando há impermanência; assim, aqui também a demanda parece ser que as Formas são necessárias e independentes dos particulares sensíveis. Finalmente, se as Formas não são redutíveis a conjuntos de sensíveis, como o argumento da existência do *Fédon* requer, então as Formas são entidades abstratas, uma espécie de entidade que normalmente se pensa existir necessariamente, se é que existe, e que não sofre geração ou corrupção. Se for assim, as Formas serão na verdade separadas, exatamente da maneira que Aristóteles diz que elas são.

Aristóteles presume que a separação causa dificuldades especiais para Platão (*Metafísica*, 1.079b35-1.080b1). Seus argumentos, porém, nem sempre são convincentes. Em geral, se ele está certo em atribuir separação às Formas platônicas, Aristóteles não está certo, por isso, em presumir que Platão, como consequência, enfrenta dificuldades filosóficas insuperáveis. Pelo contrário, Platão parece atento aos dados modais, o que Aristóteles às vezes desconsidera. Se a justiça é *possível* nesse mundo, e se tivermos boas razões independentes para supor que haja algo como a Justiça em si, algo que serve como paradigma em direção ao qual os indi-

---

89. Realistas acerca dos universais podem ser: (1) *ante rem*, ao sustentar que os universais existem *antes* de suas instâncias e podem existir sem serem instanciados; ou (2) *in rebus*, ao insistir que, embora os universais existam, eles o fazem somente quando instanciados. Embora igualmente realistas, essas posições diferem sobre a questão da condição de *dependência ontológica* dos universais.

90. Ele chega perto disso, porém, em *Timeu*, 52d, em que insiste que o ser, quando isso parece indicar as formas, existiu *antes* que o universo sensível fosse gerado. Cf.: *Parmênides*, 130b, um contexto difícil; e *A república*, 484c-d, 501b-c, quando Platão evidentemente pressupõe que as formas existem não instanciadas e, assim, separadamente.

víduos se movem em suas ações; então também podemos ter motivos para supor que algo subjaz à própria possibilidade da justiça, algo que existe mesmo quando nada mais consegue se tornar justo. Desse modo, se ele for realista sobre as Formas, então o realismo *ante rem* pode se mostrar preferível a um realismo *in rebus*, mais tarde endossado por Aristóteles[91].

3.7 Análise platônica: um estudo de caso

Os argumentos da existência de Platão se propõem a mostrar que há coisas como as Formas. Um benefício da existência das Formas, se existirem, é que elas fornecem uma base para conhecimento estável, não relativista, em domínios nos quais os céticos, até mesmo os moderados, duvidam que seja possível o conhecimento. Como Eutífron, Platão é um realista sobre valores; diferentemente dele, duvida que os valores existam como resultado das atividades legislativas dos deuses. Em vez disso, eles existem necessariamente como entidades abstratas independentes da mente e da linguagem. Se assumirmos, com Platão, que existem Formas, então devemos tê-las disponíveis como os padrões e paradigmas que Platão afirma que são. Devemos, portanto, ser capazes de fazer o que Sócrates esperava que Eutífron pudesse fazer: olhar para as Formas e usá-las como modelos para determinar se ações ou instituições particulares manifestam os valores que nos dizem respeito.

Assim, se quisermos saber se o comunismo é justo; se o capitalismo *laissez-faire* é justo; ou se a monarquia é justa, devemos ser capazes, se formos filósofos platônicos, de nos centrarmos na Forma da Justiça, apreender sua natureza e então determinar, com base em nossa experiência, se esses tipos de arranjos sociais atingem esse padrão. Em outros termos, mesmo que concordemos que pelo menos um dos argumentos da existência de Platão está correto, isso de pouco nos servirá a menos que também nos familiarizemos com o conteúdo de uma análise platônica completa. Pelo fato de Platão não se eximir da tarefa de oferecer semelhantes análises, estamos em posição de avaliar seu êxito. Sua mais impactante produção a esse respeito é a análise da justiça apresentada em *A república*. Essa análise servirá como uma espécie de estudo de caso.

---

91. Sobre o realismo *in rebus* de Aristóteles, cf. o subtítulo: "Introdução à Teoria das Categorias de Aristóteles".

Como outras grandes obras da literatura e da filosofia, *A república*, de Platão, merece cuidadoso e reiterado estudo. Nosso interesse nela será antes monodimensional, na medida em que poremos de lado muitas de suas preocupações, focando-nos estritamente na análise da justiça que ela oferece. De qualquer modo, essa é claramente a preocupação dominante da obra toda, que é certamente o motivo pelo qual trazia o subtítulo de: *Sobre a justiça*, na Antiguidade Clássica.

Platão oferece essa análise tentando responder a um questionamento feito por dois personagens: Gláucon e Adimanto. Eles observam que há três tipos de coisas boas: (1) coisas bem-vindas por si mesmas, como alegrias simples e prazeres inofensivos; (2) aquelas bem-vindas por si sós, assim como pelo que delas derivam, como a saúde; e (3) as onerosas, feitas apenas pelo que flui delas, mas jamais escolhidas por si mesmas, como o treino físico e o tratamento médico. Observam que a maior parte das pessoas trata a justiça como um bem de tipo 3, escolhido não por si, mas porque a pratica de má vontade, como algo necessário para se unir à sociedade, na qual se está em situação melhor do que se estivesse em um Estado primitivo, superado em poder pelos mais fortes e em inteligência pelos mais espertos. A maior parte das pessoas prudentemente julga que estão em melhor situação como membros de um Estado governado por leis do que de outro modo. Assim, agem justamente – mas somente na medida em que lhes é necessário *parecer* justos, que é o preço real de admissão na sociedade civil. Os indivíduos só são justos na medida em que necessitam parecer justos àqueles com quem concordaram em ser justos. Sua motivação para agir justamente mostra que tratam a justiça como um bem de tipo 3, algo não escolhido por si mesmo, mas como uma espécie de remédio a ser engolido como um desagradável e prudentemente inevitável imperativo (*A república*, 357b-359c).

Eles apresentam a Platão um desafio duplo. Primeiro, ele precisa oferecer uma análise da justiça; segundo, precisa mostrar que é a melhor Forma do Bem, um bem de tipo 2, algo escolhido tanto por si mesmo quanto por quem dele deriva. A fim de tornar esse desafio especialmente difícil para Platão, Gláucon defende a visão adotada pela maioria, de que a justiça jamais é escolhida por si mesma, por meio de um experimento mental, o primeiro do tipo na história da filosofia ocidental. Nesse experimento mental, Gláucon dissocia duas características de ações que normalmente acompanham uma a outra: o fato de serem justas e de parecerem justas. O experimento envolve imaginar a si mesmo como estando em uma posição na qual o ancestral de Giges da Lídia, um pastor[92], viu-se de posse de um anel misterioso que o tornava invisível, livrando-o assim da exigência normal de ter de ser justo para ser visto como justo. Não muito tempo depois, usou seus poderes especiais para seduzir a rainha, matar o rei e assumir o trono real. Gláucon sugere que todas as outras pessoas são como o pastor: caso tenham a chance de serem injustas sem temer as represálias, irão inevitavelmente tornar-se injustas, pois é de seu interesse fazê-lo (*A república,* 359c-360d). Assim, o argumento embutido no conto do anel de Giges (AG) é:

> 1. As pessoas só são voluntariamente justas se, tendo a oportunidade de agir injustamente com impunidade, elas ainda assim se absteriam de ações injustas;
>
> 2. Dada a oportunidade, ninguém se absteria de semelhantes ações;
>
> 3. Logo, ninguém é voluntariamente justo;
>
> 4. Assim, na medida em que as pessoas agem justamente, elas o fazem apenas sob compulsão;
>
> 5. Portanto, a justiça é um bem de tipo 3, feita não por si mesma, mas pelo que dela deriva.

Nenhuma premissa desse argumento é tola ou obviamente incorreta e tanto (AG-1) quanto (AG-2) suscitam uma resposta em pelo menos alguns dos leitores atuais de Platão. (AG-1) plausivelmente sugere que as pessoas são justas apenas involuntariamente, isto é, que elas não seriam justas se não tivessem de temer as represálias por terem sido pegas agindo injustamente. (AG-2) é simplesmente uma afirmação isolada, não defendida por Gláucon. Alguns leitores de Platão a aprovam como obviamente correta, pois acreditam que captura alguns dos fatos mais profundos sobre a natureza humana, por mais desagradável que seja para nós reconhecê-los; outros, não dispostos a ver a si mesmos como inclinados para a injustiça, preferem negá-la. O que é importante, Platão sente sua força, pelo menos no sentido de que reconhece que aqueles que não têm uma compreensão adequada da natureza da justiça, o que ele dirá que é de fato algo benéfico para quem o possui, podem continuar a agir como Gláucon diz que farão. Em outros

---

92. Embora Platão não diga isso, é usual chamar ao antecessor de Giges também como Giges, com base no pressuposto, que parece ter sido corroborado na Antiguidade, de que ambos têm o mesmo nome. De qualquer modo, seguirei esse costume.

termos, Platão aceita os pressupostos egoísticos de Gláucon, mas eventualmente negará que o egoísmo confira a alguém uma razão para ser injusto.

O edifício da república é a resposta de Platão para esse duplo desafio. Ele constrói um Estado ideal, a fim de descobrir a natureza da justiça em geral: se pudermos certificar qual é a natureza da justiça observando-a no macrocosmo do Estado ideal e pudermos ver que o indivíduo é isomórfico com o Estado, no sentido de ser identicamente estruturado, então será possível transferir a explicação de justiça na república para o indivíduo. Essa estratégia introduz a república como um recurso heurístico, cujo fim último é descobrir a natureza da justiça no indivíduo, tarefa que é necessária para que Platão responda ao duplo desafio que ele se colocou: analisar a justiça e mostrar que ela é digna de escolha por si mesma (*A república*, 368c-369a, 434d-435e).

Platão concebe uma cidade maximamente justa como uma na qual cada classe de cidadãos – os governantes, a classe guardiã e a classe produtiva – faz o seu próprio trabalho, jamais interferindo na função natural e apropriada dos outros, e fazendo concessões sempre que for apropriado. Essa concepção se desenvolve em parte de um compromisso mais fundamental com um princípio de *disposição natural*, segundo o qual indivíduos diferentes nascem com diferentes tipos de dons. Alguns têm o raciocínio rápido, outros são fisicamente fortes e flexíveis. Alguns são musicalmente dotados, outros têm aptidão para várias artes. Conforme diz Platão, "Não nascemos todos iguais" (*A república*, 379a). Quando habilidades naturais são cultivadas pelas formas apropriadas de educação, resulta uma sociedade povoada por cidadãos que florescem, pelo menos no sentido de que cada cidadão está fazendo o melhor do que ele ou ela está mais bem-adequado para fazer (*A república*, 455d-e) (de maneira surpreendente para o período, Platão insiste que as mulheres, não menos do que os homens, devem ser educadas como guardiãs e governantes, uma vez que, de fato, aptidões naturais são igualmente distribuídas entre ambos os sexos. Assim, na maior parte, ele aplica seu princípio de disposição natural de maneira equânime). O retrato do Estado justo, por mais iliberal que possa ser, é o de um Estado que funciona sem problemas para a vantagem de todos os seus cidadãos. Os governantes comandam de olho no bem do Estado como um todo, e não em seus próprios interesses concebidos; os soldados obedecem aos governantes, ao mesmo tempo em que conduzem seus assuntos com coragem e honra; e as classes produtivas levam a cabo sua função com uma clara compreensão da contribuição que fazem ao Estado, ao mesmo tempo em que são cumuladas com a satisfação que acompanha um trabalho bem-feito. Cada classe tem sua esfera apropriada e sua autonomia. Embora os governantes comandem, eles não devem se imiscuir nas dimensões de uma arte que está mais bem-cuidada nas mãos do artesão; eles não instruiriam um padeiro, por exemplo, sobre qual a melhor maneira de assar, ou um ferreiro sobre como forjar (*A república*, 434b-c).

Assim, a exposição da justiça no Estado ideal é realmente direta:

> *Justiça na cidade* = $_{df}$ cada uma das três partes da cidade (governantes, guardiões, classes produtivas) faz seu próprio trabalho, cedendo quando apropriado e jamais se imiscuindo nos assuntos de qualquer outra parte.

Portanto, qualquer sociedade que encontre uma de suas classes se imiscuindo nos assuntos de outra, ou deixando de executar o próprio trabalho, revela-se como injusta. No primeiro caso, por exemplo, um Estado será injusto se sua classe de soldados tomar o poder por meio de um *coup d'état* (golpe de Estado), mesmo que seus governantes tenham sido justos. Por outro lado, um Estado será injusto se sua classe governante não cuidar do bem do todo, mas em vez disso visar ao próprio enriquecimento. Em ambos os casos, o Estado como um todo se desviou do que é melhor para ele e para seus vários cidadãos e, por conseguinte, deixou de se qualificar como justo.

A exposição de Platão sobre a justiça cívica, assim, é sua determinação final da natureza da justiça no macrocosmo da república. Pelo fato de a exposição ter sido desenvolvida especificamente para o fim de esclarecer a justiça no indivíduo, ela será inteiramente inútil se não tivermos razão para acreditar que ela é transferível para cidadãos individuais. Isso é algo que Platão claramente leva em conta. De acordo com isso, ele fornece um princípio de transferência: toda alma individual é isomórfica com o Estado. Em outros termos, cada alma apresenta três partes, assim como o Estado, e cada uma dessas partes apresenta um análogo no Estado. Como o Estado tem governantes, soldados e classes produtivas, assim o indivíduo tem uma faculdade dirigente, uma faculdade espiritual e uma faculdade apetitiva. É óbvio como os governantes são análogos à faculdade dirigente de um ser humano; e também é razoavelmente claro como a classe militar, cujas virtudes são a honra e a coragem, corresponde à parte espiritual de um indivíduo, cuja função, embora variada, envolve centralmente a concepção de si em relação às atitudes dos outros. É um pouco menos claro como as classes produtivas correspondem aos apetites de um ser humano, além do fato de que ambas são aconselhadas a realizar suas funções obedecendo a um governante com visão mais ampla. Talvez Platão tenha em vista o pensamento de que, como as classes produtivas do Estado proveem seu bem-estar econômico e comercial, assim em um ser humano os apetites têm sua função apropriada na manutenção da estrutura física do corpo.

Como quer que seja, Platão não se contenta em defender o isomorfismo. Em vez disso, por meio de um engenhoso argumento, procura estabelecer que, de fato, todo ser humano tem os três componentes psíquicos mencionados. Ele está certo em sentir a necessidade de um argumento positivo nesse ponto; uma vez que, sem isso, suas pretensões de isomorfismo girariam no vazio e pareceriam criadas *ad hoc*. O argumento que ele oferece se baseia em um princípio simples, um princípio gerador de parte (PGP), segundo o qual uma mesma coisa não pode provocar ou sofrer contradições em relação ao mesmo elemento de si. O *status* de (PGP) é objeto de debate, se é um princípio psicológico substantivo ou se pretende ser uma simples aplicação do princípio da não contradição. É difícil ver como Platão pode pretender que (PGP) seja um princípio lógico, uma vez que os exemplos que ele usa para ilustrar suas aplicações não são contraditórios; mas, se não for um caso de princípio lógico, Platão precisará defendê-lo por si próprio.

Em ambos os casos ele o utiliza para mostrar que a alma tem no mínimo duas partes, razão e apetite, pelo menos se seu argumento da divisão psíquica (DP) for correto:

1. (PGP);

2. Aceitação e busca são contrárias de rejeição e elisão;

3. Assim, se encontrarmos um caso de alguém que tanto possui um apetite por x quanto recusa x, teremos um caso de alguém que sofre contrários em relação a x;

4. De fato, nossas almas, às vezes, têm tanto um apetite para beber quanto para se recusar a beber;

5. Assim, temos um caso no qual nossas almas sofrem contrários em relação a x;

6. Uma vez que, conforme (1), nada pode sofrer contrários em relação ao mesmo elemento de si, sempre que qualquer alma estiver na condição descrita em (DP-5), isso deve ocorrer com relação a diferentes partes da alma;

7. Logo, nossas almas têm partes distintas.

Podemos conferir algum conteúdo à (DP-7) ao notar que, quando temos os tipos de conflitos internos mencionados em (DP-4), com frequência uma parte está preocupada com o nosso bem-estar a longo prazo, enquanto a outra se concentra apenas na gratificação imediata. A primeira parte, que calcula nosso bem a longo prazo, pode ser plausivelmente pensada como sendo a razão, a faculdade com a qual nos envolvemos em uma rica estratégia conceptual a longo prazo. A segunda parte é facilmente reconhecível como o apetite, especialmente se enfatizarmos os tipos de impulsos corporais que são primitivos e urgentes. Platão menciona a sede; outros desejos como esse incluiriam a fome e o apetite sexual. Esses tipos de apetites, considerados em si mesmos, são primariamente indiferentes ao bem. Buscam sua própria satisfação sem recorrer à reflexão sobre se essa satisfação é realmente do interesse a longo prazo do agente. Na verdade, algumas vezes é, e outras não. Quando, conforme dito, esses tipos de apetites são conferidos ou rejeitados por serem ruins para nós, isso se deve à atividade da razão, cuja tarefa é determinar quando é apropriado satisfazer nossas premências carnais. Aqui, é claro, a razão funciona como o governante.

Embora haja muitas questões difíceis envolvendo esse argumento, pelo menos o seguinte pode ser dito a seu favor: o fenômeno psicológico ao qual Platão recorre em (DP-4) é real. Qualquer um que já tenha feito dieta reconhecerá instantaneamente o que Platão tem em mente. Quando estamos com fome, mas julgamos que é melhor não comer; nós, com frequência, experimentamos um remoer íntimo, que pode ser facilmente caracterizado em termos de facções em guerra. O desejo de comer se opõe à decisão da razão; a razão retruca. De modo similar, ainda que de forma menos dramática, o início de um programa de exercícios envolverá muitas vezes um conflito interno, especialmente se o exercício for difícil ou desgastante. Nesses casos, se persistirmos, isso se deve a um compromisso em fazer o que é melhor para nós em longo prazo. Persistamos ou não, porém, a experiência inicial de conflito interno é palpável.

Nesse sentido, Platão está certo em apelar ao fenômeno da discórdia interna em (DP-4). O que ele faz dessa experiência, contudo, é outra questão. Conforme vimos, Sócrates também reconheceu os dados do conflito, mas resistiu a explicar nosso fracasso em termos de fraqueza da vontade ou *akrasia*[93]. O objetivo ime-

---

93. Sobre a negação da *akrasia* por Sócrates, cf. o subtítulo: "Ignorância e ironia socrática".

diato de Platão não é reafirmar o fenômeno da *akrasia*, embora seja compreensivelmente levado a introduzir a divisão psíquica em parte para dar espaço ao tipo de fraqueza excluído pelo cognitivismo socrático[94]. Em vez disso, seu objetivo argumentativo imediato é a divisão psíquica, e é por esse motivo que ele inclui o fenômeno do conflito psíquico. Pois, se o conflito envolve tensões entre opostos, então se (PGP) for defensável, nós de fato temos as duas partes que Platão menciona, embora, é claro, uma outra questão será saber como essas partes devem ser entendidas: como partes propriamente ditas, da mesma forma que uma perna é parte de uma mesa; ou como partes conceptuais mais atenuadas, da mesma forma que o testemunho de um queixoso é somente parte da história. Em ambos os casos, porém, as psiques individuais terão como componentes distintos tanto a razão quanto o apetite.

Isso bastará para estabelecer um isomorfismo parcial entre Estado e alma. Não obstante, o Estado apresenta três partes, não apenas duas. Platão enfrenta essa preocupação introduzindo dois tipos de casos, cada um dos quais apela à Lei de Leibniz. Ele primeiro considera o caso de Leôncio, que tem um desejo lúgubre e macabro de ver alguns corpos recém-executados (seu desejo parece semelhante ao fascínio que algumas pessoas irrefletidamente manifestam quando diminuem a velocidade para observar um acidente potencialmente sinistro no meio de uma rodovia). Esse desejo é claro para ele; mas ele se despreza por isso. Quando se censura, sugere Platão, não é a razão que origina essa autocrítica, que em sua intensidade beira uma forma de autoelogio. Em vez disso, Leôncio tem uma faculdade que se opõe ao apetite e, assim, não pode ser o apetite, mas que não se identifica realmente com a razão[95]. A essa terceira faculdade Platão denomina *espírito*. Platão também nota um segundo tipo de caso em defesa do espírito: mesmo crianças e animais não seres humanos manifestam o espírito, mas nenhum deles possui razão, sendo esta entendida como a capacidade de calcular sobre o próprio bem a longo prazo (*A república*, 441a-b). Esses tipos de casos mostram mais uma vez

---

94. Com efeito, parece a muitos que *A república*, 438a, alude desfavoravelmente à negação da *akrasia* por Sócrates.

95. Leôncio (*A república*, 439e-440b). Com base em um fragmento inconclusivo da antiga comédia, pensa-se com frequência que o desejo de Leôncio é de natureza sexual ou quase sexual. A apresentação de Platão obviamente não pressupõe isso; tampouco é necessária essa suposição para compreender a força do exemplo de Platão. Ao mesmo tempo, semelhante suposição, se legítima, conferiria outra dimensão ao argumento de Platão.

que o espírito não pode ser reduzido à razão; mas tampouco é o espírito o mesmo que o apetite, já que o espírito diz respeito à concepção que o agente tem de si mesmo em relação às atitudes dos outros (se me preocupo com a coragem em parte porque desejo usufruir de uma reputação de ser especialmente corajoso, então minha preocupação, pelo menos em parte, situa-se em termos de como os outros me veem). Logo, conclui Platão, existem três partes da alma. Com essa fase do argumento completa ele pode afirmar o isomorfismo entre a alma tripartite e a república, tendo em vista suas três classes.

O que é mais importante, após vaguear "por um mar de argumentos" (*A república*, 441c); ele finalmente respondeu à primeira parte do questionamento de Gláucon: ele pode agora definir a justiça. Dado a estratégia na qual se apoiou, Platão se vê com liberdade para transferir a explicação de justiça em geral, em *A república*, para o microcosmo da alma individual[96]. Dado que a justiça na cidade consistia na interação harmoniosa de suas três partes dominantes, cada uma exercendo o seu próprio papel e jamais se imiscuindo no trabalho de outra, temos a seguinte exposição da justiça no indivíduo:

> Justiça em uma pessoa = $_{df}$ cada uma das três partes de uma pessoa (razão, espírito e apetite) faz seu próprio trabalho, submetendo-se quando apropriado e jamais se imiscuindo nos assuntos de qualquer outra parte.

Abstraindo o que há de comum entre a justiça cívica e a psíquica temos como análise da justiça em *A república*, de Platão:

> Justiça = $_{df}$ a virtude pela qual cada componente essencial de uma entidade complexa executa sua função apropriada, sem jamais interferir nas funções de qualquer outro componente dessa unidade.

Em suma, a justiça consiste em harmonia interna: harmonia psíquica em uma pessoa individual e harmonia cívica em um Estado.

Várias objeções a essa análise imediatamente se sugerem, algumas estéreis e outras não. Pode-se objetar, no primeiro caso, que, conforme essa análise, o motor do meu carro será justo sempre que tiver sido recentemente revisado, pois cada um de seus componentes estará desempenhando sua função sem interferir no trabalho dos outros. Essa objeção não leva em conta que a análise situa a justiça

---

96. Platão é explícito sobre essa parte de sua estratégia (*A república*, 441c-442d).

no gênero da virtude, o que implicitamente restringe a gama potencial de casos em que se aplica. Assim, Platão não se preocupa em ter tomado a justiça em uma extensão errada, pelo menos não pela razão fornecida.

Importante destacar que a insistência em afirmar que a justiça é uma virtude é mais do que um expediente de definição. Pois alguns dos interlocutores de Platão, incluindo Trasímaco nos primeiros estágios de *A república*, foram tão longe a ponto de negar que a justiça seja uma virtude (*A república*, 343a-c)[97]. Trasímaco argumentara que, uma vez que a injustiça beneficia aquele que a possui, enquanto a justiça prejudica o justo, então, como a virtude se dá sempre conforme o interesse do agente, a injustiça, e não a justiça, é a verdadeira virtude. Platão não está aqui meramente contradizendo Trasímaco. Pois ele usa a análise para revelar que a justiça, afinal, é do interesse do agente justo; uma pessoa justa manifesta um importante tipo de saúde mental, algo que todos corretamente desejamos. Supõe-se, portanto, que a análise revelou algo sobre a justiça que Trasímaco não percebera. Se ele agora permanecer consistente, sustentando sua crença de que as virtudes beneficiam aqueles que as possuem, ele precisará concordar que a injustiça não pode de modo algum ser uma virtude.

Trasímaco terá de fazer essa concessão, isto é, *se* a análise de Platão da justiça tanto estiver correta *como* revelar a justiça como sendo bem do tipo 2, o tipo de bem que pode ser escolhido tanto por si mesmo quanto pelo que dele deriva. Pois é preciso se lembrar que Platão tinha duas demandas a atender: definir a justiça e mostrar, contra a concepção comum, que a justiça beneficia essa pessoa. Ora, houve bastante discussão sobre essa segunda exigência. O Estado que Platão analisa é, de fato, um Estado que deva ser escolhido por si mesmo? Tenho eu, dada a natureza da justiça, uma razão para ser justo?

Diante desse tipo de questões é importante perceber que as duas exigências para a explicação de justiça estão relacionadas. Nenhuma delas é inteiramente independente da outra. Se a análise correta da justiça se revelasse como o modo de mostrar que a justiça não é de fato um bem de tipo 2, então a restrição de que ela

---

97. Ao negar algo que a maior parte das pessoas aceita como óbvio, essa justiça, independentemente do que seja, é uma virtude. Trasímaco implicitamente aponta uma falha do *elenchus* grego. Ele mostra que é possível não abrir mão da proposição que Sócrates poderia ter desejado que ele abandonasse a fim de evitar a inconsistência interna. Sobre o *elenchus* socrático, cf. o subtítulo: "O *elenchus* socrático".

seja mostrada como tal não seria, e não poderia ser, atendida. Isso, todavia, não impugnaria a análise em si. Mostraria apenas que a condição posta sobre a análise era imotivada e inaceitável[98]. Pelo contrário, se a segunda exigência for razoável, isso só pode se dever ao fato de que a análise correta da justiça a revelará como algo digno de escolha em si.

Com efeito, quando as pessoas avaliam o êxito ou o fracasso de Platão, sempre há um jogo duplo em suas reações às duas exigências sob as quais ele está operando. Há uma tendência a supor que, se a condição da harmonia psíquica caracterizada por Platão for digna de escolha em si, então não é realmente a justiça (que a análise em si falha), ou que, se realmente capturou a essência da justiça, ele fracassou em demonstrar que ela seja digna de escolha (que a segunda demanda não foi atendida). Assim, uma vez que a justiça individual é descrita como uma espécie de harmonia psíquica, e que é afinal um tipo de saúde mental, então talvez o que Platão descreve seja de fato um bem de tipo 2. Nesse caso, porém, como inferem alguns, há pouco motivo para supor que a condição descrita seja a justiça. Afinal, a justiça diz respeito de maneira essencial e inescapável a minhas atitudes e atividades relacionadas aos outros. Os tipos de atos injustos mencionados por Gláucon e Adimanto incluem violações tão comuns da moralidade pública como o roubo e o assassinato. Se a condição que Platão analisa for compatível com o cometimento desses tipos de atos hediondos, então dificilmente se trata de justiça. Por outro lado, se se supõe que a exposição de Platão exclui que nos envolvamos em crimes como esses, não está claro como isso se dá; além disso, se realmente tem esses resultados, então mais uma vez não fica claro por que a condição caracterizada é digna de escolha. Se não nos mostrou isso, então Platão não nos forneceu uma razão para sermos justos, contraposto a meramente parecermos ser justos. Em suma, estamos justificados em querer saber por que, à luz da análise de Platão da justiça, deve ser uma questão completamente indiferente para nós saber se usamos ou não o anel de Giges quando nos apossamos dele.

---

98. Como parece ser o caso com uma terceira demanda posta por Gláucon e Adimanto, que Platão mostre que a justiça é um bem de tipo 2, demonstrando que a pessoa justa é sempre e em toda circunstância mais feliz do que a pessoa injusta. Cf.: *A república*, 361b-362d. Essa demanda não é razoável, pois se pode mostrar que F (digamos, ser saudável, que é o próprio exemplo de Gláucon) é um bem de tipo 2 sem mostrar que a pessoa F é sempre e em todos os casos mais feliz do que a pessoa não F.

Platão está perfeitamente ciente desses tipos de preocupações. Sua resposta vem em duas partes: uma curta e sem ornamentos, outra longa e complexa. Primeiro, reconhece diretamente que a justiça que ele descreve diz respeito à própria pessoa e não primariamente a outra pessoa (*A república*, 443c-d). Mesmo assim, insiste, ações injustas tendem a resultar em discórdia psíquica, enquanto ações justas promovem harmonia psíquica. Portanto, a pessoa justa, que tem interesse em ter harmonia psíquica, preferirá aquelas ações que são justas àquelas que são injustas. O que é importante, revela-se, então, que a exposição das ações justas de Platão é de segunda ordem: ele diz que x é justo quando, e somente quando, promove harmonia psíquica. Assim, ações do mesmo tipo de estado podem, em diferentes ocasiões, qualificar-se como às vezes justas e às vezes injustas. Em outros termos, em uma ocasião mentir pode ser injusto; mas em outra situação, justo, a depender se o caso particular da mentira promove a harmonia psíquica. Isso, porém, não mina o pressuposto platônico de univocidade, uma vez que a explicação, embora de segunda ordem, é perfeitamente unívoca.

A segunda fase da resposta de Platão pode ser mais bem apreciada considerando uma objeção à primeira parte. Imagine um ladrão de diamantes inteiramente frio, sem paixão, que, sob todas as aparências externas, é psiquicamente harmonioso. Ele ou ela não deixa seus desejos suplantarem sua razão; tampouco nega seus desejos. Além disso, é bravo, pelo menos no sentido de ter nervos de aço. Trata-se de um mestre no roubo de diamantes. Dirá a você que roubar lhe traz grande equanimidade. Assim, pela análise de segunda ordem da justiça, roubar deve se qualificar como justo. Ora, embora seja certamente verdadeiro que algum roubo possa ser em princípio compatível com a explicação de segunda ordem da justiça, é difícil imaginar como um roubo em grande escala do tipo descrito poderia ser considerado justo. Suponha-se o caso de que as joias a serem roubadas sejam propriedade de uma pessoa pobre, que se esforçou e poupou ao longo de uma vida de trabalho para adquiri-las. Tal roubo constituiria um dano significativo e um sério prejuízo para o dono das joias. Se a explicação de justiça como um tipo de harmonia psíquica transformar esse ato de roubo em um exemplo de justiça, então claramente se tomou a ideia de justiça em uma extensão errada. Como essa tem sido uma condição necessária de análise bem-sucedida desde que Sócrates colocou sua questão da F-dade de algo, a explicação de justiça de Platão fracassa. Assim, pelo menos, conclui o detrator.

A segunda e mais abrangente resposta traz o que permaneceu inacabado na primeira. Platão não admite que qualquer antiga harmonia psíquica seja suficiente para a justiça. Em vez disso, ele dá tratos à bola para dizer que somente o tipo de harmonia psíquica que resulta do fato de cada parte fazer sua função própria se qualifica como justiça; não basta que as partes não interfiram nas outras. Assim, a análise não é meramente formal. Ela traz consigo algumas implicações materiais concernentes às exigências para harmonia psíquica. Em particular, alma alguma é psiquicamente harmônica no sentido necessário, a menos que sua razão esteja funcionando corretamente; resultado que, para Platão, traz profundas implicações. Para começar, é a função da razão que delibera sobre o bem de longo prazo do agente. Uma razão que funciona propriamente, portanto, terá apreendido esse bem, o que, por sua vez, envolve ter conhecimento e não meramente crença verdadeira. Assim, a alma psiquicamente harmoniosa é uma alma capaz de conhecer e, desse modo, uma alma que passou a apreciar que o conhecimento tem como seu objeto primário as Formas. Em semelhante alma, a razão ocupa o papel desempenhado pelos governantes no Estado; apreende o que de fato é bom, e o prefere em todos os casos ao que meramente parece bom. Dessa forma, uma alma será justa apenas se ela for conduzida para o que é realmente bom.

Tomadas em conjunto, essas implicações são as seguintes: (1) uma alma é psiquicamente harmônica somente se tem conhecimento; (2) ninguém tem uma alma dotada de conhecimento sem ter conhecido as Formas; (3) quem quer que conheça as Formas também conhecerá o bem, e o preferirá em todos os casos ao que parece ser bom, mas não é; (4) qualquer um que prefira o que é verdadeiramente bom ao que é apenas aparentemente bom terá suficientemente em vista o interesse dos outros para não procurar prejudicá-los ou perpetrar crimes contra eles. Assim, quem quer que realize a concepção de justiça de Platão evitará manifestamente ações injustas. Logo, a análise da justiça de Platão não é extensionalmente inadequada. O habilidoso mestre em roubos não é um contraexemplo, pois não se encontra em um estado de harmonia psíquica. Carece do conhecimento do bem, e mostra que carece desse conhecimento ao levar uma vida dedicada ao dinheiro, que é somente um bem aparente. Confunde o que é meramente instrumental com algo bom em si, e está errado ao fazer isso.

De modo bastante claro, cada um dos elos dessa cadeia de inferências está aberto ao questionamento. Tomados em conjunto, resultam em uma defesa ambiciosa, mas excessivamente frágil da justiça platônica. A metafísica da moralidade de Platão deve ajudar a assegurar algumas dessas inferências, mesmo que, é preciso dizer desde o início, alguns desses compromissos possam parecer extraordinários. A mais extraordinária de todas, conforme admite o próprio Platão, é sua concepção da Forma do Bem.

3.8 O papel especial da Forma do Bem

Até aqui Platão sustentou que a pessoa com uma alma harmoniosa capaz de conhecimento será justa. Conforme sugere, essa concepção de justiça se afasta de algumas maneiras de nossa concepção pré-teórica de justiça como algo essencialmente voltado para o outro. Ainda assim não há motivo imediato para supor que Platão tenha sido indevidamente revisionista em relação à justiça. Pois a análise apresentada, sustenta ele, terá consequências para a ação que resultarão no fato de a pessoa justa evitar ações comumente e corretamente vistas como injustas, incluindo roubo e outras formas de dano. Platão também argumentou que, uma vez compreendida a verdadeira natureza da justiça, torna-se claro que a justiça é um bem de tipo 2, algo bom em si, assim como contribui para formas de bondade além de si. É, afinal, um tipo de saúde, saúde psíquica. Assim como a saúde física é desejável em si e porque a mais desejável forma de vida inclui essa saúde como um bem constitutivo, do mesmo modo a justiça é desejável em si e porque praticá-la contribui para a melhor forma de vida disponível aos seres humanos. Em tudo isso, Platão assume, de modo bastante razoável, que todos nós procuramos a melhor forma de vida que podemos estruturar para nós mesmos.

Dado o papel da razão como o componente dominante da alma, é claro que um componente crucial do projeto geral de Platão é altamente, e de maneira não apologética, racionalista. A melhor forma de vida inclui o conhecimento das Formas, não só porque o conhecimento tem êxito onde a crença falha, mas também porque os seres humanos são essencialmente criaturas racionais cujo bem mais elevado envolve o exercício da razão. Ao esperar que os indivíduos mais altamente desenvolvidos governem o Estado, Platão também espera que sejam filósofos e que amem o conhecimento em geral e o conhecimento da Forma do Bem em particular. Isso porque ele pensa que a Forma do Bem é preeminente entre as Formas. Com efeito, afirma que a Forma do Bem é mais importante até do que a Justiça em si (*A república*, 504d), e que o conhecimento de outras coisas não nos beneficia se não conhecermos o bem (*A república*, 505a). Segue-se que nenhum governante terá uma plena apreciação do justo e de belo sem saber por que são coisas boas, e assim, jamais será um governante adequado sem conhecimento da Forma do Bem; já o governante dotado de semelhante conhecimento ordenará a constituição do Estado de maneira perfeita (*A república*, 506a). Em razão disso, o conhecimento das Formas, incluindo o conhecimento do Bem, é tanto necessário quanto suficiente para governar o Estado idealmente justo. Além disso, assumindo o isomorfismo que Platão considera ter estabelecido, um indivíduo maximamente justo será aquele com conhecimento, incluindo o conhecimento da Forma do Bem. Segue-se que a pessoa idealmente justa também será filósofa, alguém que ama a sabedoria.

Quando provocado a caracterizar a Forma do Bem diretamente, Platão se acanha. Diz que está claro que a maior parte das pessoas se engana ao pensar que o prazer é a mesma coisa que o bem pela simples razão de que há tanto prazeres maus quanto bons. Os prazeres são às vezes bons, sem dúvida. Mas alguns prazeres só parecem bons, e ninguém quer o que é apenas aparentemente bom por si mesmo. Como qualquer um poderá dizer após reflexão, o que buscam para si é o que é genuinamente bom, não meramente o que lhes parece bom naquele momento (*A república*, 505c-e). "Toda alma", sustenta Platão, "persegue o Bem e faz o que faz em prol dele" (*A república*, 505e). Assim, ninguém deve perseguir o prazer como seu bem último. Qual a alternativa de Platão? Ele diz que não pode caracterizar o Bem diretamente tanto porque o assunto é muito amplo para a ocasião quanto por temer se embaraçar e cair em desgraça por tentar (*A república*, 506d-e).

Em vez disso, Platão se volta para uma espantosa analogia. Ao esboçá-la, sente-se à vontade para se apoiar sobre características da Teoria das Formas já introduzida e defendida: as Formas são inteligíveis, mas não visíveis; enquanto os objetos da sensação são visíveis, mas não inteligíveis (*A república*, 507b). A analogia que ele desenvolve compara o papel desempenhado pelo Bem no domínio inteligível, o domínio das Formas, com o papel desempenhado pelo sol no domínio sensível, o mundo da experiência sensorial comum. Platão destaca especialmente dois aspectos dessa analogia. Primeiro, assim como o sol fornece iluminação para o mundo, tornando os seus objetos visíveis, do mesmo modo a Forma do Bem fornece iluminação para as outras Formas, tornando-as cognoscíveis. Segundo, como o sol confere existência aos objetos dos sentidos, uma vez que sem ele não haveria mundo visível, do mesmo modo a Forma do Bem confere existência às Formas remanescentes. Esse segundo ponto de comparação é marcante e sugeriu a alguns platônicos posteriores, na Antiguidade, que Platão pretendia que a Forma do Bem fosse compreendida como um princípio gerador ou causal que efetivamente criou as outras formas, consequência à qual ele provavelmente resistiria se continuássemos a pensar nas formas como entidades abstratas necessariamente existentes[99]. Além disso, adverte Platão, não devemos pensar na Forma do Bem como existência enquanto tal. Em sua última e extraordinária observação sobre isso, Platão insiste que a Forma do Bem não é a mesma coisa que a existência, mas "supera a existência em dignidade e poder", observação que compreensivelmente causa no interlocutor de Platão um riso espantado (*A república*, 509b).

A caracterização de Platão não é cômica; mas é difícil de imaginar. Presumivelmente, Platão pretende indicar, pelo menos, que nenhuma forma poderia existir como tal se não fosse perfeitamente o que é. Essa mesma perfeição é também o que torna cada forma individual inteligível: sendo perfeitamente o que é, nenhuma forma sofre a copresença dos opostos, e assim não pode ser reduzida a qualquer conjunto de particulares sensíveis ou a qualquer qualidade sensível. Seu argumento incluiria, então, o pensamento de que a Forma do Bem difere da existência enquanto tal, uma vez que, embora seja verdade que todas as formas existem e, por assim dizer, precisam participar da forma da existência, o fato de fazerem isso não explica ainda como são exemplares perfeitos. Desse modo, temos primeiro um argumento familiar da obra *Eutífron*[100], que a coextensão necessária não é suficiente para a identidade. Necessariamente, toda forma existe. Necessariamente, toda forma é perfeita e, assim, superlativamente boa. Todavia, adverte Platão, que o fato de elas serem boas não é o mesmo que o fato de existirem. Para serem boas, as formas devem participar da Forma da Bondade. Nesse sentido, Platão pode muito bem estar se apoiando em um argumento conhecido, ainda que agora em um nível mais ele-

---

99. Entretanto, conforme a passagem em *A república*, 597c-d, Platão pode admitir que as Formas podem ser criadas. Isso contrasta nitidamente com sua prática normal.

100. Sobre as exigências para análise bem-sucedida em *Eutífron*, cf. o subtítulo: "Os fracassos de Mênon e Eutífron". As observações de Platão sobre a Forma do Bem sugerem que ele continua a aceitar as exigências para análise bem-sucedida articuladas em *Eutífron*.

vado de abstração: a Forma do Bem é *explanatoriamente anterior* às outras Formas, no fato de que sua presença as torna perfeitamente boas. Por esse motivo, a Forma do Bem será distinta e anterior até mesmo à existência, uma vez que, embora todas as Formas necessariamente existam, o que as tornam Formas não é apenas sua existência, mas o fato de passarem pela bondade.

Esse argumento sobre as relações de anterioridade entre as Formas traz consigo um tipo de corolário epistemológico. O conhecimento enquanto tal exige conhecimento da Forma do Bem, pois sem esse conhecimento a plena apreciação das outras Formas, como Formas, seria impossível. Se não é conhecido, para qualquer Forma F-dade, que F-dade é a perfeita F-dade; então a relação cognitiva do potencial conhecedor com F-dade estará incompleta[101]. Se isso estiver correto, o conhecimento de qualquer Forma implica o conhecedor em conhecimento da Forma do Bem, que seria por que Platão, mais uma vez, insiste que o conhecimento de outras coisas não apresenta qualquer vantagem se não for acompanhado pelo conhecimento da Forma do Bem.

Se estivermos dispostos a seguir Platão até esse ponto, apreciaremos por que ele pensa que a alma justa requer não apenas conhecimento, porque a justiça é harmonia psíquica e esta requer o pleno funcionamento da razão, mas também conhecimento da Forma do Bem, pois o pleno conhecimento de outras Formas não é possível sem saber como elas são boas. Revela-se, portanto, que uma pessoa platonicamente justa deve ter uma boa dose de conhecimento material para se qualificar como tal. Uma vez que tal conhecimento inclui conhecimento do bem, e toda alma busca o bem, segue-se que a pessoa platonicamente justa, a pessoa de máxima harmonia psíquica, jamais fará o que é de fato ruim. Logo, Platão percorreu um longo caminho para responder aos principais questionamentos que lhe foram colocados: analisar a justiça e mostrar que sua posse é boa para a pessoa justa. Ocorre que algumas concepções comuns de justiça eram incorretas, mas não inteiramente erradas. A justiça apresenta uma propriedade relativa ao outro; mas não é, em sua essência, exaustivamente relacionada ao outro. Em vez disso, sustenta Platão, cabe à condição psíquica interna da pessoa a implementação harmônica do conhecimento da Bondade na condução da vida humana.

---

101. Passagem de tradução extremamente difícil. No original: "*If it is not known for any given Form F-ness that F-ness is perfect F-ness, then a potential knower's cognitive relation do F-ness will be incomplete*" [N.T.].

3.9 Linha do conhecimento e caverna: nossas perspectivas epistêmicas

Vimos que, embora o conhecimento da Forma do Bem seja central ao programa de Platão em *A república*, ele se sente constrangido a abordar a questão de nossa familiaridade com ele de modo cauteloso; por analogia, é "a maior coisa a ser aprendida" (*A república*, VI, 504e4-5, 505a2), mas não algo prontamente apreendido sem anos de treino e trabalho duro. Com efeito, pensa que os filósofos necessitam de cerca de 50 anos de treinamento antes de poder se aproximar dele. Recebem educação em música e ginástica quando crianças, seguido por dez anos de estudo avançado, incluindo o estudo de matemática abstrata, cinco anos de dialética, e um estágio final de quinze anos de aprendizado de administração pública, servindo nos cargos inferiores das cidades (*A república*, VII, 540a2-c2). Somente filósofos altamente preparados como esses, adequadamente educados e habituados com tão extensos exercícios preparatórios, podem apreender a natureza da bondade. Ainda assim, Platão estranhamente pensa que aqueles, a ponto de conhecer a bondade, devem ser compelidos a fazê-lo:

> Então, na idade de 50 anos, é preciso liderar os que sobreviveram, que tiveram desempenho excelente em todas as matérias e modos, tanto em suas ações quanto em seus estudos, para seu objetivo imediato; e deve-se compeli-los a manter aberto o olho brilhante da alma, focar-se na própria coisa que ilumina a todos, e uma vez tendo visto o Bem em si, usá-lo como paradigma ao ordenar a cidade, os cidadãos e a si mesmos (*A república*, VII, 539e2-540a2).

Compulsão parece deslocada aqui. Não está claro por que filósofos que se prepararam tão diligentemente não se impulsionariam sozinhos ansiosamente para atingir o fim que eles lutaram por tanto tempo para atingir. Platão retrata a face do bem como algo formidavelmente pavoroso.

Como quer que seja, Platão descreve a apreensão pelo filósofo da Forma do Bem em termos quase perceptuais. Um filósofo a ponto de apreender o Bem deve "manter aberto o olho brilhante da alma" e "focar" na Forma do Bem e, depois disso, deve usá-lo como paradigma ao conduzir seus assuntos, sejam eles públicos ou privados. Em sua superfície, pelo menos, esses termos implicam que o filósofo que chega a conhecer o Bem o faz por alguma forma de reconhecimento – ou seja, que a mente apreende essa forma de maneira direta e imediata. Talvez Platão esteja sugerindo que, sem essa familiaridade, o conhecimento da Forma do Bem é inatingível, assim como alguém que passa a conhecer o sabor de limão somente depois de experimentá-lo, e de nenhum outro modo. Alguém que jamais experimentou um limão, mas que sabe *que limões têm o sabor azedo*, porque alguém confiável lhe relatou que isso é assim, ainda parece constituir um conhecimento deficiente em relação a limões. Uma tal pessoa poderia acreditar em uma série de coisas verdadeiras sobre limões (que são azedos, que são ácidos, que são os principais ingredientes da limonada); mas ainda terão algo a ganhar epistemicamente provando, de fato, um limão real. O que se precisa para enfrentar a falha em seu conhecimento de segunda mão é a simples experiência. Assim, por paridade de raciocínio, o que se precisa em relação à bondade é uma experiência imediata da Forma do Bem em si.

Se a analogia perceptual de Platão for compreendida dessa maneira, ele parece estar envolvido em uma tese forte e controversa no campo da epistemologia moral, a saber, que estamos mentalmente equipados de modo a podermos ter uma apreensão direta da bondade, que possuímos uma faculdade para conhecer a bondade tão certamente como temos uma faculdade para experimentarmos limões ou vermos a cor vermelha.

É crucial aqui distinguir nitidamente a metafísica do realismo *ante rem* de Platão da epistemologia que a acompanha. Até então, temos considerado argumentos pela existência das Formas, sem dedicar muita atenção aos tipos de acesso que podemos ter a elas, caso de fato existam da maneira que Platão sustenta, ou seja, como entidades abstratas independentes da mente e da linguagem que são de maneira invariável e essencial o que são, e nada mais. É assim que ele caracteriza a Beleza e, é de se presumir, todas as outras Formas: "A Beleza, tomada por si mesma, dentro de si, de forma una, e sempre existindo" (*O banquete*, 211b1). O mesmo vale, portanto, para a Justiça em si e para a Bondade em si. Isso significa, por conseguinte, que as propriedades morais, como as outras propriedades, existem independentemente das crenças, desejos, esperanças e aspirações. Esse é o realismo metafísico de Platão sobre as Formas.

Surge a questão, então, sobre como chegamos a entrar em contato com semelhantes Formas. Elas são abstratas, ao que parece, e admitidamente não perceptuais. Assim, nosso contato com elas, se houver, não se dá mediante qualquer forma normal de percepção sensível. Nesse sentido, ao descrever nosso acesso às Formas em termos quase perceptuais, Platão está simultaneamente indicando e adiando uma última questão sobre nosso acesso a elas. Está passando uma orientação ao caracterizar nossa interação com elas como similar à percepção, sugerindo que temos experiências diretas delas de uma maneira análoga àquela pela qual temos experiências diretas de objetos em nosso campo visual; porém, está adiando outra questão, uma vez que, por mais semelhantes à percepção que nossas experiências sejam, as Formas não são objetos da percepção. De fato, as Formas *não podem* ser percebidas. Assim, como interagimos com elas? Se o estado em que nos encontramos quando apreendemos as Formas é similar à percepção, mas não é igual a ela, que estado é esse?

Platão enfrenta essa questão com sua impactante imagem de uma linha dividida, a qual, como outra imagem que se seguirá, a caverna, apresenta ricas implicações para sua epistemologia moral. Conforme indica sua linha, a epistemologia moral de Platão se revela como um caso especial de sua epistemologia, devido a todas as nossas interações com as Formas, incluindo aquelas não implicadas na nossa conduta moral. Ele pensa que o conhecimento das Formas é um tipo de apreensão intelectual direta, não inferencial, não perceptual e imediata. Além disso, sustenta que somos dotados com uma faculdade para semelhante apreensão: nossas mentes. Assim como nossas faculdades sensoriais nos põem em contato com os elementos perceptíveis, do mesmo modo nossas mentes nos põem em contato com os elementos inteligíveis.

Embora tanto a linha quanto a caverna apresentem ricas implicações apontando em diferentes direções, nós nos concentraremos, no presente contexto, em suas ramificações para a epistemologia das Formas e, assim, de maneira mais estrita, para a epistemologia moral de Platão.

Comecemos, portanto, com uma visualização da linha, que ele descreve como dividida de maneira desigual (Figura 1). A linha representa uma hierarquia da cognição, indo de seu uso mais baixo de imagens confusas até a diáfana apreensão de formas remotas. Quanto mais o filósofo subir ao longo da linha, menos se apoiará em imagens para sua cognição. A linha, em si, portanto, é uma exposição da ascensão epistêmica, começando com um irrefletido apoio em aparências confusas, instáveis; subindo até uma apreensão segura de realidades constantes.

Figura 1 – Linha de Platão (*A república*, 509d-511e)

Metafísica		Epistemológica	
	Formas	Entendimento (*noésis*)	
Mundo inteligível	Objetos matemáticos	Raciocínio (*dianoia*)	Domínio do conhecimento
Mundo sensível	Objetos sensíveis	Opinião (*pistis*)	Domínio da crença
	Imagens	Imaginação (*eikasia*)	

Importante destacar, então, que Platão concebe sua ascensão epistêmica como ligada a uma ascensão correlativa de objetos. Assim, em cada quadrante da linha, temos tanto estados epistêmicos quanto seus objetos metafísicos correspondentes. A parte esquerda representa as características da metafísica de Platão já introduzidas, a saber, objetos perceptíveis e inteligíveis; já o lado direito representa sua epistemologia, caracterizando os tipos de estados psicológicos que manifestamos na medida em que percebemos ou conhecemos esses objetos. Aqueles que residem na parte inferior da linha levam vidas bestiais; o filósofo, que atinge o ápice, toca o divino.

Na parte de baixo do lado metafísico há imagens como pinturas ou reflexos em uma piscina, os tipos de coisa que somente um cachorro ou alguém em completo delírio poderia confundir com algo real (assim, uma das fábulas de Esopo conta a história de um cão carregando um osso em sua boca que, após ver o próprio reflexo em um lago, decide apanhar o osso do "outro" cão, somente para ver seu próprio osso afundar no lago). Ascendendo um nível, ainda no domínio da percepção, estão os objetos regulares de crença, objetos que não permitem conhecimento. Como sabemos pelo argumento da existência do *Fédon*[102], em relação a pelo menos uma gama de predicados, esses objetos sofrem a copresença de opostos e não são jamais exclusivamente o que são. Assim, esses objetos não podem ser objetos de conhecimento.

Cruzando a linha para o mundo inteligível, encontramos objetos da matemática que podem ser conhecidos, mas que ainda envolvem o uso de imagens, embora agora muito abstratamente. Finalmente, quando o filósofo apreende as Formas, sua consciência é direta e imediata: não há nenhuma imagem envolvida. Quando o filósofo conhece a Forma da Justiça, ou a Forma do Bem, não parece haver mais nada entre o filósofo e a forma conhecida. Compreender uma forma, assim, envolve uma apreensão imediata da forma em si, tomada em sua própria natureza.

A caracterização quase perceptual da apreensão das Formas é intensificada na medida em que passamos para a compreensão. O que se vê com o olho brilhante da alma não é nada visível, mas algo inteligível. Vê-se a Forma do Bem da maneira que alguém vê a solução de um difícil problema matemático por meio de uma apreensão intuitiva e imediata, por meio de um exercício da mente, em vez de por meio dos sentidos.

A conexão entre raciocínio matemático e filosófico na linha é crucial para nossa compreensão da epistemologia moral de Platão. Para começar, o raciocínio matemático prepara o filósofo em treinamento para se mover agilmente entre formas abstratas de raciocínio:

> Ocorre-me, agora, que o estudo do cálculo foi mencionado como extremamente refinado e útil de múltiplas maneiras em relação ao que desejamos realizar – contanto que seja feito tendo em vista a descoberta, e não o comércio! [...] Isto [a saber, o estudo do cálculo] arrasta a alma agudamente para cima e o faz raciocinar sobre os números em si, jamais permitindo a alguém raciocinar com ele tendo diante de si casos visíveis ou corpos palpáveis (*A república,* VII, 525c9-d8)[103].

O estudo da matemática faz retornar a alma para o domínio abstrato. Mais importante do que isso, porém, a divisão primária na linha sugere que, exceto pelo uso de imagens na matemática, o raciocínio filosófico tem características

---

102. Cf. o subtítulo: "Três argumentos a favor das Formas" para uma discussão desse argumento.

103. Para a tradução desse texto, além do original em inglês, servi-me também, para fim de comparação, da tradução portuguesa de *Fédon* (Platão, 2005) [N.T.].

diretamente semelhantes ao raciocínio matemático. A implicação é que saber *que justiça é harmonia interna* é como saber que 2 + 2 = 4: quando se aprende a função de adição pela primeira vez, torna-se óbvio que essa proposição não só é verdadeira como é necessária. Não se tem a liberdade, tendo adquirido essa compreensão, de supor que dois mais dois poderia ser igual a cinco, ou digamos, à cor amarela. Para alguém familiarizado com a função de adição, semelhantes sugestões parecem impossíveis e absurdas.

Do mesmo modo, sugere Platão, quando aprendemos a Justiça em si ou a Beleza em si, nenhuma justificação adicional sobre a natureza de ambas é necessária, ou talvez possível[104]. A natureza de cada um é manifesta para a pessoa que a aprendeu adequadamente. Esse conhecimento também traz consigo alguma compulsão, mais uma vez afim à compulsão experimentada pelo raciocínio matemático:

> No mundo inteligível, a Forma do Bem é a coisa final a ser aprendida, e só é vista com dificuldade; mas, uma vez vista, deve-se concluir que é absolutamente a causa de tudo o que é correto e belo (*A república*, VII, 517b8-c2).

Talvez a necessidade aqui não pareça tão forte como a necessidade envolvida na matemática. O que Platão sustenta é o oposto; porém, quando aprendida, a Forma do Bem se imprime sobre o sujeito da consciência e exige que esse sujeito chegue a várias conclusões. Em primeiro lugar, sobre o Bem em si e, em segundo, também sobre sua relação com outras coisas[105]. Platão se refere ao conhecimen-

---

104. É importante salientar, nesse aspecto, que Platão *não* sustenta que uma experiência das Formas produza conhecimento infalível. Aqui, sua metáfora quase perceptual é oposta. Se alguém experimenta um limão em circunstâncias normais, essa pessoa terá bases suficientes para saber como é o gosto do limão; não se segue, porém, que essa pessoa tenha se tornado infalível em relação a limões ou mesmo ao seu gosto.

105. Para uma defesa segura e acessível de uma forma de intuicionismo ético afim à abordagem de Platão, cf.: Huemer (2006). Huemer caracteriza a noção de intuição ética: "Uma aparência inicial, *intelectual* é uma 'intuição'. Em outros termos, uma intuição de que *p* é um estado de seu parecer para alguém que *p* que não depende de inferência a partir das crenças de outro e que resulta de pensar sobre *p*, tal como oposto a perceber, lembrar ou realizar introspecção" (2006, p. 112). Usando essa noção, ele desenvolve a analogia perceptual, recomendando que um intuicionista ético "[...] deve ser um realista direto sobre ética. Não deve dizer que a intuição funciona como um tipo de *evidência* do qual [...] inferimos conclusões morais. Deve dizer que, para algumas verdades morais, não necessitamos de evidência, uma vez que somos diretamente conscientes delas, e que a consciência assume a forma das intuições; ou seja, as intuições apenas em parte *constituem* nossa consciência dos fatos morais. Intuições não são os objetos de nossa consciência quando realizamos filosofia moral; são apenas os veículos de nossa consciência, por meio das quais 'vemos através' até chegar à realidade moral" (2006, p. 121-122).

to das Formas de maneira muito similar àquela pelo qual o grande matemático do século XX, Kurt Gödel, refere-se ao conhecimento matemático: "A despeito de sua distância remota da experiência sensorial, também temos algo como uma percepção dos objetos da teoria dos conjuntos, como é visto pelo fato de que os axiomas se impõem a nós como sendo verdadeiros" (1964, p. 271). Assim, a linha de Platão sugere algo similar em relação às Formas: a despeito da distância remota da experiência sensorial, temos algo como a percepção das Formas. Quando as encontramos, elas nos obrigam a aceitar sua natureza como são; e nos forçam a extrair certas conclusões seguras com base em nossa familiaridade com elas.

A compulsão em relação à apreensão das Formas pelo filósofo não termina aqui. *A república* contém uma analogia final, além do sol e da linha, que Platão sugere que deve ser combinada com as duas primeiras (*A república*, 517a). Trata-se da caverna, uma das mais espantosas e duradouras das imagens de Platão.

A caverna de Platão não é nada menos do que a condição humana. Na caverna, os prisioneiros estão amarrados e são forçados a olhar apenas para a parte de baixo do muro da caverna. O que veem, o que consideram real, são sombras oscilando no muro. São as sombras lançadas por marionetes manipuladas tendo por trás uma fogueira, nenhuma dessas coisas é vista diretamente por eles. Compreensivelmente, os prisioneiros pensam que as sombras que experimentam esgotam tudo o que há no mundo: não tem nenhuma ideia das marionetes por trás delas, e muito menos do mundo além dessas marionetes, o mundo de fora da caverna iluminado pelo sol. De fato, se forem libertados e andarem em volta, ficarão perplexos e irados. A maior parte dos prisioneiros prefere sua confortável e familiar ignorância às difíceis e desestabilizadoras exigências epistêmicas postas pela realidade que se situa atrás da imagem manifesta do mundo. Somente alguns poucos podem suportar perceber que as sombras são apenas isso: sombras. Reconhecer isso é admitir que o mundo que habitam é inautêntico, transitório e ilusório.

Aqueles com mentes naturalmente fortes, porém, podem iniciar uma difícil jornada fora da caverna em direção à libertação intelectual e pessoal. Esses poucos intrépidos prosseguem com dificuldade, primeiramente fustigados pelo sol, porque ofuscados por seu brilho poderoso. À medida que emergem da caverna não conseguem olhar diretamente para os objetos reais; mas, com tempo e esforço, aprendem a viver à luz do sol e, eventualmente, até a olhar para ele.

De maneira quase angustiada, Platão diz que os prisioneiros "são como nós" (*A república*, 515a). Essa parece ser uma visão miserável e deprimente da condição humana. A maior parte de nós, insinua Platão, vive sem consciência de que nossas vidas são ilusórias, mesmo a ponto de atacar violentamente quando alguém ousa perturbar nossa cega insistência de que a imagem manifesta do mundo *é* o mundo. Se os ignorantes habitantes das cavernas são "como nós", então poucos de nós possuímos qualquer sentido de verdade além da aparência: pois os prisioneiros "pensariam absolutamente que a verdade não é nada mais do que as sombras das marionetes" (*A república*, 515c). Se alguém ousa apontar a ignorância dos prisioneiros para eles, eles ficam agitados e se tornam ameaçadores. Com efeito, se alguém, tendo visto a luz do dia, retorna à caverna com histórias sobre a realidade além dela, diz Platão, os prisioneiros irão imediatamente ridicularizá-lo e humilhá-lo, uma vez que sua visão diminuiu quando abandonou a luz pela escuridão. Se tal pessoa persistir em tentar libertá-los, livrando-os de seus laços epistêmicos, tentando em vão arrastá-los para cima, para a luz do dia, os prisioneiros acabarão se revoltando contra ele e fariam o que Atenas fez a Sócrates: eles o matarão[106].

Mesmo assim, o filósofo que passou a conhecer a Forma do Bem seria compelido por esse mesmo conhecimento a retornar à caverna. Esse filósofo pode preferir permanecer à luz do dia, contemplando as Formas e se envolvendo com filosofia. Não obstante, insiste Platão, o filósofo deve ser compelido a retornar à caverna a fim de empreender o necessário trabalho de fazer justiça no mundo. Ele insiste que isso não seria uma injustiça para o filósofo, uma vez que o papel do filósofo sempre foi de promover a justiça no Estado, assim como tem sido o papel da razão na alma guiar e dirigir as outras partes da alma para a elevada harmonia que constitui a justiça no indivíduo[107].

Em outra perspectiva, portanto, a caverna de Platão é uma imagem maravilhosa do otimismo epistêmico. Enquanto começamos nossas vidas iludidos, pensando que a imagem manifesta do mundo *é* o mundo, podemos com incansável esforço chegar a conhecer o mundo tal como ele é em si, incluindo o mundo moral tal como é em si, e não meramente como aparece para aqueles que não refletiram sobre a questão de saber se o que parece ser o caso é realmente o caso. O mundo moral repousa diante do olhar da mente bem treinada, a qual, como todas as imagens de Platão implicam

---

106. Sobre o julgamento e a execução de Sócrates, cf. o subtítulo: "Julgamento e prisão de Sócrates".
107. Sobre justiça psíquica, cf. o subtítulo: "Análise platônica: um estudo de caso".

de maneiras complementares, adquire essa habilidade somente mediante contínua aculturação e educação. A bondade apreendida, por sua vez, recomenda que seja inculcada para benefício daqueles não privilegiados a apreendê-la diretamente.

3.10 Problemas sobre as Formas

Como deve ser evidente, a exposição das Formas feita por Platão coloca fortes demandas epistêmicas e metafísicas sobre seus leitores. Sua teoria é plenamente *ante rem*. As Formas existem necessariamente antes de serem conhecidas ou instanciadas. Ainda assim, podem ser conhecidas, argumenta ele, por meio de uma apreensão intuitiva, de maneira muito similar ao modo como os objetos da matemática podem ser conhecidos com consciência intelectual similar à percepção. Não devemos nos surpreender, portanto, quando o vemos se apoiando no conhecimento *a priori* que ele afirma ter atingido ao discutir Formas como a Igualdade, Justiça ou mesmo a Bondade. Mesmo quando procede com devida humildade, como faz mais marcadamente com relação à Forma do Bem, Platão não se acanha em pôr esse conhecimento em operação em *A república* e além dela[108]. Sem dúvida, o filósofo espera encontrar alguns detratores, e é justo assumir que ele acolheria de bom grado objeções inteligentes de todos os tipos, embora considere que deixou de lado o relativismo escolar como uma fonte legítima de crítica[109]. Uma forma de crítica razoavelmente motivada será de caráter epistemológico. Como, pode-se querer saber, o conhecimento das Formas é possível? Platão certamente pensa que é possível, que terá caráter *a priori*, e que alguém com a forma correta de educação pode razoavelmente esperar progredir em direção a semelhante conhecimento. Com efeito, conforme vimos, ele chega a ponto de prescrever o caminho da educação que conduzirá ao conhecimento das Formas[110]. Seu êxito em planejar esse curso educacional dependerá, em parte, é claro, primeiro da possibilidade de defesa do conhecimento *a priori* enquanto tal e, em segundo lugar, do caráter apropriado da tentativa de Platão de executá-lo na arena filosófica da maneira que o faz.

---

108. Sobre os argumentos da existência por Platão, cf. o subtítulo: "Três argumentos a favor das Formas".

109. Sobre a refutação do relativismo por Platão, cf. o subtítulo: "Resposta de Platão à sofística: relativismo e retórica".

110. Cf.: *A república*, 492a, 540a-b.

Uma segunda forma de crítica é de caráter mais metafísico. Essa forma assume especial significação, uma vez que Platão estava bastante preocupado com suas consequências para a sustentabilidade da Teoria das Formas. É, de fato, um grande testemunho da profunda integridade filosófica de Platão que ele tenha se disposto a tecer ardorosas críticas à própria teoria; presumivelmente em um esforço, primeiro, para determinar se ela deve, afinal, ser aceita; e segundo, se for, recomendar uma formulação imune aos tipos de críticas que ele considera. Se essas críticas se mostrarem convincentes, então todo o edifício de *A república*, incluindo centralmente sua análise da Justiça, terá de ser posto de lado como incorreto.

Nas partes iniciais de seu diálogo *Parmênides*, o eminente filósofo pré--socrático Parmênides, acompanhado por seu protegido Zenão, originador dos paradoxos que levam seu nome[111], questiona Sócrates, aqui retratado como um adolescente em desenvolvimento, repleto de profundas, ainda que malformadas, ideias sobre a natureza da realidade. Nesse contexto dramático, Parmênides submete Sócrates a um interrogatório sobre a natureza das Formas e sua relação com os particulares que participam delas. Parmênides coloca uma questão para Sócrates em característica linguagem platônica: "Existe uma forma, em si e por si[112], do Justo, do Belo e do Bem?" Existe, replica Sócrates, e outras coisas são nomeadas a partir dela, de modo que coisas grandes são chamadas grandes porque apresentam uma parte da Grandeza, e coisas justas são chamadas justas porque apresentam uma parte da Justiça (*Parmênides*, 130a-131a). De fato, sempre que há um número de coisas F, existe alguma forma, a F-dade, acima delas. Armado com isso, Parmênides estabelece seis argumentos distintos, todos visando dificultar a teoria de Platão. Alguns pretendem mostrar que existem insuperáveis obstáculos epistemológicos para conhecer as Formas, de modo que mesmo que admitíssemos um dos argumentos da existência de Platão, as Formas seriam inúteis, porque incognoscíveis (*Parmênides*, 133b-d, 135a-b). Outros atacam a Teoria das Formas diretamente, mostrando que a teoria possui consequências absurdas e que assim deve ser abandonada.

O mais notório desses argumentos, tanto na Antiguidade quanto entre os especialistas contemporâneos na metafísica de Platão, é o chamado argumento do terceiro homem (ATH), que se propõe a usar as próprias caracterizações das

---

111. Sobre os paradoxos de Zenão e sua relação com o ataque de Parmênides ao conhecimento *a posteriori*, cf. o subtítulo: "Parmênides e Zenão".

112. Sobre essa linguagem, cf. o subtítulo: "Três argumentos a favor das Formas".

Formas por Platão para gerar um número infinito de Formas correspondentes a todo grupo de coisas F. Assim, se correto, (ATH) gerará um número infinito de Formas da Beleza, um número infinito de Formas da Grandeza, e sucessivamente para cada caso em que Platão reconhece uma forma. Além de ser intuitivamente absurdo e extravagante, qualquer resultado como esse faria o papel explanatório das Formas concebido por Platão cair em um círculo vicioso. Se quiséssemos explicar a beleza em coisas belas apelando à Forma da Beleza, mas então passássemos a apelar a alguma Beleza anterior, Beleza$_1$, para explicar a Forma da Beleza em si, e assim *ad infinitum*, jamais terminaríamos de explicar o papel explanatório da forma que foi inicialmente introduzida. Quando Platão fala da Forma da F-dade como "em si e por si" ou "ela mesma em seus próprios termos" ele entende, pelo menos em parte, que a F-dade é autoexplicativa, e não necessita de qualquer coisa além de si mesma para explicar sua F-dade. É essencialmente F.

Esse último pensamento, porém, traz consigo um importante pressuposto sobre as Formas que encontramos no início, mas que parece agora criar alguma dificuldade para Platão. Em seu argumento pela existência das Formas no *Fédon*[113], Platão se apoiou crucialmente em um apelo à Lei de Leibniz, pois desejava mostrar que as Formas não poderiam reduzir-se a um conjunto de particulares sensíveis. A própria F-dade não poderia jamais sofrer a copresença de opostos; assim, não poderia ser identificada com particulares, que sofrem essa copresença. Ora, como vimos, há pelo menos duas maneiras pelas quais as Formas poderiam deixar de sofrer a copresença dos opostos, ao ser F, mas não F, ou por ser nem F nem não F[114]. A primeira alternativa sugere que as Formas em si são F, de modo que a Beleza em si é bela. Platão evidentemente abraça a primeira alternativa, uma vez que fala, em uma série de passagens, como se as Formas fossem *autopredicativas*[115]. Isso também está implícito, embora não estritamente inserido em seu tratamento das Formas como *paradigmas perfeitos*, como exemplares que são copiados por símiles.

---

113. Para esse argumento da existência, cf. o subtítulo: "Três argumentos a favor das Formas".

114. Sobre o papel da copresença de opostos nos argumentos da existência de Platão, cf. o subtítulo: "Três argumentos a favor das Formas", especialmente (JCO), em que a relevância da Lei de Leibniz da copresença é mais clara.

115. Autopredicação: *Protágoras*, 330c, 330d; *Fédon*, 102d-e; *Hípias Maior*, 292e; *O banquete*, 210e-211a; *Eutífron*, 301b; *Parmênides*, 132a-133a; e *Sofista* 258b-c.

O problema com a autopredicação é duplo. Primeiro, tomado em seus próprios termos e como doutrina literal, cria resultados intoleráveis para Platão. Além disso, faz parte da premissa posta pelo (ATH) do *Parmênides*; logo, mesmo se o primeiro conjunto de problemas pudesse ser resolvido, esse argumento seria vago.

O primeiro problema, em primeiro lugar. Se compreendemos as Formas como propriedades universais, então a doutrina da autopredicação (AP) sustenta que toda Forma F-dade *possui* a propriedade de que *é*. Para todo caso da F-dade, a F-dade é F. Assumindo uma ampla gama de Formas para fins de ilustração, podemos ver que esse resultado é exatamente certo para algumas Formas; não especialmente problemático para outras; e profundamente desastroso para outras tantas. Em alguns casos, (AP) não só é verdadeira, como necessariamente verdadeira. A Forma da Abstração é abstrata, e necessariamente assim. A Forma da Beleza pode ser bela, embora isso esteja aberto à discussão. De qualquer modo, não há um problema imediato para esse caso como há quando nos voltamos para as Formas de ser concreto, ou ser uma magnitude, ou ser humano. Se as Formas são entidades abstratas, então nenhuma forma poderia ser concreta ou possuir magnitude. Necessariamente, essas Formas, se é que elas existem, seriam abstratas e, portanto, não seriam magnitudes concretas. De modo similar, a forma do ser humano não poderia ela própria ser humana: os seres humanos existem no espaço e no tempo, andando por aqui e por ali, percebendo e fazendo as coisas acontecerem. Nenhuma entidade abstrata poderia fazer qualquer uma dessas coisas. É como se esperássemos que o número 7 emprestasse uma ferramenta a outro número 7. Dessa forma, (AP), se aplicada a uma gama plena de Formas, parece resultar em absurdo.

Essas críticas da (AP) assim construídas assumem algumas coisas que podemos ver como inautenticamente platônicas. Ainda assim, são úteis porque pressionam Platão a explicar o que ele entende pela F-dade de F, uma vez que isso certamente soa como se ele estivesse expressando a visão de que dada forma F-dade apresenta a propriedade que possui. Algumas possíveis respostas platônicas envolvem aceitar autoexemplificações literais, nas quais as Formas são universais, que possuem as propriedades que possuem, mas delimitando a gama de Formas com base em alguns princípios de um modo que impeça a aplicação de (AP) onde não se desejar. Outra maneira é negar a *autopredicação*, supondo que Platão não esteja sustentando, por exemplo, que a justiça possui a qualidade de ser justa, mas que estaria apenas afirmando que a Justiça é essencialmente o que a justiça é. Estratégias desse tipo têm caráter de perífrase, no sentido de que tomam Platão como se expressando em linguagem comum, e reinterpretando o que diz, de uma maneira ou de outra. Seu caráter perifrástico, é claro, não as torna inaceitáveis (quando digo que a família alemã média possui 1,4 filhos, digo algo verdadeiro, mas que necessita de uma paráfrase). Ainda assim há um ônus para o autor da paráfrase em justificar uma paráfrase particular de preferência a outra, assim como contra outras estratégias não perifrásticas. Uma estratégia como essa, não perifrástica, seria questionar não a noção de predicação, mas os pressupostos de que as Formas são autopredicativas, negando que as Formas sejam o tipo de coisa que pode ser predicada. Talvez uma forma seja um particular perfeito, e assim alguma coisa que não pode ser predicada. Nesse caso, quando Platão diz, por exemplo, que a Justiça é justa, ele entende que a justiça, o paradigma perfeito da justiça, apresenta a qualidade de ser justa. O quanto essa estratégia é promissora se revelará em parte na ontologia das Formas como paradigmas perfeitos, concepção que traz consigo algumas dificuldades próprias.

Todas essas respostas têm em vista maneiras de rebater críticas de (AP), tomadas como uma doutrina literal. Independentemente de como se proceda, parece claro que Platão se apoia sobre uma noção bastante comum ao montar o argumento do terceiro homem (ATH) contra a Teoria das Formas em *Parmênides*. Para ser explícito, ele aceita os seguintes pressupostos, todos afirmados por Platão ou pelo menos sugeridos por algumas de suas caracterizações das Formas:

(AP): a Forma F-dade é ela própria F;

(AM): para todo conjunto de coisas F, há uma forma F acima desse conjunto de coisas F;

(NI): a forma acima de qualquer conjunto não é membro desse conjunto;

(U): há uma única forma, F-dade, correspondente a coisas F.

Com esses pressupostos, o (ATH) procede como segue, ampliado a partir do texto para conveniência de exposição:

1. Existem alguns grandes particulares sensíveis $\{L_1, L_2, L_3...\}$;

2. (AM);

3. Logo, existe uma forma, L-dade, acima desse conjunto de coisas L;

4. (AP);

5. Logo, L-dade é ela própria grande;

6. (NI);

7. Logo, L-dade não é membro de $\{L_1, L_2, L_3...\}$;

8. Mas agora existe um conjunto $\{L_1, L_2, L_3, \text{L-dade}...\}$;

9. Logo, existe também uma forma, L-dade, acima desse conjunto de coisas L (por uma nova aplicação de (AM));

10. Logo, não (U): não é o caso que há apenas uma forma correspondente a coisas F;

11. Com efeito, por meio de repetidas aplicações de (AM) e (NI), será gerado um número infinito de Formas correspondentes a cada conjunto de coisas L;

12. Assim, existe um número infinito de Formas correspondentes a cada conjunto de coisas L.

Como conclui Parmênides, cada forma "não será mais uma, mas ilimitada em multiplicidade" (*Parmênides,* 132b).

Tendo em vista que não foi Parmênides quem escreveu o diálogo com seu nome, mas que é antes Platão quem apresenta conclusões antiplatônicas do (ATH), os estudiosos adotaram uma gama espantosamente ampla de respostas. Em uma ponta estão aqueles que veem o (ATH) como profundamente devastador para a Teoria das Formas, de modo que, com ele, Platão anuncia seu abandono dessa teoria, ou pelo menos qualquer versão dela que o comprometa com todas as premissas do (ATH). Alguns outros veem o argumento como convincente, mas negam que Platão jamais tenha aceito os pressupostos que conduzem a ele, pelo menos não nas versões empregadas no argumento. Outros ainda viram o argumento como um fracasso total (nessa ou em outra versão), preferindo acreditar que é meramente a maneira de Platão nos instruir sobre como não pensar sobre sua Teoria das Formas.

A forma como consideraremos essas respostas dependerá de uma série de questões exegéticas e filosóficas interligadas, algumas delas bastante delicadas. Proeminente entre elas são: nossa avaliação da correção do argumento, nossa visão sobre se suas premissas são genuinamente platônicas ou não, e nossa concepção dos pressupostos que levam à sua formulação. É claro, nossa atitude em relação a essas questões é extremamente importante para uma eventual avaliação da Teoria das Formas de Platão. Aqui, porém, estamos preocupados principalmente com o tópico mais restrito do êxito ou do fracasso do argumento conforme formulado.

O argumento de fato gera um problema para Platão, se ele aceitar todos os seus pressupostos, uma vez que o força a abandonar (U), a doutrina de que há uma única forma correspondente a cada conjunto de coisas únicas. Isso nos conduz por meio de (ATH-10). Esse problema, porém, não é o problema articulado por Parmênides, que afirma não apenas uma pluralidade de Formas, mas um número incontável delas. Para essa conclusão, precisamos de repetidas aplicações de (AM) e (NI), de um modo que pode se tornar problemático. Pois alguém pode ser capaz de aplicá-las de uma tal maneira que nenhuma *nova* forma F-dade precise ser gerada, uma vez que pode ser possível usar uma forma já concebida para corresponder a um conjunto recentemente gerado sem violar (NI), simplesmente removendo uma forma já gerada e justapondo sobre ela o novo conjunto de coisas F. Ainda assim, (NI) poderia ser reformulado de uma maneira que bloqueie essa manobra, de modo que nós realmente terminemos com a conclusão extrema de Parmênides. Essa conclusão pareceria produzir uma consequência genuinamente inaceitável para a Teoria das Formas de Platão e, portanto, constituiria uma formidável refutação. Qualquer refutação como essa minaria seriamente o edifício da metafísica de Platão e, com ele, sua metafísica da moralidade.

3.11 Conclusões

Tudo isso sugere um olhar mais atento para a ontologia das Formas de Platão; para a questão de saber se ele tem *uma* Teoria das Formas ou se tem várias, cada uma como um refinamento e aperfeiçoamento de sua predecessora; para maneiras alternativas de traduzir sua linguagem às vezes metafórica sobre Formas literais e precisas; e para as competições rivais das Formas embutidas no tratamento que lhes dá Platão em diferentes contextos como paradigmas perfeitos, que os particulares copiam de maneira apenas imperfeita, e como entidades abstratas, evidentemente universais, nas quais os particulares participam. Seria prematuro, nesse estágio, encarar como decisivos os tipos de críticas que o próprio Platão considera em *Parmênides*. Tampouco é apropriado, nesse ponto, pelo mesmo motivo, endossar como conclusivos quaisquer um dos argumentos da existência de Platão. Espera-se aqui, em vez disso, que esta introdução a Platão tenha fornecido algum incentivo para perseguir essas questões em profundidade filosófica significativamente maior e mais detalhada. A filosofia de Platão rende ricos dividendos para aqueles que a abordam com o sério esforço intelectual que ela exige.

Sugestões para leituras adicionais

Textos primários

> Há muitas traduções de qualidade variada dos diálogos de Platão. Algumas privilegiam a fidelidade à fluência em inglês, enquanto outras subordinam a precisão ao estilo. O melhor e mais abrangente conjunto de traduções é [22]. Essas traduções, em sua maior parte, atingem um equilíbrio apropriado entre fidelidade e legibilidade. Muitos dos diálogos publicados nessa coleção também estão disponíveis individualmente pela Hackett. Para as obras discutidas no texto, elas incluem, além de [23]:

PLATÃO. *Republic*. Cambridge: Hackett, 1992.

PLATÃO. *Phaedo*. Cambridge: Hackett, 1980.

PLATÃO. *Meno*. Cambridge: Hackett, 1980.

PLATÃO. *Parmenides*. Cambridge: Hackett, 1996.

PLATÃO. *Protagoras*. Cambridge: Hackett, 1992.

> Especialmente recomendado para os estudantes que buscam uma discussão minuciosa e esclarecedora dos diálogos são os volumes da Clarendon Plato Series, publicados pela Oxford University Press. Relacionados aos livros discutidos no texto, incluem-se os seguintes, cada um constituindo uma tradução acurada com comentário:

PLATÃO. *Phaedo*. Tradução de David Gallop. Oxford: Oxford University Press, 1975.

PLATÃO. *Protagoras*. Tradução de C. Taylor. Oxford: Oxford University Press, 1991.

PLATÃO. *Gorgias*. Tradução de T. Irwin. Oxford: Oxford University Press, 1979.

PLATÃO. *Theaetetus*. Tradução de J. McDowell. Oxford: Oxford University Press, 1973.

Textos secundários

> Como é o caso com Sócrates, a bibliografia secundária sobre Platão é vasta. Para uma visão geral, cf. [4] e [5]. Um conjunto extremamente útil de discussões introdutórias pode ser encontrado em [38], que também contém uma valiosa bibliografia para estudos ulteriores, organizada por diálogos. Duas coleções muito úteis de artigos acadêmicos de alta qualidade são:

FINE, G. (org.). *Plato I*: Metaphysics and epistemology. Oxford: Oxford University Press, 2000.

FINE, G. (org.). *Plato II*: Ethics, politics, religion, and the soul. Oxford: Oxford University Press, 2000.

> Uma prazerosa e útil orientação para aqueles novatos em Platão é:

ANNAS, J. *Plato*: A very short introduction. Oxford: Oxford University Press, 2003.

> Para aqueles que desejarem explorar tópicos individuais, um bom lugar para começar é:

BENSON, H. (org.). *A companion to Plato*. Oxford: Blackwell, 2006.

> Os livros [55] e [56] também oferecem bibliografias bem organizadas para estudos adicionais.

Notas do tradutor

> Assim como em inglês, há em português publicações variadas em qualidade e opções de tradução e edição. Sugiro as seguintes:

PLATÃO. *Apologia de Sócrates*. Petrópolis: Vozes, 2020 (Vozes de Bolso).

PLATÃO. *Fédon*. Petrópolis: Vozes, 2022 (Vozes de Bolso).

PLATÃO. *O banquete*. Petrópolis: Vozes, 2017 (Vozes de Bolso).

> No que se refere ao livro *A república*, sugiro a tradução portuguesa:

PLATÃO. *A república*. Tradução de Maria Helena da Rocha Pereira. 9. ed. Lisboa: Fundação Calouste Gulbenkian, 2005.

4
Aristóteles

"Todo ser humano, por natureza, deseja conhecer." Assim Aristóteles inicia uma de suas maiores obras, a *Metafísica*, com uma observação de impacto e teoricamente motivada. Ao se expressar dessa maneira, Aristóteles pretende afirmar, primeiro, que os seres humanos apresentam algum tipo de natureza determinada e, segundo, caracterizar essa natureza como essencialmente buscadora de conhecimento. É pouco provável que essa afirmação seja casual. Pelo contrário, segue-se de um quadro técnico cuidadosamente construído, apresentando uma teoria de predicação essencial inserida em um sistema taxonômico articulado.

A despeito de sua origem técnica, a concepção de natureza humana de Aristóteles também parece ter uma implicação pessoal. Se ele pensa que todos os seres humanos, por natureza, desejam conhecer, então também pensa, trivialmente, que ele mesmo, por natureza, deseja conhecer. Sobre isso, está certamente correto. Aristóteles manifesta de maneira pronunciada e incomum a natureza que ele atribui a todos. Com efeito, tão grande é sua sede de conhecimento, que é tentador assumir que ele baseia sua concepção de natureza humana, em grande medida, na concepção que tem de si mesmo. Pois Aristóteles era um homem maniacamente envolvido na busca de sabedoria humana em todas as suas formas.

Sua paixão pelo aprendizado o conduziu a uma variedade de campos do conhecimento bem além da filosofia tal como a concebemos hoje. Uma mostra desse fôlego de investigação se reflete em um catálogo dos escritos de Aristóteles compilado por um antigo bibliógrafo, Diógenes Laércio. Este fez uma lista, que se estende por mais de 150 itens, com a observação de que Aristóteles "escreveu um grande número de livros que eu julguei apropriado listar devido à sua excelência em todos os campos". A lista que se segue contém títulos em um número assustador de áreas. Uma pequena amostra desses títulos sugere o caráter multifacetado dessas pesquisas. *Sobre a justiça, Sobre os poetas, Sobre as ciências, Sobre espécies e gêneros, A arte da retórica, Lições sobre teoria política, Sobre os animais, Sobre as plantas, Dissecções, Sobre o Rio Nilo* e, até mesmo, um *Sobre a embriaguez*. Há, além disso, tratados sobre lógica, linguagem, artes, ética, psicologia e fisiologia e, é claro, metafísica e teoria do conhecimento. Infelizmente, não temos muitos itens dessa lista, provavelmente menos de um quinto, embora o *corpus* sobrevivente contenha um número bastante expressivo de obras não mencionadas nas antigas bibliografias. Perderam-se principalmente obras que indicavam que ele era capaz de incomum graça e elegância, feito elogiado por Cícero, alguém certamente capaz de julgar com conhecimento de causa questões de estilo de prosa, ao notar que, se a prosa de Platão era muito refinada, a de Aristóteles era um caudaloso rio de ouro[116].

Qualquer um que aborde Aristóteles pela primeira vez verá imediatamente que Cícero não podia estar se referindo aos livros que lemos no *corpus* aristotélico canônico. O que temos disponível hoje dificilmente pode ser considerado de ouro: em vez disso, é geralmente desagradável, conciso e, a princípio, de difícil compreensão. Decerto, não poderia sair ganhando na comparação com a prosa dos diálogos de Platão em termos de suavidade ou flexibilidade de expressão. Parece que as obras que chegaram até nós não são as que Cícero tinha diante de si, nem mesmo aquelas que Aristóteles preparou para consumo público. Mais provavelmente, os escritos do *corpus* aristotélico sobrevivente foram compostos como notas de leitura, ou como anotações para aulas, para uso exclusivo daqueles já familiarizados com os rudimentos dos métodos e procedimentos de Aristóteles.

Isso apresenta um impedimento para os leitores novatos de Aristóteles, o qual pode ser muito rapidamente superado pela apreciação do modo como os trabalhos de Aristóteles enfrentam o pensamento de Platão e de seus outros predecessores e, em seguida, pelo aprendizado da terminologia técnica que percorre todas as suas obras, a começar pela terminologia usada na articulação de seu quadro explanatório preferido: a doutrina das *quatro causas*. As primeiras três seções deste capítulo efetuam esse tipo de introdução a Aristóteles. Os restantes exploram maneiras pelas quais ele emprega sua doutrina das quatro causas em uma variedade de áreas relacionadas, seja examinando teorias do passado, seja propondo novas

---

116. Cf.: Cícero, *Academica*, I.38.119; *Tópicos*, 1.3; *De Oratore*, 1.2.49. Aristóteles menciona escritos "exotéricos" (visando uma audiência popular), presumivelmente de sua própria composição, em *Política*, 1278b30, e *Ética a Eudemo*, 1217b2, 1218b34.

teorias. Isso porque, dados os preceitos de sua metodologia filosófica, Aristóteles se mostrava inclinado a considerar os trabalhos de seus predecessores antes de propor seus próprios constructos teóricos.

4.1 De Platão a Aristóteles

"Para aqueles que desejam resolver problemas", sugere Aristóteles, "é útil estabelecê-los bem" (*Metafísica*, 995a27). Ele está certo no fato de que estabelecer bem os problemas, em filosofia, é com frequência metade do trabalho. Felizmente, Aristóteles regularmente segue seu próprio conselho, estabelecendo problemas e enigmas no início de suas investigações, em um esforço para tornar o mais claro possível as questões que deseja abordar. Para o estudante de Aristóteles isso significa que, a fim de compreender suas concepções, é essencial primeiramente apreciar como ele concebe os problemas que lhe interessam. Isso, por sua vez, requer se familiarizar com outra característica da metodologia de Aristóteles, concernente a suas atitudes em relação a seus predecessores. Para ele, a injunção para estabelecer bem os problemas traz consigo uma obrigação de escrutinar tratamentos já existentes da questão: ele pensa, na verdade, que para progredir nos problemas da filosofia é preciso, antes de tudo, prestar atenção ao tratamento que lhes deu a tradição filosófica. Nos termos de Aristóteles, é em primeiro lugar necessário estabelecer os *phenomena*, a maneira pelas quais as coisas aparecem para o olhar não treinado; e considerar a *endoxa*, as opiniões reputadas ou arraigadas, que são aquelas "aceitas por todos, pela maioria ou pelos sábios" (*Tópicos*, 100b21-22). De maneira razoável, ele sugere aqui que não devemos começar toda investigação *de novo*, como se fosse a primeira abordagem do tópico de interesse filosófico. Em vez disso, devemos buscar nossos predecessores como fontes de informação e esclarecimento. É claro, Aristóteles não se via como amarrado servilmente a opiniões de seus predecessores, ou mesmo às suas formulações dos problemas. Pelo contrário, ele com frequência é crítico não só de suas colocações, como de seus métodos preferidos de explicação.

Embora regularmente olhe para trás, desde os pré-socráticos até Platão, passando pelos sofistas e por Sócrates, a sua primeira e mais importante fonte de estímulo filosófico é claramente Platão. Aristóteles foi estudar com Platão quando jovem, provavelmente com 17 anos de idade, e permaneceu com ele na Academia por vinte anos, até a morte de Platão, quando a direção da escola foi passada não para o próprio Aristóteles, mas para um dos sobrinhos de Platão, Espeusipo, momento em que Aristóteles deixou Atenas por algum tempo, antes de retornar para estabelecer sua própria escola: o Liceu. Durante suas duas décadas de associação, Aristóteles teria tido um contato prolongado com Platão, cujos pontos de vista ele frequentemente debate em seus trabalhos, com muita frequência criticamente, às vezes, de maneira cáustica, mas na maior parte com deferência e afeição. Em todo caso, é geralmente útil, como primeira abordagem para a prosa árida de Aristóteles, lê-la como uma resposta a uma posição defendida por Platão, uma vez que, em muitos casos, embora nem sempre, Aristóteles procede em sua própria filosofia com um olho atento voltado para as posições de Platão.

4.2 Introdução à Teoria das Categorias de Aristóteles

O antiplatonismo de Aristóteles entra imediatamente em cena em um dos seus primeiros trabalhos, as *Categorias*. Julgada com certo distanciamento, essa obra parece vir de uma preocupação mais elevada: nela, Aristóteles articula uma teoria das categorias gerais do ser, oferecendo um esquema classificatório que visa evidentemente especificar uma lista completa e exaustiva dos tipos de coisas que existem – ou talvez, dos tipos de coisas que *poderiam* existir. Se estiver certo sobre a taxonomia que ele introduz, Aristóteles teria feito algo cuja própria concepção passou a ser derivada por alguns filósofos posteriores menos importantes: ele teria delimitado a verdadeira e última natureza da realidade.

Aristóteles apresenta as categorias do ser em dois estágios, o primeiro dos quais apresenta um imediato impulso antiplatônico. Primeiramente, observa que as relações de predicação são muito mais complicadas do que Platão imaginara. Passa então a articular e explicar sua teoria das categorias propriamente dita. Surgem várias questões concernentes a ambas as partes das *Categorias*; outra questão, mais imediata, diz respeito à conexão que ele concebe entre essas partes.

Embora tivesse expressado algumas reservas em relação ao modo como concebe as relações entre particulares e as Formas, Platão se contentava fundamentalmente em sugerir que os particulares "participam" ou "têm uma parte" nas Formas (o termo que ele usa para essa relação é *méthexis*)[117]. No entanto, essa

---

117. Para a concepção de Platão das relações entre Formas e particulares, cf. os subtítulos: "Três argumentos a favor das Formas" e "Caracterização geral das formas por Platão".

sugestão deve ser analisada; parece claro que, com essa locução, Platão compreende apenas uma relação principal que se obtém entre as Formas e os particulares nomeados a partir delas.

> 1. Sócrates é pálido;
>
> 2. Sócrates é humano.

Os particulares (1) e (2) dizem que alguma coisa particular, Sócrates, situa-se na relação de participação com uma forma, em um caso, a Forma da Palidez; e em outro, a Forma da Humanidade. É de se presumir, a menos que ele pense existir mais de uma relação de participação, que a análise de Platão postule a mesma relação em ambos os casos.

Aristóteles sustenta que, ao fazer isso, Platão está simplificando demais as coisas. Para aquele, a gramática aparente de (1) e (2) obscurece uma profunda e significativa diferença entre elas (2), mas não (1) expressa uma relação essencial de predicação; e (1), mas não (2) expressa uma relação acidental de predicação. Em outros termos, Sócrates é um humano de uma maneira bem diferente da maneira pela qual ele é pálido: de forma mais imediata e importante, Sócrates poderia deixar de ser pálido, mas continuaria a existir; ao passo que se cessasse de ser humano, ele deixaria inteiramente de existir. Isto é, se Sócrates fosse à praia e retornasse com um bronzeado esportivo, ainda assim seria Sócrates. Por outro lado, se fosse à praia e fosse despedaçado e comido por tubarões, deixaria de ser um ser humano e, assim, deixaria inteiramente de existir. Há algumas propriedades, portanto, que Sócrates pode perder e continuar existindo, e outras tantas que significariam que ele não está mais entre nós.

Nas *Categorias*, Aristóteles deseja distinguir entre esses dois tipos de predicação, referindo-se às coisas como sendo "ditas de" e estando "em" outras coisas. Quando se centra na cor particular de Sócrates, ou em uma porção particular de seu conhecimento, um exemplo de seu conhecimento gramatical, por exemplo, um caso de conhecimento que será distinto do conhecimento particular de gramática de Protágoras, Aristóteles dirá que a cor ou o conhecimento está *em* Sócrates. Tomando essas duas distinções em conjunto, Aristóteles apresenta as possíveis permutações na Tabela 1.

Assim, algumas coisas são tanto *ditas de* quanto *em*; outras são *ditas de* mas não *em*; ao passo que outras estão *em*, mas não *ditas de* e, significativamente, sugere Aristóteles, algumas coisas, esse homem particular ou esse cavalo particular, não são nem *ditas de* nem *ditas em*.

Embora ele pouco faça para caracterizar essas relações em abstrato, os exemplos de Aristóteles sugerem uma diferença razoavelmente clara e importante entre predicação essencial e acidental. Se supusermos que ele está certo sobre isso, talvez concordemos que Platão falhou em marcar uma distinção com profundas consequências para a taxonomia e explicação científicas. Aristóteles sustenta que explicações adequadas sempre especificam essências. Quando, por exemplo, explicamos o que é ser um ser humano, não bastará mencionar algumas características acidentais, ainda que universalmente sustentadas, como o fato de que nenhum humano jamais esteve em Plutão, por exemplo, ou mesmo outras características que são universais, mas não tão obviamente acidentais, como o fato de que os seres humanos são hirsutos ou capazes de rir.

Tabela 1 – Tipos de predicação/tipos de seres

Ditos de	em	Tipo de ser	Exemplos
Sim	Sim	Universais não substâncias	Branco
Sim	Não	Substâncias secundárias	Humano
Não	Sim	Particulares não substâncias	Este conhecimento de gramática
Não	Não	Substâncias primárias	Este humano

Em vez disso, defende Aristóteles, é necessário fornecer uma definição que capture o que consiste ser um ser humano; e isso, pelo menos, de duas maneiras. Primeiro é necessário especificar uma propriedade sem a qual algo deixaria de ser humano. Em segundo lugar é necessário especificar uma propriedade que seja explanatória antes mesmo de outras propriedades necessárias de um ser humano. Assim, por exemplo, pode ser universalmente verdadeiro para todos os seres humanos que eles são capazes de dominar uma gramática finita, domínio o qual, por sua vez, os dota da habilidade de processar e compreender um número potencialmente infinito de novas sentenças. Ainda assim, esse fato sobre eles, por mais central que seja, parece explicado por outro fato ainda mais fundamental: que os seres humanos são essencialmente racionais. Além disso, há uma aparente assimetria explanatória entre ser capaz de compreender uma gramática e ser racional: explicamos capacidades gramaticais em termos de faculdades racionais, mas não o contrário. Logo, supõe Aristóteles, ao escolher entre essas duas propriedades, a racionalidade tem uma pretensão mais justificada em relação a manutenção da essência da humanidade.

Como quer que sejam as essências determinadas, Aristóteles supõe que certos tipos de seres, incluindo os seres humanos, possuem essências. Ele supõe, além disso, em uma veia realista, que esse fato pede uma explicação que a Teoria das Formas mais restrita de Platão deixa de fornecer. Dito isso, não é difícil de ver, imediatamente, como Platão pode desenvolver sua teoria a fim de capturar uma distinção entre essência e acidente. Com efeito, Platão se vê caminhando nessa direção em alguns diálogos tardios. Logo, é difícil concluir que o esquema categorial de Aristóteles, por si só, condene Platão por qualquer forma danosa de simplificação excessiva. Na melhor das hipóteses, até aqui, parece que a coisa mais danosa que Aristóteles tem a dizer sobre a Teoria das Formas de Platão, sob este aspecto, é que ela é pouco desenvolvida, ou que, tal como formulada, obscurece distinções que deveriam ser feitas.

Outro impulso antiplatônico aparece por trás do segundo, e mais importante, estágio das *Categorias*, no qual Aristóteles apresenta seu esquema categorial propriamente dito. Lembre-se que, em vários contextos, Platão investe as Formas com um tipo de ser necessário do qual carecem particulares sensíveis[118]. Em alguns casos, é um pouco difícil compreender imediatamente as proposições de Platão a esse respeito.

Por exemplo, quando parece sugerir que somente as Formas são *realmente reais*, ou que as Formas existem mais do que os particulares sensíveis, que ocupam um lugar sombrio intermediário no caminho do devir, Platão convida à paráfrase. Ele pensa, por exemplo, que a Justiça em si é perfeita; ao passo que os seres humanos e suas variadas instituições são, no máximo, imperfeitamente justos, esforçando-se sempre para atingir um estado de perfeição que perpetuamente lhes foge. Os seres humanos progridem, tendo em vista a Forma da Justiça e se movendo em sua direção, mesmo que reconheçam que a perfeição, em termos de justiça, sempre estará

---

118. A concepção de Platão das Formas como existindo necessariamente aparece, por exemplo, em seu argumento da existência em *A república*, livro V. Sobre esse argumento, cf. o subtítulo: "Três argumentos a favor das Formas".

além de seu alcance. O que Platão diz faz todo o sentido, seja isso verdadeiro ou não: a justiça perfeita existe, mesmo que ela jamais se realize, ou talvez jamais possa se realizar, no mundo sensível. A Justiça em si existe necessariamente.

Aristóteles pensa que seu esquema categorial mostra que Platão está errado em acreditar que a Justiça, entre outras coisas, possa existir não materializada. Pois, após ter distinguido as relações "dito de" e "em", ele chama especial atenção para o fato de que certas coisas, Sócrates ou o cavalo Secretariat, não são *ditos de* ou estão *em* alguma coisa. Sócrates, portanto, é o que Aristóteles chama de *substância primária*. O que faz dele uma substância primária é precisamente que outras coisas dependem dele para sua existência, enquanto ele não depende de qualquer outra coisa.

Na verdade, Aristóteles identifica dez categorias do ser, cada uma presumivelmente básica, ineliminável e irredutível a qualquer outro tipo. Elas são:

Categoria	*Exemplo*
Substância	homem, cavalo
Quantidade	dois pés de comprimento
Qualidade	branco, gramatical
Relativo	dobro, metade
Lugar	no Liceu, no mercado
Tempo	ontem, há um ano
Posição	deitado, sentado
Posse	calçado, com armadura
Ação	cortar, queimar
Passividade (ser afetado)	ser cortado, ser queimado

Tipicamente, Aristóteles não lista todas as dez categorias ao se referir a elas. Com efeito, fornece a lista toda apenas duas vezes em todos os seus escritos e, mesmo assim, com pequenas variações. Em geral, menciona apenas as mais importantes: substância, quantidade e qualidade, enquanto apenas alude às restantes categorias delineadas.

Duas questões se apresentam imediatamente no que concerne a essa lista de categorias. Primeiro, e de forma mais geral, como Aristóteles concebe esse esquema? Trata-se de uma tentativa de estabelecer os fundamentos das estruturas e padrões do pensamento humano? Ou, antes, trata-se de uma tentativa de especificar os tipos finais de coisas que existem, de modo que qualquer pensamento racional possível sobre o universo, caso se preocupe com a busca da verdade, precisaria conter apenas esses tipos?

Aristóteles não diz isso. Ele é claramente um realista em relação às categorias, no sentido de que não considera que esteja caracterizando o uso da linguagem ou qualquer forma de inclinação explanatória pragmaticamente condicionada. Ainda assim, deve-se admitir que, nas *Categorias*, ele não toma a iniciativa para justificar de qualquer maneira aberta as categorias que introduz. O que é mais fundamental, ele tampouco caracteriza os objetivos ou ambições da teoria das categorias enquanto tal.

Aquilo com que ele se preocupa são as relações internas entre as categorias. Defende, em particular, a prioridade da substância; e seus argumentos a esse respeito apresentam um claro propósito antiplatônico. Os dois estágios das *Categorias* de Aristóteles se unem quando ele distingue entre dois subtipos da categoria mais importante, a substância. Ele distingue entre o que chama de substância *primária* e *secundária*, ao lembrar-nos que algumas coisas, seres humanos e cavalos individuais, não são nem *ditas de* nem *em* alguma coisa. Isso, ele supõe, torna essas entidades *primárias* em relação a outras substâncias, como a espécie homem e a espécie cavalo. Essas substâncias – secundárias – são substâncias primárias *ditas de*; são, corretamente sustenta Aristóteles, predicadas essencialmente de seres humanos e cavalos individuais (mais uma vez, se Sócrates deixasse de ser humano, deixaria de existir).

Além disso, substâncias primárias não são primárias em relação apenas a substâncias secundárias em geral. Aristóteles faz questão de frisar que todas as coisas dependem das substâncias para sua existência, resultado que Platão claramente rejeita. Assim, sustenta Aristóteles, se não houvesse organismos saudáveis, se todo organismo no universo estivesse de alguma maneira doente, não haveria saúde. De modo similar, se todas as fontes de luz do universo se extinguissem não haveria luz. Não é como se alguma grande forma de luz, ela própria perfeitamente luz e jamais não luz, imitada apenas de forma imperfeita por todas as luzes que vemos, que apenas se esforçariam para serem claras, mas jamais chegariam a ser perfeitamente luz. Pelo contrário, insiste Aristóteles, se não houvesse luzes, não haveria a luz. Platão, sustenta Aristóteles, não só entendeu as coisas de forma errada, como completamente ao contrário.

Nas *Categorias*[119], Aristóteles oferece um breve argumento destinado a mostrar como Platão fracassou. Este é o seu argumento para o primado da substância primária (PSP):

1. Tudo o que não é uma substância primária é ou *dito de* ou está *em* uma substância primária;

2. Se (1), então sem substâncias primárias seria impossível que qualquer outra coisa existisse;

3. Assim, sem substâncias primárias, seria impossível que qualquer outra coisa existisse.

(PSP-1) é a premissa que combina os dois estágios das *Categorias* de Aristóteles. Conforme essa premissa, há coisas que não são jamais ditas de ou estão em qualquer outra coisa; em outros termos, coisas que não são predicadas de absolutamente nada, que também gozam de certo *status* importante: tudo o mais, em última instância, é predicado delas. Podemos dizer que tigres são animais, podemos predicar a animalidade dos tigres; mas, em última instância, isso se deve ao fato de dizermos que existe algum tigre individual que é um animal. (PSP-2) acrescenta uma importante declaração, de que, em virtude dessa dependência última das substâncias primárias, nada mais poderia existir sem que houvesse substâncias primárias. Daí se segue diretamente a conclusão.

Se verdadeira, a conclusão de (PSP) apresenta diretas e terríveis consequências antiplatônicas. Considere a Justiça em si, que Platão sustenta que existe necessariamente, mesmo que jamais realizada pelos seres humanos. Segundo (PSP), não só não há justiça sem haver pessoas ou instituições justas, como *não poderia* haver justiça sem pessoas e instituições assim. A justiça depende, para sua existência, por necessidade, de haver instâncias de justiça em algum lugar no mundo. Se for assim, se (PSP) estiver correta, o esquema categorial de Aristóteles ameaça minar um postulado central da Teoria das Formas de Platão.

Platão não devia julgar esse argumento, exposto assim de maneira direta, muito impressionante. Tendo exposto o argumento, Aristóteles pouco faz no contexto das *Categorias* para defender suas premissas. Temos nesse argumento uma asserção de uma orientação antiplatônica, mas uma asserção, por si só, dificilmente impressionaria alguém que já não estivesse persuadido de sua conclusão sob bases independentes. O máximo que se pode dizer sem maior desenvolvimento,

---

119. Cf.: *Categorias*, V, 2b5-7.

de cada lado, é que Platão e Aristóteles chegaram a um impasse sobre esse ponto. Com efeito, Platão poderia muito bem responder em seu favor que, se as substâncias secundárias realmente são *ditas de* substâncias primárias, conforme sustenta Aristóteles e, assim, são essencialmente predicadas delas, então as substâncias primárias dependem das substâncias secundárias tanto quanto estas dependem das primárias. Nesse ponto, Platão pode legitimamente pedir razões adicionais para ver as substâncias primárias como primárias.

Essa espécie de impasse, infelizmente, é comum nas *Categorias*. Não porque seus argumentos sejam especialmente fracos ou ineficazes. Deve-se, antes, ao fato de que as *Categorias* contêm mais asserções do que argumentações. É fácil se ver perguntando se Aristóteles considera que está relatando as conclusões de argumentos que ele desenvolveu em outro lugar, ou se esse trabalho não visava ser mais do que a expressão de um senso comum estabelecido.

4.3 Apresentação das quatro causas

A sensação de que as principais asserções das *Categorias* requerem fundamentos não fornecidos em seus capítulos é ampliada pela descoberta de que Aristóteles tem um esquema de explicação desenvolvido de grande força, que está notavelmente ausente nesse livro. Trata-se do justamente celebrado *esquema explicativo das quatro causas*. Sua ausência nas *Categorias* é surpreendente, uma vez que, nos demais escritos metafísicos de Aristóteles que temos acesso, nós o vemos apelando com frequência a esse quadro explanatório. Ele o usa tanto para apontar as falhas de seus predecessores, tal como os concebe, quanto para articular e defender suas próprias posições alternativas. Uma maneira fácil de explicar isso seria dizer que as *Categorias* são simplesmente uma obra de sua juventude, escrita antes que ele desenvolvesse seu esquema das quatro causas. Outras explicações mais complexas tentam encontrar as quatro causas por trás do esquema categorial.

Como quer que compreendamos os fundamentos últimos da obra *Categorias* de Aristóteles, isto pelo menos fica claro: é impossível compreender o núcleo de sua filosofia sem antes compreender sua doutrina das quatro causas. Exploraremos essa doutrina em duas etapas: em primeiro lugar nos concentrando, como faz Aristóteles, em um simples exemplo; e em segundo lugar investigando mais profundamente suas motivações para cada uma das quatro causas individualmente.

Se estivéssemos caminhando por uma praça um dia, e notássemos uma grande peça de metal moldada em seu centro, poderíamos muito bem querer saber o motivo de ela estar lá. (Aristóteles, é claro, pensa que faz parte de nossa natureza querer uma explicação assim!) Trata-se de um meteoro que caiu do céu? É um detrito de um prédio em construção? Ou, talvez, seja uma obra de arte moderna?

Quando colocamos esses tipos de questões, buscamos explicações; e quando fazemos isso, implicitamente adotamos padrões para a adequação da explicação. Em outros termos, se formos informados de que o metal na praça simplesmente se materializou do nada, sem qualquer causa e de forma espontânea, não ficaríamos satisfeitos. Em vez disso, encararíamos a explicação apresentada como suspeita, se não inteiramente insatisfatória. Ao fazê-lo, estaríamos nos apoiando em alguma concepção, por mais inarticulada que fosse, de adequação da explicação. A doutrina das quatro causas de Aristóteles tenta articular e defender nossas expectativas a esse respeito, especificando os componentes de uma explicação causal completa e plenamente adequada. Tal doutrina, portanto, afirma e defende as condições de adequação para uma explanação bem-sucedida. Na verdade, seus predecessores haviam se apoiado em princípios de explicação e argumentação, alguns mais, outros menos defensáveis; mas nenhum deles abordou o assunto com qualquer coisa que se aproximasse da sistematicidade ou da clareza de Aristóteles.

Para examinar isso podemos começar a abordar nosso novo objeto pela parte de trás dele; a partir dessa perspectiva podemos nos certificar de que é feito de certo metal, talvez bronze. No entanto, saber isso não nos informaria o que o bronze está fazendo ocupando esse lugar de honra na praça da cidade. Após um exame mais próximo, podemos também perceber que não se trata de detrito, mas de arte, ou seja, que se trata de uma escultura um tanto abstrata de um rosto humano, um homem cuja forma aparece em relevo na frente do bronze. Trata-se, na verdade, de uma estátua. Assim, inferimos que o metal não é nem corpo atmosférico, nem detrito de construção: um escultor deliberadamente pôs uma forma no metal. Ainda assim, perguntamo-nos *por que* o monumento foi erguido, pelo menos até que passemos a examinar se se trata de uma representação de um dos antigos líderes da cidade, na verdade, o líder que deu nome à cidade. Assim, finalmente, sabemos por que a forma foi posta no metal e por que o metal, assim moldado, foi colocado na praça da cidade: estamos diante de um novo monumento erigido em homenagem ao fundador de nossa cidade.

À medida que passamos por essas explicações simples, segundo Aristóteles, nós ilustramos de maneira mais ou menos inconsciente sua doutrina das quatro causas. O que fizemos, a fim de explicar uma nova experiência, foi especificar, respectivamente, sua constituição material, sua forma, seu criador e sua função. Especificamos suas quatro causas:

> 1. *Causa material:* aquilo de que x é feito ou de onde provém, por exemplo, o *bronze* em uma estátua de bronze de Hermes;
>
> 2. *Causa formal:* a *forma* ou *estrutura* de x, o que x é essencialmente, por exemplo, a *forma de Hermes* de uma estátua de bronze de Hermes;
>
> 3. *Causa eficiente:* o que põe a forma na matéria, por exemplo, o *esculpir* do escultor Praxiteles, que moldou o bronze em forma de Hermes;
>
> 4. *Causa final:* o propósito ou fim de x, por exemplo, a estátua de bronze de Hermes é *para homenagear Hermes.*

Aristóteles sugere duas teses centrais concernentes às quatro causas: (1) para uma gama bastante ampla de fenômenos, citar as quatro causas é necessário para adequação da explanação; e (2) citar todas as quatro causas é, em todo caso, suficiente para adequação da explanação.

Essas duas teses lhe permitem tanto usar a doutrina das quatro causas para criticar seus predecessores, mesmo elogiando-os por suas realizações, como para oferecer suas próprias explicações alternativas em termos do quadro teórico fornecido.

Do lado crítico, Aristóteles com frequência nota que seus predecessores ofereceram explicações incompletas devido à sua falha em citar as quatro causas. Os primeiros filósofos naturais citavam apenas causas materiais. Platão, que examinou essa falha nos filósofos pré-socráticos, errou na direção oposta, concentrando-se exclusivamente na causa formal. Assim, por exemplo, do ponto de vista de Aristóteles, mesmo se Tales estivesse certo em que tudo é feito de água, isso dificilmente explicaria os variados fenômenos que experimentamos no mundo macroscópico. Saber, por exemplo, que o objeto na praça consistia, em última instância, em água transmutada, ou x adequadamente transmutado, em que x é qualquer elemento básico que você queira, não explicaria, e não poderia jamais explicar, que o objeto na praça é um monumento em homenagem a um preeminente cidadão. Platão viu isso, e Aristóteles lhe dá crédito por sua percepção. Ainda assim, pelo menos conforme Aristóteles, Platão deixa de especificar a causa eficiente da geração da estátua. Ele se queixa, de fato, que as Formas de Platão, como agentes causais que existem necessariamente, devem estar incessantemente gerando suas próprias instâncias. Claramente não o fazem. O que causou a geração da estátua não foi a forma da estátua em si, ou a forma do monumento em si, mas a realização gradual de uma forma específica em um pedaço particular de bronze pela ação de um escultor humano individual. Assim, embora Aristóteles concorde com Platão contra os naturalistas pré-socráticos, que explicações completas devem citar causas formais, ele nega que a causa formal seja suficiente, uma vez que causas eficientes também devem ser indicadas; e certamente nega que a citação de causas formais implique ele ou qualquer outra pessoa na metafísica das Formas conforme Platão a concebia.

Tomadas em conjunto, as críticas de Aristóteles a seus predecessores ilustram, de diferentes maneiras, como suas explicações se mostraram insuficientes ao deixar de citar cada uma das quatro causas requeridas. Na medida em que suas críticas parecem adequadas, a doutrina das quatro causas de Aristóteles recebe algum apoio indireto. Para uma defesa mais direta é necessário se voltar à própria introdução por ele das causas individuais, o que ocorre de maneira mais manifesta em passagens esparsas de sua *Física*.

4.4 Defesa das quatro causas

Aristóteles não oferece um argumento desenvolvido para a tese de que citar as quatro causas seja suficiente para que uma explicação seja adequada. Em vez disso, oferece uma espécie de desafio para seus leitores: se você puder identificar outro tipo de explicação, nomeie (*Física*, II, 3-7). Ora, diante desse desafio, deve ficar explícito que as quatro causas de Aristóteles são *tipos* de causas e que, em consequência, será possível citar causas individuais em níveis mais elevados e mais baixos de generalidade. Por exemplo, é claramente verdadeiro que não dissemos tudo o que havia a dizer sobre a questão da estátua na praça quando a identificamos como sendo de bronze, uma vez que poderíamos, para alguns propósitos, querer investigar sua microestrutura, talvez porque desejemos ter certeza daquilo que a torna resistente à ferrugem, ou descobrir sua densidade específica. Não obstante, o argumento de Aristóteles sobre a necessidade da causa material não deve ser confundido com a insustentável sugestão de que citar apenas a causa material seja suficiente. Sua tese sobre a suficiência da explicação pelas quatro causas opera um nível acima: qualquer especificação mais fina da causa material, em última instância, é apenas um exemplo de causação material e não algum outro tipo de causação, ainda não nomeado. Além disso, o que vale para a causa material vale igualmente para as outras causas. Embora possamos fornecer especificações mais ou menos refinadas das quatro causas, não perdemos nada pertinente do ponto de vista explanatório quando citamos as quatro causas, segundo Aristóteles. Em outros termos, mais uma vez, citar as quatro causas é suficiente para uma explicação adequada.

Em contraste com esse tratamento bastante sucinto da suficiência das quatro causas tomadas em conjunto, Aristóteles fornece argumentos detalhados e convincentes a favor de sua necessidade individual. Ele defende a introdução da forma e da matéria simultaneamente, como é apropriado, na medida em que são noções correlatas. Defender diretamente uma premissa do argumento de Aristóteles a favor da existência da matéria e da forma, *que há mudança no universo*, mostra-se desafiador; uma vez que, em última instância, isso o envolve em tentar estabelecer algo tão fundamental que quase desafia a própria defesa, a saber, que existe movimento (Aristóteles corretamente identifica a principal oposição aqui como sendo Parmênides, cujo argumento contra a possibilidade da mudança ele primeiro desmonta, e então mina)[120]. Igualmente fundamental a esse respeito é uma premissa constante da defesa da causação eficiente, a tese de que, *quando algo se move, algo é causa de seu movimento*, pressuposto de qualquer pesquisa por uma causa eficiente. Embora menos fundamental, a tarefa mais difícil para Aristóteles certamente é sua defesa da causa final, cuja existência foi rotundamente negada e por cuja defesa Aristóteles foi objeto de insultos.

4.4.1 A defesa de matéria e forma por Aristóteles

No centro da filosofia de Aristóteles está seu compromisso com o hilemorfismo, que consiste simplesmente em seu compromisso com a existência de matéria e forma como características reais dos objetos, as quais, assim, devem ser mencionadas em explicações completas e acuradas dos fenômenos naturais (do grego: *hylê* = matéria; *morphê* = forma). O argumento de Aristóteles em favor de

---

120. Sobre os argumentos de Parmênides pela impossibilidade do movimento, cf. o subtítulo: "Parmênides e Zenão".

sua existência se dá em duas fases. Ele primeiro sustenta que, uma vez que existe, sem dúvida, movimento e mudança no universo, e que uma vez que o movimento e a mudança exigem a existência de forma e matéria, existem, portanto, forma e matéria. Posto esquematicamente, o argumento inicial de Aristóteles a favor da existência da forma e matéria (EFM) é:

> 1. Existe mudança no universo;
>
> 2. Uma condição necessária para existir mudança no universo é a existência da matéria e da forma;
>
> 3. Assim, existem matéria e forma.

(EFM-1) mal requer defesa, embora, diante dos questionamentos de Parmênides a respeito, ela receba uma por parte de Aristóteles. Essa defesa se revela importante e interessante tendo em vista sua estratégia geral. Voltaremos a essa defesa após considerar o tratamento por Aristóteles de (EFM-2), a qual, por contraste, de maneira bastante óbvia, requer explicação e defesa.

A principal defesa de (EFM-2) por Aristóteles inicia com uma simples observação de que existem dois tipos de mudança: alteração qualitativa e geração substancial. Em casos de alteração qualitativa, uma substância particular, um homem, por exemplo, continua a existir, contudo perde ou adquire alguma qualidade talvez ao aprender a tocar piano ou, mais passivamente, adquirindo um bronzeado. Nesses tipos de casos, dizemos que algo continua (o homem), mas que ele muda em termos de suas características acidentais. Já na geração substancial, um novo ser passa a existir, por exemplo, uma nova mesa ou um bebê. Nesses casos, algo também persiste: não há geração *ex nihilo*. Sobre isso, Parmênides estava certo[121]. No caso da mesa, a madeira persiste, embora seja moldada em uma forma de mesa. De modo similar, ainda que menos obviamente, algo persiste na criação de um bebê, que resulta quando alguns materiais básicos se misturam e adquirem novas estruturas.

Embora distintos, ambos os tipos de mudança têm algo em comum: cada um deles envolve um composto de algo que persiste e algo que é adquirido ou perdido. Tomados em seus termos mais amplos, esses dois fatores são forma e matéria. A matéria é o que persiste ao longo da mudança. Já a forma é o que é adquirido ou perdido pela matéria. Quando uma substância ganha uma forma acidental, uma

---

121. Cf.: *Física*, I, 190b2 sobre a impossibilidade da geração *ex nihilo*.

nova substância é gerada. Crucialmente, ambos os tipos de mudança envolvem um composto, que é simplesmente um composto de forma e de matéria. Logo, se há mudança, há forma e matéria[122]. Por conseguinte, Aristóteles se vê autorizado para estabelecer (EFM-3) – ou seja, com o pressuposto de que (EFM-1), a tese de que existe mudança no universo.

A premissa encontra sua defesa nas razões de Aristóteles para se recusar a levar a sério aqueles que negam inteiramente a existência da mudança. Conforme indicado, parece quase inacreditável supor que um argumento para (EFM-1) seja necessário. Na verdade, Aristóteles parece, de algumas maneiras, pouco inclinado a fornecer um argumento para a tese de que, de fato, as coisas às vezes mudam. Ele vê isso como um primeiro princípio da filosofia natural, o ramo da filosofia que investiga problemas relativos à mudança, ao movimento, ao tempo e, em geral, a todas as propriedades que pertencem aos corpos físicos[123]. Ainda assim, esse princípio teve seus detratores, incluindo, de maneira mais notável, Parmênides. Se alguns se inquietam com a própria ideia de argumentar que existe algo como a mudança, que algumas coisas às vezes mudam, não obstante eles podem julgar instrutiva a defesa de (EFM-1) por Aristóteles. Além de seu caráter fundacional, vale a pena estudar o argumento de Aristóteles pela existência da mudança, nem que seja apenas pela criatividade da estratégia argumentativa, que, como se verá, pode ser empregada igualmente em outros contextos.

Após repreender aqueles que pedem um argumento pela existência da mudança (AEM), Aristóteles fornece esta (AEM):

---

122. Vale notar que Aristóteles também usa o aparato da forma e da matéria para rejeitar o argumento de Parmênides pela não existência da mudança. Como vimos, Aristóteles pensa que Parmênides está certo em relação à questão da possibilidade da geração *ex nihilo*. Não obstante, Parmênides estava errado quando tentou inferir desse fato que toda mudança é impossível. Pois é compatível com a verdade da tese que não há geração *ex nihilo*, que as coisas mudem pela perda e aquisição das formas. Com efeito, Aristóteles mostra como o aparato da matéria e da forma mina o argumento de Parmênides contra a mudança e a geração, e em particular as premissas (ACM-2) e (ACM-4) no argumento apresentado no subtítulo "Parmênides e Zenão". Podemos pensar na geração sem pensar em geração *ex nihilo*, uma vez que a geração envolve a persistência de alguma matéria. E erramos em tentar uma redução da mudança qualitativa para a geração, pois nem toda forma de aquisição resulta na geração de uma nova entidade.

123. Cf.: *Física*, VIII, 254a30, em que Aristóteles sustenta que trata-se de um exercício de julgamento pedir um argumento para a afirmação de que algumas coisas estão em movimento. Não se segue de sua atitude em relação àqueles com mau julgamento que ele acredita que nenhum argumento assim pode ser fornecido. Pelo contrário, ele mesmo fornece um.

1. Suponha que não haja mudança no universo, que tudo esteja sempre em repouso;

2. Se (1), então o que os sentidos nos informam sobre o mundo resulta na formação de falsas crenças;

3. Se podemos formar falsas crenças, então há mudança;

4. Assim, se supusermos que não haja mudança no universo, então há mudança;

5. Logo, há mudança no universo.

(AEM) é um tipo de refutação que inicia afirmando a hipótese sustentada pela oposição. A oposição diz que não há mudança e tenta nos induzir a compreender que nossas crenças em contrário são falsas. Assim, tenta nos induzir a *mudar* nossas crenças. Se for assim, então tenta nos induzir a fazer o que diz ser impossível: mudar. Agora, pode retroceder nesse ponto e tentar sugerir que nós não temos realmente crenças falsas sobre o mundo natural. Apenas nos parece que acreditamos que ele muda. A resposta de Aristóteles a essa réplica é dupla. Em primeiro lugar, nota que os sentidos realmente parecem registrar movimento e mudança. Quando viro a página de um livro, ela parece mudar diretamente diante de meus olhos. Assim, é difícil levar a sério a sugestão de que as coisas nem mesmo me parecem mudar. Em segundo lugar, nota que todo o aparato de formação de crenças, sejam verdadeiras ou falsas, ou de envolvimento em outras formas de atividade mental, implica que mudemos: mudanças mentais são mudanças na mesma medida das mudanças físicas. Se imaginarmos alguma coisa, mudamos. Em geral, se passamos a pensar em qualquer coisa que seja, então mudamos do estado em que estávamos antes de pensar nisso. Assim, conforme nosso oponente deseja que rejeitemos todas as formas de justificação *a posteriori*, o que é precisamente aquilo que Parmênides recomendou, ele deseja, portanto, que formemos uma crença contrária àquilo que os sentidos nos levam a acreditar. Em outros termos, deseja que mudemos nossas mentes[124].

O ponto central do argumento de Aristóteles é (AEM-3), a premissa de que até mesmo nossas formações de crenças contam como mudanças. Se essa proposição estiver correta, ela coloca os oponentes de Aristóteles em uma posição estranha, pois os força a examinar seu ponto de vista como minando a si mesmo,

---

124. Aristóteles fornece esse tipo de argumento contra Parmênides em *Física*, VIII, 254a23-31, VIII, 253a32-b6.

o de que uma condição necessária da verdade de seu enfoque é sua falsidade. A estratégia argumentativa se revela como uma ferramenta bastante poderosa para Aristóteles tentar refutar seus oponentes sobre pontos fundacionais que parecem desafiar a argumentação direta. Ele usa uma estratégia similar contra aqueles que negam o princípio da não contradição, o princípio de que nada pode ser ao mesmo tempo F e não F. Concorda que ninguém poderia defender diretamente tal princípio, uma vez que um argumento em favor de sua verdade precisaria empregá-lo e, assim, nesse sentido, não progrediria. Contudo, se alguém sustenta que esse princípio é falso, então afirma algo definido, e não seu oposto. Se for assim, mesmo ao enunciar sua tese, a negação do princípio da não contradição pressupõe sua verdade. Dessa forma, uma condição para afirmar a falsidade do princípio de contradição é um assentimento à sua verdade. Se alguém, em resposta, evitar afirmar a falsidade do princípio da não contradição, Aristóteles não tem nada a dizer a essa pessoa[125]. De qualquer modo, no contexto da defesa da tese de que não há mudança, Aristóteles só precisa encorajar seu oponente a refletir sobre as precondições necessárias de seu ponto de vista. Na medida em que sua proposta pressupõe a existência do fenômeno que eles duvidam poder ser defendido, seu ponto de vista mina a si mesmo.

Com esse argumento, Aristóteles completa sua defesa das causas material e formal.

4.4.2 A causa eficiente

Aristóteles não argumenta a favor da existência da causa eficiente, ou motora. Tendo estabelecido que há movimento e mudança, assume, como a maioria de nós, que o movimento e a mudança são iniciados, e não simplesmente indiscriminados ou inexplicáveis. Se ouvíssemos uma grande explosão vinda do porão, uma noite, mas fôssemos incapazes de localizar sua fonte em uma investigação apressada, dificilmente concluiríamos que a explosão tenha sido sem motivação, ou seja, que tenha sido um evento aleatório, que simplesmente ocorreu. Em vez disso, assumiríamos que fomos simplesmente incapazes de localizar sua causa, e, no interesse de nossa própria segurança, redobraríamos nossos esforços investigativos. Quando as coisas se movem ou mudam, algo é responsável por isso. Esse algo é o que Aristóteles vê como a causa eficiente.

---

125. Cf.: *Metafísica*, livro IV, para a defesa dialética de Aristóteles do princípio da não contradição.

Dito isso, Aristóteles deseja oferecer algumas recomendações quanto à melhor maneira de especificar ou designar um caso particular de causação eficiente. Ele nota que algumas maneiras de citar causas eficientes podem ser mais claras do que outras; com efeito, algumas maneiras podem ser até verdadeiras, mas dificilmente explicam qualquer coisa. Suponhamos, por exemplo, que identificamos a causa eficiente do encanamento da minha casa como sendo o meu tio. Isso pode ser verdade, mas não explica quase nada. Aristóteles sugere que devemos especificar a causa eficiente, mais exatamente como a *atividade* de meu tio, na medida em que ele é um encanador. Pode soar inicialmente trivial citar, como explicação causal eficiente da instalação do encanamento em minha casa, que "o encanador está fazendo o encanamento". Até agora, de fato é. A força explanatória, entretanto, reside no fato de que o efeito – a existência do encanamento em minha casa – é comensurável com a causa. Assim, por exemplo, pode ser verdade que eu tenha sido eletrocutado porque toquei em um grande objeto com a fiação exposta. O fato de o objeto ser grande, porém, não tem nada a ver com o fato de que fui eletrocutado – até que fico sabendo que o grande objeto é um poste, feito de metal altamente condutor. Na verdade, se fosse feito de algum material não condutor, eu não teria sido eletrocutado. Assim, conclui Aristóteles, é necessário especificar a causa eficiente de uma maneira que possa se estabelecer uma ligação regular entre a causa e seus efeitos. Para ilustrar esse ponto de outra maneira, suponha que meu tio, o encanador, seja também um campeão de xadrez. Será verdadeiro, mas certamente enganador e ineficaz do ponto de vista explanatório, identificar a causa eficiente da instalação de meu encanamento como a "atividade do campeão de xadrez deste ano". Assim, explicações causais eficientes estão sujeitas a especificações mais detalhadas. Se ocorre de algum x ser tanto F quanto G, o fato de ele ser F pode ou não ser relevante para seu *status* como causa eficiente. O que importa é que o fato de ser F explica o resultado cuja causa eficiente buscamos.

4.4.3 A causa final

Praticamente todo mundo aceitará alguma versão da afirmação de Aristóteles de que existem causas eficientes, mesmo que se discuta – como de fato tem sido vigorosamente discutido – qual a melhor forma de caracterizar a natureza precisa da causação eficiente. Os argumentos de Aristóteles a favor da existência de semelhantes causas não precisam fazer parte dessas disputas. Ele sustenta, antes, que há mudança, algo que somente é negado de uma maneira que não merece crédito, e que existem causas responsáveis por casos individuais de mudança, tese que, embora não tão segura como o compromisso fundacional com a mera existência da mudança, encontra fácil e apropriada aceitação de praticamente todos que a examinam.

As coisas são bem diferentes quando nos voltamos para o compromisso de Aristóteles com a causação final. De fato, esse compromisso lhe valeu ampla derrisão por parte daqueles que pensam que, de alguma maneira, unilateralmente ele conseguiu entravar o progresso científico ao insistir na existência de causas explanatórias vãs ou em causas que requerem que estados futuros afetem estados do passado, afetando-os de maneira retrospectiva (evidentemente, seus detratores parecem sugerir que Aristóteles impingiu suas concepções, nos séculos que se seguiram à sua morte, àqueles que concordavam com ele e, assim, é responsável por aceitarem suas falsas crenças). De todo modo, a causa final, sob muitos aspectos, caiu em descrédito.

Dada a natureza não problemática das outras três causas de Aristóteles, certamente vale refletir sobre suas motivações para postular a causalidade final. Além disso, quaisquer que sejam suas credenciais últimas, a concepção aristotélica de causação final deve ser compreendida para que se possa até mesmo abordar o restante de sua filosofia; pois seu compromisso com a causação final está virtualmente presente em toda faceta de sua filosofia.

Talvez seja melhor começar com um apelo à causação final que deve parecer, pelo menos à primeira vista, plausível. Voltando à nossa ilustração inicial de uma estátua, parecia que algo havia ficado sem explicação, até que examinamos *para que serviria a estátua*. Na maneira preferida de se expressar de Aristóteles, carecíamos de uma explicação completa da estátua antes de apreendermos sua função (*ergon*). Seu argumento pode ser ilustrado ainda mais ao considerarmos outra forma de artefato, não disponível para Aristóteles. Suponha que certo dia saibamos que existe vida em outra parte do sistema solar. Ficamos sabendo disso porque uma nave espacial de exploração, não tripulada, retorna de um planeta distante carregando objetos cuja forma complexa fornece clara evidência de que foram moldados por agentes inteligentes e não por processos aleatórios da natureza. Suponha, por exemplo, que a nave havia retornado com um artefato apresentando aproximadamente a complexidade de um computador Power Macintosh G4. Poderíamos admitir que seria remotamente possível que o objeto tivesse sido formado por meio de processos naturais; mas essa possibilidade não seria nem credível nem interessante. Em vez disso, ao serem confrontados com esse aparelho, os cientistas desejariam compreender o que ele é. Poderiam inicialmente ser capazes de certificar sua forma ou configuração precisa, assim como sua constituição material exata; e poderiam razoavelmente aceitar como hipótese de trabalho que alguma coisa dispôs os materiais na forma exibida. Em outros termos, os cientistas poderiam muito bem, e com facilidade, determinar as causas material e formal do artefato, e poderiam também assumir que ele possuiria uma causa eficiente de um determinado tipo, que a causa eficiente era um agente inteligente que o concebeu. Não obstante, é justo dizer, nessas circunstâncias, que os cientistas ainda não saberiam *o quê* o item em questão seria. Embora soubessem bastante sobre ele, sua *natureza* seria desconhecida, pois sua natureza, como artefato, é dada por sua função. Caso se revelasse um processador digital capaz de realizar sofisticadas programações de computador, então seria razoável inferir que o artefato era, afinal, um computador; e que aqueles que o conceberam o construíram pela mesma razão que concebemos e construímos computadores: para computar dados.

Essa história inventada ilustra tanto um ponto epistemológico quanto metafísico. Em primeiro lugar, uma vez que seres humanos desejam saber o que são as coisas, sustenta Aristóteles, eles também desejam saber, para uma gama de entidades, pelo menos, qual é sua função. Em outros termos, ao explicar algumas coisas, desejamos conhecer a causa final; e não pensamos que possuímos conhecimento adequado até que a descobrimos. Esse ponto epistemológico já apresenta um aspecto metafísico: as pessoas desejam conhecer a função das coisas, pois desejam descobrir essências, e a função determina a essência. Dito de outro modo, conforme Aristóteles sugere com frequência, o que é ser um F é ter a função de Fs; todas e somente as coisas capazes de fazer o que Fs fazem são Fs genuínas. Assim, por exemplo, o que é ser uma faca é ser capaz de cortar. Dado que facas são *para cortar*, somente certas formas de lâminas servirão. Desse modo, a função determina o leque apropriado de lâminas. Além disso, a forma em questão, concebida para cortar, só pode ser feita em matérias funcionalmente adequadas. Se a forma de uma faca fosse feita em *marshmallow*, não teríamos de fato uma faca. Ou, para usar a expressão técnica preferida de Aristóteles, teríamos uma faca apenas *homo-*

nimicamente, ou seja, teríamos algo que poderíamos chamar de faca, mas que não seria uma faca real, do mesmo modo que um pato de brinquedo não é um pato real[126]. Assim, como um todo, Aristóteles supõe que a função é anterior tanto à forma quanto à matéria, ela determina o que é apropriado em ambas. De maneira não técnica, sua visão é apenas que *aquilo para que alguma coisa serve* estabelece as condições sobre que tipos de forma e de matéria as coisas podem ter.

Até aqui não parece haver problemas em relação aos artefatos. Sabemos que eles têm funções porque nós lhe atribuímos esse propósito. Além disso, quando concebemos os artefatos, a função determina a forma e a seleção dos materiais. Se precisamos de algo para fixar pregos, precisamos de algo com uma configuração particular, feito de algum material adequadamente denso. Assim, os martelos têm a forma que têm e são feitos de aço, e não de algodão.

Talvez, até agora, não haja problema. Infelizmente, o compromisso de Aristóteles com a causa final assume um caráter mais difícil quando ele insiste que não só os artefatos têm causas finais. Em vez disso, entidades naturais – entidades que, diferentemente dos artefatos, não foram concebidas, não receberam sua função por agentes criados como nós mesmos – ainda assim têm funções. Por exemplo, um ser humano tem uma função, da mesma forma que uma árvore e um mangusto também tem. Não é óbvio como os vários organismos naturais passaram a ter funções, uma vez que não foram concebidos para tê-las da maneira que os artefatos as têm. Aristóteles nos deve algum tipo de explicação.

Ele de fato fornece uma defesa; mas é importante, antes de tudo, ter clareza sobre o caráter da tese que está sendo defendida. Se estipularmos que as únicas coisas com funções são aquelas que foram concebidas pelas atividades conscientes de agentes criadores, então, de modo trivial, Aristóteles está errado em sustentar que algumas coisas possuem funções mesmo que não tenham sido concebidas para tê-las. Um número surpreendente de filósofos contemporâneos parece contente com esse tipo de vitória superficial. Trata-se de uma vitória superficial porque lida com uma mera estipulação linguística, que então é tomada como se fosse um princípio substantivo. Na verdade, a visão que Aristóteles pretende promover é esta: organismos naturais e suas partes exibem comportamentos que podem ser

---

126. Para a concepção de homonímia de Aristóteles e seu papel na argumentação filosófica, cf. o subtítulo: "O naturalismo político de Aristóteles".

mais bem caracterizados como dirigidos a determinados fins, pois essa é a caracterização que explica melhor, ou de forma única, o comportamento em questão. Se pensarmos que os corações são *para bombear sangue*, ou que os rins são *para purificar sangue*, mas negarmos que esses órgãos receberam essas funções pelas atividades de um agente criador, então teremos caminhado pelo menos um pouco em direção a aceitar as concepções de Aristóteles no que concerne à explicação teleológica. Esses órgãos, portanto, terão funções, embora jamais tenham sido concebidos para tê-las. Em vez disso, eles as receberão conforme o papel que ocupam em sistemas mais amplos, nesse caso, de animais vivos.

Ainda assim, muitos não ficarão satisfeitos com a tese de Aristóteles de que os órgãos dos animais têm funções sem terem sido concebidos por agentes conscientes. Na verdade, há duas maneiras radicalmente diferentes de negar a tese de Aristóteles. Em uma ponta do espectro há aqueles que insistirão que existe um grande criador divino, que estabeleceu as coisas exatamente como são de modo que, por exemplo, os rins filtrarão sangue; na outra ponta, estão aqueles que pensam que toda menção aos rins, como tendo uma função, é um atalho para uma linguagem naturalista mais precisa que não recorre à linguagem teleológica suspeita, com o resultado que, afinal, toda fala desse tipo é descuidada e deve ser eliminada em favor de uma linguagem mais clara. Essa segunda espécie de questionamento, montada a partir de um quadro naturalista mais amplo que recusa todo apelo à teleologia, pode ser comparada com o tipo de resposta que daríamos a alguém que insistisse que, uma vez que a família americana média possui 2,4 filhos, deve haver, nos Estados Unidos, um número preciso de 0,4 crianças. Embora essa seja uma maneira conveniente de se referir à média familiar, que pode ser extremamente útil para todos os tipos de propósitos, incluindo distribuição de recursos e planejamento ambiental, nós não nos comprometemos realmente com a existência literal de famílias individuais com as características que empregamos. De modo similar, pode-se dizer, embora seja conveniente falar de funções nos casos de órgãos, não pensamos de fato que eles literalmente têm essas funções. Quando estamos apressados, temos uma maneira de parafrasear essa fala.

De sua parte, Aristóteles rejeita essas posições extremas: admite que funções têm um papel em uma ciência biológica madura, mesmo que seja inapropriado compreendê-las como a obra de qualquer tipo de agente criador.

A primeira coisa a notar sobre essas posições é que, se elas estiverem corretas, um ser humano é algo mais do que pensava Demócrito: em outros termos, uma pessoa é mais do que átomos girando no vazio, pois somente aqueles átomos subservientes à função de um ser humano se qualificarão como átomos seres humanos[127]. A teleologia de Aristóteles lhe fornece uma maneira de identificar que átomos constituem um ser humano em qualquer momento de sua história.

A segunda coisa a observar, no que se refere à tese de Aristóteles, é de que é difícil defendê-la. Seu principal argumento é problemático, pois apresenta formidáveis dificuldades tanto de interpretação como de defesa. Na *Física*, quando ele ostensivamente se propõe a defender a causação final, Aristóteles nota em primeiro lugar que podemos estar inclinados a tratar tudo como se fosse desprovido de propósito, como se tudo o que ocorre o faz por força da mera necessidade. Às vezes, é claro, é justamente isso o que pensamos: a água é aquecida até o ponto de evaporar; ela seca, esfria e forma nuvens; eventualmente esfria até o ponto de se liquefazer e voltar como chuva. A chuva, por sua vez, faz o milho crescer. Ainda assim, não dizemos que chove *para que* o milho cresça. Chove, antes, por necessidade. Talvez, portanto, devêssemos ver todos os processos naturais conforme o modelo da chuva: tudo ocorre por necessidade, jamais tendo em vista outra coisa.

Em particular, por que não tratar os dentes, o coração e todas as partes dos seres humanos, "onde o propósito parece estar presente" (*Física*, II, 8), como ocorrendo não em prol dos benefícios que trazem ao organismo do qual constituem partes? Aristóteles responde enfaticamente a essa sugestão, insistindo que "não é possível que as coisas realmente sejam assim". Infelizmente, o argumento inicial não fornece qualquer apoio sólido para essa tese. Ele oferece o seguinte argumento em favor da existência da causa final na natureza (ACF):

1. Os fenômenos naturais exibem regularidade, ocorrendo "sempre ou quase sempre";

2. As coisas acontecem seja por acaso, seja em prol de alguma coisa;

3. O que acontece por acaso não exibe regularidade; eventos casuais não ocorrem "sempre ou quase sempre";

4. Assim, os fenômenos naturais ocorrem em prol de alguma coisa.

---

127. Sobre o atomismo democriteano, cf. o subtítulo: "Demócrito e o atomismo do século V a.C.".

Logo, uma vez que os fenômenos naturais ocorrem em prol de alguma coisa, apresentam, portanto, causas finais, cuja omissão resultaria em formas incompletas de explicação. Para tomar um exemplo de Aristóteles, sempre, ou quase sempre, ocorre que nossa dentição cresce com dentes incisivos à frente, evidentemente para furar e despedaçar a comida, e nossos molares crescem na parte de trás, para esmagar e mastigar. Esse padrão se repete com grande regularidade, se não em todo humano, mas virtualmente em todos. Essa regularidade pede claramente uma explicação. Já que não pode se tratar de um acidente repetido com frequência, a forma e a posição de nossa dentição devem ser *para algo*. Para o *quê*, sugere Aristóteles, é para o benefício que nos proporcionam. Assim, citar esse benefício explica algo que, de outro modo, permaneceria misterioso.

Como afirmado, esse argumento não é persuasivo. O primeiro e mais óbvio problema aparece em (ACF-2), ou seja, a afirmação de que as coisas acontecem seja por acaso, seja em prol de alguma coisa. Para que tenha alguma força, essa premissa precisa ser compreendida como uma disjunção exclusiva e exaustiva. Assim, não pode haver espaço para regularidades, que não são nem acidentais nem voltadas para fins. No entanto, elas existem. Mesmo se admitirmos que não é razoável supor que acidentes aconteçam sempre ou na maior parte das vezes, isso não significa que todas as regularidades sejam intencionais. Seria estranho, é claro, acreditar que um homem possa acidentalmente encontrar uma determinada mulher todos os dias depois do trabalho, independentemente do caminho que ela faça, seja em um bar, em um *shopping* ou em um restaurante. A coisa razoável a acreditar, nesse caso, é que os encontros não são casuais, que um deles está organizando as coisas de modo que eles se encontrem. Nesse exemplo, portanto, nós corretamente buscamos a finalidade. Dito isso, parece haver inúmeras regularidades que não são nem voltadas a fins, nem meramente acidentais. Suponha que cada vez que meu telefone toca, meu papagaio palra. Isso não é acidental, mas o telefone não toca para que o papagaio palre. Toda vez que se dirige um carro, combustíveis fósseis poluem a atmosfera. Porém, ninguém dirige *para* poluir a atmosfera. Pelo contrário, embora haja uma correlação perfeitamente previsível entre dirigir e poluir, não dirigimos para poluir, mas apesar do fato de que poluímos. Isso tampouco é um acidente. A emissão do monóxido de carbono é uma consequência da combustão do óleo refinado que segue uma lei natural.

Esses tipos de exemplos, que poderiam ser facilmente multiplicados, mostram que existem regularidades que não são *para* alguma coisa. Assim, não é o caso, como sustenta (ACF-2), que todos os não acidentes sejam para alguma coisa. Deve-se salientar, no entanto, que a despeito de propor (ACF), dificilmente Aristóteles deixa de notar isso. Pois ele reconhece inúmeras instâncias de regularidades não finalistas em seus escritos biológicos. Assim, por exemplo, meu fígado produz bile, que regularmente é amarela. Mesmo que a bile seja útil para alguma coisa, o fato de ela ser amarela é indiferente; trata-se de uma regularidade desprovida de finalidade, perfeitamente previsível e explicável em termos inteiramente não teleológicos. De maneira similar, os corações dos mamíferos produzem ruído quando bombeiam sangue. Mesmo se admitirmos que os corações são para bombear sangue, temos outro tipo de regularidade, que é desprovido de finalidade, mas não acidental, a saber, que os corações provocam ruído. Certamente, de qualquer modo, eles não bombeiam sangue para fazer barulho. O fato de Aristóteles ter consciência desses tipos de casos sugere que ele não pode ver (ACF-2) como perfeitamente geral ou correto conforme proposto. É claro, em alguns casos, ele admitirá que temos regularidades que são epifenômenos em relação a regularidades genuinamente finalistas. É de se presumir que ele pensará no barulho produzido pelo coração com base nesse modelo. O coração é para bombear sangue; esse bombeamento necessita que ele faça algum barulho, logo, embora não bombeie sangue para produzir barulho, o fato de fazer barulho é explicado pelo fato de o coração executar essa função. Sua produção de barulho é um epifenômeno regular, ou subproduto, da execução de sua função característica.

Essa concessão, no entanto, tende a minar (ACF-2), uma vez que ela implicitamente reconhece regularidades não acidentais, não finalistas. Assim, um defensor de (ACF) precisaria minimamente reestruturar o argumento de uma maneira não circular, tarefa que se revela difícil e complexa. Mais importante, no momento, porém, é a questão da motivação. Por que, afinal, alguém desejaria defender (ACF)? Parece haver duas razões presentes nos escritos de Aristóteles. A primeira é um apelo implícito à capacidade explanatória ou sucesso da causação teleológica. A segunda é de caráter mais metafísico. Examinaremos cada uma delas em separado.

As próprias explicações de Aristóteles dos fenômenos biológicos estão repletas de apelos à teleologia. Por que, pergunta, seres humanos, pássaros e quadrúpedes são vivíparos ou ovíparos, têm pálpebras, etc.? A razão, sugere, é que a consistência dos tecidos dos olhos é fluida. Assim, precisam ser protegidos de todos os fatores do ambiente. Ele admite que isso poderia ter sido evitado caso todos os animais possuíssem tecido duro em torno dos olhos, em vez de mole. Todavia, nesse caso, a agudez de visão teria sido sacrificada, uma vez que a discriminação sutil requer tecido mole. Logo, temos pálpebras, em última instância, para que possamos ter uma visão aguçada, supondo que ter uma visão assim nos beneficia. Dessa forma, de todas essas maneiras, segundo sugere, apelamos para o *benefício* oferecido ao animal pela configuração de seus olhos e de suas pálpebras quando queremos explicar sua configuração própria. Isso, porém, é diretamente teleológico. É de se presumir que as justificações para esses tipos de explicação, nesse contexto, só pode ser que – diferentemente de outras formas de explicação – elas são eficazes do ponto de vista explanatório.

Ora, deve-se notar que, a despeito de severas reservas expressas sobre esse estilo de explicação, permanece um fato básico de que muitos biólogos contemporâneos apelam prontamente a *benefícios oferecidos* quando procuram explicar a ocorrência de um traço determinado. É preciso apenas olhar para qualquer texto introdutório em ciências biológicas para ver que isso é assim (plumagem é *para* atrair parceiros; coração é *para* bombear sangue; cones e bastonetes são *para* detectar luz e cores; pâncreas é *para* regular o açúcar do sangue). Filósofos, e os próprios biólogos, insistem às vezes que todas essas maneiras de falar devem ser entendidas como simplificações para as descrições mais defensáveis (isto é, aqueles livres de apelo à causação final) nas quais podem ser traduzidas; mas, nesse caso, as postuladas traduções podem assumir uma das seguintes formas: eliminativista ou redutivista. O primeiro tipo, que se provou notoriamente inadequado, desejava mostrar que deveríamos parar de falar de causação final porque, de fato, não há causas finais. As causas finais são como bruxas: podemos falar sobre elas por questão de conveniência, se quisermos ("os juízes de Salem procuram se livrar da comunidade de bruxas por meio de ação legal agressiva"), embora saibamos que jamais houve bruxas de fato. O segundo tipo, redutivista, obteve mais sucesso: há causas finais, mas são na verdade coextensivas com causas eficientes. Não está claro por que Aristóteles objetaria às abordagens redutivistas da causação final, especialmente se considerarmos que ele próprio insistia que, em alguns casos, pelo menos causas finais, formais e eficientes coincidem. Aquilo sobre o que ele deseja insistir é que existem causas finais, e que não podemos adequadamente descrever as operações da natureza e seus organismos sem apelar a elas.

Podemos ver sua linha de raciocínio bem claramente quando nos centramos no fato, como fez Aristóteles, de que os seres humanos são parte da natureza. Nós caracterizamos o comportamento intencional dos seres humanos como dirigidos a fins. Em outros termos, descrevemos seu comportamento apelando a suas próprias razões como causas (Bela foi à mercearia para comprar leite. Esse era seu propósito ao agir, e seu propósito explica seus movimentos corporais de maneira geral). Aqui apelos a causas finais são naturais; e afirmações de que semelhantes apelos precisam ser rebatidos tiveram motivações ruins, a ponto de engendrar programas de pesquisa que resultaram em fracassos palpáveis. Se pensarmos que não seremos capazes de eliminar apelos à teleologia na psicologia, então não fica imediatamente claro o que tem a se ganhar em termos de parcimônia ao eliminá-las nas ciências biológicas. Ora, se admitirmos a forma geral da explicação como aceitável, não a autorizaremos em todo domínio ao qual poderia aplicar-se. Ao mesmo tempo, negamos a nós mesmos qualquer razão para sermos suspeitos de explicação teleológica enquanto tal. Se desejarmos, então, considerar esse tipo de explicação como inadmissível em certo domínio, razões especiais terão de ser fornecidas.

Aristóteles desconfia que semelhantes razões serão acolhidas, pelo menos em alguns domínios da explicação biológica, e não só devido à sua (suposta) eficácia explanatória. Além disso, pensa ele, há razões metafísicas gerais para supor que pelo menos alguns fatos biológicos, em última instância, ao menos em alguns casos, irão se apoiar em princípios teleológicos. Isso porque Aristóteles encara como um fato não convencional que alguns organismos vivos, substâncias como determinada mulher ou determinado cavalo, exibem tanto unidade sincrônica quanto diacrônica. Em outros termos, quando isolamos um organismo individual no tempo e por meio do tempo, implicitamente apelamos a algum princípio de unidade. Se é convencional que a fronteira entre a Alemanha e a Polônia foi determinada por meio de convenção, mesmo que tenha sido estabelecida por meio de uma conquista violenta, não é de modo algum uma questão de convenção que meu corpo termine antes do início do sofá em que estou sentado. De modo similar, embora seja convencional, e talvez indeterminado, se os membros do Heritage Club, hoje em Nova York, sejam os membros do mesmo clube fundado em Londres no século XIX, que deixou de existir durante a Segunda Guerra Mundial e que foi reconstituído nos Estados Unidos após o fim da guerra, não é uma questão de convenção, e não é de modo algum arbitrário que o corpo que tenho hoje seja uma versão mais velha do mesmo corpo que eu tinha há uma década. A despeito do fato de ganhar e perder massa, há um corpo, meu corpo, que existia antes e que existe agora. Ora, Aristóteles supõe que esse fato não convencional requer alguma explicação; e ele desconfia que ela pode ser fornecida de qualquer outra maneira que não em termos teleológicos. Se um homem e uma mulher estão se abraçando em um escritório, o que faz com que metade dos órgãos nessa região do espaço seja dele e a outra metade seja dela, é apenas um fato de que um conjunto deles está subordinado em suas atividades a um sistema vivo organizado, e um ao outro. O que organiza um sistema vivo enquanto tal, sugere Aristóteles, é a presença de sua causa final. De modo similar, o que torna um corpo um corpo ao longo do tempo, a despeito de sofrer acréscimo material, é o fato de se organizar tendo em vista a organização direcional da vida, mais uma vez explicada em termos da presença de uma causa final. Nenhuma explicação em termos de meros processos químicos funcionará, nesses casos, uma vez que sempre haverá uma miríade de interações químicas na e em torno da região de qualquer sistema vivo dado, alguns dos quais apenas se qualificarão como processos do sistema vivo em questão[128].

Tomado como um todo, portanto, o argumento metafísico de Aristóteles pela causação teleológica (AMT) é este:

> 1. É um fato não convencional e não arbitrário que organismos individuais são sincrônicos e diacrônicos;
>
> 2. O único fator unificador possível, em ambos os casos, é a presença de uma causa final;
>
> 3. Logo, existem causas finais.

Se aceitarmos como um dado (AMT-1), como parece razoável, então a única premissa a discutir é (AMT-2), que identifica causação final como a única explicação possível da unidade.

Pode haver dois estilos de argumento para (AMT-2). Primeiro, pode-se argumentar, como fizeram alguns filósofos contemporâneos para alcançar conclusões similares, *por exaustão*. Em outros termos, é possível simplesmente listar todos os competidores possíveis ou plausíveis, mostrar que cada um, por sua vez, falha e,

---

128. Essas considerações combinam discussões da *Metafísica*, VII, 17; *De generatione et corruptione*, I, 5.

então, recorrer por exclusão à causação final, o que, sugere-se, explica a unidade subordinando a diversidade no processo e na constituição material a um único fim. Aristóteles não oferece um argumento tão geral, embora pelo menos considere alguns competidores. Outra defesa procura, em vez disso, por uma base categorial, tentando situar os organismos em uma categoria reconhecível de ser, nesse caso: a *substância*; mostrando que todos e somente os membros dessa categoria são unificados pela presença de uma causa final não derivada. Alguns dos argumentos de Aristóteles também tendem a essa direção.

No que se refere ao primeiro estilo de argumento, vale refletir sobre o tipo de questionamento que Aristóteles faz aos atomistas, que pensavam que tudo podia ser explicado por meio da postulação de átomos e do vazio; ou, de maneira mais enfática, que somente os átomos e o vazio existiriam[129]. De certa forma, o atomismo é uma forma de eliminativismo, segundo o qual nada existe além dos átomos e do vazio. Nesse caso, tomado estritamente, nem mesmo Demócrito, o principal proponente do atomismo, existiu; supõe-se que Demócrito seja uma pessoa, e não um átomo (partiremos do pressuposto de que ele não é o vazio). Tomado de outro modo, o atomismo admite que Demócrito existe, de maneira derivativa, ao ser idêntico com alguma configuração de átomos. (AMT-2) pede a Demócrito, agora, que especifique a qual conjunto de átomos ele deve ser identificado, sem, é claro, apelar a qualquer estado ou condição além dos átomos e de sua posição no vazio. O que se sustenta é que isso não pode ser feito: nenhuma resposta em termos de proximidade física ou associação química será bem-sucedida. Já Aristóteles, se fosse um atomista, teria pelo menos esta resposta: apenas aqueles átomos que servem aos interesses desse sistema vivo, isto é, esse sistema com um fim intrínseco. Esses átomos conjuntamente constituem o corpo de um ser humano. Sua resposta, porém, apela inevitavelmente à causação final.

Assim, pelo menos dessa maneira, Aristóteles defende seus apelos à causação teleológica. É interessante notar que, nesse ponto, ele chega a uma importante espécie de concordância com Platão. Em *Fédon*, Sócrates narrou sua própria busca por uma explicação adequada. Ele nota ali, ironicamente, que a simples explicação material nunca é suficiente. Algo, ele diz, explica sua permanência na prisão, ainda que tivesse a chance de escapar. Afinal, se dependesse de seus ossos

---

129. Sobre o atomismo, cf. o subtítulo: "Demócrito e o atomismo do século V a.C.".

e tendões, ele já estaria há muito tempo fora de Atenas. O que o força a ficar, dá a entender, são seus *princípios e razões*. Mas que espaço há, em um mundo que só admite causas materiais, acomodado na linguagem de uma ciência naturalística objetiva, na terceira pessoa, para coisas como princípios e razões? Se citar tais causas é realmente apenas uma maneira de falar, em princípios que podem ser eliminados a favor de outra maneira preferencial de falar, como elas podem orientar Sócrates dessa forma? Aristóteles dá um passo em direção a uma posição que Platão também parece inclinado a adotar, mas que realmente nunca adota, pelo menos não com a metodologia e terminologia consciente de Aristóteles: ele afirma a existência de causas teleológicas como características explanatórias do mundo que não podem ser eliminadas.

Com essa afirmação, Aristóteles completa sua defesa das quatro causas: material, formal, eficiente e final. Uma vez tendo defendido seu *status* como necessário para uma explicação adequada, Aristóteles emprega as quatro causas em uma série de contextos filosóficos, indo da filosofia da mente à metafísica, ética e política. Passamos agora a examinar algumas amostras representativas da aplicação das quatro causas. Veremos que esses exemplos são de difícil compreensão; espera-se, porém, que um estudo dessas explanações prepare o leitor de Aristóteles para prosseguir com explorações próprias de outras facetas da filosofia aristotélica.

4.5 Aplicação das quatro causas: alma e corpo

Equipado com a doutrina das quatro causas, Aristóteles pensa que pode progredir sobre algumas importantes questões cuja resolução escapou a Platão e aos seus outros predecessores. Proeminente entre eles é uma questão concernente à relação entre a alma e o corpo humano. Se concordarmos com a razoável injunção de Aristóteles de que aqueles que desejam progredir na filosofia devem ter o cuidado de enunciar bem seus problemas, vale refletir sobre que problemas temos em vista quando investigamos a relação entre alma e corpo. Especialmente porque há de fato vários problemas distintos em jogo nesse campo: Será a alma uma entidade imaterial, separável e capaz de uma existência *post mortem*? Ou será idêntica ao corpo? Ou será antes um conjunto de disposições executadas por certos corpos sofisticados? Existe algo como a alma, em geral? Ou será essa uma maneira equivocada de se expressar? Aristóteles parece mais preocupado em determinar se devemos pensar na alma como entidade material ou se devemos, antes, nos alinhar com Platão, vendo-a como de certa maneira imaterial, como não idêntica ao corpo e capaz de existir sem ele. Em *Fédon*, Platão argumentou extensamente a favor de uma estridente forma de dualismo, segundo a qual a morte não traz consigo o fim da existência, mas a mera separação de uma alma imaterial do corpo. A alma, com a qual evidentemente nos identificamos, continuará a existir em um estado desencarnado, com o resultado de que nos tornamos imortais, sentimento com o qual, mais tarde, os platonistas cristãos tiveram grande afinidade. Essa é a razão pela qual Sócrates, em *Fédon*, brinca que não se importa com o que será feito com seu corpo após sua morte: ele mesmo se terá ido, e seu corpo pode tanto ser jogado numa lata de lixo quanto descartado em um pano surrado. Colocada dessa maneira, a visão de Platão está bem longe dos materialistas monistas e dos atomistas pré-socráticos. Se sou realmente um conjunto de átomos girando no vazio, então quando meus átomos se dispersarem ao vento eu não continuarei a existir. Eu termino. Essas rígidas alternativas se apresentaram a Aristóteles, o qual, compreensivelmente, desejava saber a qual campo aderir.

Aristóteles se apresenta como moderado nesse debate entre monismo e dualismo. Ele vê virtudes em ambos os lados. Pensa que Platão tem um ponto contra as formas de materialismo endossadas pelos monistas e atomistas; e, ao mesmo tempo, pensa que a resposta de Platão constitui uma reação excessiva, pois os remédios para os defeitos do materialismo redutivo não autorizam um compromisso com o dualismo platônico, com seu endosso da realidade da existência *post mortem*.

Em geral, Aristóteles primeiro deseja saber o que é uma alma (*psychê*). Ele nota que ela é aquilo em virtude do que os seres vivos estão vivos. Assim, para Aristóteles, toda coisa viva é dotada de alma. Ora, essa observação não o compromete com qualquer espécie de visão ocultista, de que plantas são seres espirituais dotados de especial consciência. Pelo contrário, vê como um sóbrio fato biológico que algumas coisas estão vivas e outras não: uma rosa está viva, mas um telefone celular não. Entre as coisas vivas, algumas exibem mais habilidades do que outras, com o resultado de que as almas formam um tipo de hierarquia. Todos os seres vivos possuem *almas nutritivas*, pois se alimentam e usam esse alimento para seus próprios fins; algumas coisas vivas, animais não seres humanos, possuem *almas perceptivas*, que são também, implicitamente, almas nutritivas, uma vez que são dotadas de um aparato sensorial que usam para promover os seus fins, incluindo assegurar nutrição exigida para vida e reprodução; e, finalmente, animais seres humanos não só têm habilidades nutritivas e perceptivas, como *almas racionais*, que lhes permitem envolver-se em atividades cognitivas de alta ordem, incluindo investigação e explicação científica e filosófica. Todas as coisas vivas, conforme observamos, são sistemas telenômicos, ou seja, sistemas cujas organizações e comportamentos podem ser mais bem-explicados como se envolvendo em atividades subordinadas a fins. Assim como uma rosa se envolve em fotossíntese a fim de florescer, um ser humano pensa, formula estratégias e age a fim de procurar a melhor forma de vida disponível para si, dado o tipo de ser que é.

De modo não surpreendente, segundo a abordagem de Aristóteles, todas as almas se prestam à análise *hilomórfica*, isto é, a uma análise em termos das causas materiais e formais. De fato, Aristóteles vê as relações alma-corpo simplesmente como um caso especial de relações de forma-matéria, atitude que, segundo pensa, lhe permite se posicionar como moderado entre o que vê como os excessos do materialismo pré-socrático e do dualismo platônico. Assim como uma estátua pode ser analisada em um composto de forma e de matéria, um ser humano apresenta tanto uma forma (sua alma) quanto uma matéria (seu corpo). Logo, temos a seguinte analogia dominante:

forma : matéria :: alma : corpo

Exatamente nesses termos, Aristóteles aproxima a relação entre a alma e o corpo com a relação entre a forma de uma vela e a sua cera. Embora uma alma não constitua uma forma estática, ela tem, no entanto, uma similaridade com a forma: ela estrutura o corpo, transforma a matéria de um corpo em um corpo vivo por meio de sua presença, e explica por que exatamente essa matéria se qualifica como a matéria para esse corpo. Quando damos as mãos, nossa matéria está entrelaçada, mas existe um fato da matéria que diz respeito onde termina sua matéria e começa a minha. Aristóteles pensa que esse fato é determinado por outro fato, que a matéria em sua mão, em última instância, é a matéria estruturada por sua alma, e não pela minha. De modo similar, se uma caixa de velas de aniversário contém 24 velas, o que explica o seu número é a presença de 24 pedaços individuais moldados de cera. Se a mesma cera não tivesse sido moldada em uma forma de vela singular, com um pavio, haveria uma vela e não duas dúzias. Do mesmo modo, a presença de uma alma individual explica por que apenas essas moléculas, e não as que estão perto, bem mesmo aquelas que se mesclam com elas, são partes de um corpo humano. Se uma lança perfura um corpo, ela não é parte desse corpo, mesmo que esteja parcialmente dentro do corpo. Isso porque a forma do corpo não é igual à forma da lança, seja no todo, seja em parte.

Assim, a atitude de Aristóteles em relação a seus predecessores será similar à sua atitude mais geral em relação a eles no que concerne às suas relações com as quatro causas. Os naturalistas pré-socráticos descobriram e permaneceram exclusivamente no campo da causa material. Assim, suas explicações foram na melhor das hipóteses enganosamente incompletas ou positivamente falsas, se acreditavam ter explicado tudo que precisava ser explicado. Eles só se referiam ao corpo e a seus componentes, e não podiam explicar nem mesmo por que esses átomos se qualificavam como sendo distintos do corpo humano, enquanto contraposto a outros, ou em distinção a outros átomos com os quais eram contíguos. Em consequência, raciocina Aristóteles, Platão estava certo em criticá-los, e correto em salientar contra eles o papel da causa formal. Mas, quando foi tão longe na outra direção, em sua reação, Platão salientou a causa formal com exclusão do material, negligenciando assim algo de importância central em qualquer explicação de um ser humano, a saber, que todo ser humano possui um corpo que realiza suas funções psíquicas.

De maneira um pouco mais detalhada, Aristóteles examinará uma tentativa de identificar um ser humano (ou um polvo ou uma azaleia) com alguns átomos girando no vazio como inteiramente inadequada. Trata-se de um fato não convencional sobre os seres humanos que, por exemplo, envolvem-se em atividades cognitivas de alta ordem. Se formos dizer por que exatamente esses átomos particulares são arranjados de modo a se envolverem em semelhantes atividades, já estamos implicitamente invocando a causação formal, uma vez que, em princípio, não há nem mesmo como selecionar os átomos relevantes sem primeiro identificá-los como átomos pertencentes a esse corpo humano, ou seja, a essa matéria dotada de forma. Por outro lado, embora estivesse correto em insistir sobre a causa formal em qualquer explicação de um ser humano, Platão está errado em supor, sustenta Aristóteles, que o mero apelo à causação formal fornece qualquer razão que seja para postular a separação entre alma e corpo. Mesmo que admitamos que a alma, como forma, é distinta do corpo, isto por si mesmo não nos fornece razão para supor que a alma seja capaz de uma existência independente. Vale salientar, aqui, que o hilomorfismo alma-corpo é um caso especial do hilomorfismo forma--matéria. Se pensarmos que uma casa é um conjunto informe de tijolo e argamassa, porque esses tijolos e argamassa poderiam constituir uma parede, e não uma casa, se tivessem outra forma, então aceitamos um ponto central sobre o hilomorfismo, e rejeitamos qualquer tentativa de identificar uma causa com seus componentes materiais. Ainda assim, até aqui não temos razão para supor que a forma da casa continue existindo depois da destruição da casa. Para onde vai a forma da casa quando ela é posta abaixo? Aristóteles acredita que ela não vai a lugar algum. Assim, por paridade de raciocínio, devemos concluir que a causação formal não garante a separação no caso da alma. Platão estava errado sobre isso.

A reação de Aristóteles a seus predecessores, assim, reflete-se também em duas inferências que derivam de seu hilomorfismo. Primeiro, conclui *que a alma não pode ser separada do corpo*. Segundo, decide *que não é necessário perguntar se a alma e o corpo formam um todo*. São um todo da maneira que a cera e sua forma constituem um todo: há apenas uma coisa, a vela, que queima até desaparecer.

Ora, o apelo de Aristóteles ao hilomorfismo parece, dessa maneira, ter consequências diretamente antiplatônicas. Ainda assim, de um modo ou de outro, ele não as extrai de maneira tão declarada. Em todo caso, um platônico poderia responder que pode muito bem perguntar o que quiser sobre a alma e o corpo formarem um só: não cabe a Aristóteles legislar sobre isso. Em outros termos, mesmo que Platão assuma o quadro hilomórfico, e conceda que o mero apelo à causação formal não garante, por si só, a separabilidade ou uma capacidade para existência independente, pode ser consistente com o hilomorfismo sustentar que, *por outros motivos*, uma alma pode ser separada. Além disso, supõe-se com frequência que o motivo pelo qual não é necessário perguntar se a alma e o corpo formam um todo é precisamente porque *eles são um todo*. Mas isso não parece estar correto, ou obviamente correto, mesmo nos termos de Aristóteles. Com efeito, poderia se pensar que a cera de uma vela não era a mesma coisa que a forma da vela. Afinal, a cera é uma quantidade material, enquanto a forma é antes uma qualidade de um tipo preciso. Retornando à Teoria das Categorias de Aristóteles, uma quantidade não é e não pode ser uma qualidade. Assim, dificilmente parece que a cera e sua forma possam ser a mesma coisa. O melhor que se poderia dizer é que se juntam para constituir uma coisa: uma vela. Isso, porém, é algo que até mesmo o mais fanático platônico poderia aceitar, admitindo que a alma e o corpo se juntaram para criar um animal humano.

Esse é um ponto que vale a pena salientar, uma vez que Aristóteles mesmo está seguro em seu enunciado dos resultados de sua análise hilomórfica da alma e do corpo. No primeiro caso, não conclui que a alma, como um todo, não possa ser separada, mas insiste que nada impede que algumas partes da alma se separem, sendo que isso parece uma concessão significativa ao platonismo[130]. Em segundo lugar, a parte da alma que Aristóteles pretende reservar para tratamento especial é a mente, que ele acaba caracterizando como "não misturada" com o corpo e algo separado, de uma maneira ou de outra[131]. Assim, sua atitude, afinal, parece ser sutil e complexa. Embora o hilomorfismo não abra a porta para o platonismo, tampouco a fecha inteiramente. O caminho intermediário de Aristóteles, como outros compromissos filosóficos, é atraente em função de sua atenção aos fenômenos de ambos os lados da divisão, mas também, por esse mesmo motivo, é elusivo em termos de seus compromissos últimos.

4.6 Aplicação das quatro causas: felicidade e função humana

Quaisquer que sejam seus compromissos últimos, a concepção de alma humana de Aristóteles compõe boa parte de sua teorização sobre natureza e moralidade humanas. Assim como vemos as quatro causas em funcionamento em sua concepção hilomórfica das relações entre alma e corpo, do mesmo modo vemos as quatro causas e o hilomorfismo em atuação em sua concepção da felicidade humana. O resultado é uma explicação objetivista da felicidade e da bondade humanas, que recebe a maior parte de sua fundamentação do quadro explanatório em cujo termos ela é articulada.

Aristóteles levanta uma simples questão que deve ser considerada por qualquer indivíduo racional: qual é o bem supremo da vida humana? De modo não surpreendente, essa questão tem para ele um tom teleológico. É em essência a questão sobre a finalidade de nossa vida. Em outros termos, conforme aponta,

---

130. Cf.: *De anima*, II, 2, 413a3-10.
131. Cf.: *De anima*, III, 1, 429a13-28, 429b22-4, assim como: *De anima*, III, 5.

fazemos tudo o que fazemos intencionalmente *em prol de alguma coisa*. Trabalhamos durante o dia para adquirir dinheiro para dar continuidade à nossa educação. Tentamos nos educar por uma variedade de razões, inclusive, em muitos casos, porque desejamos nos tornar aptos para empregos rentáveis. Buscamos emprego de modo a que possamos nos sustentar e, talvez, destacarmo-nos no mundo em termos materiais. Fazemos todas essas coisas tendo algum propósito em vista.

Aristóteles supõe, com alguma plausibilidade, que não continuamos fazendo as coisas para sempre em um esforço para atingir objetivos que são subordinados a outros fins (lembre-se da distinção de Platão, em *A república*, entre as coisas que fazemos por si mesmas e as coisas que só fazemos por outras coisas)[132]. Em vez disso, em última instância, temos alguns objetivos dominantes em mente, que é o objetivo pelo qual fazemos todo o resto. Seria estranho se esse objetivo fosse, por exemplo, simplesmente acumular dinheiro, uma vez que o dinheiro é um instrumento, e não um fim; desejamos dinheiro pelo que ele pode nos comprar, não simplesmente para tê-lo. Em vez disso, nota Aristóteles, a maior parte das pessoas concorda que nosso objetivo é a *felicidade*. Não obstante, esse consenso não é grande coisa, uma vez que as pessoas têm diferentes concepções sobre a felicidade. Em consequência, quando dizemos que, em última instância, buscamos a felicidade, nossa concordância pode ser meramente verbal. Se você pensa que a felicidade é o mesmo que o prazer, caso seja um *hedonista*, enquanto seu vizinho militar pensa que a felicidade consiste em receber altas honrarias e elogios, então vocês não concordam de fato sobre a natureza da felicidade. Com efeito, você pode ser o tipo de hedonista que só se preocupa com prazeres corporais, enquanto outro tipo de hedonista nega que os prazeres do corpo sejam os melhores tipos de prazer, pois encara os prazeres intelectuais como incomensuravelmente superiores a esses. Assim, temos uma diversidade de visões incidindo sobre o mesmo termo geral.

A atitude de Aristóteles em relação a essa pluralidade de visões não é terrivelmente passiva. Em primeiro lugar, ele não é uma espécie de *relativista* no que concerne à felicidade. Aristóteles concorda com Platão, contra um defensor de Protágoras, que é simplesmente falso supor que minha felicidade seja qualquer coisa que eu pense que seja. A menos que existam razões gerais para ser um rela-

---

132. A distinção de Platão de fato é tripla. Cf. o subtítulo: "Análise platônica: um estudo de caso", anteriormente mencionado, para uma discussão.

tivista, não parece haver razões especiais para ser relativista nesse domínio, conforme vimos. Platão procurou mostrar que o relativismo, como doutrina geral, parece, na melhor das hipóteses, marginalmente coerente, se não imediatamente autorrefutável[133]. Assim, Aristóteles supõe que uma pessoa pode estar errada sobre aquilo em que consiste sua felicidade. Se isso pode parecer surpreendente, talvez precisemos apenas refletir que há muitas pessoas infelizes, inclusive muitas que realizaram seus principais objetivos de vida (estrelas do *rock* comumente se queixam sobre quão triste são suas vidas, mesmo que digam que, antes disso, não queriam outra coisa senão se tornarem estrelas do *rock*). Além disso, Aristóteles não é um *subjetivista* em relação à felicidade. Em outros termos, ele nega que a felicidade consista em mera satisfação dos desejos, quaisquer que sejam esses desejos. Ocorre que em algumas ocasiões temos desejos que são perversos ou tolos, talvez porque são provocados em nós por espertas campanhas publicitárias ou devido aos nossos próprios sentimentos de inveja, vingança ou inadequação. Quando semelhantes desejos são satisfeitos, acabamos nos sentindo vazios e nos perguntando por que desenvolvemos esses desejos, antes de tudo. Não nos vemos, então, como felizes, mesmo que tenhamos assegurado os objetos de nosso desejo. Isso sugere que a meta satisfação dos desejos não é o suficiente para a felicidade.

Em vez disso, pensa Aristóteles, ficamos felizes quando asseguramos nossos verdadeiros fins, aqueles que fluem de nossas essências como seres humanos. De certo modo, ele não está inclinado a discutir o significado de "felicidade". Está, sim, interessado na natureza da *eudaimonia*, convencionalmente traduzida como "felicidade". Essa tradução é apropriada se estivermos dispostos pelo menos a debater – como deveríamos – a questão de saber se a felicidade é objetiva, e não subjetiva. O que Aristóteles deseja saber e, presumivelmente, o que nós desejamos saber é isto: Qual a melhor forma de vida disponível para os seres humanos? De maneira mais imediata, qual é a melhor forma de vida disponível *para mim*? O que é que, após reflexão, eu deveria buscar por si só, e não em prol de alguma outra coisa? Qual outra coisa (como ganhar dinheiro), quando assegurada, fará de mim um ser humano completo, sem carecer de nada? A resposta de Aristóteles: a *eudaimonia* propriamente compreendida.

---

133. Sobre o tratamento por Platão do relativismo protagoreano, cf. o subtítulo: "Resposta de Platão à sofística: relativismo e retórica". Aristóteles adota postura similar em *Metafísica*, 1007b19-1008a7.

O caminho para a compreensão adequada envolve um apelo à sua doutrina das quatro causas, com especial ênfase no papel da causação final. Em sua *Ética a Nicômaco*, Aristóteles compreensivelmente aborda a questão da melhor forma de vida para os seres humanos recorrendo a causas finais, uma vez que ele pensa que, se desejamos saber o que constitui o bem para um ser humano, precisamos descobrir sua função, de maneira muito similar àquela pela qual sabemos o que é uma boa faca ao examinar aquilo *para quê* a faca serve. Uma vez que ela serve para cortar, uma boa faca é uma que corta bem. Assim como não faria muito sentido criticar uma faca com base no fato de que ela é ruim para computar números; e todo o sentido em avaliar se uma faca é boa em termos de executar sua função de cortar bem, também há pouco propósito em esperar que um ser humano seja excelente em algo que não seja uma atividade essencialmente humana, e todo sentido em determinar a melhor forma de vida humana apelando para as causas finais dos seres humanos, suas funções ou seus fins.

Aristóteles considera que alguns são céticos em relação a qualquer apelo a uma função humana objetiva. Ainda assim, acredita que os seres humanos tenham uma função e que podemos, por meio da reflexão, determiná-la:

> Mas dizer que a felicidade é o sumo bem talvez pareça uma banalidade, e falta ainda explicar mais claramente o que ela seja. Tal explicação não ofereceria grande dificuldade se pudéssemos determinar primeiro a função do homem. Pois, assim como para um flautista, um escultor ou um pintor, e em geral para todas as coisas que têm uma função ou atividade, considera-se que o bem e o "bem-feito" residem na função, o mesmo ocorreria com o homem se ele tivesse uma função. [...]
> Será dado o caso, então, de que o carpinteiro e o curtidor tenham certas funções e atividades, e o homem não tenha nenhuma? Terá ele nascido sem função? Ou, assim como o olho, a mão, e o pé em geral para cada parte do corpo têm evidentemente uma função própria, poderemos assentar que o homem, do mesmo modo, tem uma função à parte de todas essas? Qual poderá ser ela? [...]
> A vida parece ser comum até as próprias plantas, mas agora estamos procurando o que é peculiar ao homem. Excluamos, portanto, a vida de nutrição e crescimento. A seguir, há uma vida de percepção, mas essa também parece ser comum ao cavalo, ao boi e a todos os animais. Resta, pois, a vida ativa do elemento que tem um princípio racional [...] (*Ética a Nicômaco*, 1097b22-1098a4)[134].

---

134. Servimo-nos aqui da tradução de Leonel Vallandro e Gerd Bornheim (Aristóteles, 1984, p. 55) [N.T.].

Nessa passagem, central para toda sua concepção ética, Aristóteles mostra-se sensível à preocupação manifestada por muitas pessoas de que os seres humanos talvez sejam naturalmente desprovidos de função, mas tenta enfrentar essa preocupação demonstrando qual poderia ser tal função.

Há, antes de tudo, a preocupação já expressa de que pode ser inapropriado se referir a funções sem se referir também aos criadores conscientes. Ora, vimos que Aristóteles não compartilha dessas reservas[135]; pelo menos nesse ponto, ele se vê livre para tentar identificar a função humana, uma vez que supõe que organismos não criados têm funções, assim como artefatos ou assim como suas próprias partes. Ele sugere que devemos duvidar que os seres humanos tenham funções somente se também estivermos preparados para duvidar que, por exemplo, os olhos dos seres humanos tenham uma função. Uma vez que ele toma como óbvio que sim, já que os olhos são *para ver*, Aristóteles tenta identificar a função dos seres humanos como tais. Essa tentativa assume a forma de seu argumento da função (AF):

> 1. A função de qualquer tipo x é determinada isolando-se a atividade única e característica de x;
>
> 2. A atividade única e característica dos seres humanos é o raciocínio;
>
> 3. Logo, a função dos seres humanos é (ou envolve de maneira central) o raciocínio;
>
> 4. Exercer uma função é uma atividade (sendo que, nos seres vivos, essa será a efetivação de alguma capacidade da alma);
>
> 5. Logo, exercer a função humana é uma atividade da alma em acordo com a razão.

Esse argumento admite uma série de questionamentos. Em primeiro lugar, deve estar claro que ele não tenta, por si, estabelecer que seja possível para os organismos dos seres humanos terem funções. Em vez disso, essa possibilidade é assumida como justificada pelo esquema explanatório das quatro causas e o papel da explicação teleológica dentro dele.

Admitido isso, mesmo se estivermos preparados para concordar que, a princípio, organismos podem ser sistemas teleológicos, ainda que não sejam designados, (AF) apresenta alguns problemas formidáveis. (AF-1) pode parecer perverso: pode haver um bom número de coisas que algum x designa de maneira única,

---

135. Cf. o subtítulo: "Defesa das quatro causas" para uma discussão da concepção de Aristóteles das causas finais não criadas na natureza.

mesmo que fazê-lo dificilmente seja uma função de x. A função de uma chave é abrir uma fechadura (isso nós sabemos porque lhe conferimos essa função). Caso se revele que, por acaso, uma chave particular de alumínio, em virtude de sua composição e configuração, faça um excelente trabalho atraindo relâmpagos quando amarrada em uma corrente em torno do pescoço de alguém, dificilmente admitiríamos que a função da chave é eletrocutar alguém ao conduzir a eletricidade do relâmpago – e isso mesmo que se revele uma chave extremamente ineficiente, pois foi cortada por alguém inexperiente e, assim, é incapaz de abrir a fechadura que pretendíamos abrir.

Aristóteles não precisa se render diante dessa objeção. Para começar, (AF-1) é uma premissa sobre *tipos* de coisas. Caso se revele que algumas chaves são estranhas em relação ao quesito *ser uma chave*, isso não nos fornece razão para supor que as chaves sejam para qualquer outra coisa além de suas funções pretendidas. Mais do que isso, conforme vimos, Aristóteles chegará a ponto de negar que uma chave que não abre uma fechadura seja realmente uma chave. Como ele prefere dizer, mais uma vez, semelhante chave é apenas homônima de uma chave: nós a chamamos assim porque se parece com uma chave, mas não é mais uma chave, assim como uma estátua de mulher não é uma mulher de verdade.

Além disso, revela-se que (AF-1), como grande parte do argumento da função de Aristóteles, é enganosamente simples. Na verdade, o seu argumento sobre *pertencimento a um tipo* encontra apoio em uma tese metafísica essencialista ampla e de grande alcance: a tese da determinação funcional (DF):

> Um indivíduo y é membro de um tipo K apenas no caso em que y manifeste as capacidades essenciais dos membros de K.

Ao se expressar dessa maneira, Aristóteles oferece um princípio altamente abstrato de tipo de pertencimento que tem pelo menos duas motivações defensáveis. Primeiro, estamos dispostos a tratar como membros de um único tipo entidades que exibem um amplo espectro de diferentes constituições materiais e de características estruturais: bulbos incandescentes e fluorescentes, tubos de halogênio, lanternas de campo, fogo e sol são todos *luzes*. Nesse caso, não há uma só composição material da qual todos partilhem. Em vez disso, são unidos por sua capacidade de iluminar. (DF) explica por que todos eles incidem na mesma categoria. Segundo, somos inclinados a tratar cópias das coisas que não funcionam como fora da classe das entidades reais:

um modelo em tamanho real da bomba atômica não é uma bomba atômica, e um pato de decoração não é de fato um pato. Isso também é como (DF) decreta. Algo que tem a forma externa de coisas F, mas não pode fazer o que Fs fazem não é um F real, conforme diz Aristóteles, exceto por homonímia, em que isso significa que as chamamos de "F" apenas por certo tipo de extensão linguística.

Há uma séria questão sobre se (DF) é a tese perfeitamente geral que Aristóteles supõe que seja. Se assumirmos, porém, que ela pode em princípio ser generalizada, então temos uma razão teórica para levar a sério a primeira premissa (AF-1) do argumento da função. De fato, (AF-1) será simplesmente uma aplicação da tese da determinação funcional mais ampla. Isso nos leva, portanto, a (AF-2), a afirmação substantiva de que a atividade única e característica do ser humano é o raciocínio. Como vimos em nossa discussão das *Categorias*, Aristóteles apresenta uma concepção especialmente rica do essencialismo, segundo a qual essa tese é mais do que o mero compromisso modal de que, sem ser racional, Sócrates não seria humano. Implica isso, sem dúvida. Ademais, porém, o argumento de Aristóteles é que o fato de Sócrates ser racional funda e explica, de maneira assimétrica, muitas outras características suas. Assim, por exemplo, suponhamos que encontramos Sócrates rindo de um trocadilho engraçado feito por Pródico. Seu riso será explicado, em última instância, pelo fato de que ele é um ser racional. Porque é humano, Sócrates é capaz de se envolver em atividades linguísticas de uma variedade de tipos e, assim, pode interpretar uma sintaxe complexa e apreender o valor semântico de algo. Quando Sócrates julga um duplo sentido divertido, ele ri. O riso é, dessa maneira, uma habilidade humana complexa, não compartilhada com vacas e rosas. É também explicado, de maneira assimétrica, pela racionalidade de Sócrates: ele tem a habilidade de rir devido ao fato de ser racional, embora não se possa dizer que tenha faculdades racionais em virtude de sua capacidade de rir.

Esses pontos sobre as abordagens de Aristóteles do essencialismo e pertencimento a tipos se apoiam em nossa compreensão de (AF), seu argumento da função. Mostram que Aristóteles, em (AF), não está apenas, de alguma maneira superficial, notando que os seres humanos são de alguma forma unicamente racionais, e então passando para a conclusão de que a racionalidade é a função humana. Em vez disso, Aristóteles está se apoiando em princípios mais amplos, para além do âmbito ético, que ele desenvolveu e defendeu em outra situação. Em consequência, sua primeira conclusão importante, (AF-3), de que a função dos seres humanos é (ou envolve de maneira central) o raciocínio, retira seu apoio desses princípios mais amplos. Assim, se eles foram defensáveis, o mesmo valerá para (AF-3). Isso é significativo, uma vez que a premissa restante do argumento é muito menos controversa. (AF-4) simplesmente observa que o exercício da razão envolve *atividades* de vários tipos. Tomada de maneira geral, conforme Aristóteles evidentemente a toma, a atividade racional engloba não só o pensamento, no sentido estreito de calcular, mas também o raciocínio, incluindo o raciocínio prático e o planejamento; e a produção, incluindo a criação da arte e da literatura. Em algum sentido, as atividades da mente são todas as coisas que fizemos até agora como seres humanos: a plena constelação da ciência e suas especulações; a formação e manutenção de amizades; os empreendimentos comerciais; os governos e as instituições culturais. De todas essas maneiras, exercemos nossa função especificamente humana, e quando fazemos essas coisas bem, somos felizes.

A tese de Aristóteles, para sermos mais precisos, não é a de que nos envolvermos na atividade racional, assim constituída, *torna-nos* felizes. O vencedor do *Tour de France* naturalmente se sente *cansado*, mas feliz, mesmo que não esteja fazendo nada a não ser repousar e relaxar depois de um mês de trabalho duro. Aristóteles não nega, é claro, que semelhantes sentimentos de satisfação sejam fonte de prazer. Ele nega, porém, que a felicidade – compreendida como o melhor estado disponível para os seres humanos – possa ser identificada apenas com esse estado.

Suas razões para isso são três. Primeira, e mais importante, ele observa que é incompatível com o argumento da função que o prazer, ou a satisfação consigo próprio, seja idêntico à felicidade. Dado que o prazer é comum a todos os animais, sejam seres humanos ou não, ele não pode ser o que é distintamente o bem *humano*. O prazer é uma consequência da felicidade, mas não é idêntico a ela. Segunda, sentimentos de autossatisfação são em grande medida passivos.

Se Aristóteles estiver certo de que a felicidade requer uma vida de acordo com a razão, então não será suficiente considerar estados passivos de qualquer tipo como nosso bem final. Por fim, Aristóteles observa que devemos aceitar o conselho de Sólon e "olhar para o fim" para determinar se a vida de alguém é feliz. Por isso, ele entende não apenas que devemos julgar a felicidade como uma soma de toda nossa vida, uma vez que uma vida que é inicialmente feliz pode ser envolvida por alguma grave desgraça. Ademais, compreende que é inapropriado considerar somente um pequeno fragmento de uma vida quando estamos nos perguntando se a pessoa que vive essa vida está levando-a da melhor forma possível para os seres humanos. A felicidade, desse modo, é um pouco como o vegetarianismo. Não posso determinar que alguém é vegetariano apenas notando que essa pessoa não comeu carne entre o café da manhã e o almoço. Eu preciso determinar padrões com prazos mais longos de comportamento para que meu juízo tenha algum valor em si. O mesmo ocorre com a felicidade: sentimentos fugazes não bastam para a felicidade.

Ora, é preciso ser dito que, às vezes, nós nos referimos a sentimentos fugazes como a momentos de felicidade. Não importa muito se estamos preparados para usar a palavra "felicidade" para traduzir aquilo que Aristóteles chama de *eudaimonia*. O que importa, de maneira substantiva, é saber se estamos preparados para concordar que a condição, caracterizada como tal por Aristóteles, realmente constitui a melhor forma de vida disponível para os seres humanos. Se ele estiver certo, e partindo do pressuposto de que todos nós desejamos o melhor para nós mesmos, devemos estar preparados para seguir a prescrição de Aristóteles para atingir nosso bem final, independentemente da maneira como nós o denominemos. Conforme vimos, Aristóteles notou que todos dizemos desejar a felicidade, contudo passamos a especificar coisas muito diferentes quando explicamos o que queremos dizer com isso, com o resultado de que nossa concordância inicial era meramente verbal. O que é preciso, pensa ele, é uma explicação objetiva do bem humano, de modo que possamos buscá-lo com clareza.

4.7 As virtudes de uma pessoa feliz

Ao introduzir a razão como a função humana, Aristóteles identifica a melhor forma de vida humana como envolvendo de maneira central a expressão da razão. Ele não supõe, porém, que apenas qualquer expressão da razão baste para viver bem. Em vez disso, compreensivelmente restringe a felicidade aos que raciocinam bem. "O bem humano", diz, "revela-se como uma atividade da alma expressando virtude (*aretê*)" (*Ética a Nicômaco*, 1098a16-17). A atividade em questão é a atividade racional, seja estritamente teórica, seja mais amplamente prática, e a "virtude" em questão será a forma de excelência associada à expressão de ambos os tipos de raciocínio.

A referência à "virtude" aqui pode soar um pouco estranha ou mesmo tendenciosa. Em lugar algum até agora tivemos razões para acreditar que somente as pessoas virtuosas são felizes. Essa preocupação natural pode ser enfrentada, em parte, lembrando uma simples observação linguística sobre o grego de Aristóteles, que já encontramos em diálogo com o *Mênon*, de Platão[136]. A palavra grega *aretê* se sobrepõe à palavra portuguesa "virtude", mas é também um pouco mais ampla em seu uso comum. Se pensamos na virtude como limitada à virtude *moral*, perdemos a força do argumento de Aristóteles. Para ele, a virtude incluía a virtude moral, mas se estende igualmente a outras formas de excelência humana. Assim, pode-se, de maneira razoável, traduzir sua proposição sobre o bem humano, dizendo que se trata de "uma atividade da alma expressando excelência (*aretê*)". Isso captura seu pensamento de que não é apenas qualquer tipo de raciocínio que constitui a felicidade. É apenas o raciocínio excelente que é suficiente, seja ele prático ou teórico. Dito isso, a palavra portuguesa "virtude" é adequada ao contexto, pelo menos na medida em que nossa concepção de virtude não se restrinja à virtude moral: estamos igualmente dispostos a atribuir virtudes na esfera não moral ("uma de suas virtudes que sobressaíam como capitão da equipe era sua habilidade de inspirar cada um a jogar em seu pleno potencial, mesmo quando as chances eram poucas"). É esse uso mais amplo que se equipara com a noção de *aretê* de Aristóteles. Ela abrange a virtude moral estritamente concebida, mas abarca também outras formas de excelência humana. Sua concepção, portanto, é de que o bem humano consiste em excelentes formas de atividade racional, ou seja, em atividade racional que expresse virtude.

Aristóteles deve a seus leitores, assim, uma explicação da ideia de virtude. Afinal, já que desejamos ser felizes, e uma vez que somos informados que a felicidade exige atividade racional de um tipo virtuoso, então sem saber o que é virtude não teremos qualquer noção confiável de como atingir nosso bem.

Boa parte da *Ética a Nicômaco* se desincumbe dessa obrigação. De fato, como já indicado, ele distingue a virtude racional em dois tipos dominantes: teórico e prático. A esfera teórica reflete essa parte de nossa atividade racional dedicada a compreender, mais do que a fazer: quando compreendemos matemática, paleontologia ou a estrutura harmônica de uma sonata para piano de Brahms, não estamos visando à ação. É claro, o conhecimento adquirido nessa esfera pode ser utilizado, mas então estaremos envolvidos em um outro tipo de empreendimento intelectual, a saber, determinar a melhor maneira de agir em uma situação dada. Logo, conclui Aristóteles: "A virtude é de dois tipos, intelectual e moral" (*Ética a Nicômaco*, 1103a14-16).

---

136. Cf. o subtítulo: "Os fracassos de Mênon e Eutífron" para uma discussão de *aretê* em relação ao pressuposto da univocidade de Platão.

Se nos centrarmos nas virtudes morais, aquelas que pertencem à esfera da ação humana, aprenderemos como Aristóteles propõe implementar as demandas de seu argumento da função (AF) na vida cotidiana. Afinal, observa, a finalidade de se engajar em teoria ética é ajudar a nos tornarmos bons (*Ética a Nicômaco*, 1103b26-24). Embora essa observação possa soar óbvia ou trivial, de fato ela tem conteúdo e é crucial para que compreendamos o empreendimento de Aristóteles na ética. Ele não está tentando oferecer uma taxonomia das ações boas e más, ou tentando caracterizar, de maneira abstrata, que tipos de ações são permissíveis, não permissíveis ou obrigatórias. Em vez disso, está tentando centrar nossa atenção naquilo que faz de alguém uma *boa pessoa*, ao descrever as virtudes que alguém deve ter a fim de ser bom. Sua ética é uma ética da virtude, uma ética que investiga as características estáveis de caráter exemplificadas pela pessoa boa, assim como o caminho necessário para seu desenvolvimento.

Aristóteles começa com um pensamento simples, com consequências para toda sua teoria ética. Se desejarmos ver como a bondade é exemplificada em um contexto funcional geral, ele sugere que pode ser útil olharmos primeiro para os tipos de excelência que indiscutivelmente observamos em um mestre marceneiro. Quando vemos uma peça de mobília moldada com esmero, reconhecemos que ele não apenas faz o que foi planejado, mas também que o faz de uma maneira que atinge um equilíbrio perfeito: não carece de nada do que é necessário e não é sobrecarregada com nada de supérfluo. Se for assim, acrescentar ou subtrair algo nessa peça a despojaria de sua bondade (*Ética a Nicômaco*, 1106 b8-16). As virtudes do caráter, sugere Aristóteles, seguem esse modelo: alcançam um meio-termo entre excesso e deficiência.

Armado com esse tipo de concepção, Aristóteles pode propor sua explicação geral das virtudes de caráter como segue:

> A virtude é um estado do tipo que toma decisões, consistindo no meio relativo a nós, determinado pelo raciocínio do tipo certo, ou seja, a razão em termos da qual uma pessoa sábia do ponto de vista prático determinaria essa ação. É o meio entre dois vícios, um de excesso, outro de deficiência (*Ética a Nicômaco*, 1106b26-1107a6)[137].

A doutrina do meio-termo de Aristóteles especifica que, a fim de alcançar um estado de virtude, uma pessoa virtuosa, do ponto de vista prático, precisa se desenvolver em alguém que age de uma maneira moderada e apropriada em qual-

---

137. Traduzido do inglês [N.T.].

quer circunstância dada, nem ficando aquém daquilo que a situação exige, nem ter uma reação exagerada, ignorando o fato de que muito sal estraga a sopa, assim como pouco sal a deixa insossa.

Para ilustrar primeiro com um caso favorável ao ponto de vista de Aristóteles, podemos considerar a virtude da coragem[138]. O que é a coragem? Quem se qualifica como corajoso? Em primeiro lugar, ninguém é corajoso a menos que esteja em certo tipo de situação. Um covarde habitual não se qualifica como corajoso simplesmente porque consegue fazer uma coisa corajosa em uma ocasião, assim como um bêbado habitual não se qualifica como um tipo de homem sóbrio ao deixar de beber um dia por ano, no aniversário de sua mãe. A situação particular da coragem é aquela que produz ação do tipo certo quando as circunstâncias a exigem. Se um soldado precisa se expor ao perigo para alcançar um fim nobre, então é requerida coragem. Note-se, contudo, que a coragem não é jamais temerária: ela se situa em um meio-termo entre a covardia e a temeridade. Envolver-se em um comportamento temerário é um vício, assim como a covardia; mostra falta de virtude, em desrespeito aos padrões normais e razoáveis do protocolo militar, especialmente a ponto de colocar em risco a vida dos colegas de arma. Isso, uma pessoa sábia do ponto de vista prático jamais faria. Assim, a coragem é uma espécie de meio-termo, situando-se entre dois vícios, um de deficiência: a covardia; e outro de excesso: a temeridade.

Aristóteles supõe que a coragem é típica de todos os estados virtuosos de caráter, e nota que podemos, por conseguinte, definir todas as virtudes individuais usando esse mesmo esquema[139]. Em geral, todas as virtudes, segundo ele, devem responder a esse esquema básico. Portanto, vale a pena destacar duas de suas características.

Primeiro, uma virtude, como vimos, é uma situação dada, uma característica estável do caráter virtuoso de uma pessoa. Uma vez que a ética da virtude visa determinar que tipos de pessoas devemos desejar nos tornar, e não meramente especificar se esse ou aquele ato, nessa ou naquela ocasião, é permissível ou requerido, isso não deve nos surpreender. Mesmo assim, serve para reforçar a abordagem geral de Aristóteles da felicidade, que é igualmente uma teoria sobre a melhor for-

---

138. Aristóteles discute a virtude da coragem em *Ética a Nicômaco*, III, 6.

139. Para uma clara discussão das virtudes individuais expressas em termos de seus excessos e deficiências relativos, cf. Miller (2002).

ma de vida para os seres humanos. Da mesma forma que sua explicação acerca da felicidade não é uma explicação do que é bom de um ponto de vista subjetivo, em qualquer momento dado, mas diz respeito, antes, ao que torna a vida como um todo, ao longo do tempo, merecedora de ser vivida; assim sua teoria da virtude lida não com a descrição de ações em um momento dado, mas se centra antes nas formas de caráter que tornam uma pessoa boa em longo prazo[140].

Segundo, quando Aristóteles se refere à virtude como o tipo de estado determinado pela razão e, na verdade, pelo tipo de razão que uma pessoa com sabedoria prática utilizaria para determiná-lo, ele *não* está dizendo que o que torna a virtude tal é que ela é escolhida pela pessoa com sabedoria prática. Se fosse, ele poderia se deparar com um dilema do tipo que Eutífron encontrou quando sustentou que o piedoso é aquele que é amado pelos deuses[141]. Sócrates desejava saber se o piedoso é tal porque é amado pelos deuses, ou se os deuses o amam porque é piedoso. Ambas as respostas pareciam conduzir a dificuldades. De modo similar, pode-se ficar inclinado a perguntar se o sábio, do ponto de vista prudencial, escolhe esse meio particular porque é virtuoso ou se esse meio é virtuoso porque a pessoa prudentemente sábia o escolhe? Na verdade, porém, Aristóteles não está sujeito a esse tipo de crítica. O sentido em que a pessoa sábia, do ponto de vista prático, *determina* os meios é antes paradigmático. Uma pessoa prudentemente sábia raciocina bem e de maneira apropriada, e pode, assim, ajudar-nos como modelo ou guia para outros que ainda estão tentando se habituar a agir virtuosamente.

Levando tudo isso em conta, Aristóteles argumenta que a felicidade exige uma expressão excelente, ou virtuosa, da razão, incluindo a razão prática. Expressar a razão prática de maneira virtuosa requer a inculcação de traços estáveis de caráter, capazes de resultar em ação apropriada em uma grande gama de circunstâncias. É claro, não podemos pretender enumerar todas as circunstâncias possíveis de ação. Em vez disso, sugere Aristóteles, podemos oferecer um esquema básico, a doutrina do meio-termo, que especifica de uma maneira geral como devemos obter o caráter virtuoso, e então, também, manter nosso caráter assim desenvolvido, a fim de agir virtuosamente na conduta de nossas vidas cotidianas.

---

140. Sobre a explicação da felicidade (*eudaimonia*) de Aristóteles, cf. o subtítulo: "Aplicação das quatro causas: felicidade e função humana".

141. Sobre o dilema de Eutífron, cf. o subtítulo: "Os fracassos de Mênon e Eutífron".

4.8 Tratamento por Aristóteles de um paradoxo socrático: *akrasia*

Outra característica da teoria da virtude de Aristóteles vem à luz no contexto de seu tratamento de um paradoxo socrático concernente à *akrasia*, ou debilidade de vontade. Como vimos, Sócrates oferece um argumento que visava mostrar a impossibilidade da *akrasia* (IA)[142], cuja conclusão sugere, pelo menos para os hedonistas, que não é jamais possível para um sujeito *S* determinar que algum curso de ação A seja mais prazeroso do que B, mas fazer B (de maneira consciente e voluntária) por ser dominado pelo prazer. Com frequência, essa conclusão é generalizada para a tese de que "ninguém faz o mal voluntariamente", o que é então visto, de maneira razoável, como paradoxal. É um dado de nossas vidas, desagradável, mas real, que muitas vezes escolhemos um curso de ação, declaramo-nos determinados a segui-lo, mas então mudamos de ideia no último momento, apenas para sentir remorso e arrependimento depois. A negação da *akrasia* por Sócrates é paradoxal porque parece se esvair diante desse infeliz, mas óbvio fato.

Aristóteles abre sua própria discussão da *akrasia* admoestando Sócrates de maneira nominal, com base no fato de que ele "contradiz as aparências manifestas" (*Ética a Nicômaco*, 1145b27-28). Tenta então enfrentar essas aparências manifestas oferecendo uma explicação de como a *akrasia* de fato ocorre. Surpreendentemente, porém, conclui sua própria discussão oferecendo uma visão mais favorável de Sócrates, até mesmo admitindo que sua própria explicação, de certa maneira, concorda com aquilo mesmo que Sócrates desejava mostrar, a saber, que o conhecimento não pode ser arrastado como um escravo pelas paixões (*Ética a Nicômaco*, 1145b23-24, 1147b15-17).

No fim, Aristóteles e Sócrates parecem concordar que, para uma pessoa com conhecimento seguro, a *akrasia* é impossível, ou pelo menos totalmente inexplicável. O que importa, no entanto, para aquele é que esse conhecimento se estende a um *conhecimento prático*, aquele cuja pessoa dotada de sabedoria prática manifesta.

Aristóteles insere sua visão no contexto de um artifício que ele usa ao pensar sobre a ação humana, o silogismo prático. Embora não precisemos supor que, cada vez que executamos uma ação intencional, montemos um pequeno silogis-

---

142. Para (IA), juntamente com uma discussão da negação por Sócrates da *akrasia*, cf. o subtítulo: "Convicção socrática e os paradoxos socráticos".

mo em nossas cabeças, Aristóteles sugere que nossas ações pelo menos admitem uma reconstrução racional em forma silogística. Assim, por exemplo, se Edgar está ficando um pouco rechonchudo, ele pode passar a pensar que doces são ruins para sua saúde. Logo, quando apresentado a um pedaço de bolo depois de um jantar saudável, ele declinará. Seu silogismo prático é o silogismo prático da saúde (SPS):

1. Comida não saudável deve ser evitada;

2. O pedaço de bolo não é saudável;

3. Logo, esse pedaço de bolo deve ser evitado.

Mais uma vez, mesmo que não tenha ostensivamente executado esse silogismo prático em sua cabeça antes de recusar, ele captura e explica sua decisão de recusar a oferta do bolo.

É claro, Edgar, como outras pessoas, é às vezes fraco. Às vezes, a despeito de sua aceitação de (SPS-1), ele vê se permitindo o quitute não saudável.

O que aconteceu? Uma possibilidade é que um segundo silogismo interfira, o silogismo prático indulgente (SI):

1. Alimentos doces devem ser saboreados;

2. Este pedaço de bolo é doce;

3. Logo, este pedaço de bolo deve ser saboreado.

Edgar então se permite e saboreia o doce, mesmo que ele antes tivesse adotado (SPS-1) e tivesse seriamente prometido a si mesmo aderir ao hábito saudável.

O que deu errado? Aristóteles sugere que a *akrasia* ocorre na medida em que um sujeito como Edgar pode ser descrito tanto como "sabendo e não sabendo" como agir (*Ética a Nicômaco*, 1147b17-18). Talvez ele tenha conhecimento, mas deixe de usá-lo. Ou, talvez, saiba algo de maneira incerta e, assim, tem seu conhecimento bloqueado no momento da ação.

Pode ser útil pensarmos em Edgar como sujeito a silogismos rivais, por assim dizer, um saudável e outro indulgente. É digno de nota que a segunda premissa de cada silogismo é verdadeira, ou, pelo menos, plausivelmente tomada como verdadeira por Edgar: o pedaço de bolo não é saudável e é doce. Assim, ele pode lutar para determinar qual descrição deve aplicar ao bolo no momento que este lhe é apresentado. Uma descrição se destaca e coloca o bolo sob a premissa mais geral relacionada a essa descrição particular; então, a premissa mais geral o leva a agir de uma maneira ou de outra, seja evitando, seja se permitindo. Se se concentrar no caráter não saudável do bolo, ele rejeitará a oferta. Se se concentrar em sua doçura, e pensar que coisas doces devem ser saboreadas, põe de lado o silogismo saudável. Ou, talvez, se não fizer nada ostensivamente ou ativamente pondo-o de lado, o silogismo saudável simplesmente permanece adormecido e, assim, não desempenha nenhum papel na direção de sua ação[143]. Nessa medida, portanto, Sócrates estava certo: a *akrasia* envolve uma falha de conhecimento, mesmo que seja um tipo de falha mais complicado do que Sócrates tinha em vista (*Ética a Nicômaco*, 1147a14-19).

Dado que a ação virtuosa requer conhecimento, e dado que o conhecimento pode ser tanto ativo como inativo, e tanto desenvolvido de maneira segura quanto insegura, podemos ver como as falhas de conhecimento explicam, ou pelo menos ajudam a explicar, o fenômeno da debilidade da vontade. Isso é bem-vindo, pois Sócrates estava certamente correto em insistir que o fenômeno é intrigante. Minimamente, parece envolver formas estranhas de fracionamento psíquico. Quando sentimos remorso por deixar de fazer algo que tínhamos decidido fazer, a pessoa que critica e a pessoa criticada são a mesma.

Sócrates e Aristóteles lidam com esse estranho fenômeno de maneiras diferentes, mas relacionadas. Ambos sugerem que conhecimento genuinamente seguro torna a *akrasia* impossível, ou pelo menos inexplicável. Esse apelo ao conhecimento moral e à segurança epistêmica, de maneira importante, ajuda-nos a apreciar outra característica da teoria da virtude de Aristóteles, que, de outra forma, passaria facilmente despercebida. Até aqui, falamos como se a pessoa virtuosa fosse aquela que não sucumbe à *akrasia*, pois não permite que seu conhecimento prático seja posto de lado por um desejo de prazer ou de ganho. Isso é correto, mas obscurece uma importante distinção que Aristóteles faz questão de colocar. Pode-se evitar a *akrasia* de duas maneiras, sendo plenamente virtuoso ou sendo meramente continente. Em nosso exemplo, uma pessoa continente está sujeita a silogismos rivais e fica tentada a comer o bolo, mesmo sabendo, de alguma forma, que isso deve ser evitado. A pessoa continente faz a coisa certa. Ainda assim, de acordo com Aristóteles, não se qualifica como virtuosa. Diferentemente da pessoa continente, a pessoa virtuosa jamais entra em conflito. Em vez disso, ela pratica a

---

143. Aristóteles sugere que a premissa particular, a segunda em nossos dois silogismos rivais, "controla a ação" (*Ética a Nicômaco*, 1147b10-11).

ação virtuosa de maneira fácil e de bom grado, pois é a coisa virtuosa a ser feita, e jamais sequer sente a pressão do vício.

Assim, na hierarquia de caráter de Aristóteles, de cima a baixo, temos: (1) a pessoa virtuosa; (2) a pessoa continente; (3) a pessoa incontinente; e, finalmente, (4) a pessoa viciosa. O mais baixo na escala é como a pessoa virtuosa, no fato de jamais sofrer qualquer conflito interno. O que ocorre é que a pessoa virtuosa sempre faz o que é certo, sem precisar lutar contra a tentação, enquanto a pessoa viciosa é inteiramente bestial, e assim, simplesmente segue seu apetite pelo prazer, sem jamais refletir sobre o que outra coisa poderia ter sido feita. Entre ambos, há duas maneiras de seguir o caminho errado: sendo incontinente, ou *acrático*, ou sendo continente, ou *encrático*. Embora seja melhor ser continente do que *acrático*, nenhum deles se qualifica como virtuoso para Aristóteles.

A hierarquia de Aristóteles serve, portanto, para reforçar uma característica central de sua ética da virtude. Em última instância, essa teoria se desenvolveu a serviço de sua abordagem funcional da felicidade, ou *eudaimonia*. Em consequência, a principal questão que está colocada não diz respeito aos critérios para determinar a correção ou incorreção na ação – embora, de fato, a pessoa virtuosa aja corretamente, ou seja, faz a coisa certa a todo momento. Em vez disso, Aristóteles está preocupado, sobretudo, com a questão anterior de saber o que torna uma boa pessoa boa, como a boa pessoa expressa a racionalidade prática de maneira virtuosa. Para isso, como a abordagem da *akrasia* por Aristóteles enfatiza, é necessário agir a partir de uma firmeza de caráter, desenvolvido ao longo de treino e de hábito. Uma pessoa virtuosa é como um violinista habilidoso. Depois de ter aprendido as escalas da virtude, ao agir de início de maneira hesitante e insegura, olhando para a pessoa dotada de sabedoria prática como um modelo, a pessoa plenamente virtuosa age com facilidade, sem hesitação, sem conflito interno e tendo todos os motivos para ser confiante.

4.9 O naturalismo político de Aristóteles

A teoria ética de Aristóteles deixa claro, portanto, que a educação e o hábito são necessários para o florescimento humano. A educação, porém, não ocorre em um vácuo: é por isso que o tratamento, por Aristóteles, da teoria política segue muito de perto sua teoria ética. O fim de sua *Ética a Nicômaco* chama atenção para esse fato, sugerindo que a teoria política está em continuidade com a teoria ética, e que o cientista político tem a responsabilidade de "completar a filosofia dos assuntos dos seres humanos" (*Ética a Nicômaco*, 1081b15). Para levar a cabo essa responsabilidade, o filósofo político precisará refletir sobre qual a melhor forma de estruturar uma sociedade de modo a melhor conduzi-la para o florescimento humano.

Segundo essa abordagem geral, portanto, os arranjos políticos têm uma função que pode ser julgada de acordo com o quão bem ou quão mal executam suas funções. É importante apreender essa orientação básica, pois ela mostra como Aristóteles está em variância em relação a um pressuposto básico característico de boa parte da teoria política moderna, a saber, que o Estado precisa ser justificado na medida em que limita a liberdade ou interfere em direitos adquiridos. Em vez disso, tal como Aristóteles o concebe, o propósito do Estado não parte de uma necessidade de justificação. Já concordamos, em sua teoria ética, que é bom para os seres humanos florescerem, e assim, que é inteiramente apropriado criar condições nas quais esse florescimento seja possível, ou aceitável. O propósito da filosofia política, portanto, é descobrir e promover essas formas de associação política que promovam o florescimento humano; estados com restrições de poder contrárias ao florescimento humano, à realização da *eudaimonia*, são estados inferiores e, assim, devem ser evitados. Estados que são propícios à criação de condições para o florescimento humano, que promovem a *eudaimonia*, devem ser buscados. Em suma, diz que o Estado "existe para promover a vida, mas permanece em funcionamento para que se viva bem" (*Política*, 1252b29-30).

Essa abordagem geral da governança já revela duas importantes características da teoria política de Aristóteles. A primeira diz respeito à palavra "Estado", que temos usado para verter sua palavra "*pólis*", palavra que às vezes é traduzida como "cidade", às vezes como "Estado" e às vezes por meio da desajeitada palavra composta "cidade-Estado". Uma razão para preferir esta última é que a concepção de *pólis* de Aristóteles mescla duas noções cuidadosamente separadas em boa parte da teoria política contemporânea, pelo menos desde a época de Weber, que introduziu no discurso político uma distinção entre *Estado* e *sociedade civil*. Um Estado, em termos weberianos, é uma associação dentro de/com um território que prevê o monopólio do uso legítimo da força (na forma de exércitos, milícias e forças policiais, por exemplo), ao passo que *sociedades civis* são grupos de indivíduos que formam redes sociais, econômicas, familiares e religiosas, atividades as quais, nenhuma delas, tomadas por si ou em ligação com outras, reivindica um monopólio do uso da força. Quando uma igreja ou clube é ameaçado ou atacado por terroristas, assaltantes ou ladrões comuns, a organização procura reparação apelando ao Estado, uma vez que ela corretamente vê este último como detentor de uma autoridade para obrigar pela força, algo de que ela própria carece. A concepção de *pólis* de Aristóteles é mais holística, compreendendo sem diferenciação ambas as noções, da sociedade civil e do Estado, com o resultado de que a *pólis*, para repetir, existe para permitir que os seres humanos vivam, mas continua existindo para proporcionar-lhes uma vida boa.

Isso dá lugar à segunda característica fundamental da teoria política de Aristóteles, a saber, seu *naturalismo político*. Dado que os seres humanos têm um fim natural, e dado que o papel do Estado é criar condições sociais pelas quais os seres humanos possam florescer, o Estado não é um conjunto de leis ou relações artificiais geradas por convenções. Não é, como para Hobbes, por exemplo, um conjunto de acordos contratuais interligados, seja de forma implícita ou tácita; tampouco está, por consequência, sujeito à dissolução quando os termos do contrato são violados – não há, na verdade, contratos a serem violados. Os estados podem se dissolver, é claro, mas não devido a uma quebra de contrato. Podem e devem ser dissolvidos quando se mostram inimigos do objetivo do florescimento humano, como ocorre, por exemplo, sob um governo tirânico. Em lugar de ser um construto artificial, produto de uma série de contratos interligados, a *pólis* existe por natureza, e os seres humanos são "animais políticos", o que significa os tipos de animais que naturalmente se associam e reúnem como meio para alcançar seu objetivo não convencional, objetivamente dado, a saber, o florescimento humano (*Política,*, 1353a7-18). A questão se devemos, ou não, ter Estado praticamente não se coloca.

Mais uma vez, isso é porque os estados são naturais – existem por natureza –, e perguntar se os seres humanos devem se reunir em estados é similar a perguntar se abelhas devem se reunir em colmeias. Não somos abelhas, é claro, pois somos capazes de deliberação, mas isso significa apenas que somos capazes de refletir sobre os tipos de arranjos políticos que devemos buscar. Pode-se pensar na diferença central entre o naturalismo político de Aristóteles e algumas formas de liberalismo moderno como uma distinção entre a *prioridade* e a *posteridade* do Estado. Se alguns indivíduos possuem alguma variedade de interesses individuais que pensam que poderiam ser atendidos ao ingressar nessas mesmas associações voluntárias, então os indivíduos poderiam se reunir para produzir uma espécie de contrato, ou um corpo gerado por contrato, um Estado. Dessa perspectiva, o Estado é posterior aos indivíduos e passa a existir por sua iniciativa.

Já Aristóteles toma a *pólis* como, em diversos aspectos centrais, anterior ao indivíduo. Longe de ser um construto artificial posterior aos indivíduos e aos seus vários interesses e inclinações, o Estado é, por natureza, anterior ao indivíduo.

> A *pólis* é também anterior em natureza ao lar e a cada um de nós individualmente, uma vez que um todo é necessariamente anterior a suas partes. Pois se o corpo como um todo perecer, não haverá mais um pé ou uma mão, exceto por homonímia, como se pode falar de uma mão de pedra, pois uma mão morta será como ela; mas tudo é definido por sua função e por sua capacidade; de modo que em semelhantes condições não se deve dizer que são as mesmas coisas, mas apenas que são homônimas. Logo, que a *pólis* é natural e naturalmente anterior está claro. Pois, se um indivíduo não é autossuficiente, ele estará como todas as outras partes em relação ao todo. Qualquer um que não possa formar comunidade com outros, ou que não necessita fazê-lo porque é autossuficiente, não faz parte da *pólis*. Será, assim, ou uma fera ou um deus (*Política* 1253a20-29)[144].

Essa passagem mostra o quão profundo é o naturalismo político de Aristóteles. Ele chega a ponto de sugerir que um ser humano que não vive em uma *pólis* não será, propriamente falando, um ser humano, mas antes "uma fera ou um deus".

Esse tipo de abordagem da associação política se situa perfeitamente no quadro mais amplo da teleologia de Aristóteles. A teleologia geral, tal como aparece, primeiro, em sua ética, e agora em sua teoria política, produz uma espécie de prioridade radical da *pólis*. Seu argumento geral pela *prioridade da pólis* (PrP) sustenta que:

> 1. Em um sistema teleológico T, as partes funcionais, isto é, as partes de T cuja função depende da função do todo, são menos completas do que T;
>
> 2. Um cidadão é parte da *pólis* de modo que sua função depende da função do todo;
>
> 3. Logo, um cidadão é menos completo do que uma *pólis*;
>
> 4. Se um cidadão é menos completo do que uma *pólis*, a *pólis* é anterior ao cidadão;
>
> 5. Logo, a *pólis* é anterior ao cidadão.

Isto fornece alguma justificação, portanto, para a tese de Aristóteles de que cabe ao cientista político "completar" a filosofia dos assuntos dos seres humanos.

---

144. Traduzido a partir do inglês [N.T.].

É tarefa do cientista político determinar o tipo de arranjo político que mais bem conduz ao ideal do florescimento humano.

Esse argumento provavelmente causará alguma consternação aos leitores habituados ao liberalismo clássico, que sustentam que o Estado deve limitar-se a assegurar a liberdade política, econômica e individual. Bem claramente, essa pessoa verá com desconfiança (PrP-2), isto é, as sugestões de que cidadãos não são apenas partes do Estado, no sentido benigno de que se reúnem para efetuar acordos mutuamente benéficos, em continuidade com a maneira pela qual as partes de um contrato fazem compromissos voluntários entre si, revogáveis sob condições específicas. Para o quadro de Aristóteles, a própria função do cidadão deriva da *pólis*, de uma maneira próxima à maneira pela qual o coração e o rim dependem de seu papel no sistema orgânico, naquilo mesmo que são – um coração e um rim. É isto o que Aristóteles entende ao dizer que um cidadão sem Estado é apenas, por "homonímia", um ser humano, e é antes uma fera ou um deus. Ele entende que podemos chamar a semelhante pessoa de "humana", mas que, como separada da *pólis*, essa pessoa não pode funcionar ou florescer como humana mais do que um olho separado de um corpo pode funcionar ou florescer como olho. Um olho separado de sua órbita e mantido em um pote em uma estante não pode ver, tampouco ver bem. Quando o chamamos de "olho", nós o fazemos por deferência ao que ele costumava ser.

Se o compromisso de Aristóteles com a prioridade da *pólis* suscita preocupação, vale a pena lembrar que seu naturalismo político tem apenas um objetivo: o florescimento humano. Se uma forma de associação política promove o bem humano, ela é em si uma boa forma de associação. Pelo contrário, uma que degrade ou rebaixe o ser humano é desviante e deve ser evitada. É isso, em todo caso, o que se deve esperar dada a abrangência de sua teleologia.

4.10 A análise filosófica de Aristóteles: homonímia

Ao pensar sobre a teoria ética de Aristóteles, utilizamos livremente termos como *bem*, *virtude* e *coragem*. Se voltarmos a pensar nas discussões de Sócrates com Eutífron e Mênon, como fizemos em conexão com a concepção de pessoa dotada de sabedoria prática, em Aristóteles, recordaremos que o impulso socrático para análise se manifestava na exigência de que os termos da virtude fossem definidos de maneira unívoca, ou seja, que cada termo da virtude recebesse uma explicação não disjuntiva especificadora de sua essência[145]. Assim, quando Mênon ofereceu toda uma variedade de virtudes – uma para os homens, outra para as mulheres, uma para as crianças, outra para os escravos, e assim por diante –, isso desagradou a Sócrates. Ele respondeu que estava procurando a característica singular que todos os casos de virtude têm em comum, essa característica que tornava todos os tipos de virtude virtuosos. Mênon não resistiu. Simplesmente aquiesceu e tentou oferecer a Sócrates o que ele pedira, a saber, uma explicação unívoca de virtude.

O que chama a atenção é que Aristóteles tem alguma simpatia pelo ponto de vista inicial de Mênon. Ele não pensa que devemos pressupor que exista uma única definição não disjuntiva disponível para cada noção filosófica central que desejemos investigar. Pelo contrário, ele frequentemente ataca o pressuposto de univocidade socrático, sustentando que vários termos são "entendidos em várias maneiras" ou, de maneira mais técnica, são "homônimos". Já encontramos um caso no qual Aristóteles estava preparado para chamar exemplos não reais de um tipo F somente F "por homonímia". Sua linguagem a esse respeito é bastante técnica, no sentido de que se apropria de uma palavra comum e então parcialmente estende e torna preciso seu significado, por estipulação (em contextos jurídicos, "pessoa" funciona dessa maneira, como quando um advogado se refere a corporações como "pessoas legais"). A apropriação por Aristóteles dessa palavra, que significa simplesmente "ter o mesmo nome que", apresenta especial importância, já que reflete uma atitude profunda e interessada tomada em relação à análise filosófica, que varia enormemente das abordagens assumidas tanto por Sócrates como por Platão. À sua maneira técnica de se expressar, Aristóteles diz que duas coisas são homônimas quando têm o mesmo nome, mas diferem em suas explicações. Isso pode acontecer de algumas maneiras óbvias, mas também de modos surpreendentes.

É óbvio que chamamos a estátua de um homem e um homem de "homem" em sentidos diferentes. Um, o ser humano vivo, é um homem porque manifesta as qualidades essenciais da humanidade. O outro, a estátua, não manifesta essas qualidades. Uma estátua não pode pensar, emocionar-se ou perceber e fazer alguma das coisas que seres humanos fazem. Assim, uma estátua não é estritamente ou literalmente um "homem". Nesses tipos de casos, diz Aristóteles, a estátua é um homem *somente por homonímia*. Em sua maior parte, porém, seu interesse pela homonímia só se torna filosoficamente interessante quando ele nota que, em al-

---

145. Sobre o pressuposto socrático de univocidade, cf. o subtítulo: "Os fracassos de Mênon e Eutífron".

guns importantes contextos analíticos, há um apelo à homonímia em um esforço para minar a própria possibilidade das definições platônicas ou socráticas. Vimos que, desde o início do impulso socrático, para análise que Sócrates esperava respostas unívocas, epistemicamente úteis e mais do que extensionalmente adequadas para a questão *Qual a F-dade* (qual a qualidade de F)[146]. De especial relevância para a homonímia de Aristóteles é a primeira dessas condições, o pressuposto de univocidade, que as definições filosóficas precisam ser tanto plenamente gerais quanto unificadas. Assim, quando Sócrates pediu a Mênon para providenciar uma explicação da *aretê* (virtude ou excelência), e Mênon respondeu que poderia enumerar todos os tipos de *aretê*, aqueles pertencentes aos homens, às mulheres, aos anciãos, às crianças e aos escravos, Sócrates observou que se sentia atropelado por um excesso de virtudes, como se fosse um enxame de abelhas. O que desejava de Mênon era a forma singular da virtude; já de Eutífron desejara a forma singular de piedade, aquela em virtude da qual chamamos todas as ações de virtuosas ou piedosas. Embora Eutífron e Mênon tenham concordado com o pedido, evidentemente porque, após refletir, também concordaram com o pressuposto da univocidade, Aristóteles não é tão positivo a respeito. Com efeito, pensa que, em muitos contextos, a inclinação inicial de Mênon era de fato preferível. Isso porque, para grandes conceitos filosóficos, incluindo alguns de importância central desde a Antiguidade Clássica até o presente, o pressuposto da univocidade é equivocado.

Aristóteles defenderá esse ponto, em primeiro lugar, apelando para alguns dados linguísticos comuns. Ora, ele quase certamente não pensa que esse tipo de apelo vença a discussão, uma vez que corretamente insiste que temos um caso genuíno de homonímia somente quando estabelecemos uma diferença de explicação genuína. Posto de maneira um pouco mais formal, Aristóteles sustenta o *princípio da homonímia*:

x e *y* são homonimamente F se, e somente se, (1) *x* é F; (2) *y* é F; e as explicações da F-dade em "*x* é F" e "*y* é F" não se sobrepõem completamente.

Para fornecer uma explicação no sentido relevante é necessário fazer mais do que apelar para o mero significado linguístico. Em vez disso, para apelar a uma homonímia de fato, será necessária uma boa dose de análise filosófica, a fim de

---

146. Sobre a concepção de Sócrates de adequação na definição, cf. o subtítulo: "Os fracassos de Mênon e Eutífron". Sobre a manutenção, por Platão, das exigências socráticas, cf. o subtítulo: "Análise platônica: um estudo de caso".

mostrar que Sócrates não pode ter o que deseja, pois, de fato, não há uma explicação de *aretê* disponível.

Dito isso, Aristóteles, de maneira bem apropriada, começa com alguns apelos à intuição linguística, uma vez que essas mesmas intuições podem também refletir algumas diferenças mais profundas, menos facilmente discerníveis. Para tomar alguns dos mais famosos e instigantes exemplos, podemos considerar sua atitude em relação ao celebrado apelo de Platão à Forma do Bem, em *A república*[147], forma que, presume-se, é a própria essência da Bondade, aquela em virtude da qual todas as coisas boas são boas, devido à sua participação na primeira. Ora, considere-se a variedade de coisas que as pessoas chamam de boas nas seguintes sentenças, que poderiam se multiplicar várias vezes, sem dificuldade:

1. Deus é bom;

2. Meu sanduíche é especialmente bom;

3. O filme era previsível, mas o fim foi bom;

4. O que esse menino precisa é de uma boa conversa;

5. Ela não fez por mal, ela tem um bom coração;

6. Bem algum virá disso;

7. Bom esforço!;

8. Se você quer ter uma boa diversão, tente *bungee jump*;

9. Nenhuma ação boa fica sem punição;

10. Um investimento sólido garante uma boa taxa de retorno.

Se investigarmos, ainda que brevemente, a variedade de coisas boas mencionadas nessa lista, sugere Aristóteles, logo veremos que não há uma coisa só, a Bondade, a qual todas elas compartilham. Assim, o pressuposto da univocidade é implausível. Logo, se os filósofos continuarem com esse pressuposto, seus esforços estão condenados a uma infrutífera perda de tempo.

Ora, essas distintas variedades de bondade criam um pressuposto de não univocidade. É difícil apreciar o que Deus, sanduíches e taxas de retorno podem ter em comum. Parece ser o caso, antes, que a bondade de Deus é um tipo de atri-

---

147. Para o tratamento da Forma do Bem na analogia do Sol, feita por Platão, cf. o subtítulo: "O papel especial da Forma do Bem".

buto divino; que a bondade em um sanduíche consiste no fato de ser saboroso ou nutritivo; enquanto a bondade na taxa de retorno envolve uma taxa de lucros relativamente favorável. Com isso em mente, Aristóteles sugere um tipo de *teste de paráfrase* para determinar a homonímia: se for possível efetuar paráfrases de algum predicado *F* para uma gama de suas aplicações, ao mesmo tempo mantendo a verdade e o bom-senso, então provavelmente não teremos um caso de homonímia, caso contrário, sim. Podemos ilustrar utilizando esse mesmo caso, centrando-nos em apenas um subconjunto de exemplos:

Original	*Paráfrase*
Deus é bom.	Deus é sumamente virtuoso.
Meu burrito é bom.	Meu burrito é saboroso e nutritivo.
O investimento é bom.	O investimento é lucrativo.

Evidentemente, essas paráfrases não são equivalentes. Isso fica ainda mais claro se tentarmos substituir uma paráfrase por outra. Qualquer tentativa como essa produz sentenças que são obviamente falsas ou completamente absurdas ("Meu sanduíche é sumamente virtuoso", "O investimento é saboroso e nutritivo"). Dado que as paráfrases de casos do predicado "bom" são diversas e não podem substituir umas às outras, sugere Aristóteles, que os significados de "bom", nos casos originais, também devem ser distintos. Se for assim, podemos concluir então que não há uma coisa como a Bondade, em virtude da qual todas essas coisas boas são boas. Se isso, por sua vez, estiver correto, então o pressuposto de univocidade socrático e platônico se provará insustentável.

Esse seria um resultado bem importante para Aristóteles: ele ameaça tornar sem sentido uma característica central da missão socrática e, com isso, um pressuposto que rege grande parte da investigação filosófica desde Sócrates. O impulso para análise, para o bem ou para o mal, é endêmico na filosofia. Dito isso, ao determinar se Sócrates e Platão, em última instância, são vulneráveis à objeção de Aristóteles, não bastará nos apoiarmos nesse tipo de apelo à intuição linguística, mesmo que seja feito com base no teste da paráfrase de Aristóteles. Pois, nesse ponto, Platão pode legitimamente responder que há possivelmente uma noção de bondade de *alta ordem* que todas as coisas boas compartilham, a forma geral da bondade que é capturada na Forma do Bem. Em outros termos, o caso pode ser análogo à condição de *ser um animal*, algo que Aristóteles mesmo vê como perfeitamente unívoco. Platão pode conceder que tigres, cobras e seres humanos são diferentes tipos de animais, embora possa insistir, de maneira plausível, que o fato de serem animais é o mesmo em cada caso. Se ser um animal pode ser comparado, de maneira relevante, a ser bom, então Platão terá uma resposta ao apelo de Aristóteles à homonímia nesse contexto. É claro, para introduzir o bem nessa comparação, Platão terá de fornecer sua análise efetiva, em termos evidentes, algo que ele se viu incapaz de fazer ao abordar o tema em *A república*.

A questão não termina aí, porém. Vale ressaltar que Aristóteles pensa ter um argumento mais abstrato e convincente pela não univocidade da bondade do que seu simples teste da paráfrase. Pouco antes de apresentar seu argumento da função, na *Ética a Nicômaco*, ele se detém a examinar o apelo de Platão à Forma do Bem, e um esforço para determinar se há uma noção de Bem comum a tudo o que é bom. Suas razões para fazê-lo são apropriadas: nesse livro, ele está procurando descobrir a natureza da felicidade, o sumo bem para os seres humanos; caso se revele que existe uma noção de bem geral, que abranja tudo, então se revelará que o bem humano é simplesmente um caso especial desse bem. Logo, uma investigação sobre a felicidade humana irá necessariamente se cruzar com uma análise do bem enquanto tal, assim como, de fato, transparece em *A república* de Platão.

Aristóteles pensa que pode mostrar que não há uma única forma de bondade comum a todas as coisas boas. Mesmo entre coisas boas para os seres humanos, como o prazer, a inteligência e a honra, ele encontra diferenças de explicação e, assim, não univocidade: seu argumento é não apenas que essas explicações divergem, mas que o que significa para esses estados serem bons, as maneiras pelas quais são bons para nós, diferem de caso a caso. Chama a atenção que, ao atacar a univocidade da bondade, Aristóteles faz um apelo de alto nível à sua própria doutrina das categorias[148]. Ele sustenta, em sua terminologia preferida, que "pode se referir à bondade de várias maneiras, como é o caso do ser". Entende por isso que a bondade acompanha o ser: assim como o que é ser uma substância difere do que é ser uma quantidade, qualidade, relatividade, e assim por diante, do mesmo modo a bondade difere nessas várias categorias. Na categoria do tempo, por exemplo, ser oportuno

---

148. Sobre a introdução das categorias por Aristóteles, cf. o subtítulo: "Introdução à Teoria das Categorias de Aristóteles".

(ou "pontual", como dizemos) é bom; na categoria da substância, ser Deus é bom; na categoria da qualidade, ser virtuoso é bom. Uma vez que todos esses casos são distintos, será revelado que a bondade também é distinta ao longo das categorias. Desse modo, contrariamente ao pressuposto de Platão, a bondade não é unívoca.

Posto de maneira esquemática, o argumento de Aristóteles pela homonímia da bondade (HB) é simples e intrigante, mas controverso:

1. Pode-se referir à bondade de múltiplas maneiras, como o ser;

2. O ser é não unívoco;

3. Logo, a bondade é não unívoca.

O argumento se apoia em apenas duas premissas. (HB-1) tenta forçar um paralelo entre ser e bondade, no sentido de que cada um constitui um termo geral de alto nível. (HB-2), então, apela à doutrina das categorias, doutrina que é aqui assumida sem argumentação, indicando-se que os tipos taxonômicos mais elevados, os próprios títulos das categorias, não têm nada em comum. Não há um gênero adicional que os unifique, de maneira que o gênero *animal* unifica cavalos, peixes, tigres e seres humanos. Se isso estiver correto, ou seja, se o paralelo afirmado em (HB-1) se manter; Aristóteles terá, portanto, um formidável argumento contra o pressuposto platônico da univocidade.

Agora, para determinar se Platão deve conceder tanto (HB-1) quanto (HB-2) é uma questão intimidante. Envolverá não só uma investigação sobre a doutrina das categorias enquanto tal, investigação que já envolve questões metafísicas extraordinariamente complexas, mas também uma investigação sobre os paralelos que Aristóteles vê entre ser e bondade como termos taxonômicos. Também aqui a questão se torna, rapidamente, bastante abstrata. Ainda assim, (HB) pelo menos fornece um quadro de investigação, que uma terceira parte neutra pode abarcar ao investigar o antiplatonismo aristotélico sobre a bondade. É também um quadro que nos leva bem além do teste de paráfrase, o qual, embora atraente por sua simplicidade, não poderia jamais fornecer uma determinação final, seja em uma direção, seja em outra.

Independentemente de para onde essa investigação conduza, é importante não persegui-la de modo a negligenciar uma segunda característica da homonímia de Aristóteles, o que minaria completamente uma compreensão adequada

247

de sua abordagem geral da análise filosófica. Até aqui, vimos que a homonímia é suficiente para a não univocidade. Nessa medida, é primariamente uma noção negativa e destrutiva. Platão ou Sócrates, ou qualquer um com o pendor socrático para análise, supõe a univocidade da F-dade. Aristóteles desenvolve um argumento para mostrar que a F-dade é de fato homônima, e, assim, não unívoca; se ele estiver certo, não há por que se envolver no estilo de investigação socrático-platônico. Ora, significativamente, Aristóteles não supõe que o êxito em estabelecer a não univocidade indique o fim da análise, pura e simplesmente. Em outros termos, ele pensa que, em alguns casos, mesmo que a F-dade seja homônima, pode haver espaço para análise construtiva. Sob esse aspecto, suas concepções precisam ser nitidamente distinguidas de alguns filósofos do século XX, os quais, seguindo o caminho de Wittgenstein, pensaram que a não univocidade, por si só, bastaria para minar a análise filosófica. Segundo esses filósofos, o máximo que realmente descobrimos quando examinamos a fundo conceitos filosóficos centrais é um tipo de "semelhança de família", ou seja, o tipo de semelhança que membros de uma família apresentam uns com os outros. Notamos, por exemplo, que todos os filhos de Wilson se assemelham entre si, mesmo que não exista uma característica que todos e somente os seus filhos exibem. Nesse tipo de caso, vemos uma série de semelhanças entrecruzadas que os marcam como membros da mesma família, mesmo que não possamos apontar uma única característica definidora. Utilizando esse modelo, Wittgenstein sugeriu que a propriedade de *ser um jogo* exibia apenas uma semelhança de família: não há condições suficientes e necessárias para qualificá-lo como um jogo, embora ainda possamos reconhecer todas as atividades pelas quais chamamos os jogos de jogos. Afinal, por exemplo, xadrez e rúgbi são ambos jogos, mas é difícil ver o que têm em comum que outras formas de atividades organizadas regidas por regras, que não são jogos, não têm (a Sociedade Filatélica promove encontros de acordo com suas regras, mas esses encontros não constituem jogos). Isso talvez seja de se esperar, já que jogos são em todos os casos determinados por convenção. As coisas se tornam mais interessantes quando uma pretensão de semelhança de família é exportada para os tipos de conceitos, cuja essência Sócrates e Platão procuraram capturar. Se dizemos que *bondade, beleza* ou *piedade* são meros conceitos por semelhança familiar, então explicitamente rejeitamos o pressuposto de univocidade e acusamos Sócrates e Platão de desperdiçar o tempo deles e o nosso quando o assumem.

Aristóteles mesmo não adota esse tipo de atitude condescendente, pois não vê a homonímia como puramente destrutiva, como os wittgensteinianos veem os apelos à semelhança de família. Em vez disso, se situarmos a univocidade em uma ponta do espectro e a semelhança de família na outra, podemos perceber Aristóteles se posicionando numa posição intermediária quando sustenta que alguns casos de homonímia exibem uma característica especial de *dependência-nuclear*. Tipicamente, ele ilustra essa noção de homonímia dependente de uma noção central apelando ao que deve ser um exemplo não controverso do fenômeno. Considerem-se as seguintes sentenças:

1. Sócrates é saudável;

2. A compleição de Sócrates é saudável;

3. O regime de exercícios de Sócrates é saudável;

4. O jantar de Sócrates é saudável.

Aristóteles supõe que duas coisas devem ficar claras sobre essas sentenças: (1) o predicado "é saudável" é não unívoco nessas aplicações, mas (2) os predicados nessas aplicações encontram-se sistematicamente relacionados uns aos outros.

Que a saúde é homônima parece se seguir do fato de que a explicação da saúde no caso das compleições é distinta da explicação nos outros casos. O fato de uma compleição ser saudável consiste em ela ser indicativa de saúde; o fato de um regime ser saudável, antes, consiste em produzir saúde; e o fato de Sócrates ser saudável consiste em ele estar bem e livre de doenças. Se estivermos dispostos a admitir tudo isso, concluímos que a saúde é homônima e, assim, não unívoca. Aqui entra em cena a sugestão positiva específica de Aristóteles, de que a saúde é um *homônimo dependente de um núcleo* [*core-dependent homonymous*]. Esse pensamento construtivo parece se seguir do fato de que as explicações de *ser saudável*, como ocorrem entre (2) e (4), apelam de maneira inescapável à noção de saúde em (1), a qual Aristóteles vê como a instância central. Assim, por exemplo, um jantar é saudável porque *produz ou preserva* a saúde; em outros termos, do estado que Sócrates goza em (1). Assim, também, uma compleição saudável é uma que é *indicativa de saúde*, esse mesmo estado que (1) atribui a Sócrates. Além disso, a fim de fornecer uma explicação de (1), não precisamos apelar de qualquer maneira, seja implícita, seja explícita, às noções de saúde tal como aparecem entre (2) e (4).

Tomadas em conjunto, essas observações sugerem que as premissas que vão de (2) a (4) dependem assimetricamente de (1) para suas análises. Desse modo, são instâncias não centrais enfeixadas em torno da instância central da saúde. Logo, *saúde* é um homônimo dependente de um núcleo.

Ora, assim como uma observação sobre a natureza dos jogos tem pouca relevância filosófica até que seja generalizada, do mesmo modo o apelo de Aristóteles à saúde como dependente de um núcleo terá pouco interesse até que o encontremos sugerindo que conceitos filosóficos centrais, com frequência, comportam-se do mesmo modo que a noção de saúde. De forma marcante, ele defende essa posição no caso de uma série de conceitos, incluindo *justiça, causa, necessidade, amizade*, e mesmo as noções altamente abstratas de *bondade* e *ser*. Suas observações a esse respeito adquirem relevância não só para nossa eventual apreciação do compromisso de Platão com a análise filosófica, como para muitíssimas investigações contemporâneas, cobrindo uma gama de tópicos, entre eles a natureza da mente, causa, consciência, justiça, identidade e conhecimento. Pois muitos filósofos contemporâneos assumem a univocidade, não menos do que Platão o fez. O próprio impulso para análise que se originou com Sócrates continua a animar a investigação filosófica hoje. O apelo de Aristóteles à homonímia dependente de fatores centrais é crítico para esse impulso, embora apresente uma tendência à acomodação. Ainda que conceitos filosóficos centrais possam exibir mais heterogeneidade do que os apoiadores da univocidade gostariam de admitir, eles podem, no entanto, exibir mais unidade, ordem e estrutura do que permitido pelos partidários da semelhança de família. A homonímia dependente de fatores centrais fornece uma forma de teorização filosófica positiva mesmo diante de deságios ao tipo de unidade filosófica que Sócrates buscou.

4.11 Conclusões

Quando encontramos Aristóteles apelando ao fenômeno da homonímia dependente de fatores centrais, já estamos a uma distância impressionante em relação aos primeiros filósofos naturais, os monistas materialistas, que se contentavam em postular explicações que hoje podem parecer simples, até ingênuas: que tudo é água, por exemplo. Mesmo aqueles primeiros filósofos, porém, responderam a características que causavam perplexidade dentro da imagem manifesta do mundo, ao defender teorias as quais, por mais estranhas que hoje possam parecer, também são impressionantemente modernas em seus endossos implícitos da parcimônia, do naturalismo e da coerência explanatória racional. Sócrates, Platão e Aristóteles, todos eles, de diferentes maneiras, compartilham seu otimismo inicial: o progresso filosófico é possível – embora, dada a natureza abstrata e exigente do empreendimento, não seja jamais fácil. Mas o prêmio é tentador. "Os seres humanos começaram a filosofia", diz Aristóteles, "como o fazem agora, devido à admiração, primeiramente porque se perguntaram sobre as coisas estranhas bem diante de si, e depois, avançando aos poucos, porque ficaram intrigados por problemas maiores". Com efeito, "Alguém que se admira pensa que ignora [...] e se envolve em filosofia para escapar à ignorância"[149]. Eventualmente, porém, saímos de nossa ignorância e entramos em um estado contrário, quase divino, como Sócrates pensara, um estado de conhecimento o qual, observa Aristóteles de maneira descompromissada, "é melhor"[150].

---

149. Traduzido a partir do inglês. Como o autor parece ter feito aqui uma tradução livre, não nos pareceu ser o caso de consultar o original ou mesmo traduções existentes em português [N.T.].

150. Cf. *Metafísica*, 982b12-20, 982b29-983a12, 983a19.

Sugestões para leituras adicionais

Textos primários

> As obras completas de Aristóteles estão disponíveis em um interessante conjunto de dois volumes:

BARNES, J. (org.). *The complete works of Aristotle*: The revised Oxford translation. Princeton: Princeton University Press, 1984.

> Duas coletâneas muito confiáveis de obras selecionadas, incluindo as mais lidas pelos estudantes, são:

ACKRILL, J. (org.). *A new Aristotle reader*. Oxford: Oxford University Press, 1987.

IRWIN, T.; FINE, G. (trad.). *Aristotle*: selections. Cambridge: Hackett, 1995.

> O glossário do vocabulário aristotélico em [75][151] é excelente: bem-informado, preciso, útil e pedagogicamente atento. Os estudantes o julgarão especialmente útil ao desenvolver qualquer pesquisa básica sobre a filosofia de Aristóteles.

> A Clarendon Aristotle Series da Oxford University Press consiste em uma série de excelentes traduções com comentários e notas para estudantes interessados em acompanhar a filosofia de Aristóteles. Alguns volumes relacionados aos temas discutidos neste livro são:

JUDSON, L.; ACKRILL, J. L. (eds.). *Metaphysics Z and H*. Clarendon Aristotle Series. Tradução de D. Bostock. Oxford: Oxford University Press, 1984.

JUDSON, L.; ACKRILL, J. L. (eds.). *Physics I and II*. Clarendon Aristotle Series. Tradução de W. Charlton. Oxford: Oxford University Press, 1984.

JUDSON, L.; ACKRILL, J. L. (eds.). *De anima*. Clarendon Aristotle Series. Tradução de D. Hamlyn. Oxford: Oxford University Press, 1995.

JUDSON, L.; ACKRILL, J. L. (eds.). *Categories and De interpretation*. Clarendon Aristotle Series. Tradução de J. Ackrill. Oxford: Oxford University Press, 1962.

JUDSON, L.; ACKRILL, J. L. (eds.). *De generatione et corruption*. Clarendon Aristotle Series. Tradução de C. Williams. Oxford: Oxford University Press, 1982.

> Outros volumes na mesma série podem ser consultados com proveito para tópicos não abordados neste livro.

> Muitos estudantes têm seu primeiro contato mais extenso com Aristóteles pela leitura de sua *Ética a Nicômaco*. A melhor tradução, que também inclui um glossário extremamente útil, junto com um conjunto de notas explanatórias, é:

IRWIN, T. *Aristotle, The Nicomachean Ethics*. Cambridge: Hackett, 1985.

---

151. Os números entre colchetes se referem às sugestões para leitura adicional abrangentes compiladas no final deste livro.

Textos secundários

> Como ocorre com Sócrates e Platão, a bibliografia secundária sobre Aristóteles atinge milhares de livros e artigos. Grande parte desta bibliografia é técnica e inadequada para estudantes iniciantes. Há, no entanto, um certo número de introduções claras e acessíveis. As melhores são:

ACKRILL, J. *Aristotle the philosopher*. Oxford: Oxford University Press, 1981.

BARNES, J. *Aristotle*. Oxford: Oxford University Press, 1982.

LEAR, J. *Aristotle*: the desire to understand. Cambridge: Cambridge University Press, 1988.

ROSS, W. *Aristotle*. Londres: Methuen, 1923.

SHIELDS, C. *Aristotle*. 2. ed. Londres: Routledge, 2014.

> Um clássico sobre a questão do desenvolvimento de Aristóteles como pensador é:

JAEGER, W. *Aristotle*: Fundamentals of the history of his development. Tradução de Richard Robinson. Oxford: Oxford University Press, 1948.

> Algumas úteis antologias são:

BARNES, J. *The Cambridge companion to Aristotle*. Cambridge: Cambridge University Press, 1995.

> Esse volume é especialmente útil para estudantes sobre alguns tópicos e contém uma bibliografia completa para estudos posteriores.

BARNES, J.; SCHOFIELD, M.; SORABJI, R. (orgs.). *Articles on Aristotle*: 1 Science. Londres: Duckworth, 1975.

BARNES, J.; SCHOFIELD, M.; SORABJI, R. (orgs.). *Articles on Aristotle*: 2 Ethics and Politics. Londres: Duckworth, 1976.

BARNES, J.; SCHOFIELD, M.; SORABJI, R. (orgs.). *Articles on Aristotle*: 3 *Metaphysics*. Londres: Duckworth, 1979.

BARNES, J.; SCHOFIELD, M.; SORABJI, R. (orgs.). *Articles on Aristotle*: 4 Psychology and Aesthetics. Londres: Duckworth, 1975.

SHIELDS, C. *The Oxford handbook of Aristotle*. Oxford: Oxford University Press, 2012.

Notas do tradutor

> Outras sugestões interessantes de leitura e que foram traduzidas diretamente do grego para o português são:

ARISTÓTELES. *Da alma*. Petrópolis: Vozes, 2020 (Vozes de Bolso).

ARISTÓTELES. *Ética a Nicômaco*. Petrópolis: Vozes, 2024 (Pensamento Humano).

ARISTÓTELES. *Metafísica*. Petrópolis: Vozes, 2024 (Pensamento Humano).

ARISTÓTELES. *Política*. Petrópolis: Vozes, 2022 (Vozes de Bolso).

ARISTÓTELES. *Retórica*. Petrópolis: Vozes, 2022 (Vozes de Bolso).

5
Filosofia helenística

5.1 O Período Helenístico

Gerações anteriores julgaram fácil supor que a morte de Aristóteles, em 322 a.C., marcou o início de um declínio filosófico de longa duração. Assim, por exemplo, mesmo a despeito de suas próprias abrasadoras críticas de Aristóteles, Bertrand Russell sustentou que, "após sua morte, passaram-se dois mil anos antes que o mundo produzisse qualquer filósofo que pudesse ser considerado como aproximadamente seu igual" (Russell, 1946, p. 159). Embora não mencionasse o filósofo pelo nome, Russell intencionalmente passa por cima de *todas* as figuras basilares da filosofia medieval, assim como aquelas escolas altamente sofisticadas e com influência permanente que floresceram no mundo antigo após o fim do período clássico. Foram as escolas do Período Helenístico, cujos nomes atravessaram os séculos até nosso vocabulário popular hodierno: os epicuristas, os estoicos e os céticos.

É verdade que a morte de Aristóteles coincidiu com significativas mudanças no mundo grego, mudanças que resultaram tanto em desenvolvimento quanto em declínio. Quando Alexandre o Grande morreu em 321 a.C., um ano antes da morte do próprio Aristóteles, as relações pan-helênicas se alteraram de diversas maneiras. Notavelmente, o predomínio ateniense, que já começara a decair antes do crescimento do poder macedônio sob Alexandre, dissipou-se ainda mais após sua morte. De modo geral, o poder e a preeminência das cidades-estados há muito tempo estabelecidas em todo o mundo grego diminuíram de maneira significativa nesse período. Essas mudanças nas relações políticas marcam o fim do período clássico, que atingira um alto ponto filosófico nas figuras basilares de Sócrates, Platão e Aristóteles.

Embora tenha sido tentador para os historiadores da filosofia supor o contrário, as reconfigurações políticas e sociais que se seguiram ao fim do período clássico não resultaram em qualquer declínio geral na filosofia. A primeira coisa a se considerar em relação à filosofia helenística é que a rejeição do trabalho filosófico do período exibido por Russell e seus correligionários é difícil de sustentar e até mesmo de ser levada a sério. Em alguma medida, talvez, a depreciação da filosofia helenística era mais compreensível há algumas gerações do que é hoje. Isso se dá, porém, apenas porque, até bem pouco tempo atrás, grande parte dos historiadores da filosofia, exceto os mais sérios e bem-equipados, ignoravam em grande medida o que os filósofos helenísticos realmente sustentaram e, até mesmo, em certo grau, quem eles foram. Muitas figuras desse período – incluindo Zenão de Cítio, Crisipo, Carnéades e Arcesilau – eram obscuras e desconhecidas; e, de fato, ainda hoje esses filósofos dificilmente soam familiares, como os de Sócrates, Platão e Aristóteles.

A relativa obscuridade dos filósofos do Período Helenístico deriva em parte da infeliz história de seus escritos. Em contraste com Platão, cujos livros, de maneira única para um grande autor da Antiguidade, sobreviveram em sua totalidade, e também com Aristóteles, cujos trabalhos sobreviveram de maneira incompleta, mas extensa[152], nenhum autor do Período Helenístico tem uma sorte invejável em relação à sobrevivência de seus escritos. Infelizmente, não temos praticamente nenhuma obra completa remanescente desse período. Em vez disso, temos apenas fragmentos citados por autores posteriores, paráfrases das principais doutrinas preservadas pelos doxógrafos, ou seja, autores que assumiram como tarefa simplesmente relatar as concepções dos autores anteriores, e discussões por pensadores posteriores, com mais frequência filósofos não simpáticos às concepções que estavam recontando. Em pouquíssimos casos, na verdade, filósofos posteriores se dignaram a reproduzir as concepções dos pensadores helenísticos apenas em tratados polêmicos compostos unicamente para o propósito de refutar suas concepções, de modo que encontramos seus relatos entrelaçados com o ridículo. Embora possamos aprender com essas fontes, uma dose razoável e deliberada de cautela e arqueologia deve ser empregada antes que se inicie uma séria avaliação filosófica a respeito.

---

152. Sobre o caráter das obras remanescentes de Aristóteles, cf. Shields (2007).

Felizmente, embora a pesquisa prossiga, boa parte desse trabalho já se completou com um padrão impressionante. Em consequência, nós atualmente nos vemos em uma época estimulante no que concerne à filosofia helenística[153]. Por mais estranho que possa parecer, estamos de fato, provavelmente, mais bem situados no presente para avaliar as visões dos filósofos helenísticos do que em qualquer outra época desde suas primeiras formulações. Somente nas duas gerações anteriores, aproximadamente, estivemos em posição de chegar a julgamentos razoavelmente firmes sobre as principais doutrinas e desenvolvimentos das escolas individuais, embora, é claro, questões de detalhe e julgamentos sobre seus propósitos últimos permaneçam sujeitos a um vivo debate. Nesta apresentação, recapitularemos algumas das visões mais distintivas dos filósofos helenísticos, destacando o que é marcante e desafiador sobre eles, e, onde for frutífero, comparando-os com os filósofos do período clássico que encontramos até agora.

À medida em que nos aproximamos da filosofia do Período Helenístico, uma generalização de orientação cautelosa é apropriada, presumamos ou não que as instabilidades políticas e transições do período ajudam a explicar os desenvolvimentos que observamos na filosofia: ela assume um olhar voltado para dentro, uma feição prática. Embora Platão e Aristóteles, sem dúvida, se envolvam em filosofia prática de maneira muito séria – *A república* de Platão diz respeito à questão de saber por que devemos querer ser justos[154], enquanto a *Ética a Nicômaco*, de Aristóteles, investiga a felicidade humana com um olho voltado para a caracterização da melhor forma de vida disponível para nós[155] –, ambos os autores também buscam outras formas de conhecimento nos campos teórico, prático e produtivo.

---

153. A obra mais valiosa para os estudantes de língua inglesa é o *The Hellenistic Philosophers*, de Anthony Arthur Long e David Sedley (Long; Sedley, 1987). Esse volume de consulta em dois volumes reúne textos relativos a filósofos helenísticos de centenas de autores. Os textos são ordenados em tópicos, traduzidos de maneira competente por especialistas e acompanhados por perspicaz comentário introdutório. Deve ser a primeira opção para estudantes que queiram aprender mais sobre filosofia helenística. No texto, faço referência a essa obra, quando possível, com as inicias "LS" (original em inglês: *Letter to Menoeceus*). Assim, por exemplo, a primeira passagem de Epicuro mencionada abaixo é citada como "*Carta a Meneceu*, linhas 130 a 132 = LS 21 B". Isso significa que a citação é extraída da *Carta a Meneceu*, de Epicuro, linhas 130-132, e que a passagem relevante está reproduzida em Long e Sedley, em seu parágrafo 21 como passagem B.

154. No que se refere à exposição da justiça em *A república*, de Platão, cf. o subtítulo: "Análise platônica: um estudo de caso".

155. No que concerne à abordagem por Aristóteles da felicidade e do florescimento humano, cf. o subtítulo: "Aplicação das quatro causas: felicidade e função humana".

Aristóteles afirma claramente que a mais alta forma de conhecimento humano é a forma teórica, acima da prática e da produtiva[156]. Por contraste, cada uma das principais escolas do Período Helenístico trata a finalidade da filosofia como algo eminentemente prático: nós nos envolvemos com a filosofia, em última instância, para podermos viver bem, com o resultado de que a teoria, por mais técnica que precise ser, subordina-se expressamente a esse fim e sempre serve a ele.

Dito isso, dois pontos de advertência são imediatamente cruciais, para que não se extraia nenhuma inferência equivocada dessa generalização. Primeiro, não deve se pensar que as várias escolas de pensamento nesse período concordam conscientemente umas com as outras sobre a preeminência da filosofia prática ou, muito menos, que endossem uma visão única sobre a melhor maneira de obter êxito na vida por meio da filosofia. Pelo contrário, como veremos, elas divergem agudamente sobre esse tópico, não só com os filósofos que vieram antes, como também entre os filósofos das próprias escolas. Segundo, e mais importante, não se deve supor tampouco que a filosofia desse período se tornou menos técnica ou menos exigente do que foi nas mãos de Platão e Aristóteles. Pois, pelo contrário, tornou-se de muitas maneiras mais técnica e ainda mais exigente. Portanto, na medida em que essa generalização de orientação é verdade, ela mascara um dos aspectos significativos e estimulantes desse período: precisamente devido ao fato dessas recomendações para viver bem divergirem tão agudamente, alguns dos filósofos do Período Helenístico julgaram necessário desenvolver sofisticados sistemas de lógica, e todas as três principais escolas fizeram trabalhos extremamente originais em epistemologia e filosofia da mente.

Isso pode ser mais bem apreciado ao se distinguir os caminhos específicos que cada uma dessas escolas recomenda para que se atinja a felicidade humana: (1) os epicuristas, seguidores de Epicuro; (2) os estoicos, a escola mais ampla e de maior alcance do Período Helenístico; e (3) os céticos, um conjunto de filósofos com poucas conexões entre si, mas persistentes, dedicados à tese de que a felicidade se dá após a suspensão de todo compromisso intelectual[157]. Embora nenhuma dessas três escolas seja monolítica, cada uma delas admite uma caracterização central satisfatória em termos de sua concepção do mais seguro caminho para a felicidade.

---

156. Sobre a divisão das ciências por Aristóteles, cf.: Shields (2007), parágrafo 15.

157. Sobre a ignorância socrática, cf. o subtítulo: "Ignorância e ironia socrática".

Os epicuristas são hedonistas que sustentam que a felicidade consiste em prazer; que o prazer consiste na ausência de dor; e que boa parte da dor é causada por uma perturbação mental inteiramente evitável. Uma chave para a felicidade humana, segundo eles, consiste em alcançarmos uma compreensão adequada da natureza do universo físico e do lugar da humanidade dentro dela. Tal como Epicuro vê as coisas, o universo físico *é* o universo: para além dos componentes físicos atômicos e aquilo que eles compõem, não há nada.

Desse modo, já encontramos os epicuristas rejeitando claramente duas doutrinas centrais defendidas no período clássico, a saber, a Teoria das Formas de Platão[158] e a concepção anti-hedonista de felicidade de Aristóteles[159]. Os epicuristas negam a existência de entidades que transcendam a percepção, como supostamente as Formas de Platão são; e pensam que a felicidade tem mais a ver com os estados internos dos percipientes individuais do que com qualquer quadro objetivamente dado, do tipo que subjaz ao argumento da função de Aristóteles[160]. Em vez disso, a receita epicureana para a felicidade humana envolve minimizar a dor e maximizar o prazer – mas isso manifestamente *não* significa, como veremos, que devemos levar vidas suntuosas, como o epônimo contemporâneo "epicurista" indicaria. Pelo contrário, o epicurismo evita, mais do que exalta, o prazer opulento.

Epicuro nos aconselha a buscar somente aqueles prazeres com menor probabilidade de nos iludir, prazeres simples que fluem da satisfação de desejos que são tanto naturais quanto necessários. Devemos pôr de lado nossos desejos bastante reais, mas inteiramente desnecessários; tais desejos – de fama, de imortalidade, de consumo imediato – são artificialmente induzidos e podem ser vistos, refletindo-se apenas um pouco sobre isso, como opcionais. Mostram-se como nada mais do que um peso morto psicológico, bagagem inútil puxando-nos para baixo em nossa jornada para a felicidade, e que é melhor descartarmos logo que os identificamos. O hábito de determinar que desejos são necessários e quais são opcionais se mostra assim ser uma das primeiras tarefas do epicurismo.

---

158. Sobre a Teoria das Formas, cf. os subtítulos: "Três argumentos a favor das Formas" e "Caracterização geral das Formas por Platão".

159. Sobre a concepção de felicidade humana de Aristóteles, cf. o subtítulo: "Aplicação das quatro causas: felicidade e função humana".

160. Sobre o argumento da função de Aristóteles, cf. o subtítulo: "Aplicação das quatro causas: felicidade e função humana".

Os estoicos não aprovam o hedonismo no estilo epicurista, não importa o quão austero esse hedonismo possa se revelar. Em vez disso, e de maneira surpreendente, eles sustentam que o único bem humano é a *virtude*, ecoando Sócrates e, com isso, ignorando todas as outras espécies de coisas normalmente contadas como boas e desejáveis – prazer, conforto material, dinheiro, família, reputação e até mesmo saúde. Embora concordem que muitos desses itens podem ser, em certas ocasiões, preferidos ou selecionados pelos estoicos plenamente comprometidos, em termos estritos o estoico maduro permanecerá indiferente a todas essas atrações, pois não fazem parte do bem humano. Esse reside unicamente na virtude.

Para complicar as coisas, a explicação estoica sobre a virtude parece inicialmente idiossincrática, até mesmo estranha: a virtude consiste em viver em acordo com a natureza ou, mais plenamente, em assentir apenas ao que é dado pela natureza, aceitando o universo como é, em vez de tentar inutilmente alterar a maneira como as coisas são. Somente a infelicidade aguarda aqueles que se enraivecem contra o inevitável; aqueles que estão descontentes com sua sorte se permitem tornar-se insensatamente raivosos ou entristecidos por desenvolvimentos que estão além de seu controle. Assim, o objetivo da vida humana, seu fim, é a virtude – e esta consiste em se acomodar ao que existe. Em alguma medida, portanto, o epônimo "estoico", tal como é usado hoje, deriva de posições autenticamente estoicas; porém, essa palavra é enganadora se for tomada como implicando que, para atingir a felicidade, os estoicos exigem uma aceitação severa ou fatalista do que não se pode alterar.

Em parte, devido a seu impulso para viver de acordo com a natureza, os estoicos desenvolveram teorias altamente técnicas de lógica e epistemologia. Pois, o que é bastante compreensível, a acomodação bem-sucedida com o mundo exige que primeiro se determine como o mundo é de fato, o que, por sua vez, requer diferenciar entre como o mundo aparece e como ele é por trás das aparências: as coisas nem sempre são como parecem. A imagem manifesta do mundo não é o mundo.

Os céticos helenísticos se apoiaram nesse último fato e o usaram para atacar especialmente os estoicos, mas também todos os outros que eles viam como *dogmáticos*. Segundo os céticos, um dogmático é qualquer um que acredite ter suficiente apreensão do mundo, de modo a poder dizer com confiança como as coisas realmente são, e não como parecem ser. Como observaram os céticos, mesmo segundo as próprias proposições dos dogmáticos, viver bem exige uma capacidade de distinguir aparência da realidade. Afinal, os epicuristas precisam ser capazes de distinguir falsos prazeres dos verdadeiros; e os estoicos, para que sejam capazes de assentir ao mundo tal como é, precisam primeiramente ser capazes de distinguir o que é real do que meramente parece ser o caso. Os céticos sustentam que não estamos jamais em posição de fazer esse tipo de determinação.

Felizmente, porém, segundo os céticos, há um lado positivo em nossa incapacidade: uma vez que nos damos conta de que os seres humanos jamais estão em posição de saber como o mundo é em si, paramos de lutar; suspendemos todas as pretensões ao conhecimento e mesmo à crença, e começamos a viver guiados unicamente pela aparência. Quando fazemos isso, baixa uma grande serenidade sobre nós (eles usam a mesma palavra que os epicuristas para esse estado bem-vindo: *ataraxia*, isto é, tranquilidade ou estar livre de conflito). A vida nos oferece tranquilidade perfeita somente se abandonamos nossas vãs e ineficazes pretensões ao dogmatismo.

Nessa medida, portanto, as escolas helenísticas de fato se tornam práticas e voltadas para dentro, mas somente de uma maneira expansiva. Cada escola, à sua própria maneira, aconselha que reflitamos sobre a adequação de nossos desejos, crenças, esperanças e emoções, e cada uma delas recomenda que alcancemos uma forma de acomodação com o mundo. Cada uma delas, portanto, também teoriza sobre a natureza do desejo e da emoção, e de maneira mais geral, sobre aparência e realidade. Como já começamos a ver, entretanto, suas abordagens a esses tópicos, juntamente com seus caminhos para a acomodação com o mundo, divergem de maneiras fundamentais. Para sermos mais específicos sobre como seus programas individuais se desenvolvem, podemos agora examinar separadamente cada uma das três principais escolas.

5.2 Os epicuristas

Mais do que os dois outros principais movimentos do Período Helenístico, os epicuristas merecem ser chamados de escola. Isso porque Epicuro possuía uma propriedade, o Jardim, onde ele se reunia com seus seguidores para filosofar em torno de linhas altamente desenvolvidas e sistemáticas. Entre seus seguidores, de modo pouco usual para escolas na Antiguidade, incluíam-se não só mulheres e escravos, como cortesãos e outros indivíduos de baixa posição social. Essa política evidencia uma nova abertura humana por parte de Epicuro, e reflete sua admirável habilidade em harmonizar teoria e prática. Como a doutrina epicurista não permite distinções individuais entre seres humanos e sua capacidade para experimentar o prazer, qualquer que seja seu gênero ou classe, Epicuro acolhia todo ser humano em seu círculo, independentemente de sua origem. Uma vez admitidos, seus discípulos procuravam implementar plenamente os princípios de sua filosofia em sua conduta diária. Tornavam-se assim bastante familiarizados com o altamente desenvolvido conjunto de doutrinas pregado por Epicuro e, em consequência, havia um grau notável de uniformidade e consistência entre seus adeptos, muito mais, de fato, do que encontramos seja entre os estoicos, seja entre os céticos.

5.2.1 As fontes e teses centrais do epicurismo

Nossa situação no que diz respeito ao acesso às concepções de Epicuro é, de diferentes maneiras, infeliz e feliz. Embora tenha escrito bastante[161], quase toda sua obra se perdeu, incluindo seu grande tratado *Sobre a natureza*[162]. Restam, porém, três cartas muito instrutivas escritas por ele, pensadas como guias básicos para seus seguidores: uma, escrita a Heródoto, diz respeito à teoria física de Epicuro; outra, para Meneceu, diz respeito à sua teoria ética; e uma última, para Pítocles, detalha características de sua astronomia e meteorologia. A autenticidade desta última é, às vezes, questionada, mas é provavelmente genuína; já as duas primeiras, que são as principais fontes para as concepções aqui consideradas, podem ser, sem dúvida, aceitas como genuínas.

Além dessas cartas, temos duas coletâneas de suas doutrinas, cada uma das quais oferece um resumo dos princípios fundamentais de Epicuro: o *Principais crenças* (no original em inglês: *Principal beliefs*) (às vezes referido como as *Doutrinas principais*, ou simplesmente por seu título grego, *Kuriai doxai*) e o *Ditos vaticanos* (no original em inglês: *Vatican sayings*), preservada, conforme sugere o nome, em um manuscrito no Vaticano. Ambos são extratos de escritos de Epicuro e reunidos com o objetivo de instruir os noviços nos princípios do epicurismo.

---

161. O doxógrafo Diógenes Laércio, que escreveu no terceiro século d.C. e, assim, muito tempo depois da morte de Epicuro, dedica a ele o décimo livro de seu *Vidas e doutrinas dos filósofos ilustres*. Ele lista cerca de 40 obras de Epicuro.

162. Uma parte desse trabalho sobreviveu, contudo em condições bem precárias, de uma vila em Herculano, cidade soterrada pela erupção vulcânica do Monte Vesúvio, em 79 d.C. Trabalho de restauração está atualmente sendo empreendido.

Assim, nesse sentido, somos mais afortunados. Temos os elementos fundamentais do sistema de Epicuro organizados de uma maneira pensada por ele como bastante adequada àqueles que abordam sua filosofia pela primeira vez.

Além dos escritos do próprio Epicuro, contamos com uma valiosa fonte da doutrina epicurista na obra do poeta latino Lucrécio, o qual escreveu um longo poema didático visando converter seus leitores ao epicurismo. Embora Lucrécio tenha escrito no primeiro século depois de Cristo, ou seja, aproximadamente 300 anos depois da época em que viveu e morreu Epicuro, e ainda que os estudiosos discutam o seu nível de originalidade e independência como filósofo epicurista, é razoável aceitar seu poema *Sobre a natureza das coisas* (*De rerum natura*, às vezes referido como *Sobre a natureza do universo*) como fonte autêntica da doutrina epicurista. Certamente, Lucrécio se apresenta como apóstolo do epicurismo e ele não se equivoca nisso[163].

Lucrécio se concentra repetidamente em uma importante característica fundamental da filosofia epicurista, e podemos segui-lo por meio da abertura que ele fornece para o mundo do pensamento epicurista: somos convidados por Epicuro a abandonar nosso irracional e debilitante medo da morte. Como diz Epicuro, "A morte não é nada para nós, uma vez que, quando há a morte, não existimos nós, e quando existimos, não há morte"[164]. Embora o temor pela morte perpasse todas as idades e níveis sociais, de modo que o mais velho e o mais jovem, o mais rico e o mais pobre tremam igualmente diante de sua sempre invasiva aproximação, esse medo, diz Epicuro, não realiza nada, e assim deve ser banido da vida humana. Em primeiro lugar, nosso medo da morte decerto não altera o fato de que a morte está diante de nós: iremos morrer. Em segundo lugar, e mais importante, esse medo, embora profundamente inútil, dada a inevitabilidade de nossa morte, prejudica de maneira ativa e aguda nosso bem-estar. Causa todo tipo de perturbação e desgaste mental, e engendra em nós inúteis e penosas trepidações. Em vez de cultivar esse medo irracional, debilitante, deveríamos nos livrar de sua influência e voltar nossa atenção para o único bem que este mundo realmente oferece: o prazer. O prazer, segundo Epicuro, reside em nossa compostura mental e física; o medo da morte mina essa compostura. Portanto, o perturbador medo da morte é deletério para nosso bem-estar.

---

163. No que segue, adotarei o pressuposto simplificador de que Lucrécio fala com autoridade sobre Epicuro.

164. *Carta a Meneceu*, 122-125 = LS 24 e 25 B.

O conselho de Epicuro no que concerne à morte abrange várias facetas centrais de sua filosofia. Para começar, as pessoas temem a morte por uma variedade de razões. Alguns, principalmente teístas, temem o que será deles após a morte. Serão punidos por suas más ações? Sofrerão nas mãos de deuses maldosos? Se eles tiverem pecado – e pecaram –, terão de se submeter aos tormentos do inferno? Outros têm outra fonte de perturbação: a mera perspectiva do nada os horroriza. Assim, por exemplo, o filósofo e ensaísta existencialista espanhol Miguel de Unamuno narra seu pavor infantil em relação ao nada, um pavor não da punição *post mortem*, mas do esquecimento *post mortem*: "Quanto a mim, posso dizer que, quando jovem, quando criança mesmo, não me senti afetado quando me mostraram as mais impactantes pinturas do inferno, pois mesmo então nada me parecia tão horrível quanto o nada em si mesmo" (Unamuno, 1954). Unamuno não teme o castigo divino ou o sofrimento *post mortem*, mas recua diante da perspectiva do não ser.

Epicuro sustenta que esses diferentes tipos de reações negativas à morte revelam importantes tipos de erros. Assim, exigem diferentes formas de terapia. Para examinar como ele recomenda que procedamos, precisamos passar por três fases da aculturação epicurista. Primeiro, precisamos compreender que o universo e todas as suas partes são materiais: assim como Demócrito argumentou, muitos séculos antes de Epicuro (Unamuno, 1954), que nada existe além dos átomos e do vazio e o que quer que eles componham. Segundo, em consequência, somos nós mesmos seres materiais compostos de átomos. Como resultado, quando morremos, terminamos. Nossos átomos se espalham ao vento, e não sobrevivemos a nossas mortes mais do que uma taça de vinho sobrevive após ser lançada no Oceano Atlântico. Finalmente, terceiro, dado o fato de nossa própria mortalidade pessoal, nosso medo da morte é irracional. Não há por que temer algo que não podemos experimentar: o não ser é imune à dor.

5.2.2 Hedonismo epicurista

Começaremos com a fonte da convicção de Epicuro de que a morte não é problemática: o hedonismo. Epicuro é um hedonista[165] e, assim, rejeita claramente

---

165. Cf.: Cícero, *De finibus*, I, 29 (= LS 21 A).
Estamos investigando qual é o bem último e final que todos os filósofos concordam que deve ser tal que seja o fim para o qual tudo o mais é meio, mas que não é ele próprio meio para nada. Epicuro situa isso no prazer, que ele deseja que seja o supremo bem, enquanto a dor seria o supremo mal. Sua doutrina se inicia desta forma: assim como todo animal nasce, ele busca o prazer e se rejubila nele como o supremo bem, enquanto rejeita a dor como o supremo mal e a evita tanto quanto for possível.

o quadro do florescimento humano de Aristóteles, dado em termos objetivos e eudemonísticos[166]. Embora Epicuro não enfrente ostensivamente os argumentos de Aristóteles em favor do eudemonismo (uma vez, com efeito, que há razões para acreditar que ele jamais leu os trabalhos de Aristóteles), os contornos de sua reação a uma explicação aristotélica são claros. O prazer consiste em sensação corporal, e somos constituídos fisicamente de modo a buscar pelo prazer como uma questão perfeitamente natural[167]. Não buscamos e, segundo Epicuro, não *devemos* buscar qualquer prazer passageiro. Pelo contrário, a experiência ensina que, ao nos permitirmos certos prazeres, nós meramente nos preparamos para experimentar uma dor em longo prazo[168]. Assim, devemos decidir que prazeres, quando e por que devemos nos permitir. Epicuro é explícito sobre esse ponto, e sustenta abertamente que a variedade de hedonismo que ele propõe não tem nada em comum com os tipos de autoindulgência ou opulência hoje associados ao "epicurismo". Assim, o significado comum que esse termo passou a ter é enganador, mas há alguma base na realidade: Epicuro foi um dedicado hedonista, mas não o tipo de hedonista dedicado à busca de prazer opulento, distinto ou refinado.

Pelo contrário, o epicurismo desposa um ramo marcadamente austero de hedonismo:

---

166. Sobre a concepção de felicidade de Aristóteles como objetivamente dada, cf. o subtítulo: "Aplicação das quatro causas: felicidade e função humana". Para um tratamento mais completo, cf.: Shields (2007).

167. No que segue, simplifico a explicação do prazer de Epicuro para fins de exposição. Sua concepção oficial sustenta que o prazer reside na sensação corporal, embora admita um estado mental próximo ao prazer, a que ele chama de alegria (*chara*), que estritamente falando não é o prazer (*Carta a Meneceu*, 128 = LS 21 B). Ele também distingue entre prazeres estáticos e cinéticos. Os prazeres cinéticos envolvem movimentos de um estado de falta de alguma coisa à saciedade, por exemplo, de estar faminto e estar satisfeito; prazeres estáticos são estados que acompanham o bem-estar, e são superiores aos cinéticos, pelo menos no sentido de que não dependem de privação para sua geração. Segundo Cícero, *De finibus*, I, 38 (= LS 21 A): "Consideramos o supremo prazer como sendo o que é percebido quando toda dor é removida. Pois, quando somos aliviados da dor, nós nos regozijamos nessa liberdade e esvaziamento de toda tensão". A noção de percepção à qual Cícero alude parece bastante ampla, talvez afim ao sentido de percepção como "tornar-se ciente de" em "Ela percebeu que havia um problema em seu casamento quando notou misteriosos saques de sua conta de poupança conjunta". Se isso estiver correto, então prazeres estáticos surgem na mente quando ela se torna ciente de seu próprio bem-estar. Claro, uma vez que, segundo Epicuro, a mente é ela própria corporal, porque composta de átomos no vazio, essa percepção é igualmente uma consciência do bem-estar corporal.

168. Cf.: *Carta a Meneceu*, 129 (= LS, 21 B).

> Nós acreditamos que a autossuficiência é um grande bem, não para que possamos sempre viver com pouco, mas antes para que possamos viver com pouco quando não temos muito, pois estamos inteiramente persuadidos de que aqueles que menos necessitam de extravagâncias as usufruem melhor, e também porque tudo que é natural é fácil de obter, enquanto coisas vãs são difíceis de obter. Além disso, simples aromas fornecem prazer da mesma maneira que um extravagante estilo de vida, quando a dor de desejar é extirpada: bolos de cevada e água fornecem o ápice do prazer quando alguém que os deseja os apanha. Logo, tornar-se acostumados ao simples, em vez de a estilos de vida extravagantes é saudável [...]. Assim, quando dizemos que o prazer é o objetivo não pensamos nos prazeres dissolutos ou no prazer do consumo [...], mas antes na ausência de dor no corpo e de perturbação na alma (*Carta a Meneceu*, 130-132 = LS, 21 B).

O prazer deve ser buscado, portanto, mas não perseguido a todo custo. Ele deve ser maximizado de uma maneira deliberada, contida e racionalmente governada.

A fim de maximizar o prazer, sustenta Epicuro, devemos refletir sobre nossos desejos. Nota-se que ele implicitamente caracteriza certos desejos como *naturais* quando diz que "tudo que é natural é fácil de obter". Epicuro se apoia aqui em sua divisão dos desejos em dois tipos principais: os naturais e os não naturais, em que o contraste parece diferenciar os desejos por meio de seus objetos. Aqueles ligados a objetos artificiais são não naturais, enquanto aqueles dirigidos a objetos naturais são naturais. O desejo de comer é natural; já o desejo de possuir a maior piscina privativa em Hollywood não é. Além disso, mesmo entre os desejos naturais, alguns são necessários e outros não. Um desejo por alimento é perfeitamente natural, até mesmo a comida apresenta formas simples, prontamente disponíveis, como um bolo de cevada e água, e formas luxuosas e menos acessíveis, como caviar e champanhe. Se nos importamos com a maximização do prazer, sugere Epicuro, então nos cabe limitar nossos desejos aos objetos que são tanto naturais quanto necessários. Para começar, bolo de cevada e água não oferecem menos prazer do que caviar e champanhe: fornecem prazer intenso àqueles que os desejam intensamente – e uma vez que o prazer não é nada mais do que uma sensação corporal prazerosa, o prazer fornecido pelo bolo de cevada ao faminto será tão bom ou melhor do que o prazer de se esbaldar em uma piscina privativa em Hollywood.

Mais do que isso, é mais provável que prazeres naturais e necessários sejam assegurados do que outras formas de prazer, pois é mais provável que estejam a nosso alcance. Se desejo ter a maior piscina em Hollywood, preciso dirigir grande parte de minha energia para atingir esse objetivo. Em primeiro lugar, precisarei de uma grande quantidade de dinheiro; em segundo lugar, precisarei da cooperação de outros para construir e manter uma piscina. Precisarei também, como se vê, da cooperação de outras pessoas que pensam da mesma maneira. Em outros termos, se conseguir satisfazer meu desejo de ter a maior piscina privativa em Hollywood e, na semana seguinte, descobrir que você tinha o mesmo desejo e que conseguiu me superar construindo uma piscina ainda maior, terminarei minha semana frustrado, em vez de satisfeito. Ao fim da semana, estarei *desapontado* com minha piscina. Ela é inferior e não satisfaz mais meu desejo não natural, desnecessário de ter a maior piscina da cidade.

Talvez, como soube, você se revele um insolente e rancoroso tipo que se delicia com minha ignóbil derrota na corrida para ter a maior piscina. Assim, mesmo que você não se importe muito em nadar, você constrói sua piscina apenas um pouco maior do que a minha de modo que você possa exibir sua superioridade sobre mim em festas para a vizinhança. Então, fico duplamente frustrado e aborrecido. Em consequência, se desejo satisfazer meu desejo original, preciso iniciar um novo ciclo, pelo qual, assumindo que serei bem-sucedido, você tem liberdade para me superar novamente, deixando-me para sempre contrariado e em estado de inquietação íntima. Ao me permitir semelhantes desejos, em primeiro lugar, torno-me refém de forças bem além de meu controle, torno-me voluntariamente vulnerável a situações que, após rápida reflexão, vejo que não posso dominar.

Uma vez tendo seguido esse caminho, porém, não sou mais senhor de meu próprio prazer: ele se torna contingente de ações próprias e da cooperação dos outros, que podem, na melhor das hipóteses, ser indiferentes a mim – e, infelizmente, você e outros como você não se mostram dispostos a me ajudar em minha busca de satisfação do desejo e de seus prazeres correspondentes. Logo, uma vez que meu prazer é também minha felicidade, permito assim que minha própria felicidade se torne vulnerável às vicissitudes de questões que estão bem além de meu controle. Minha felicidade, portanto, não está mais em meu poder. Entretanto, meu bem, minha felicidade, está prontamente a meu alcance o tempo todo[169]. Tudo o que preciso é dobrar o meu desejo: se restrinjo meus desejos ao que é natural e necessário, ao que está facilmente dentro de meu alcance, então minha felicidade se torna, em grande medida, se não em todo aspecto, dependente de mim mesmo.

---

169. Filodemo, *Contra os sofistas* (= LS, 25 J).

5.2.3 Temor da morte: para os não iniciados

Como alcançamos esse fim obviamente vantajoso? Submetemo-nos à primeira fase da terapia. Começamos perguntando a nós mesmos *por que* temos os tipos de desejos que temos quando passamos nossos dias lutando para obter os mais efêmeros e visíveis bens que podemos adquirir. Mesmo aqui, sugere Epicuro, está à espreita o mais desgastante medo da morte. Entre outras coisas, quando agimos dessa maneira, estamos buscando estima, validação ou inveja de outros; queremos que outras pessoas nos notem, sintam-se inferiores a nós, que se lembrem de nós, levem-nos em conta. Como, porém, isso pode nos fazer felizes? A felicidade consiste em prazer, e este em sensação corporal. Assim, estamos nos comportando de maneira irracional talvez porque, sub-repticiamente, desejemos parecer com deuses para nossos vizinhos, ou porque estamos, de maneira confusa, procurando algum simulacro de imortalidade, tentando nos alojar na consciência coletiva permanente da humanidade. Em algum lugar dentro de nós, todos percebemos que iremos morrer, mas esperamos derrotar a morte por meio da fama ou, não conseguindo fazer isso, pela infâmia. Se for assim, e mesmo se não for, o que desejamos nesses casos ignora o simples fato de que o universo é material em todas as suas partes, e que nós, como partes desse universo material, somos nós mesmos materiais em todas as nossas partes. Somos amontoados de átomos. Desse modo, mesmo que consigamos atingir a maior fama entre todos, não estaremos por perto após nossas mortes para usufruir desse maravilhoso feito.

Eis porque Epicuro nos incita a estudar a natureza. Podemos nos aproximar da autossuficiência ao desenvolver uma concepção realista do universo e de nosso lugar dentro dele:

> Se não suspeitássemos que os fenômenos celestiais e a morte podem importar para nós, que de alguma forma são assuntos de nossa preocupação, e se não deixássemos de compreender os limites de nossas dores e desejos, então não precisaríamos estudar a natureza. Não é possível, todavia, diminuir os temores no que concerne a questões tão significativas para alguém que não conhece a natureza do universo, mas retém alguns dos temores derivados da mitologia. Em consequência, não há como assegurar o prazer puro sem estudar a natureza (*Principais crenças*, 11-12 = LS 25 B).

Nossos medos infundados derivam principalmente de uma falta de compreensão. A superstição nada mais é do que o resultado direto de deixar de apreciar como as coisas realmente são; a superstição é uma crença, uma falsa crença, em um universo mágico que não existe de fato. Ao estudar a natureza, aprendemos a verdade do atomismo e, assim, do materialismo. Aprendemos também que somos coisas materiais – seres compostos de átomos girando no vazio.

Se persistimos em acreditar que não somos simplesmente parte da vasta rede de átomos, que somos exceções, que possuímos almas do tipo que Platão nos ensinou a acreditar que possuímos[170], então os epicuristas nos oferecem um remédio simples. Eles nos guiam para a primeira fase da terapia por meio de um argumento frágil, mas direto, conforme Lucrécio:

> Essa mesma razão se mostra ser a natureza material tanto da alma quanto do espírito. Pois são vistos como impelindo os membros, despertando o corpo, mudando expressões faciais, e governam e dirigem o homem todo – nada do que seria possível sem tato, nem este, por sua vez, sem a matéria. Como podem negar a natureza material da mente e do espírito? (Lucrécio, *De rerum natura*, III, 161-167 = LS 14 B).

Como nota Lucrécio, a mente afeta o corpo, e este afeta a mente. Nada disso seria possível se a mente e o corpo não entrassem em contato entre si; mas só entram em contato entre si por meio do tato, mas obviamente, este é impossível a menos que mente e corpo sejam materiais.

Esse argumento se dirige aos não iniciados, àqueles que ainda precisam aceitar a natureza material de nossas mentes, ou almas, àqueles que persistem em pensar que somos, de alguma forma, excepcionais no reino da natureza. Assim, *para esses não iniciados ao materialismo* (PNIM):

1. Mentes (ou almas) e corpos interagem causalmente somente se as mentes (ou almas) forem materiais;

2. Mentes (ou almas) e corpos interagem causalmente;

3. Logo, mentes (ou almas) são materiais.

Para aqueles que estudaram filosofia moderna, esse argumento pode parecer notavelmente similar a um argumento desenvolvido um milênio e meio mais tarde, no século XVII, por vários críticos que buscavam minar o dualismo alma-corpo apresentado por René Descartes em suas *Meditações*. É porque se trata de fato do mesmo argumento.

---

170. Para a concepção de alma de Platão, cf. o subtítulo: "Análise platônica: um estudo de caso".

Os epicuristas aceitam como inatacável (PNIM-2), ou seja, a tese de que a mente (ou alma) interage causalmente. Pensam nela como uma óbvia verdade empírica. Mesmo a observação casual mostra que a interação causal entre a mente e o corpo ocorre, seguindo nas duas direções. Como nota Lucrécio, é um fato simples que, quando um guerreiro é atingido por uma lança que atravessa o seu esterno, ele sangra, empalidece e perde a consciência. Uma vez que ser consciente é um estado da mente, esse ato manifestamente físico de atravessar o seu esterno causa isto: um efeito mental, a saber, a perda da consciência. Indo na outra direção, como nota Lucrécio, a mente é vista como mudando o corpo. Uma estudante está trabalhando duro tentando resolver uma difícil equação. Falha repetidamente e faz uma careta de frustração. Por fim, identifica a solução em um instante e sorri com alívio e satisfação. Esse, o evento mental de apreender a solução, causa isso, um efeito físico, uma mudança na expressão facial. Decide recompensar-se indo a uma cafeteria para comprar um café com leite caramelizado. Assim, como diz Lucrécio, sua decisão "é vista como impelindo seus membros" à medida que desce as escadas para fora de seu apartamento, e desce a rua em direção à cafeteria local.

Obviamente, essas ilustrações podem se multiplicar milhares de vezes, sem esforço. Assim, permitamos que (PNIM-2) permaneça: há uma interação causal de duas mãos entre a mente (ou alma) e o corpo. Assim, resta apenas (PNIM-1) para que o não iniciado apreenda: as mentes (ou almas) e os corpos interagem causalmente somente se mentes (ou almas) forem materiais. Lucrécio fornece apenas um argumento abreviado para (PNIM-1). Ele diz que semelhante interação requer o tato, mas que o tato requer matéria. De fato, diz que semelhante interação *não seria possível* sem o tato, o que sugere que ele vê (PNIM-1) como uma verdade necessária. Sua sugestão, assim, parece ser que é conceitual ou metafisicamente impossível que alguma coisa não física entre em interação causal com algo físico; por exemplo, que algo não físico faça uma bola de bilhar se mover sobre uma mesa. A iniciação do movimento exige força, mas esta é física; sem o exercício de algo físico, portanto, nenhum movimento resultará. O que vale para as bolas de bilhar, dá a entender Lucrécio, vale para toda mudança física. As bolas de bilhar, como tudo o mais, são conjuntos de átomos. Assim, conclui, as mentes (ou almas), não menos que as bolas de bilhar e os corpos, são físicas. Mais uma vez, mentes, e bolas de bilhar, são todas e igualmente compostas por átomos girando no vazio.

Um platônico não permitirá que a defesa de Lucrécio de (PNIM-1) se detenha aqui; mas se formos persuadidos, então teremos nos tornado iniciados. Aceitamos agora a verdade do materialismo. Ao estudar a natureza, vemos que não há nada a temer na morte, uma vez que, quando há a morte, nós não existimos. O nada não nos deixa nada para temer.

5.2.4 Temer a morte: para os iniciados

Ou deixa? Epicuro conduz sua campanha contra o medo da morte a uma segunda fase, pois reconhece que esse medo é tão arraigado em nossas psiques que ele pode exercer seu poder até mesmo depois de termos avaliado que as perspectivas de punição *post mortem* são inexistentes, mesmo depois de termos aprendido que a morte é o fim das sensações. Epicuro defende sua posição mais plenamente como segue:

> Acostume-se a pensar que a morte não é nada para nós, uma vez que todo bem e todo mal residem na sensação, e a morte é ausência de sensação. Logo, uma compreensão correta do fato de que a morte não é nada para nós torna a mortalidade da vida aceitável – não por acrescentar tempo infinito, mas por nos afastar de nosso anseio por imortalidade. Pois não há nada de temível na vida para alguém do que verdadeiramente concluir que não há nada temível na vida. Em consequência, fala de maneira vã quem diz que teme a morte, não por ela ser dolorosa quando presente, mas porque é dolorosa quando chega. Pois se alguma coisa não causa dor quando presente, é inútil se penalizar por antecipação em relação a ela. Por conseguinte, a morte, o mais horrível dos males, não é nada para nós, nós não existimos. Logo, a morte não é nada para o vivo ou para o morto: ela não existe para o primeiro, e este último não mais existe (Epicuro, *Carta a Meneceu*, 124-125 = LS 24 A).

Ele dirige essa passagem aos iniciados, insistindo que é inútil para alguém que aceitou a verdade do materialismo continuar a temer a morte.

O argumento de Epicuro gira em torno do fato de que a dor, como o prazer, consiste em uma sensação corporal. Ele admite que é perfeitamente racional temer certos tipos de dores inevitáveis. Se tivermos em vista uma morte iminente, inescapável e dolorosa, então podemos temer essa perspectiva. Isso, porém, consiste em temer *morrer*, não temer a morte. Nesse caso, temos diante de nós uma dor antecipada, inevitável, e a dor é de fato um mal. É assim racional temer uma dor inescapável. Do mesmo modo, insiste Epicuro, é inteiramente irracional temer uma dor que se *sabe* que não existe. Ele oferece assim o seguinte argumento *para aqueles iniciados ao materialismo* (PAIM):

> 1. Um sujeito S pode racionalmente temer em t_1 algum estado de coisas em t_2 somente se S existir em t_2;
>
> 2. Assim, se t_2 for posterior no tempo à morte de S, S pode temer algum estado de coisas em t_2 somente se S existir após a morte;
>
> 3. S não existe após a morte de S;
>
> 4. Logo, S não pode racionalmente temer qualquer estado de coisas após a morte de S.

Com efeito, Epicuro começa lembrando aos iniciados que o prazer consiste em uma sensação corporal e que não existe tal sensação após a morte. Ele também nota, implicitamente, que mesmo os iniciados podem continuar a ser afligidos por medos profundamente ilícitos. Claramente, qualquer um iniciado às verdades do materialismo, por (PNIM) ou por algum outro meio, aceitará (PAIM-3), ou seja, a tese de que, para qualquer sujeito S, S não existe após a morte de S. Uma vez que (PAIM-2) se segue diretamente de (PAIM-1), tudo o que resta para o iniciado é a primeira premissa, de que S pode racionalmente temer em t_1 algum estado de coisas em t_2 somente se S existir em t_2.

Talvez se possa ilustrar a atitude de Epicuro em relação à (PAIM-1) da seguinte forma. Imagine que você teve por muito tempo uma paixão secreta por alguém, e que você finalmente tomou coragem para pedir a essa pessoa para ter um encontro com você, digamos, para um piquenique dali a duas semanas. Para sua surpresa, o objeto de sua afeição concorda entusiasticamente. Você começa a planejar o encontro com um cuidado meticuloso e deliciado com o futuro encontro. Até mesmo o planejamento lhe propicia grande prazer. Então, infelizmente, ouve de uma severa autoridade médica que você está destinado a ter uma morte suave, sem dor, mas certeira, dentro de uma semana. Será racional que você continue a antecipar o piquenique com prazer? Parece que não.

Por paridade de raciocínio, se em vez de um piquenique você estivesse programado para passar por um doloroso tratamento de canal em duas semanas, no mesmo cenário médico, seria irracional continuar a temer a dor que você estava esperando sofrer em sua consulta odontológica. Ela não será mantida (estamos assumindo que você não é a pessoa melindrosa que pedirá a seu dentista para antecipar a consulta, de modo que você possa completar o tratamento de canal antes de morrer). O que vale para esses prazeres ou dores individuais antecipados, vale de maneira bastante geral. Não há motivo para antecipar o prazer de seu piquenique se ele não for ocorrer, e não há motivo para temer a dor de seu tratamento de canal, precisamente pela mesma razão. A dor não ocorrerá. Você não estará ali para experimentar ambas – ou na verdade, nada mais. Assim, se você for iniciado às verdades do materialismo, você será incentivado a expurgar seus temores irracionais e se concentrar em satisfazer seus desejos naturais e necessários.

Mesmo agora, porém, tendo chegado até aqui, alguém poderia temer a aproximação do nada, à maneira de Miguel de Unamuno. Em outros termos, alguém poderia aceitar a verdade do materialismo, concordar que é irracional temer o que não se pode experimentar e, ainda assim, recuar diante do horror do mero nada. Certamente, alguma coisa é preferível ao nada. Em primeiro lugar, há um argumento derivado do próprio Epicuro. Admitamos, conforme insiste Epicuro, que podemos experimentar o prazer quando e somente quando existimos; e admitamos, além disso, que o prazer é um bem, na verdade, que é o bem. Se for assim, porém, então quando morrermos seremos *despojados* de nossa única forma de bem, e isso certamente deve ser lamentado, se não exatamente temido.

Em resposta a esse tipo de preocupação, Lucrécio passa, de maneira envolvente, para a fase final da terapia epicurista. Ele sugere que, quando morremos, não somos realmente *despojados* de qualquer coisa. Insta-nos a refletir sobre o seguinte simples fato: cada um de nós nasceu em uma data específica, antes da qual não existíamos. Antes da data de nosso nascimento, qualquer que fosse o momento, nós não existíamos. De fato, antes de nascermos, não éramos nada pelo período que cobre toda a história do universo. Porém, em momento algum durante esse vasto período de tempo fomos despojados de qualquer coisa. Nós simplesmente não existíamos:

> Logo, a morte não é nada para nós, e isso não diz respeito em absoluto, uma vez que se admite que a natureza da mente é mortal. Assim como no passado não tivemos sensação de desconforto [isto é, antes de nascermos] [...] assim também quando não mais existirmos, quando a alma for separada do corpo, de cuja união somos constituídos, nada será capaz de nos estimular ou tocar nossos sentidos (Lucrécio, *De rerum natura*, III, 830-840 = LS 24 E).

Nossas atitudes em relação a nossa não existência futura devem se equiparar a nossas atitudes em relação à nossa não existência passada. Uma vez que não lamentamos nossa não existência pré-natal, nenhum de nós deve lamentar nossa não existência *post mortem*.

Lucrécio oferece assim, ao iniciado, um argumento da simetria entre o futuro e o passado (SFP):

> 1. Nossas não existências pré-natal e *post mortem* são diretamente simétricas;
>
> 2. Se (1), então é racional lamentarmos nossa não existência *post mortem* somente se for racional para nós lamentar nossa não existência pré-natal;
>
> 3. Logo, é racional lamentarmos nossa não existência *post mortem* somente se for racional lamentarmos nossa não existência pré-natal;
>
> 4. É irracional lamentar nossa não existência pré-natal;
>
> 5. Logo, é irracional lamentarmos nossa não existência pré-natal.

O que vale para a lamentação também vale, e de maneira mais manifesta, para o medo. Assim como não temos razão para temer nossa não existência pré-natal, do mesmo modo não temos razão para temer nossa não existência *post mortem*.

(SFP), novamente, é dirigido ao iniciado. Semelhante pessoa terá aceito a verdade do materialismo, e terá mesmo ter reconhecido que não há por que temer dores que não ocorrerão. Ainda assim, como Miguel de Unamuno, tal iniciado fica horrorizado pela perspectiva do mero nada. Semelhante pessoa experimenta *pavor não existencial*.

A mais tendenciosa premissa no argumento dirigida a esse iniciado hesitante é (SFP-1), a tese de que nossas não existências pré-natal e *post mortem* são diretamente simétricas. Em certo sentido, se somos iniciados, então já aceitamos isso. São simétricas pelo menos do ponto de vista da sensação. Exatamente como deixamos de experimentar sensações dolorosas e indesejadas, antes de nascermos, do mesmo modo não experimentaremos sensações após morrermos. Até aqui, a simetria se sustenta.

De outras maneiras, porém, pode-se duvidar se nossas não existências no passado e no futuro são perfeitamente simétricas. Há primeiramente o fato de que todo planejamento e intenção estão voltados para frente, necessariamente dirigidos para o futuro e jamais para o passado. Assim, há uma diferença sobre nossa relação com o passado e o futuro: embora certamente não possamos esperar ou pretender fazer alguma coisa acontecer no período anterior ao nosso nascimento, podemos pretender ou pelo menos esperar fazer algo acontecer no período após nossas mortes. Assim, Antoni Gaudí, o grande arquiteto catalão, poderia razoavelmente ter esperado que a Sagrada Família, a catedral que ele concebeu em Barcelona, fosse terminada após sua morte. Com efeito, poderia ter pretendido que sua construção seguisse uma programação determinada, mesmo sabendo que poderia não estar presente para contemplar sua implementação. Já em 1925, Gaudí não poderia ter pretendido que ela se completasse antes da eclosão da Primeira Guerra Mundial.

Em geral, o passado está fechado: o mundo não é de tal modo que possa ser alterado em seu passado. Assim, embora possamos certamente lamentar algo ocorrido, não podemos no presente esperar ou pretender alterar o passado. O passado não pode ser desfeito. O futuro, em brilhante contraste, permanece aberto, mesmo após nossas mortes. Podemos, dessa forma, esperar e pretender de todas as maneiras que resultados se produzam após nossas mortes. Com efeito, alguns mártires se sacrificam porque acreditam que fazê-lo é o único caminho para algumas situações bastantes desejáveis. Se um sargento em um pelotão militar – um epicurista iniciado, estipulemos – se joga sobre uma granada acreditando que de outro modo todo o seu pelotão morrerá, ele tem em vista algum bem útil que será obtido após sua morte e pretende produzi-la por meio de sua ação. Assim, o futuro aberto pode ser afetado de maneiras que o passado não pode. Não é isso uma assimetria?

A questão merece mais reflexão, como faz (SFP-4), a tese de que é irracional lamentar nossa inexistência pré-natal. Ambas as posições convidam a tipos similares de exame. Podemos admitir, mais uma vez, que seria irracional *temer* uma experiência dolorosa pertencente ao tempo em que inexistíamos. Pode-se perguntar, porém, sobre como devemos ver o passado. De maneira contrafactual, por exemplo, podemos acreditar que se tivéssemos existido em algum momento passado, poderíamos ter impedido alguma grande tragédia, e esse pensamento por si só poderia nos fornecer bases para lamentar nossa inexistência pré-natal. Semelhantes juízos são intrinsecamente instáveis, é claro, mas na medida em que nos sentimos justificados em formulá-los, podemos pensar que seja racional ter atitudes negativas em relação ao passado. Se essas afirmações forem apropriadas, a própria paridade que Epicuro procura explorar poderia ser voltada contra ele. Em outros termos, pela própria paridade que (SFP-1) requer, assim como poderíamos lamentar nossa não existência passada, poderíamos passar a lamentar o fato de que não estejamos presentes lá no futuro, que perderemos o bem de nossas vidas, e essa lamentação pode assumir a forma de um pavor ou outra perturbação psíquica. Em geral, se pensarmos que a própria vida é um bem, então sua perda é algo a ser avaliado negativamente.

Respostas a (SFP), dessa forma, são em última instância questionamentos ao tipo de hedonismo abraçado pelo epicurismo. Se pensarmos que há algumas outras coisas a serem valorizadas além do prazer, então teremos bases para lamentar a perda desse valor, mesmo que possamos não experimentar sua perda pessoalmente. Podemos muito bem concordar, é claro, que o prazer subjetivo é *um* bem, sem concordar que seja *o* bem. Assim, podemos pensar que a própria vida seja um bem, mas não (só) porque pensamos na vida como algo prazeroso. Se tivermos motivos para favorecer esse tipo de esquema valorativo mais abrangente, então também teremos motivos para atribuir valor a algumas coisas, além do prazer subjetivo e, assim, também para questionar Epicuro em um nível fundamental de sua filosofia.

Se o hedonismo epicurista fracassar, o mesmo valerá para o epicurismo como um todo.

Questões sobre a sustentação do epicurismo, portanto, conduzem-nos diretamente de volta a questões sobre o que constitui nosso bem final.

5.3 Os estoicos

Os estoicos defendem uma concepção bastante não epicurista de bem final. Tal qual os epicuristas, entretanto, são *monistas de valor*: pensam que somente um tipo de coisa é bom[171]. Diferentemente deles, porém, não supõem que o único valor na vida seja o prazer. Sustentam, em vez disso, que a *virtude* e *somente* ela seja o bem; a virtude é o único bem supremo.

---

171. Consideraremos uma importante ressalva para essa tese posteriormente, no subtítulo: "Ceticismo". Por ora, porém, admitamos que o monismo de valor estoico consista na tese de que somente o bem é virtude.

5.3.1 As fontes e teses centrais do estoicismo

À medida que avançamos para compreender a motivação dos estoicos para esse tipo de monismo, precisamos estar cientes de que estamos pondo de lado muitas questões intrigantes sobre o desenvolvimento de seu pensamento. Quando falamos: "*os* estoicos", não estamos de fato nos referindo a um grupo monolítico de autores estritamente unidos por sua adesão a um mestre comum, como é o caso dos epicuristas; muito menos estamos lidando com um único autor cujas obras se estendem por várias décadas, como nos casos de Platão e de Aristóteles. Estamos nos referindo, em vez disso, a um conjunto de doutrinas desenvolvidas ao longo de uma ampla gama de obras escritas em muitos gêneros diferentes, compostas por diversos autores e se estendendo não por décadas, mas por séculos.

Os primeiros estoicos surgiram em Atenas, não muito tempo após a morte de Aristóteles, quando a escola foi fundada por Zenão de Cítio por volta de 300 a.C. Zenão foi sucedido por Cleantes (c. 331-230 a.C.) e este, por sua vez, por Crisipo (c. 280-204 a.C.). Até mesmo falar em "fundar uma escola" aqui seja enganoso, se por isso entendermos a prática moderna de criar uma instituição de ensino superior de modo planejado e em uma data específica, como, por exemplo, Edward e Lavinia Talbot, que fundaram a Lady Margaret Hall, primeira faculdade para mulheres em Oxford, em 1878, e a nomearam em homenagem a Lady Margaret Beaufort, mãe de Henrique VII, que foi incentivadora da educação e das artes. Tudo isso aconteceu em momento e lugar determinados, com a intenção específica de estabelecer uma faculdade com um caráter e um propósito particular. Já o início da escola ou movimento estoico foi muito mais informal. A escola não surgiu por meio de planejamento ou decreto, mas simplesmente surgiu em Atenas na época de Zenão, que começou a prática de expor doutrinas distintas, discursando e passeando em torno do pórtico pintado ou colunata (em grego, *hê poikilê stoa*) que cerca o lado norte da Ágora, em Atenas. Os estoicos derivam seu nome dessa *stoa*, ou colunata. Os primeiros três líderes, Zenão de Cítio, Cleantes e Crisipo, constituem a Primeira Stoa, como o movimento passou a ser chamado; e, entre eles, Crisipo é geralmente considerado como a força impulsionadora mais significativa. De fato, desde a Antiguidade, dizia-se, "se não fosse por Crisipo, não teria havido a Stoa"[172]. Infelizmente, embora ele tenha escrito volumosamente, não temos quase nada de seus originais. E tampouco temos qualquer coisa mais extensa dos dois outros líderes, Zenão e

---

172. DL, VII, 183.

Cleantes. Assim sendo, lamentavelmente temos que nos apoiar nos relatos de fontes posteriores para conhecer as doutrinas da Primeira Stoa[173].

Depois disso, as coisas melhoraram, mas também se tornaram mais complexas. Melhoraram porque, para períodos posteriores ao estoicismo, temos obras completas de autores que se autoproclamam estoicos; tornaram-se mais complexas porque esses autoproclamados estoicos viveram e trabalharam em uma ampla variedade de épocas, lugares e meios sociais. Para nomear apenas alguns, entre os estoicos se contam: Epiteto (50-130 d.C.), um escravo cujas leituras foram recolhidas e preservadas pelo historiador Arriano; Sêneca (1-65 d.C.), tutor do imperador romano Nero, que escreveu ensaios e epístolas literárias em latim; e Marco Aurélio (121-180 d.C.), imperador romano que escreveu em grego. Outras fontes para o estoicismo nem mesmo são estoicos, mas críticos deles, que recontaram suas concepções principalmente em um esforço para desacreditá-los. Entre esses estão Galeno (c. 129-210 d.C.), o médico de Marco Aurélio; e Plutarco (45-125 d.C.), filósofo acadêmico que nos legou obras como *Sobre as autocontradições estoicas* (*De stoicorum repugnantiis*), *Sobre visões comuns contrapostas aos estoicos* (*De communibus notitiis*). Essas últimas fontes são, com frequência, manifestamente hostis.

Ao trabalhar com elas, e mantendo em suspenso algumas difíceis questões concernentes a divisões internas entre os estoicos, podemos reconstruir suas crenças centrais, muitas das quais, para melhor ou para pior (eles dirão que para melhor) vão de encontro ao senso comum, assim como alega o hostil Plutarco.

Entre seus compromissos centrais, vem em primeiro lugar sua variedade de monismo de valor. A virtude, não o prazer, é o único bem humano, e de fato, segundo Zenão, em comum com todos os estoicos que vieram depois dele, é o objetivo ou fim (*telos*) da vida humana:

> Por conseguinte, Zenão, em seu livro *Sobre a natureza do homem* foi o primeiro a dizer que viver em consonância com a natureza é o fim (*telos*), que consiste em viver de acordo com a virtude. Pois a natureza nos conduz à virtude [...]. Além disso, viver de acordo com a virtude é equivalente a viver de acordo com a experiência do que ocorre na natureza, como afirma Crisipo em *Sobre os fins*, I: por nossas naturezas são partes da natureza do todo. Logo, viver em consonância com a natureza passa a ser o fim, o que está em acordo com a natureza de si e do todo, não se envolvendo em qualquer atividade proibida pela lei universal, que é a

---

173. Sobre fontes da filosofia helenística, cf. o subtítulo: "O período helenístico".

reta razão (*orthos logos*) que tudo perpassa e é idêntica a Deus, o qual é o diretor da administração das coisas humanas. E a virtude do homem feliz e seu bom fluxo de vida é exatamente esta: sempre tudo fazer com base na concordância do guardião do espírito de cada homem com a vontade do administrado do todo (DL, VII, 87-88).

Essa é uma caracterização complexa que situa de maneira útil a concepção estoica do bem em seu contexto mais amplo. Os estoicos não só pensam na virtude como o bem humano, como possuem também uma concepção bastante específica daquilo em que consiste a virtude: ou seja, viver em consonância com a natureza. Viver em consonância com a natureza, por sua vez, exige que se chegue a um acordo com ela: a própria natureza é perpassada pela reta razão (*orthos logos*), a qual precisamos assegurar para que nos amoldemos conforme a direção da natureza. Isso é o que desejamos fazer, dizem os estoicos, porque é bom para nós, e eles tomam como indiscutível que todos desejamos o que é bom para nós.

Se pudermos compreender três pontos centrais apresentados nessa passagem, teremos uma primeira aproximação razoável da riqueza da filosofia estoica. São eles: (1) os estoicos apresentam uma explicação distintamente teleológica da virtude humana, que carrega consigo uma clara prescrição para viver uma boa vida; (2) a explicação teleológica da virtude humana se situa dentro de uma concepção teleológica anterior e mais ampla do universo como um todo, o qual eles veem tanto como dirigido a fins quanto algo altamente determinista; e (3) a fim de compreender o caráter desse universo e nosso lugar nele, precisamos adotar uma maneira bastante sistemática de pensar sobre o mundo. Segundo os estoicos, um sistema de pensamento ideal abrangerá pelo menos três ramos principais: lógica, física e ética.

Os estoicos oferecem várias comparações para mostrar a interconexão entre esses três componentes de seu sistema:

> A filosofia, dizem eles, é como um animal: a lógica corresponde aos ossos e tendões, a ética às partes carnosas, e a física à alma. Outra analogia que eles usam é um ovo: a lógica é como a casca, então vem a ética, a clara do ovo, e no centro está a física, a gema (DL, VII, 40 = LS, 26 B).

Embora seja natural se perguntar se essas analogias pretendem retratar algumas relações de prioridade entre os ramos do sistema estoico, os estoicos na verdade parecem muito mais interessados em destacar um aspecto diferente de suas comparações: a interconexão. Um ovo não é um ovo sem todos os três componentes que o constituem, e um animal é uma unidade orgânica, composta essencialmente por todas as partes listadas, cada uma das quais com uma contribuição indispensável para o todo. O mesmo ocorre com a filosofia estoica: podemos começar por onde quisermos, pois cada ramo dá uma contribuição indispensável para o todo de seu sistema. Embora possamos eventualmente passar por todas as partes da filosofia, nosso fim singular ao fazê-lo jamais varia: desejamos compreender a natureza de modo que possamos viver de acordo com ela. Nosso bem reside em fazer isso.

5.3.2 Virtude estoica: oikeiosis e viver em consonância com a natureza

Comecemos a abordagem da concepção estoica de viver em consonância com a natureza por meio da popular frase de Zenão de que "a natureza conduz à virtude" (DL, VII, 87). Poderíamos pensar que estudar a natureza nos envolve no trabalho, neutro em relação a valores, de descrever as características fundamentais do universo físico em termos de partículas, forças e leis. Quando aprendemos, por exemplo, a segunda lei da termodinâmica, compreendemos algo sobre as maneiras pelas quais temperaturas, pressões e elementos químicos interagem entre si dentro de um sistema físico fechado. A segunda lei da termodinâmica não parece nos dizer nada, porém, sobre como devemos conduzir nossas vidas; parece, pelo contrário, que ela *não pode* nos fornecer qualquer instrução, porque sua lei, como as outras leis da física, é neutra em relação a valores, enquanto qualquer questão sobre a boa vida é inevitavelmente carregada de valores. Não parece que possamos derivar enunciados de valor de enunciados de fatos empíricos. Como gostam de dizer os seguidores do filósofo escocês David Hume: não se pode derivar um *dever* de um *ser*. Assim, em particular, não podemos determinar como *deve* se viver meramente determinando como as coisas *são*[174].

---

174. Posto de maneira um pouco mais formal, segundo os humeanos, qualquer argumento com uma conclusão da forma "*S deve* fazer assim e assado" (por exemplo, *S* deve dar 10% de seu salário para os pobres) será falaciosa, a menos que uma de suas premissas tenha em sua forma "Se *p*, então *S* deve fazer assim e assado" (por exemplo, "Se *S* pode aliviar o sofrimento ao doar 10% de seu salário para os pobres, então *S* deve fazê-lo"). Se o conjunto de premissas contém apenas proposições indicativas ("*S* tem mais dinheiro do que precisa" e "Ao doar 10% de seu salário para os pobres, *S* aliviará o sofrimento"), uma conclusão sobre *S* não poderá jamais ser derivada. Cf. Hume, *Tratado sobre a natureza humana*, III, 1: "Em todos os sistemas de moralidade com os quais já me deparei, sempre observei que o autor procede por algum tempo de acordo com as maneiras comuns de raciocínio, e estabelece o ser de um Deus, ou faz observações concernentes a assuntos humanos; quando, de repente, fico surpreso ao descobrir que, em lugar das usuais copulações de proposições, *é e não é*, não encontro nenhuma proposição que não esteja conectada com um *deve*, ou um *não deve*. Essa mudança é imperceptível, mas é da maior consequência. Pois, como esse *deve* ou *não deve* expressa alguma nova relação ou afirmação, é necessário que ela seja observada e explicada; e, ao mesmo tempo, uma razão deve ser fornecida; pois o que parece inteiramente inconcebível, como essa nova relação pode ser uma dedução de outras, que são inteiramente diferentes dela".

Examinado de certo modo, os estoicos simplesmente concedem esse ponto. Não pensam que possamos derivar um *dever* de um *ser*. Pensam, em vez disso, que o *dever* está presente o tempo todo. Em outros termos, discordam da afirmação de que o universo é neutro em relação a valores. É isso o que eles entendem quando se referem antropomorficamente a Zeus como sendo idêntico à "reta razão (*orthos logos*) que tudo perpassa" (DL, VII, 88). Sua reiterada sugestão é que a natureza se apresenta a nós como um todo ordenado, um sistema teleológico estruturado cujos termos devemos simplesmente compreender se quisermos ter boas vidas. O segundo líder da Primeira Stoa, Cleantes, até mesmo compôs um hino a Zeus, que é tratado como a medida racional do universo:

> Mais majestático dos mortais, de múltiplos nomes, eternamente todo-poderoso Zeus, fonte da natureza, tudo dirigindo com vossa lei: Salve! [...]. O cosmos inteiro girando em torno da Terra vos obedece, submetendo-se voluntariamente a vosso comando aonde quer que o conduza, Assim é o raio de fogo eterno de duplo gume que segurais em vossas invencíveis mãos. Pois sob os seus golpes todas as obras da natureza se realizam. Com ele dirigis a razão universal (*koinos logos*) que perpassa todas as coisas, misturando-se com grandes e pequenas luzes celestiais [...]. Afugente todas as fraquezas de nossa alma, Pai. Dai-nos a faculdade de julgamento, em cuja confiança tudo regulais com justiça, de modo que, ao obter honra, possamos recompensá-lo com honra, sempre entoando o elogio de vossas obras, como cabe a mortais. Pois nem homens nem deuses possui maior privilégio do que este: louvar para sempre, na justiça, os benefícios de vossa lei universal (*koinos nomos*) (*Estobeu*, 1.25, 3-27, 4 = LS 54 I)[175].

Estudiosos debatem até que ponto Cleantes e os demais estoicos compreendem Zeus como literalmente um ser vivente, pensante e divino que ordena o universo tal qual um legislador e a quem os seres humanos devem se submeter em comum com o resto da natureza. Nessa passagem, como em muitas outras, Zeus é retratado exatamente dessa maneira, como um ser supremo a ser obedecido; em outras passagens, mais naturalistas, Zeus parece mais próximo de um universo natural antropomorfizado. Assim, Cícero representa Crisipo: "O mundo é sábio, e portanto é deus"[176]. Em ambos os casos, o universo flui com racionalidade, di-

---

175. Traduzido a partir do inglês [N.T.].

176. Cícero, *Sobre a natureza dos deuses*, II, 39 = LS, 54 H; cf.: DL, VII, 147 = LS, 54 A.

reção e normatividade. Como as coisas devem ser dadas pelo próprio universo natural; compete a agentes racionais imperfeitos, como nós, discernir essa direção do universo perfeitamente racional da melhor maneira que pudermos, e então nos amoldarmos à sua ordem.

Um exame da direção da natureza forma a base da distintiva doutrina estoica da *oikeiosis* – o processo de desenvolvimento moral desde seu início até a maturação, um processo de passar a reconhecer e aceitar o que pertence e cabe a cada um. Nenhuma palavra em português captura o pleno alcance de *oikeiosis*; assim nós a deixaremos em sua forma transliterada. Sua raiz envolve a palavra grega para casa ou lar (*oikos*), cujas nuanças significam para os estoicos o processo de encontrar o seu lugar próprio, encontrar o que autenticamente é caro a si, encontrar, em suma, sua moradia no mundo.

Cícero descreve o processo de maneira compacta:

> O primeiro ato apropriado é se preservar em sua própria constituição natural; o seguinte é reter aquelas coisas que estão em consonância com a natureza e rejeitar aquelas que lhe são contrárias; então, quando esse princípio de escolha e também de rejeição tiver sido descoberto, segue--se a escolha condicionada pela ação apropriada; então, essa escolha se torna um hábito fixo; e, finalmente, a escolha plenamente racionalizada e em harmonia com a natureza. É nesse estágio final que o Bem propriamente chamado emerge pela primeira vez e passa a ser compreendido em sua verdadeira natureza (*De finibus*, III 20)[177].

Diógenes Laércio relata o processo de *oikeiosis* de um modo um pouco mais completo:

> Eles dizem que a primeira inclinação (isto é, impulso) que um animal possui é de se autoproteger, uma vez que a natureza traz em si mesma um interesse nisso desde o início, como afirma Crisipo no primeiro livro de seu tratado sobre os fins, onde ele diz que o primeiro e mais caro (*oikeon*) fim a todo animal é sua própria existência, e sua consciência dessa existência. Pelo que não é natural para qualquer animal alienar-se de si mesmo, ou mesmo ser levado a um estado tal de modo a ser indiferente a si mesmo, não sendo nem alheio, nem interessado em si mesmo. Resta, por conseguinte, que precisamos asseverar que a natureza uniu

---

177. Traduzido a partir do inglês [N.T.].

o animal a si mesmo por meio da maior unanimidade e afeição pelos meios pelos quais ele rejeita tudo o que lhe faz mal, e atrai tudo o que lhe é afim e desejável. Mas, no que concerne ao que algumas pessoas dizem, que a primeira inclinação dos animais é pelo prazer, o que elas dizem é falso. Pois dizem que o prazer, se é que existe tal coisa, é apenas um acessório, que a natureza, tendo buscado por si mesma, assim como essas coisas que são adaptadas à sua constituição, recebe incidentalmente da mesma maneira como os animais são satisfeitos e as plantas florescem (DL, VII 85-86 = LS, 57 A).

Muitos séculos depois, escrevendo em 1685, o filósofo político holandês Hugo Grócio passou a endossar essa doutrina, que ele caracteriza sucintamente:

> Mas, entre os traços característicos do homem está um desejo que o impele para a sociedade – ou seja, para a vida social – não de qualquer e de todo tipo, mas uma vida pacífica, organizada de acordo com a medida de seu entendimento com aqueles que são seus iguais. A esse desejo os estoicos chamam de *oikeiosis* (*De iure belli ac pacis*, Prol. 6).

Embora confunda o desejo de *oikeiosis* com a própria *oikeiosis*, Grócio captura um importante elemento da doutrina estoica, com a sugestão de que cada pessoa tem um impulso não domesticado a viver "com aqueles que são seus iguais". Como se verá, os estoicos sugerem que a natureza nos ensina, em última análise, que somos todos farinha do mesmo saco.

Isso, porém, é no fim do processo. Tanto Cícero quanto Diógenes, apropriadamente, destacam um fator relevante sobre o início: toda criança tem um impulso natural, inato, não adquirido, à sua própria preservação. Ao reiteradamente chamar esse fato de "natural", ambos mostram que, para os estoicos, esse impulso carregado de valor não é menos natural do que a segunda lei da termodinâmica. O que crianças não educadas procuram é nada menos do que o próprio bem. Não é que elas concebam seu bem como bem. Mesmo assim, perseguem seu bem, de maneira confiável, previsível e que não pode ser explicada em termos de mero acaso.

A natureza lhes infundiu um impulso em direção a algo que lhes é de valor. Os estoicos dão a entender, aqui, primeiro, que o impulso universal para a autopreservação não é de modo algum artificial, uma vez que é inato e não adquirido e, em segundo lugar, que é carregado de valor, já que o impulso para autopreservação é para atingir o próprio bem.

Esses tipos de argumentos, assim chamados "argumentos guarda-chuva", utilizados igualmente pelos epicuristas, que pensam que todos têm um impulso imediato para o prazer, representam para os estoicos os primeiros passos em um longo caminho. O processo da *oikeiosis* envolve uma expansão gradual da apreciação, por parte do agente em amadurecimento, do *locus* do valor natural. Hiérocles, um estoico pouco conhecido do segundo século d.C., descreve o processo atrativamente em termos de círculos concêntricos cada vez mais ampliados[178]. O valor apreendido pela criança é simplesmente seu próprio bem, e nesse estágio de seu desenvolvimento ela está apenas vagamente consciente do pequeno círculo de seu próprio valor. Logo, e de maneira igualmente natural, a criança compreende que seu círculo está contido dentro do círculo mais amplo de sua família, cujo valor ela também passa a reconhecer e a apreciar; depois disso, o humano em desenvolvimento também passa a reconhecer e a apreciar, se propriamente sintonizado e em desenvolvimento conforme a natureza pretende, que até mesmo esse círculo está encerrado em toda uma série de círculos em expansão crescente. Próximo à sua família imediata está sua família ampliada, e então as pessoas em sua vizinhança local, sua cidade, seu país e, finalmente, a humanidade como um todo. Crucialmente, cada expansão é, com efeito, um tipo de *reconhecimento*: o reconhecimento de que o valor que reside no círculo menor reside também no próximo círculo concêntrico, e assim sucessivamente. No fim do processo, o estoico é um verdadeiro cosmopolita – ou seja, literalmente, um cidadão (*politês*) do universo (*cosmos*). O estoico plenamente maduro, o estoico sábio, está em casa no universo.

O verdadeiro sábio estoico consegue completar o processo de *oikeiosis*. Ele pode ser acuradamente descrito, assim como plenamente maduro, virtuoso e racional. Entretanto, para que a descrição desse processo de maturação moral tenha qualquer força prescritiva – em outros termos, que conte como algo mais do que um exemplo da valorização pelos estoicos dos heróis de seu movimento –, a *oikeiosis* deve se mostrar como um processo ao qual cada um de nós *deve* aspirar. Deveríamos desejar empreender essa jornada. Isso os estoicos afirmam enfaticamente: para cada um de nós, o processo de *oikeiosis* é, ao mesmo tempo, o processo de alcançar nosso bem supremo.

---

178. Estobeu, *Florilegium*, 4.671ss.

Para compreender a abordagem estoica, podemos refletir sobre uma espécie de argumento prescritivo abrangente, que está por trás, de maneira geral, da descrição estoica da *oikeiosis*. Embora nenhum estoico individualmente ponha as coisas dessa maneira, o sentido geral de suas prescrições pode ser capturado em termos de um argumento da *oikeiosis* (AO):

1. É do interesse de todo ser humano S maximizar o próprio bem;

2. Para maximizar o bem de S, S deve progredir por meio de um processo de *oikeiosis*;

3. Assim, é de interesse de todo ser humano S progredir por meio de um processo de *oikeiosis*;

4. Para progredir por meio de *oikeiosis*, S precisa reconhecer e apreciar as características da natureza, incluindo aquelas carregadas de valor, e viver de acordo com elas;

5. Para reconhecer e apreciar as características da natureza, incluindo aquelas carregadas de valor, e viver de acordo com elas, S precisa assentir a todas as proposições verdadeiras, e somente a elas;

6. Assim, para progredir mediante um processo de *oikeiosis*, S deve assentir a todas as proposições verdadeiras, e somente a elas;

7. Logo, é de interesse de todo ser humano S assentir a todas as proposições verdadeiras, e somente a elas;

8. Para assentir a todas as proposições verdadeiras, e somente a elas, S deve reconhecer e apreciar a racionalidade como o único bem;

9. Portanto, todo ser humano deve reconhecer e apreciar a racionalidade como o único bem.

No momento em que chegamos a (AO-9), podemos ver o objetivo da observação de Cícero de que, no fim do processo de *oikeiosis*, o sábio vive uma vida "plenamente racionalizada e em harmonia com a natureza" e que é "nesse estágio final que o bem propriamente chamado de primeiro emerge e passa a ser compreendido em sua verdadeira natureza" (*De finibus*, III, 6). O bem propriamente compreendido é a própria racionalidade que permite que o estoico em desenvolvimento reconheça e aprecie as características carregadas de valor – e, assim, incluir a bondade de sua própria racionalidade, uma racionalidade plenamente afinada com a mais abrangente estrutura racional do universo como um todo, e pulsando em comum com a reta razão do cosmos, a vontade de Zeus.

Esse argumento é um esboço de um grande programa estoico, que possui muitos subcomponentes exigentes e envolventes. O argumento guarda-chuva já considerado subjaz à (AO-1), a afirmação de que é de interesse de todo ser humano S maximizar o próprio bem. O impulso não adquirido evidente na criança já fornece evidência de que isso é assim, sugerem os estoicos. Mais amplamente, eles implicam que (AO-1) está mais ou menos clara em qualquer evento. É claro que os estoicos percebem, como Platão e Aristóteles antes deles, que muitas pessoas, infelizmente, falharão em perseguir o próprio bem. Como Sócrates, porém, eles localizam a gênese desse fracasso em um lapso de racionalidade[179]. Quando as pessoas deixam de perseguir o que é de fato bom para elas, isso se dá apenas porque são insuficientemente racionais. Assim, cabe a todos os seres humanos valorizar a razão e sua capacidade de obter o que é melhor para elas, sua habilidade única de conduzi-los mais elevado bem humano.

Duas proposições de (AO) exigem especial atenção, em parte porque são de longe as mais distintamente estoicas: (AO-4), a tese de que, para progredir mediante um processo de *oikeiosis*, S precisa reconhecer e apreciar as características da natureza, incluindo aquelas carregadas de valor, e viver de acordo com elas; e também a conclusão final (AO-9), a tese de que todo ser humano deve passar a reconhecer e a apreciar a racionalidade como o *único* bem. Cada uma dessas teses é contraintuitiva, e cada uma delas envolveu os estoicos em severas controvérsias com seus oponentes filosóficos no Período Helenístico e além dele.

(AO-4) chama a atenção, não só porque sustenta que todo ser humano *precisa* reconhecer e apreciar as características da natureza e *deve* viver em consonância com elas. Esse tipo de tese sugere o que há de verdadeiro, ainda que enganoso, sobre a apropriação linguística refletida no adjetivo contemporâneo "estoico", sendo esse termo tomado como caracterização, às vezes com tons positivos, de pessoas capazes de suportar a adversidade com força ou resignação. Se o mundo for, de fato, de uma determinada maneira, e se julgarmos que é assim, então dar o assentimento, com equanimidade, à proposição parece perfeitamente racional. Essa é a parte verdadeira da apropriação semântica. A parte enganosa, que reflete uma característica espantosa do sistema estoico, é esta: o sábio estoico não suportará a adversidade com

---

179. Sobre os pensamentos de Sócrates acerca da *akrasia*, cf. o subtítulo: "Convicção socrática e os paradoxos socráticos".

resignação – pelo menos não se isso significar que esse sábio julgará que o mundo precisa ser tolerado porque seu modo fundamental de ser é inevitavelmente mau. O universo é algo racional e bom, não algo mau e estúpido. Assim, não é algo a ser tolerado ou lidado com resignação, mas apreendido e reverenciado.

Partamos de um exemplo inicialmente favorável aos estoicos, embora também acabe trazendo alguma luz sobre os aspectos mais questionáveis de sua maneira de pensar. Suponha que você tem que pegar um avião porque tem uma reunião importante para ir, talvez uma entrevista de emprego em uma cidade estrangeira. Você se planeja com antecedência e sai de seu apartamento suficientemente cedo, de modo que possa chegar no aeroporto, fazer o *check-in* e passar pela revista com uma boa margem de tempo. Infelizmente, no caminho, seu trem subitamente se detém em uma parada e não volta a funcionar. O condutor relata que houve uma falha na transmissão do sinal e que o trem não poderá prosseguir até que esteja consertado. À medida que o tempo passa e o seu trem continua imóvel, você fica cada vez mais apreensivo sobre seu voo, até que, no fim, você se dá conta de que o perderá e, consequentemente, perderá sua entrevista e, portanto, teme que perderá sua oportunidade para uma posição atrativa. Desse modo, a falha do sinal colocou suas perspectivas profissionais em risco. Como você reagirá? O mundo se apresenta agora dessa maneira, e você compreendeu e assentiu à proposição de que perderá seu voo. Você pode ficar bravo e agitado; pode descarregar no condutor do trem, e pode se queixar amargamente e em voz alta em seu celular a seu cônjuge em casa. Ou pode aceitar as coisas como são: o mundo é tal que você não apanhará o avião a tempo.

A recomendação estoica é clara. Está em seu poder escolher agir de uma maneira ou de outra; e o sábio estoico claramente exercitará esse poder na direção da felicidade. Como relata Cícero:

> É de fato uma fácil conclusão para os estoicos, uma vez que eles conceberam o bem final como uma concordância com a natureza e viver de maneira consistente com a natureza, e esta é não só a função própria do homem sábio, como algo que está unicamente em seu poder. Segue-se necessariamente que qualquer um que tiver o bem supremo em seu poder igualmente tem em seu poder uma vida feliz. Assim, a vida do homem sábio é sempre feliz (Cícero, *Discussões tusculanas*, 5.82 = LS, 63 M).

Você decide. Cabe a você. O mundo não disse a você: fique com raiva, aborrecido, seja infeliz. Ele disse: esse trem não o levará até ao aeroporto neste e naquele momento. Se você, além disso, julgar que esse resultado, de alguma forma, é *mau*, que é *frustrante*, e que, de maneira geral, a direção do universo não é de seu agrado, então isso se dá tanto porque você atribuiu um valor a algo que não é o caso, fora da esfera da racionalidade, quanto porque você toldou emocionalmente a sua faculdade de julgar ao deixar de conformar seus juízos ao mundo como é, preferindo em vez disso esbravejar contra o fato e exigir com impotência desmedida que o mundo siga um curso em vez daquele que está configurado para seguir, o curso ideal ordenado por Zeus.

De certa perspectiva, há alguma coisa eminentemente boa, *razoável*, ainda que anódina, sobre a prescrição estoica. Quando nada pode ser feito para alterar alguma situação que nós não preferimos, então as escolhas disponíveis podem parecer limitar-se a duas: queixar-se de maneira ineficaz ou graciosamente aquiescer. Os estoicos notam que, quando aquiescemos, exercitamos nosso poder de ser felizes. A questão cabe inteiramente a nós. É por isso que "a vida do homem sábio é sempre feliz" (*Discussões tusculanas*, 5.82 = LS, 63 M).

Até aqui, portanto, os estoicos parecem estar prescrevendo remédios saudáveis. Ainda assim, duas características dessa atitude ocasionaram críticas. Primeiro, parece a muitos que os estoicos estão em desacordo consigo mesmos, insistindo tanto que a pessoa idealmente racional *deve* assentir ao mundo tal como ele é, quanto que a mesma pessoa é, de certa maneira, livre. Segundo, os ataques dos estoicos ao envolvimento emocional com a adversidade podem parecer, de certo modo, desumanos: não é apropriado, porque plenamente humano, ficar com raiva quando, a despeito do próprio planejamento racional, o universo frustra suas intenções, esperanças e expectativas? Especialmente quando o quadrante relevante do universo é afetado pela ineptidão e desatenção humanas? Não é de fato simplesmente ruim que as coisas deem errado? Para tomar um exemplo menos favorável aos estoicos, se uma criança tem uma morte miserável e evitável, não é certo e apropriado que seus pais lamentem e fiquem de luto? Não é *humano* lamentar e ficar de luto? Parece cruel e estranho adotar a postura de que os pais deviam simplesmente assentir à proposição "Meu filho era mortal" e prosseguir com as atividades programadas para aquele dia[180]. É claro que o estoico sabia que

---

180. A citação deriva do filósofo pré-socrático Anaxágoras, cuja concepção é discutida por Cícero, em *Discussões tusculanas*, III, 24, como prefigurando a atitude estoica (Cícero, 2014) [N.T.].

essa criança era mortal antes de sua morte prematura; mas não se segue disso que seu conhecimento exclua ou deva excluir que ele sinta dor e luto desesperador. Não deve ele chamar à tristeza do universo por seu nome correto e responder de maneira apropriada?

Para apreciar a reação estoica a esses tipos de questões, precisamos investigar suas explicações sobre a liberdade e as emoções humanas.

5.3.3 Liberdade estoica

Em primeiro lugar, portanto, o problema da liberdade. Se o universo é plenamente determinado, se tem sua própria direção, e se, como os estoicos repetidamente insistem, somos apenas partes do universo e, assim, plenamente governados por sua reta razão (*orthos logos*), como podemos, em qualquer sentido, ser livres? Não somos menos determinados do que qualquer outra parte da natureza. De fato, os estoicos repetidamente insistem que o universo é determinado, que todo evento é causado, e que não somos senão partes de seu grande nexo causal. No entanto, tal como temos descrito a visão dos estoicos até agora, eles sustentam que, mesmo assim, temos o poder de assentir ou não: aí reside nossa liberdade. Mas podemos perguntar como passamos a ter esse poder. Não é esse ato mesmo, esse ato de assentimento, parte da fabricação do universo e, assim, igualmente governado por suas leis imutáveis? Se for assim, nosso próprio assentimento é regido pela vontade de Zeus. Entretanto, se for assim, como podemos ver nossas vidas como algo que não esteja determinado pelo destino?

Cícero apresenta uma forma desse tipo de preocupação para os estoicos, mas é uma que eles podem facilmente responder:

> Se for seu destino se recuperar da doença, você se recuperará, quer chame o médico, quer não. Se seu destino for não se recuperar, então isso não acontecerá, independente de chamar o médico. E você está fadado a um desses resultados. Logo, chamar o médico não cumpre nenhuma função (Cícero, *Sobre o destino*, 28-29 = LS, 55 S).

Apenas um de dois resultados se acentuará quando você estiver doente: ou você retornará ao estado de saúde ou não. Um desses resultados é *determinado*. Assim, por que se incomodar em chamar o médico? Isso apenas se mostrará como uma despesa desnecessária ou desperdício de dinheiro.

O argumento é exatamente paralelo a outro, o do homem preguiçoso, que os estoicos só cogitam para rejeitar. Atualizemos um pouco o argumento e o apresentemos como do estudante preguiçoso (EP):

> 1. Necessariamente, eu receberei notas altas em meu exame final ou não receberei notas altas em meu exame final;
>
> 2. Se eu de fato receberei notas altas, então estudar é inútil, pois desnecessário e, assim, perda de tempo;
>
> 3. Se eu não receberei de fato notas altas, então estudar é inútil, pois ineficaz e, assim, perda de tempo;
>
> 4. Logo, estudar para meu exame final é uma perda de tempo.

Um estudante preguiçoso pode ter afinidade com esse argumento e, assim, dirigir-se ao bar nessa noite, em vez de ir à biblioteca para rever a matéria. Infelizmente para ele ou ela, os estoicos rapidamente apontam que, ao fazer isso, ele ou ela se ilude.

O argumento é *preguiçoso*, diz Cícero, pois encoraja a indolência. "Se nos entregássemos a ele, não faríamos nada mais na vida"[181]. É preguiçoso também porque se apoia em raciocínio desleixado e inepto. É claro, conforme (EP-1), é plausível haver apenas dois resultados para o exame final de um estudante: receber notas altas ou não. Essas são as únicas possibilidades. O problema começa depois: tanto (EP-2) quanto (EP-3) são falsas. Pode ser verdade que ele ou ela receberá notas altas em seu exame; mas isso será verdade *apenas* se ele ou ela estudar. É claro, poderá não receber notas altas mesmo que estude, mas isso não mudará nada na verdade da condicional: *ele ou ela só receberá notas altas se estudar*. Compare-se: necessariamente, Stanislaw chegará a Paris antes do meio-dia ou não. Caso chegue antes do meio-dia, então não há motivo para comprar uma passagem de trem cara. Se não chegar, então, novamente, não há motivo para comprar uma passagem de trem cara. Assim, deve poupar seu dinheiro e evitar comprar uma passagem de trem cara. Claramente, porém, esse argumento é falacioso. Se for o caso que Stanislaw chegue a Paris antes do meio-dia, isso *só* ocorrerá se ele conseguir algum meio de transporte.

De maneira mais geral, o argumento do estudante preguiçoso une duas teses radicalmente distintas, que precisam ser mantidas escrupulosamente separadas em discussões sobre liberdade humana:

---

181. Cícero, *De fato*, 28 = LS, 55 S.

Determinismo: todo evento possui uma causa;

Fatalismo: o mundo seguirá o seu curso, independente do que eu fizer.

Os estoicos endossam o determinismo[182], mas, diferentemente do que pretende o argumento do estudante preguiçoso, não endossam o fatalismo. Algumas coisas podem acontecer de certa maneira precisamente porque eu faço com que aconteçam. Até aqui, portanto, os estoicos não têm nada a temer em relação ao próprio compromisso com o determinismo.

Admitido isso, há outro tipo de preocupação mais profunda em relação à liberdade que o argumento do estudante preguiçoso não captura. Trata-se de um problema sobre liberdade que não lida com uma junção entre determinismo e fatalismo. A felicidade depende de nós, segundo os estoicos, porque, em relação a qualquer proposição dada que possamos sustentar, está em nosso poder assentir a ela ou rejeitá-la. Para voltar a nosso exemplo do viajante frustrado: o passageiro de trem pode aceitar a proposição *de que este trem não chegará no aeroporto a tempo de apanhar o voo programado*, sem assentir às proposições adicionais de que *essa é uma horrível sequência de eventos* ou que *esses incompetentes funcionários ferroviários são sempre irritantes em sua incompetência*. É somente assentido a essas últimas formas de proposição que o passageiro fica com raiva. A primeira proposição, tomada em si, não precisa ter semelhantes consequências. Assim, ao escolher retirar o assentimento a essas últimas proposições, carregadas de valor, o sábio estoico evita todo envolvimento com a raiva.

Pode-se perguntar, porém, como essa escolha mesmo entre assentir ou rejeitar uma proposição é realmente algo mais do que uma ilusão. Um evento ocorrerá. Está determinado – não fadado no sentido especificado pelo fatalista, mas, ainda assim, determinado. Isso significa, ao que parece, que há uma condição antecedente suficiente para que ocorra. Se for assim, então, mesmo antes que eu decida, dê ou não o assentimento é algo imediatamente sabido pelo onisciente Zeus. Esse resultado, com efeito, os estoicos conscientemente aceitam, como se torna claro quando eles se propõem a defender a prática da adivinhação:

---

182. Cf. Plutarco, *De fato*, 574e: "Nada ocorre sem uma causa". Os estoicos, por vezes, sugerem que o determinismo se segue diretamente da tese de que nada vem a ser a partir do nada (sobre isso, cf. o subtítulo: "Parmênides e Zenão"), ainda que essa inferência seja instável (Cícero, *De fato*, 18).

> Uma vez que tudo ocorre pelo destino [...], se houvesse algum ser humano que pudesse ver com sua mente a interconexão entre todas as causas, ele certamente jamais seria enganado. Mas quem quer que apreenda as causas das coisas futuras deve necessariamente apreender como será o futuro. Mas uma vez que ninguém mais a não ser deus pode fazer isso, não cabe a homem algum saber o que será por meio dos vários signos que indicam o que ocorrerá no futuro. Pois as coisas que serão no futuro não se dão de maneira repentina. Pois a passagem do tempo é o desenrolar de uma corda, sem trazer nada de novo e reproduzindo a cada vez o que já estava lá (Cícero, *De divinatione*, I, 127 = LS, 55 O).

Se um observador não sabe se o sábio assentirá ou não a uma dada proposição, isso se dá somente porque ele não conhece todos os fatos relevantes. Já um Deus onisciente apreenderá todas as causas pertinentes e conhecerá os efeitos que delas resultarão. Pode parecer, portanto, que os fatos já estão dados, que estão ali para serem conhecidos, e que, por consequência, a "escolha" para assentir ou rejeitar já está determinada e, assim, não realmente aberta para o agente. O próprio determinismo parece incompatível com a liberdade.

Nesse espírito, pode-se argumentar contra a liberdade estoica (CLE) da seguinte forma:

> 1. Se a decisão de S de assentir ou rejeitar uma proposição é causalmente determinada, então S não contribui causalmente para a direção da ação do próprio S;
>
> 2. Se S não contribui causalmente para a direção da ação do próprio S, então S é impotente e não poderia ter feito qualquer coisa em relação a qualquer ação a dada;
>
> 3. Se S é impotente e não poderia ter feito qualquer coisa em relação a qualquer ação a dada, então S não é livre;
>
> 4. Assim, se a decisão de S para assentir ou rejeitar uma proposição é causalmente determinada, então S não é livre;
>
> 5. Se (4), então o determinismo e a liberdade humana são incompatíveis;
>
> 6. Assim, o determinismo e a liberdade humana são incompatíveis.

Em suma, se todo evento é causalmente determinado, então não passamos de peças de dominó em uma longa fila, cada um sendo derrubado por aquele que está antes de nós. Podemos sentir como se estivéssemos efetuando escolhas, mas nossas pretensões nessa direção são tão críveis como as de uma peça de dominó que diz: "Talvez eu caia dentro de instantes, ou talvez não", mas que assim que sente a força do empurrão por trás, diz: "Sim, pensando bem, acho que cairei".

Esse argumento, juntamente com muitas variações em torno dele, tem uma longa história em debates sobre a liberdade humana. Há, por consequência, uma variedade de estratégias abertas àqueles que desejem manter a compatibilidade entre determinismo e liberdade de vontade. Elas devem ser distinguidas das estratégias que aceitam a incompatibilidade entre essas duas noções, mas que ainda afirmam a liberdade negando o determinismo. Uma vez que essas posições são inteiramente deterministas, os estoicos não têm interesse nessas estratégias, chamadas de incompatibilistas. Em vez disso, endossam uma variedade do compatibilismo.

O estoico Crisipo, em particular, responde a esse tipo de deságio refletido em (CLE) como segue:

> [Quando pressionado] Crisipo recorre a seus exemplos do cilindro e do peão. Eles não podem começar a se mover sem serem impulsionados; mas uma vez isso tendo sido feito, ele pensa que é por meio de suas próprias naturezas que o cilindro rola e o peão gira. "Logo'", diz ele, "assim como a pessoa que empurrou o cilindro lhe deu o início de seu movimento, mas não sua habilidade de rolar, do mesmo modo, embora um objeto quando visto imprime algo e, por assim dizer, inscreve sua aparência na mente, dar o nosso assentimento a isso estará em nosso poder: o assentimento, assim como no caso do cilindro, embora instigado de fora, irá depois se mover mediante sua própria força e natureza" (*De fato*, 42-43 = LS, 62 C).

Crisipo evidentemente pretende colocar em questão a descrição linear da causação pressuposta em (CLE-1). A situação, dá a entender, não é que um agente não dê uma contribuição causal ao assentir ou rejeitar assentimento. Pelo contrário, embora o assentimento deva ser providenciado, se ele será ou não oferecido depende do agente. Assim, embora possa se admitir que nenhuma ação se apoia inteiramente nas contribuições do agente humano, dificilmente se segue que o agente humano não faz *nenhuma* contribuição na direção de seu próprio comportamento. Uma explicação completa do rolar do cilindro faz menção, de maneira inescapável, ao fato de ele ser cilíndrico. Essa explicação se refere, portanto, a uma característica de sua própria natureza. Afinal, se o cilindro fosse um bloco, e não um cilindro, não rolaria nem mesmo quando empurrado.

Crucial para essa resposta estoica é a distinção entre vários tipos de causas. Algumas causas são suficientes, enquanto outras contribuem para um efeito sem serem propriamente suficientes. Considere-se um carro que parou por falta de gasolina. Ele pode ser guinchado até o posto por um caminhão-guincho, que então seria a causa suficiente ou principal de seu movimento nessa direção; ou poderia ser empurrado por três dos quatro passageiros do carro, sendo que dois deles não são fortes o suficiente para empurrar o carro. Os passageiros individuais, portanto, são *cocausas* do movimento do carro[183]. Assim, a primeira observação estoica é que, quando falamos da *causa* de um evento, precisamos especificar também o tipo de causa em questão, uma vez que diferentes discriminações causais produzirão diferentes atribuições de responsabilidade.

O exemplo do cilindro, de Crisipo, concentra-se em outro tipo de causa contribuinte: o próprio carro. Um carro, afinal, tem rodas adequadas para rolar; sem elas o carro não poderia nem ser empurrado por seus passageiros, nem puxado por um guincho. Se, por exemplo, uma ou mais de suas rodas tivesse sido roubada por vândalos da vizinhança, então nem a causa principal, nem as *cocausas* operando em paralelo seriam suficientes para que o carro se movesse. Do mesmo modo, o cilindro contribui causalmente para a própria locomoção em virtude de sua natureza; ele fornece algo sem o qual o efeito não ocorreria. Assim, pode-se inferir, não somos passivos em questão de assentimento: contribuímos com algo por força de nossa habilidade de assentir ou não assentir. Nossas próprias naturezas racionais desempenham assim um papel-chave indispensável.

É claro, há *algum* sentido no qual o sábio é forçado a assentir ao que de fato é verdadeiro; ele é obrigado a assentir à verdade que o universo lhe apresenta. Certamente, porém, dado que o sábio é um ser racional, e de fato luta para ser o mais racional possível – entre outras coisas, porque sua felicidade depende de ele ser assim –, isto é algo que o sábio fará com muito prazer: ele positivamente deseja assentir a toda proposição verdadeira que lhe for apresentada, ao mesmo tempo, é claro, que rejeita as proposições falsas. É isso que significa para ele ser racional: ter completado todo o processo de *oikeiosis*.

Um crítico, porém, desejará pressionar Crisipo ainda mais em função de sua analogia do cilindro. Por exemplo, o cilindro tem ou não liberdade para rolar após ser empurrado? Por analogia, é o sábio realmente livre para assentir ou rejeitar

---

183. Cf. Sexto, *Esboços do pirronismo*, 3.15; Clemente de Alexandria, *Miscellanies*, 8.9.33.

assentimento após ser apresentado a uma proposição verdadeira? Que premissa, precisamente, o exemplo do cilindro pretende minar? Parecia, de início, que foi desenvolvido para falsear (CLE-1), a tese de que se a decisão de S de assentir a uma proposição ou rejeitá-la é causalmente determinada, então S não contribui causalmente para a direção da própria ação de S. Após reflexão, entretanto, não fica claro precisamente como isso poderia ser assim, uma vez que não enfrenta imediatamente a questão de saber se o próprio assentimento é causalmente determinado ou não. Examinado de outro ponto de vista, portanto, o exemplo pode ser tomado como uma tentativa de contornar (CLE-2), a tese de que se S não contribui causalmente para a direção da ação de S, então S é impotente e não poderia ter agido de outro modo. Pode-se pensar em *contornar*, em vez de falsear (CLE-2), pois a questão seria que o sábio *de fato* contribui causalmente. Isso, por sua vez, faria voltar a atenção novamente para a concepção de causação pressuposta pelo detrator, que vinha sustentando contra os estoicos que determinismo e liberdade são incompatíveis. Isso se mostra, portanto, como apenas um dos muitos casos nos quais os estoicos introduzem a necessária complexidade técnica em sua abordagem da felicidade humana – e, então, corretamente exigem o mesmo nível de rigor de seus oponentes.

De maneira bastante natural, a resposta desse estoico em particular às preocupações sobre a compatibilidade entre liberdade humana e determinismo dificilmente resolve a questão. Pelo contrário, discussões estoicas acerca da liberdade e do determinismo inauguraram uma conversa sobre compatibilismo que continua até os dias presentes. Quando nos questionamos sobre a liberdade humana, hoje, refletimos sobre a natureza da causação, no sentido de que poderíamos ter agido de outra forma se o determinismo fosse verdadeiro, e nos abstemos, se formos adequadamente instruídos, a confundir o determinismo com o fatalismo. De todos esses modos, devemos aos estoicos os termos para nossos debates.

5.3.4 *Monismo de valor:* emoções estoicas e indiferentes preferidos

Admitamos provisoriamente que o sábio estoico seja livre, que ele contribua para a direção de sua própria ação ao assentir a todas às proposições verdadeiras, e somente a elas; e que, desse modo, mostra-se consumadamente racional. Além disso, o sábio é impassível diante da adversidade, pois jamais assente a qualquer proposição que seja inapropriada. Como sustenta o estoico Epiteto:

Não são as coisas mesmas que perturbam os homens, mas suas convicções sobre elas. Por exemplo, a morte não é nada terrível – pois se fosse, teria parecido assim a Sócrates. O que é terrível é antes uma convicção sobre a morte, a saber, a convicção de que ela é terrível. Assim, sempre que estamos em um impasse, perturbados ou tensionados, não acusemos a ninguém a não ser a nós mesmos, ou seja, não censuremos ninguém a não ser nossas próprias convicções (*Enchiridion*, 5 = LS, 65 U).

Não há nada de intrinsecamente terrível sobre a morte. A morte simplesmente é. Se ela lhe parece terrível, é somente porque você pensa que a morte é algo ruim ou errado. O que é errado – no sentido de ser falso – é o pensamento de que a morte é boa ou má: o juízo de que *a morte de meu filho é uma coisa ruim* é falso, assim como o juízo de que *a morte de meu filho é uma coisa boa*. Cada um desses juízos insere um valor em uma circunstância destituída de normatividade, além, é claro, da normatividade que pode herdar por ser um pequeno componente do universo racionalmente ordenado e dirigido para o bem. No que concerne ao sábio localmente considerado, o que tem valor é a virtude. É claro, o sábio estoico evita estritamente juízos falsos e, assim, jamais assentiria a qualquer uma dessas proposições falsas, uma vez que inserem valor onde não há. Fazê-lo é simplesmente incompatível com a virtude do sábio.

Pode parecer, em consequência, que o sábio estoico é um monstro moral. Uma pessoa assim pode muito bem parecer desumana, uma pedra insensível não disposta a lamentar nem mesmo a morte trágica do próprio filho. Não seria tal homem destituído de algo profundamente humano, a saber, o tipo de compaixão que esperamos de membros moralmente maduros de nossas comunidades? Pode-se facilmente pensar, contra os estoicos, que a capacidade para a resposta emocional apropriada é algo nobre e decente, e não infeliz e vergonhoso.

Os estoicos rejeitam esse tipo de crítica. Suas respostas apresentam dois flancos, um concernente ao caráter e à adequabilidade da emoção; e outro, mais uma vez, concernente ao *locus* apropriado do valor. Eles retratam o sábio como um modelo para todos nós precisamente porque este carece de emoções; e argumentam que o sábio é um modelo livre de emoções, pois segue apenas apropriadamente valores. Somente o sábio vê as coisas corretamente e, assim, evita atribuir valor a itens que não o possuem; apenas ele não confunde itens sem valor com itens com valor. Já as respostas emocionais surgem em outros porque eles localizam valor – positivo ou negativo – onde, na verdade, não há nenhum. O não sábio tem emoções, portanto, porque considera falsos juízos sobre valor. Na verdade, surpreendentemente, uma emoção *é* um falso juízo de valor.

Para caracterizar sua visão de maneira inicialmente favorável aos estoicos, retornemos ao nosso exemplo mundano do trem atrasado. Os juízos de valor associados ao atraso, afinal, não são inevitáveis. Pelo contrário, você se torna agitado quando, e somente quando, decide que a circunstância na qual você se encontra é insuportável, e isso você faz assentindo a uma proposição como: *esse atraso é um desastre para o meu futuro* ou *esses notoriamente incompetentes empregados da ferrovia não têm jeito*. Assim, conforme sugere Epiteto, se os funcionários o irritam, então é porque *você* os julga irritantes. Além disso, o seu futuro será da forma que tiver que ser. Se você julgar que a direção de seu futuro é desastrosa, isso se dá somente porque você tinha falsas visões sobre como devia ser e, por consequência, agora tem falsas visões também sobre suas características carregadas de valor. Zeus jamais pensou que as coisas seriam de outro modo. Você, por alguma razão, está determinado a atribuir um valor negativo à direção de sua vida. Disso sua vida, de fato, carece. Prescindindo de tais falsos juízos, você se verá sentado comportadamente no trem assentindo à proposição verdadeira de *que esse trem não o levará ao aeroporto a tempo de pegar o voo*. Além disso, você não dará seu assentimento a nada, a não ser à proposição de *que esse atraso forma uma pequena parte da ordem racional do universo e está plenamente em acordo com sua reta razão*. Tomado por si, seu assentimento à proposição verdadeira, livre de valor, não ocasionará outras respostas. Certamente, seu assentimento a essa proposição não fornecerá ocasião para que você fique agitado.

Ainda assim, a concepção estoica das emoções está destinada a parecer peculiar, pois é altamente revisionista. Embora haja alguma tensão e falta de clareza em sua concepção, tal como a desenvolvem, a posição estoica ortodoxa é esta: uma emoção, com efeito, não é nada mais, nada menos, do que uma crença de certo tipo. Do modo como os estoicos veem as coisas, as emoções são simplesmente movimentos desobedientes na alma racional, sendo um movimento desobediente uma falsa crença, talvez acompanhada por alguns movimentos corporais concomitantes, mas as emoções corporais não constituem as emoções propriamente consideradas:

> [Os estoicos] dizem que uma emoção é um impulso excessivo e é deso-
> bediente à decisão racional, ou que é um movimento da alma contrário
> à natureza; e dizem que todas as paixões pertencem à faculdade que co-
> manda a alma [...]. Os quatro gêneros primários são o apetite e o temor
> [...] [e] prazer e a dor [...]. Por "contrário à natureza", em seu esboço
> da emoção, eles entendem alguma coisa que acontece contrária à reta
> razão (*orthos logos*) e contra a razão natural. Qualquer um em um esta-
> do emocional se afasta da razão, mas não de uma maneira comparável
> àqueles que foram enganados de alguma maneira (por exemplo, aqueles
> que foram levados a acreditar que os átomos são primeiros princípios
> [...]), mas de uma maneira peculiar. Para os que estão em estado emo-
> cional, mesmo que aprendam ou sejam ensinados a perceber que não
> devem sentir angústia ou temor, ou, em geral, não devem ficar em um
> estado emocional, não conseguem, no entanto, abrir mão deles, mas são
> trazidos por seus estados emocionais a um lugar no qual são controla-
> dos pela tirania (*Estobeu*, 2.88, 8-90, 6 = LS, 65 A).

Medo é a crença de que algo futuro é mau e, assim, deve ser evitado; desejo, a crença de que algo futuro é bom e, assim, deve ser buscado; prazer, a crença de que algo presente é bom e deve ser acalentado; e dor, a crença de que algo presente é mau e fonte de sofrimento. Todas as outras espécies de paixão se subordinam a essas quatro[184]. Essas emoções têm em comum o fato de serem falsas crenças, cada uma incorporando um indicador de tempo e de juízo de valor. Diferentemente de tipo comum de crenças falsas, a agitação e a má sensação associadas a um estado emocional tendem a permanecer mesmo após a falsa crença ter sido descoberta e corrigida. Entre os exemplos favoráveis aos estoicos, podem se incluir o ciúme e o luto, ambos formas de dor. Mesmo se um marido estivesse persuadido de que o fato de sua mulher ter relações sexuais com outros homens não é realmente uma má coisa, seus sentimentos agitados de ciúme podem subsistir.

Em seu aspecto exterior, o caráter revisionista da teoria estoica das emoções parece uma afronta ao senso comum. Isso, de fato, foi o que alguns dos antigos críticos dos estoicos sustentaram. A partir de uma concepção comum, as emoções são, ou pelo menos envolvem de maneira central, dimensões afetivas: *sente-se* as emoções de determinada maneira. Com efeito, algumas teorias das emoções, jun- tamente com algumas concepções mais simples do senso comum, tratam as emo-

---

184. *Estobeu*, 2.90, 29-91,9 = LS, 65 E.

ções como esgotadas pelos sentimentos. Nessa *abordagem puramente afetiva*, uma emoção é simplesmente um sentimento de determinado tipo, sentimento que pode muito bem se opor à razão ou, no limite, pelo menos existir independente da razão. Em ambos os casos, para a abordagem puramente afetiva, uma emoção não é em si uma espécie de razão, contrariamente ao que os estoicos sustentam. Na abordagem puramente efetiva, experimentar uma alegria, por exemplo, é sentir de certa maneira; esse sentimento, diferentemente do que os estoicos sustentam, não é um juízo em relação a alguma coisa ter ou não uma propriedade valorativa. Os estoicos negam inteiramente isso – o que pode parecer perverso. É por isso que a teoria estoica das emoções tem se deparado com a incredulidade desde a Antiguidade.

Em resposta, os estoicos podem com razão apontar que as emoções abrangem juízos de valor em todas as formas de intimidade. Se Sally odeia Pauline, então é de se presumir que aquela julga que esta seja desprezível; no mínimo, ela dá o assentimento à proposição de que *Pauline é um tipo de pessoa má* ou que *Pauline é uma pessoa horrível* – ou então dificilmente poderia dizer que a odeia. Nessa medida, os estoicos parecem perfeitamente justificados em insistir que as emoções *envolvem* juízos de maneira central, até mesmo crucial. Entretanto, há outro procedimento, mais exigente e muito menos intuitivo, para sustentar que as emoções *são* juízos. Se avançamos ao longo de um contínuo de teorias puramente afetivas ou teorias das emoções baseadas nos sentimentos, até teorias moderadas, mistas, segundo as quais as emoções apresentam tanto componentes afetivos quanto cognitivos, então chegamos, por último, a teorias puramente cognitivas da variedade estoica. Segundo seu enfoque, uma emoção não apresenta qualquer componente afetivo intrínseco; uma emoção se esgota em ser o juízo que é.

O que é importante, para os estoicos, é que as emoções não apenas são juízos, como também são juízos *falsos*. É por isso, afinal, que o sábio estoico é livre em relação às emoções: ela não assente a nada falso, mas sempre vive julgando de acordo com a natureza. É por isso, também, que os estoicos rejeitam as emoções e defendem sua extirpação. Aqui, porém, é preciso tomar muito cuidado se quisermos compreender os estoicos em seus próprios termos. Um tipo comum de racionalista desvaloriza as emoções e as trata como impedimentos para a razão. As emoções toldam o juízo correto, insiste esse racionalista; ou, pior, continua ele, as emoções, com muita frequência, combatem e superam a razão, levando as pessoas a se comportarem de maneiras que eventualmente lamentarão.

Os estoicos não endossam esse tipo de visão racionalista: as emoções não podem toldar o juízo ou combater a razão, pois não se trata de episódios irracionais alheios gorgolejando em algum quadrante da alma, separados da razão. Quando sustentam que "todas as emoções pertencem à faculdade diretiva"[185], os estoicos entendem não apenas que a emoção se subordina à razão, como que cada emoção é um caso de raciocínio. Além disso, porque são juízos, as emoções vão de encontro à natureza, não por serem sentimentos ingovernáveis, incontidos de um tipo ou de outro, mas antes, e de maneira mais simples, por serem falsas. Embora nem todo falso juízo seja uma emoção, toda emoção é um falso juízo. Viver de acordo com a natureza exige assentir a todas as proposições verdadeiras e somente a elas; as emoções envolvem um agente assentindo a proposições falsas; assim, as emoções são contrárias à natureza.

Independentemente de como se pode enxergar o caráter revisionista da análise estoica das emoções, parece claro que a plausibilidade final de sua abordagem se apoia, em parte, no segundo flanco de sua resposta à acusação de perversidade moral. Esse segundo flanco diz respeito ao lugar apropriado do valor. Se concordarmos com os estoicos de que uma emoção é um falso juízo; isso se deverá, pelo menos em parte, porque, de fato, também aceitamos uma teoria do valor altamente distintiva, até mesmo idiossincrática. Trata-se do monismo de valor dos estoicos, segundo o qual somente a virtude tem valor. Nada mais – nem a riqueza, nem a saúde, nem a comida, nem a amizade, nem o amor – possui qualquer valor. O sábio é indiferente a essas questões.

É instrutivo, sob esse aspecto, ver que alguém pode não se persuadir pela análise estoica das emoções, segundo a qual uma emoção não é nada mais, nada menos do que um falso julgamento, e ainda assim passar a ver o mundo em grande medida em termos estoicos, aceitando seu monismo de valor. Suponha, por exemplo, que você foi persuadido pelos estoicos a abandonar, por considerar como frágil, a teoria puramente afetiva das emoções, o entendimento do senso comum segundo o qual elas não são nada mais do que sentimentos. Em vez disso, você passou a perceber, diante da insistência dos estoicos, que as emoções envolvem centralmente várias espécies de juízos. Você foi levado, portanto, a aceitar uma moderada teoria mista das emoções, segundo a qual uma emoção é um composto de estados afetivos e do julgamento. Isso parece plausível para muitas emoções,

---

185. *Estobeu*, 2.88, 8-90, 6 = LS, 65 A.

incluindo, como vimos, o ódio. É fácil estender esse mesmo pensamento para todas as quatro emoções primárias estoicas: medo, desejo, prazer e dor. A partir daí, constituirá um pequeno passo estendê-la a espécies desses tipos básicos. Por exemplo, o ciúme será o sentimento conhecido de desconfortável suspeita juntamente com os julgamentos de que seu parceiro está mantendo outros amantes *e* que isso é uma coisa muito ruim. O amor será o familiar sentimento caloroso, confuso, de anseio, acompanhado do juízo de que o objeto do amor tem todos os tipos de qualidades estimáveis.

Na verdade, essa não é a teoria estoica estrita, mas concorda com sua concepção de que as emoções envolvem centralmente juízos de valor. Para essa teoria mista, moderada, as emoções consistem parcialmente em juízos de valor, negativos ou positivos. Mesmo admitindo isso, pode-se concordar com o sábio estoico – mas somente sob o pressuposto de que o monismo de valor estoico seja defensável. Pode-se apreciar isso concentrando-se em um argumento sobre as emoções do sábio (ES):

1. O sábio vive em acordo com a natureza;

2. Se o sábio vive em acordo com a natureza, então ele assente a todas as proposições verdadeiras, e somente a elas;

3. Assim, o sábio assente a todas as proposições verdadeiras, e somente a elas.

4. Nada mais possui valor, exceto a virtude;

5. Assim, se uma proposição *p* atribui valor a um sujeito que carece de virtude, então *p* é falsa;

6. Logo, para qualquer proposição *p* que atribui valor a um sujeito que carece de virtude, o sábio não assentirá a *p*;

7. Toda emoção é um falso juízo, atribuindo valor a um sujeito que carece de virtude;

8. Assim, o sábio jamais assentirá a uma proposição que constitui uma emoção;

9. Logo, o sábio estará livre de toda emoção.

Até aqui, nós nos concentramos em (ES-7), ou seja, a tese de que toda emoção é um falso juízo, envolvendo assentimento a uma proposição que falsamente atribui valor a algo. Essa premissa reflete a *análise* estoica da emoção.

Note-se agora, porém, que seria razoável rejeitar (ES-7), adotando-se uma teoria moderada, segundo a qual as emoções incorporam juízos de valor, sem se limitar a eles, ou admitindo, em uma teoria ainda mais fraca, que as emoções respondem a valores e, assim, variam com juízos de valor. Ao adotar uma dessas teorias das emoções mais moderadas, alguém pode e provavelmente continuará a agir à maneira do sábio. Em particular, pode-se fazer isso aderindo a (ES-4), a tese de que nada, exceto a virtude, tem valor. Pois, caso alguém aceite (ES-4) e admita que as emoções pelo menos respondem a valores, se seguirá que não surgirão estados emocionais no sujeito que evita assentir a proposições que erroneamente atribuem valor a situações desprovidas de valor. Assim, embora alguém certamente não se torne sábio sem endossar (ES-7) (pois então se estaria assentindo à falsa proposição de que a teoria das emoções estoica é falsa), essa pessoa pode, ainda assim, tornar-se moderadamente sagaz, e viver uma vida de inteligência emocional. Tudo o que se exige é que ela endosse (ES-4), por meio da perspectiva de alguém que aceita a visão moderada de que as emoções respondem a valores.

Admitido isso, (ES-4) é uma tese surpreendente por si só. A preocupação aqui não é que os estoicos sejam monistas de valores, pois muitos outros também o foram. Os epicuristas são monistas de valores, por exemplo, mas, penso eu, mais de acordo com a concepção comum de que somente o prazer tem valor intrínseco último. O que chama a atenção na abordagem estoica é que eles sustentam que a virtude é o único valor. Nada mais. Nem a riqueza, nem a saúde, nem mesmo o prazer.

Mais uma vez, embora nossas fontes variem nesse ponto, assumamos a visão estoica em sua formulação mais extrema, que é muito bem capturada por Cícero, que introduz Catão apresentando sua visão em um límpido silogismo:

> Tudo o que é bom é laudável. No entanto, tudo o que é laudável é virtuoso (*honestum*). Logo, aquilo que é bom é virtuoso. Esta conclusão se segue [necessariamente]? Certamente. Você vê que se segue das duas premissas apresentadas. Ora, das duas premissas das quais essa conclusão se segue, é usual negar a primeira premissa, dizendo que nem tudo o que é bom é laudável. Pois é tomado como pressuposto que o laudável é virtuoso [= a segunda premissa]. Mas é inteiramente absurdo pretender que o bom não é algo a ser desejado, ou que o que é desejado não é agradável, ou se agradável, que não é para ser também valorizado (*diligendum*) e, portanto, que também deve ser aprovado – e assim, é laudável; mas o laudável é honroso. Assim, segue-se que o que é bom (*bonum*) é também virtuoso (*honestum*) (Cícero, *Sobre os fins*, III, 27 = LS, 60 N)[186].

---

186. Cícero não está ele próprio endossando esse silogismo. Pelo contrário, ele se propõe a criticá-lo em *De finibus*, IV, 48. O silogismo mesmo parece derivar da Primeira Stoa, quando foi defendido por Crisipo (Plutarco, *De stoicorum repugnantiis*, 1039 c).

Importante destacar, essa passagem se segue à recapitulação, por Catão, do processo de *oikeiosis*, o qual, como vimos, ocorre no desabrochar do sábio plenamente racional e virtuoso. Catão salienta, sob esse aspecto, que a virtude (*honestum*) consiste em viver de acordo com a natureza, e que esse *honestum* é o *único* bem (*solum bonum*; Cícero, *Sobre os fins*, III, 17 = LS, 59 D).

Como afirmado, o argumento de Catão de que a virtude é o único bem (VUB) é inteiramente claro:

1. Tudo o que é bom (*bonum*) é laudável (*laudabile*);

2. Tudo o que é laudável (*laudabile*) é virtuoso (*honestum*);

3. Logo, tudo o que é bom (*bonum*) é virtuoso (*honestum*).

Catão mesmo se ocupa em defender (VUB-1), oferecendo um argumento auxiliar em seu favor: tudo o que é bom é algo a ser desejado, e tudo o que é desejado é agradável; porém, tudo o que é agradável deve ser valorizado e, assim, merecedor de aprovação; se algo é merecedor de nossa aprovação, então, decerto, é laudável. Logo, como afirma (VUB-1), tudo o que é bom é laudável.

Pode-se querer questionar sobre um ou outro dos elos dessa cadeia de argumentos, mas deixemos isso de lado. Pois há um problema maior com (VUB). Caso se pretenda que ele seja um argumento de que a virtude (*honestum*) é o *único* bem (*solum bonum*), então é um argumento *non sequitur*. Dificilmente pode-se admitir (VUB-3), a tese de que tudo o que é bom (*bonum*) é virtuoso (*honestum*), sem concluir também que a virtude é o único bem. Pode-se muito bem estar disposto, em outros termos, a conceder que a virtude é *um* bem, ou mesmo que é o *supremo* bem, sem concluir com isso que é *o* bem no sentido de ser o *único* bem. Pode-se pensar, por exemplo, como faz Aristóteles[187], que a felicidade é o supremo bem, ao mesmo tempo em que se admite que há vários outros bens, incluindo a saúde e o prazer, os quais são bons porque conduzem à felicidade, ou mesmo em parte, constituem a felicidade. Embora boas, essas coisas não são o supremo bem; contudo não necessariamente, sua bondade deriva do fato de serem subordinadas ao supremo bem. Assim, para Aristóteles, o supremo bem não é o único bem.

Tomado dessa maneira extrema – e esta é a maneira pela qual o estoico Catão evidentemente pretende que seja tomado –, (VUB) não é um argumento convincente. É claro, os estoicos ainda podem aceitar uma conclusão mais forte do que

---

187. Sobre a concepção de felicidade de Aristóteles, cf. o subtítulo: "Aplicação das quatro causas: felicidade e função humana".

(VUB) autoriza, sob outros fundamentos. Esses fundamentos poderiam derivar, talvez, do argumento da *oikeiosis* (AO), discutido no subtítulo anterior: "Os estoicos". Lembre-se da conclusão desse argumento, (AO-9), de que todo ser humano deve reconhecer e apreciar a racionalidade como o único bem. À medida que progride para a racionalidade plenamente madura, o estoico desenvolve uma visão cada vez mais aguda e, assim, não só vê que o cosmos como um todo é racionalmente estruturado, como ele próprio tem algum papel a desempenhar nesse todo. Crucialmente, o estoico percebe de maneira reflexiva que sua compreensão desse papel é em si uma expressão de sua própria racionalidade, que *ao compreender ele está fazendo algo bom*, isto é, que, em suma, sua parte de bondade reside em sua própria racionalidade[188]. Em última instância, é precisamente essa racionalidade geral – que se manifesta localmente quando o sábio compreende a ordem divina de tudo cosmicamente expressa – que o sábio estoico passa a reconhecer como o único *locus* de valor no universo. O sábio passa a apreciar, assim, que seu próprio valor local em relação ao valor do universo consiste em nada mais do que se amoldar à direção da natureza. É isso que significa, afinal, para os estoicos, sempre viver de acordo com a natureza.

Mais uma vez, porém, a visão estoica é, pelo menos a princípio, bastante contraintuitiva. Os estoicos parecem ignorar despreocupadamente muitos outros casos de bondade disponíveis para nós na vida, conforme relata Diógenes Laércio:

> [Os estoicos] dizem que, entre as coisas que existem, algumas são boas, e outras más, e outras não são nenhuma dessas coisas. As virtudes da prudência, justiça (coragem, moderação e o restante) são boas; os opostos delas (insensatez, injustiça e o restante) são más. Tudo o que nem beneficia, nem prejudica ninguém, não é nenhuma dessas; por exemplo, vida, saúde, prazer, beleza, força, riqueza, reputação, nascimento nobre, e seus opostos, morte, doença, dor, feiura, fraqueza, pobreza, má reputação, nascimento vil e coisas semelhantes […]. Essas coisas não são nem boas nem más, mas são indiferentes, embora do tipo preferido […]. Beneficiar, não prejudicar, é a característica peculiar do que é bom. Mas riqueza e saúde mais beneficiam do que prejudicam. Logo, ambas são algo bom. Além disso, dizem que o que pode ser bem usado e mal usado não é algo bom. Mas a riqueza e a saúde podem ser bem usadas e mal usadas. Logo, ambas não são algo bom. (DL, VII, 101-103 = LS, 58 A)[189].

---

188. DL, VII, 85-86 = LS, 57 A.

189. Cf. Alexandre, *Sobre o destino*, 199, 14-22 = LS, 61 N.

Segundo a concepção estoica, portanto, não devemos ver a saúde como algo bom. A virtude é boa, e nada mais. Nem devemos julgar a dor como má; ela não é má, mas antes, nem boa, nem má. Com efeito, como vimos, julgar a dor como má não só é um falso juízo, como é um tipo de falso juízo que se qualifica como emoção. Se desejamos ser sábios, portanto, devemos evitar tais ligações emocionais.

Como de costume, os estoicos oferecem uma série de argumentos em defesa de sua posição; e, se esses argumentos são convincentes, então o caráter inicialmente contraintuitivo de sua visão precisa simplesmente ser posto de lado. Como eles poderiam muito bem observar, a história da ciência é recheada de teses descartadas, cujos substitutos se mostram a todos, menos aos seus primeiros apoiadores, como bastante contraintuitivos e patentemente falsos a ponto de não merecer a menor consideração. Para um, entre muitos exemplos, inúmeras pessoas perfeitamente educadas, inteligentes, julgaram a Teoria da Evolução de Darwin tão excêntrica a ponto de ser quase literalmente inacreditável; e, assim, simplesmente se afastaram dela, rechaçando-a, sem sequer considerar a apresentação dos dados. Esses detratores não eram sábios.

O que se pode dizer, então, em defesa do monismo de valor do estoico? Em primeiro lugar, há os tipos de argumentos que acabamos de ver reproduzidos por Diógenes Laércio. Em segundo lugar, segue-se uma série de acomodações suavizantes. A despeito de seu monismo de valor, os estoicos reconhecem uma categoria de coisas que Diógenes menciona de passagem como "indiferentes [...] do tipo preferido".

No que concerne aos argumentos positivos, Diógenes apresenta dois, embora os estoicos ofereçam muitos outros, alguns complexos, como o argumento da *oikeiosis*; e outros concisos, como o silogismo de Catão. Examinemos o segundo dos argumentos de Diógenes, um argumento do uso da bondade (UB):

1. Se x pode ser usado bem ou mal, então x não é bom;

2. Qualquer outra coisa além da virtude pode ser usada bem ou mal;

3. Assim, nada além da virtude é bom;

4. A virtude, todavia, é boa;

5. Logo, a virtude é o único bem.

Mais uma vez, vemos os estoicos argumentando de maneira contundente uma tese inicialmente surpreendente.

Estamos admitindo (UB-4), a tese de que a virtude é algo bom. (UB-2), a tese de que qualquer outra coisa além da virtude pode ser usada bem ou mal parece inicialmente plausível. A riqueza, por exemplo, é algo neutro: pode-se usá-la para o bem ou para o mal. Ela não obriga o seu uso por meio da força de sua própria natureza. Talvez outros exemplos de supostos estados neutros não sejam tão facilmente descartados com base nisso, mas podemos deixá-los de lado por ora. Se o fizermos, ficaremos apenas com (UB-1), a tese de que se x pode ser usado bem ou mal, então x não é bom. Essa tese é problemática. Entre outras coisas, ela situa um parâmetro bastante alto para qualificar alguma coisa como boa. Isso poderia ser razoável para alguma coisa se qualificar como *o* bem, ou o *supremo* bem, mas parece excluir uma vasta categoria de coisas aparentemente boas da categoria na qual ela, de outro modo, seria inserida. Assim, mesmo se admitirmos que a saúde, a visão, a inteligência, a força, e assim por diante, para uma longa lista de coisas aparentemente boas, podem ser usadas para o bem ou para o mal; podemos, ainda assim, ficar inclinados a considerá-las entre as coisas corretamente vistas não só como boas, mas como intrinsecamente boas.

Os estoicos também desejarão enfrentar esse tipo de preocupação, mas no presente contexto podemos passar para seu segundo tipo de resposta, uma que parece, de alguma forma, qualificar seu estridente monismo de valor. Diógenes menciona uma categoria de coisas não boas que são "indiferentes [...] do tipo preferido". Segundo os estoicos, propriamente falando, nenhuma das coisas na longa lista de bens costumeiros mencionados por Diógenes – vida, saúde, prazer, beleza, força, riqueza, reputação, nascimento nobre – se qualificam como algo bom. Se essas coisas não são vistas como boas, então não devem ter valor algum para o estoico, seja positivo, seja negativo.

Para ilustrar, suponha que Hilda não liga de fato para ópera. Ela não gosta nem desgosta. De fato, apenas não pensa muito sobre o gênero. Se alguém lhe oferecesse um par de ingressos gratuitos para ver *Parsifal*, de Richard Wagner, esperaríamos, assim, uma resposta indiferente à perspectiva de assisti-la. Agora, se Wolfgang pensa que ópera é um dos grandes bens do mundo e vê as óperas de Wagner como o exemplo sublime desse gênero, então, mantendo-se as outras coisas iguais, esperaríamos que respondesse de forma calorosa à oferta de ingressos gratuitos para *Parsifal*. Ela é indiferente aos ingressos; ele os valoriza. Eles têm um vizinho que detesta ópera e, particularmente, abomina Wagner. Gosta de repetir a observação de Mark Twain de que "A música de Wagner não é tão ruim quanto soa".

"Não", acrescenta, "é ainda *pior*". O vizinho, podemos presumir, zombará da oferta dos ingressos gratuitos. Também ele, como Wolfgang, atribui um valor à ópera; mas, em seu caso, trata-se de um valor negativo. Somente Hilda é indiferente.

Por analogia, portanto, devemos esperar que o sábio estoico seja perfeitamente indiferente à vida, à saúde, à riqueza e ao resto; e, em vez disso, valorize somente a virtude. Para alguns estoicos, pelo menos, a analogia é perfeita. Um dos primeiros estoicos, bastante radical e, em última instância, heterodoxo, Aristo, afirma exatamente isto: devemos "viver em perfeita indiferença a todas essas coisas que são de caráter intermediário entre a virtude e o vício, sem fazer qualquer distinção entre elas, mas vendo-as todas em pé de igualdade" (DL, VII, 160).

Aristo é como Hilda. Não adota nem atitudes favoráveis nem desfavoráveis em relação a qualquer outra coisa, a não ser a virtude. Estoicos da corrente principal discordam – ou, pelo menos, em certa maneira de dizer, discordam. Crisipo, o mais importante entre os primeiros estoicos, de fato, critica nominalmente Aristo[190], insistindo que a vida seria impossível se fôssemos manter uma *perfeita* indiferença a todas as questões que não fossem nem virtuosas, nem viciosas. Para ver como ele procede, chamemos aos itens da longa lista de Diógenes de *bens costumeiros*. A esses, ele diz, o estoico é de fato indiferente. Ainda assim, entre os bens costumeiros aos quais o estoico é indiferente, alguns podem ser *preferidos*, *promovidos* ou *selecionados* (a palavra grega é *proegmenon*, que pode ser traduzida de qualquer uma dessas maneiras). Esses indiferentes preferidos são comparados com não preferidos, degradados ou não selecionados na lista dos bens costumeiros indiferentes (*apoproegmenon*). Mais uma vez, Cícero apresenta as coisas de modo claro ao comentar sobre Zenão, o fundador do estoicismo:

> Para Zenão, todas as outras coisas não são nem boas nem más, mas algumas delas estão de acordo com a natureza e outras contrárias a ela, assim como outra classe entre elas, a saber, coisas intermediárias. Ele ensinava que as coisas em acordo com a natureza devem ser estimadas e que possuem certo valor, e seus opostos, o contrário: coisas que nem estão de acordo com a natureza nem contrárias a ela ele deixava na classe intermediária. Estas últimas ele declarava que não tinham qualquer força de motivação, enquanto entre as outras relevantes à escolha, as mais valiosas ele chamava de "preferidas" e as menos valiosas denominava "não preferidas" (Cícero, *Academica*, I, 36-37).

---

190. Cf. Cícero, *De fin.*, IV, 25.

Tal como representado aqui, Zenão reconhece a categoria de Aristo de coisas verdadeiramente indiferentes, mas a reduz consideravelmente, de modo que outras coisas indiferentes podem ser preferidas e outras não preferidas.

A concepção de Aristo tem uma espécie de clareza bem-vinda, embora implacável. Ele trata a classe de coisas boas e a classe de coisas a serem preferidas como perfeitamente coextensivas. Todas as coisas boas, e somente elas, devem ser preferidas. Assim, os itens na lista de bens costumeiros não são de fato nem bons nem devem ser preferidos. Nada possui valor positivo, a menos que seja bom, e somente a virtude é boa; coisas indiferentes, como vida e saúde, ficam de fora da esfera da virtude e, em consequência, não possuem valor. Portanto, para ele, todas as coisas virtuosas, e somente elas, devem ser preferidas. Pelo contrário, o vício é coextensivo com o que é mal e, assim, todas as coisas viciosas, e somente elas, devem ser evitadas. Em relação ao resto, ele é simplesmente indiferente.

Quando rejeitam essa concepção extrema, os estoicos da corrente principal têm muita dificuldade em explicar o que entendem por "indiferente". Esses são, diz Zenão, tal qual Crisipo depois dele, uma classe de *indiferentes preferidos*. Inicialmente, isso parece um oximoro: a noção de "indiferentes preferidos" faz lembrar da máxima da *Revolução dos bichos*, de Orwell, de que "Todos os animais são iguais, mas alguns animais são mais iguais do que os outros". Afinal, se Wolfgang prefere algo, então manifestamente *não* é uma questão indiferente para ele, ao passo que se Hilda é indiferente a algo, então ela nem gostará nem desgostará.

Em vez disso, todas as coisas nessa classe de indiferentes serão para ela uma questão, bem, indiferente.

Tal como Cícero representa os estoicos ortodoxos, eles saem desse dilema negando que valor e bem sejam completamente coextensivos: *valorizam* algumas coisas indiferentes, mas ao fazê-lo não chegam a considerar as coisas que eles valorizam como boas. Ao responder dessa maneira, os estoicos incorreram em desdenhoso desprezo por parte de seus críticos na Antiguidade – e a corrente de críticas nunca diminuiu de fato. Plutarco zombava deles como se permitindo ambiguidades e ofuscação[191]: eles pretendem ser indiferentes à saúde e à riqueza, e à doença e à pobreza, mas então discriminam entre essas coisas, preferindo algumas sobre outras, e concedendo valor às coisas que preferem, e negando àquelas que desprezam.

---

191. Cf. Plutarco, *St. rep.*, 1042c-d.

Plutarco encontra um colega crítico em Antíoco, membro descendente da Academia de Platão. Antíoco acusava os estoicos de oficialmente negar, mas de maneira sub-reptícia afirmar a bondade da saúde e da riqueza[192]. Afinal, ele nota, se digo que x deve ser preferido a y, ou que x deve ser selecionado, em vez de y, então não estou dizendo que x é *melhor* do que y, em minha avaliação? Ora, "melhor" é seguramente o comparativo de "bom"? Se for assim, então estou dizendo tanto que x possui mais bondade do que y quanto que x não participa da bondade. Para ilustrar, se Mordecai prefere a saúde à doença, então ele pensa que a saúde é *melhor* do que a doença. Ora, se pensa que a saúde é melhor do que a doença, então também pensa que a saúde tem alguma medida de bondade – uma medida maior de bondade, na verdade, do que ele pensa que tem a doença. Assim, é difícil ver como Mordecai também poderia ser um estoico que acredita que a saúde é algo indiferente e totalmente desprovida de bondade. Quando pressionado, Mordecai, o estoico, insiste que a saúde apresenta uma espécie de valor que não é de todo bom. Antíoco certamente lhe pedirá que desenvolva mais a respeito. Que tipo de valor não é bom? Por sua vez, Antíoco insta os estoicos a abandonarem a pretensão de que a virtude é o *único* bem, mesmo que eles continuem sustentando que a virtude é o bem preeminente ou supremo.

Esse, é claro, é apenas o início de uma disputa, e não sua resolução. É digno de nota que essa dificuldade sobre indiferentes preferidos no estoicismo nos traz de volta para o mesmo ponto em que deixamos nossa discussão dos epicuristas: em uma disputa sobre o *locus* do valor[193]. Cada escola defende uma forma de monismo de valor, os epicuristas como hedonistas e os estoicos como defensores da virtude, e cada escola é chamada a responder por algumas das consequências, ou supostas consequências, de seus compromissos nessas direções. Embora não tenhamos procurado apresentar refutações conclusivas de nenhuma dessas abordagens, vimos que os caminhos advogados para a equanimidade por essas escolas encontram formidáveis obstáculos antes de alcançarem sua destinação comum. Até aqui, pelo menos, nenhuma dessas escolas entrega a imperturbável tranquilidade que prometem.

---

192. Cf. Cícero, *De fin.*, IV, 25-28.

193. . Sobre objeções ao hedonismo epicurista, cf. o subtítulo: "Os epicuristas".

5.4 Ceticismo

Os céticos helenísticos se apropriam da própria existência dessas espécies de obstáculos para forjar outro caminho para a tranquilidade. Na verdade, eles se propõem a construir bloqueios adicionais nos caminhos das outras escolas helenísticas, pois veem suas pretensões dogmáticas como inteiramente equivocadas; segundo os céticos, o dogmatismo de escolas como a dos estoicos e a dos epicuristas, e igualmente de escolas como a dos platônicos e a dos aristotélicos, positivamente impede qualquer caminho para a tranquilidade.

Os céticos, assim, sugerem que as discordâncias e as (supostas) falhas que testemunhamos até agora são consequenciais de uma maneira surpreendente. Qual é o único bem? É o prazer? A virtude? A felicidade? Há um *único* bem ou conterá o mundo uma pluralidade de bens? Há realmente uma coisa como a bondade? Se for assim, é algo objetivo, ou subjetivo? Diferentes escolas promulgam diferentes respostas a questões como essas. Considere-se o caso das dificuldades concernentes ao monismo de valor dos estoicos e epicuristas que temos abordado: os epicuristas são hedonistas que pensam que o bem é o prazer; os estoicos retrucam que, longe de ser *o* bem, o prazer nem mesmo é *um* bem. Essas divergências, segundo sustentam os céticos, são sintomas de um fato inicialmente desconfortável sobre nós: conhecemos muito menos do que pensamos conhecer, mesmo sobre algumas das características mais conhecidas e fundamentais de nossa existência.

Mais perturbadora ainda é a admissão de que, se estivéssemos dispostos a deixar de lado nossos preconceitos e conceder aos proponentes dessas várias escolas o benefício da escuta, seria fácil nos vermos sendo atraídos, gradativamente, por cada uma das diferentes e incompatíveis visões que elas defendem. Sobretudo quando confrontados com um dialético superior e confiante, podemos nos ver persuadidos por visões que primeiramente julgamos implausíveis e contraintuitivas. Em primeiro lugar, vimos a morte como algo a ser temido; então, fomos persuadidos de que, talvez, uma vez que nada é, a morte não é tão ruim, afinal. Primeiro pensamos que fosse natural e apropriado nos emocionarmos diante da perda; em seguida, fomos persuadidos de que a perda não tem valor negativo, uma vez que ela não afeta nossa virtude. No caminho, a princípio aceitamos e então rejeitamos o hedonismo, e também modificamos nossas ideias sobre o caráter da virtude e o *locus* do valor.

Mesmo se não tivermos feito nós mesmos essa jornada, podemos facilmente dar um passo atrás em relação aos debates intra e interescolásticos dos filósofos que examinamos até agora e nos perguntarmos se é provável que um lado ou outro jamais emerja exibindo uma chave de ouro da compreensão. Se recuarmos dessa maneira, é provável que façamos uma pausa. Vemos vários pensadores perfeitamente inteligentes, indiscutivelmente capazes, sendo persuadidos dessa maneira, e isso sobre questões tão fundamentais como saber se o prazer é ou não algo bom, se o bem é algo subjetivo ou objetivo, se o bem é uma coisa ou se são várias – ou, então, não é absolutamente nada. Nesse caso, sugerem os céticos, deveríamos nos perguntar, de maneira mais geral, se alguém tem, de fato, bases *reais* para endossar uma resposta a esses tipos de questões. Talvez devamos simplesmente admitir que não sabemos – que não podemos saber – sobre essas questões, e assim simplesmente parar de tentar compreendê-las. Não podemos avaliar a profundeza dessas questões da existência humana. É melhor que paremos de fingir o contrário.

Essa sugestão cética pode parecer uma atitude derrotista de desespero. Talvez, podemos retrucar, isto é, se tentarmos com mais afinco descobriremos as naturezas profundas dessas questões. Então, tendo obtido as respostas às nossas questões, ficaremos satisfeitos e repousaremos na tranquilidade da verdade. Os céticos do Período Helenístico recomendam a abordagem exatamente oposta: devemos abraçar nosso fracasso e aceitar que o conhecimento de como as coisas realmente são está simplesmente fora de nosso alcance. Felizmente, sustentam, fazer isso está longe de ser uma miserável admissão da derrota. Pelo contrário, o momento em que reconhecemos nossas limitações se revela também o momento de nossa libertação. Quando abandonamos nossas orgulhosas e autoenganadoras pretensões ao conhecimento, ficamos bastante aliviados, e trata-se do mesmo alívio que estoicos e epicuristas buscavam, mas em vão:

> Uma pessoa que não assume posição em relação ao que é por natureza bom ou mau não evita nem busca intensamente e, portanto, está em estado de tranquilidade (*ataraxia*). Com efeito, o que ocorreu com o cético é exatamente o que se conta de Apeles, o pintor. Uma vez, dizem, quando ele estava pintando um cavalo e desejava representar na pintura a baba do animal, ele foi tão malsucedido que abandonou a tentativa e jogou no quadro a esponja que ele usava para limpar seus pincéis, e a marca da esponja produziu o efeito da baba de um cavalo. Do mesmo modo, os céticos esperavam atingir a tranquilidade (*ataraxia*) resolvendo a anomalia da maneira de como as coisas aparecem (*phainomena*) e a maneira que se pensa que as coisas são (*noumena*), e, não conseguindo fazer isso, suspenderam o juízo. Mas então, como que por acaso, quando fizeram isso, seguiu-se a tranquilidade, como uma sombra segue um corpo (Sexto, *Esboços do pirronismo*, I, 27-28).

Conforme a própria explicação, os céticos fizeram uma descoberta inteiramente fortuita, mas feliz. Como outros filósofos, eles lutavam para determinar como são as coisas no mundo. Desejavam saber o que *realmente* tem valor, não o que meramente parece ter valor; desejavam saber se a morte *realmente* é algo a ser temido ou apenas parece assustador; desejavam saber se o universo *realmente* é organizado segundo princípios racionais em acordo com a vontade de Zeus ou somente parece desse modo a nós porque nosso tropismo por ordem nos força a atribuir ao universo não estruturado o padrão que esperamos descobrir nele.

Em algum momento, em seus esforços intelectuais, os céticos desistiram e simplesmente suspenderam toda crença – e então algo maravilhoso aconteceu: a tranquilidade que buscaram na elusiva segurança do conhecimento baixou sobre eles. Como Apeles, o pintor, o prêmio que havia se esquivado deles em seus trabalhos inócuos foi concedido a eles no frustrado momento de sua suposta derrota.

Há uma moral para nós nisso. Se realmente buscamos tranquilidade, dizem os céticos, o caminho não passa pelo dogmatismo, mas por seu oposto polar, a suspensão de toda crença. Quando abandonamos nossas pretensões ao conhecimento, recebemos o prêmio que procurávamos, mas não podíamos atingir em nossas sérias, porém, em última instância, fúteis investigações.

5.4.1 Fontes do ceticismo e principais abordagens

Quando nos referimos aos céticos helenísticos, o cuidado em relação às fontes que registramos em relação aos estoicos e epicuristas é mais uma vez apropriado. Com efeito, é ainda mais necessário. Embora Epicuro tenha estabelecido um conjunto de doutrinas razoavelmente seguro, definindo os contornos de sua escola; e os estoicos tenham aderido a um conjunto de teses centrais mesmo que definidas em ondas sucessivas, a situação com o ceticismo é bem mais complexa e fraturada. Temos primeiramente a figura de Pirro, evidentemente um cético ativo que viveu entre cerca de 365 e 270 a.C., porém que não deixou para trás uma escola ou movimento, mas um quadro mais solto de seguidores. Mais de um século após sua morte, Enesidemo fundou um movimento com o nome de Pirro, os pirrônicos, que permaneceram ativos por vários séculos. Enesidemo fundou esse movimento, evidentemente, em um momento de insatisfação com os membros da Academia, com os quais estivera associado. Essa Academia é a mesma que Platão fundara, embora algum tempo após sua morte ele tenha tomado uma feição decididamente cética sob a liderança de Arcesilau, que a dirigiu de 273 a 242 a.C. Pode parecer estranho pensar na escola fundada pelo autor de *A república* como um bastião do ceticismo, mas os membros da Academia nesse período viam as coisas de maneira bem diferente. Destacando as frequentes recusas de ter conhecimento, viam a si mesmos como portando o manto da verdadeira Academia, e começaram uma longa e encarniçada prática de atacar as pretensões ao conhecimento por parte dos estoicos. Podemos lhes prestar um serviço vendo-os como viam a si mesmos, como não fazendo nada diferente do que Sócrates fez na prática do *elenchus* com figuras como Eutífron e Mênon[194]. Tal qual Sócrates, os céticos se viam como refutando as injustificadas pretensões ao conhecimento exibidas por seus Mênons e Eutífrons contemporâneos, a saber, os estoicos, epicuristas e aristotélicos – todos dogmáticos.

O fato de que Enesidemo rompeu com os membros da Academia cética, zombando deles como "estoicos lutando com estoicos", já sugere a complexidade interna do ceticismo helenístico[195]. Dado que seu credo, por assim dizer, os envolvia em rejeitar todas as pretensões ao conhecimento e até mesmo à crença, é impossível identificar qualquer conjunto de proposições endossadas por todos eles, ou mesmo, propriamente falando, apenas por um deles tomado individualmente. Ainda assim, os céticos conseguiram encontrar recursos tanto de concordância quanto de discordância entre si, de modo que podem ser vistos, se não como uma escola, pelo menos como um bando de colegas viajantes.

Mesmo assim, discordâncias nesse bando eram bastante pronunciadas. Uma forma de discordância pertencia aos métodos e objetivos últimos da postura cética em filosofia. Sexto Empírico, um cético do século II d.C., pirrônico confesso, oferece uma breve caracterização dos tipos de ceticismo encontrados no mundo antigo:

> Quando as pessoas buscam por algo, o resultado provável é que elas o encontrem, ou, se não o encontrarem, aceitem que não pode ser encontrado ou continuem procurando. Assim, também no caso do que é buscado em filosofia, penso, alguns sustentaram ter encontrado a verdade, outros afirmaram que ela não pode ser apreendida, e outros ainda estão procurando. Aqueles que pensam que encontraram são os dogmáticos, propriamente chamados – por exemplo, os seguidores de Aristóteles e Epicuro, os estoicos e alguns outros. Os seguidores de Clitômaco e Carneades, assim como outros acadêmicos, afirmaram que ela não pode ser apreendida. Os céticos (*skeptikoi*) continuam a procurar (*Esboços do pirronismo*, I, 1-3).

---

194. Sobre o *elenchus* de Sócrates e suas refutações deflacionistas de Eutífron e Mênon, cf. os subtítulos: "O *elenchus* socrático" e "Os fracassos de Mênon e Eutífron".

195. Cf. Photius, *Bibliotheca*, 169b18-170b3 = LS, 71 C.

Sexto estabelece duas distinções, a primeira das quais é interescolástica, e a segunda, intraescolástica. Os aristotélicos, epicuristas e estoicos são todos dogmáticos, filósofos enunciando visões positivas sobre todos os tipos de temas. Todos os céticos negam o êxito das pretensões dos dogmáticos e ridicularizam suas pretensões ao conhecimento. Mesmo assim, entre os céticos, alguns, por assim dizer, são *dogmaticamente céticos*, enquanto outros são *provisoriamente céticos*. Os céticos dogmáticos, incluindo, conforme sugere Sexto, os acadêmicos, afirmam saber que as coisas não podem ser conhecidas e, assim, recomendam a suspensão *permanente* de todas as crenças. Outros, como os pirrônicos, negam até mesmo isso: são céticos não dogmáticos, os quais provisoriamente suspendem o juízo, mas continuam procurando. Esses são, às vezes, referidos como *céticos zetéticos*, uma vez que não abandonam o processo de investigação (investigação = *zetesis* em grego). Tal como veem sua própria situação, não têm bases para sustentar – dogmaticamente, como diriam – que a investigação será para sempre fútil.

Nós investigaremos a apresentação do ceticismo pirrônico tal como a temos de Sexto Empírico tanto porque constitui uma rica fonte de informações quanto porque ele próprio foi um pirrônico praticante. Ao fazer isso, deixaremos de lado as intrincadas e interessantes disputas intraescolásticas às quais ele alude, e entenderemos por "ceticismo" o tipo de ceticismo pirrônico praticado por Sexto. À medida que o fizermos, porém, devemos ter em mente que estamos explorando apenas uma veia do antigo ceticismo.

Ingressemos no espírito do empreendimento pirrônico conforme o próprio Sexto o introduz:

> No que concerne ao caminho cético, forneceremos agora um esboço e uma explicação, estabelecendo de antemão que no que diz respeito a nenhuma das coisas que estamos a ponto de dizer nós sustentamos firmemente que as coisas são absolutamente como afirmadas, mas em cada caso estamos apenas relatando, como um cronista, o que agora nos parece ser o caso (*Esboços do pirronismo*, I, 4).

Devemos evitar o dogmatismo, segundo Sexto, mesmo em relação ao nosso próprio ceticismo. Relatamos como as coisas nos parecem, e reconhecemos, em toda humildade, que podemos estar enganados. O mundo é um lugar escuro, misterioso – tão escuro que nós nem mesmo sabemos como é a luz.

5.4.2 O caráter do pirronismo

Sexto apresenta o cético zetético como alguém que tem um fim em comum com outros filósofos:

> O ceticismo tem como início e causa, dizemos, a esperança de atingir a tranquilidade (*ataraxia*). Homens de natureza nobre têm sido perturbados pela irregularidade das coisas, e intrigados em relação a onde devem situar sua crença. Assim, foram levados a investigar tanto a verdade quanto a falsidade nas coisas, de modo que, quando estas fossem determinadas, pudessem atingir a tranquilidade de espírito. Ora, o princípio fundamental para a existência do ceticismo é a proposição: 'Para todo argumento, um argumento igual é oposto'. Pois acreditamos que é em consequência desse princípio que somos levados a um ponto onde cessamos de dogmatizar (*Esboços do pirronismo*, I, 12).

Os céticos começaram como outros filósofos, intrigados pelo que viam diante de seus olhos. A visão de Sexto ecoa aqui uma observação de Aristóteles: "Foi com efeito pela admiração que os seres humanos começaram a filosofar, como o fazem agora, primeiramente porque se admiraram sobre as coisas estranhas bem diante deles, e mais tarde, avançando aos poucos, porque passaram a julgar grandes coisas intrigantes"[196]. A diferença é que Aristóteles, dogmático por excelência, julgava que o progresso era possível e mesmo efetivo. O cético nota que muitas das teses dogmáticas de Aristóteles são negadas por outros filósofos, que reiteram argumentos igualmente convincentes e opostos a suas conclusões. Para tomar apenas um exemplo, Aristóteles sustentava que o prazer não poderia ser o supremo bem[197]; apenas poucos anos após sua morte, os epicuristas afirmavam exatamente o contrário.

Sexto sugere que esse tipo de discordância filosófica fundamental é realmente um fenômeno bastante geral. De fato, introduz sua generalidade como um preceito fundamental do ceticismo: "Para todo argumento, um argumento igual é

---

196. Cf. Aristóteles, *Metafísica*, I, 2, 982b12. Na tradução brasileira de José Cavalcante de Souza: "Foi, com efeito, pela admiração que os homens, assim hoje como no começo, foram levados a filosofar, sendo primeiramente abalados pelas dificuldades mais óbvias, e progredindo em seguida pouco a pouco até resolverem problemas maiores: por exemplo, as mudanças da Lua, as do Sol e dos astros e a gênese do universo" (Aristóteles, 1984) [N.T.].

197. Sobre as razões de Aristóteles para negar que o prazer seja o supremo bem, cf. o subtítulo: "Aplicação das quatro causas: felicidade e função humana". Para um tratamento mais completo, cf. Shields (2007) dos parágrafos 8.1. ao 8.3.

oposto". Para todo argumento dado em favor de *p*, há um argumento igualmente convincente em favor de *não p*. Quando confrontado com esses *argumentos equipolentes*, ou seja, igualmente poderosos contra e a favor de uma dada proposição *p*, não temos outro recurso a não ser suspender o juízo sobre *p*. Sexto está sugerindo que, diante de argumentos equipolentes, não é apenas prudente ou intelectualmente responsável suspender o juízo. Em vez disso, uma vez que vimos que os fundamentos a favor e contra qualquer proposição *p* são perfeitamente equilibrados entre si, não temos alternativa real a não ser a suspensão.

Para começar com um exemplo trivial, suponha que você está se questionando sobre um simples fato, por exemplo, saber se o primeiro-ministro foi atingido por um ônibus enquanto pedalava hoje pela manhã. Uma testemunha perfeitamente credível lhe informou que viu isso acontecer hoje mais cedo; infelizmente, outra testemunha igualmente credível sustenta que não ocorreu algo assim, que esteve com o primeiro-ministro mais tarde e que pode atestar que ele não foi atropelado por um ônibus. Você dificilmente pode acreditar em ambas e, supondo que elas realmente têm a mesma credibilidade, você tem dificuldade em preferir um relato a outro. Nessa circunstância, você deve, e presumivelmente irá, suspender o juízo até que encontre alguma informação adicional em uma direção ou em outra. Você, em toda probabilidade, iria suspender o juízo a respeito e continuar investigando. Você estaria agindo, portanto, exatamente como um cético zetético.

É claro, nesse caso trivial ficamos inclinados a dizer que a questão pode ser decidida, que um dos relatos deve ser falso e que com um pouco mais de investigação seremos capazes de determinar qual. Sexto duvida disso, mas podemos deixá-lo de lado por enquanto. O que importa nesse humilde exemplo é algo revelador do caráter do ceticismo antigo. Presumivelmente, no caso imaginado, nós não apenas deixaríamos de *saber* se o primeiro-ministro fora ou não atropelado por um ônibus ao andar de bicicleta: não teríamos ainda fundamentos para *acreditar*. Suspenderíamos não apenas qualquer pretensão ao conhecimento, também suspenderíamos todas as pretensões à crença. Se *p* é a proposição *que o primeiro-ministro foi atingido por um ônibus*, devemos acreditar em *p* ou *não p*?

A resposta parece ser: nem em um, nem em outro. Devemos suspender o juízo.

Esse fato adicional apresenta uma característica marcante do ceticismo antigo, pertencentes a dois tipos de dúvida que podemos vir a manifestar:

- Dúvida epistêmica: podemos passar a duvidar que temos fundamentos para *conhecer* qualquer coisa – e assim, abandonar todas nossas pretensões ao conhecimento;

- Dúvida doxástica: podemos passar a duvidar que temos fundamentos para *acreditar* em qualquer coisa – e assim, abandonar todas as nossas pretensões à crença.

A dúvida epistêmica é o tipo de dúvida que Descartes procura induzir na primeira de suas *Meditações*. Possivelmente, ele insiste que, em virtude de uma variedade de mecanismos, você não conhece realmente as coisas que pensa conhecer. Talvez você esteja sonhando, ou talvez um gênio maligno o esteja enganando, fornecendo uma falsa informação. Talvez, para atualizar um pouco o mecanismo, você seja cérebro em uma cuba recebendo estímulos neurais por cientistas loucos, maus, que se comprazem em fazê-lo acreditar que está atualmente esquiando na Suécia, traçando trilhas elegantes na neve recém-caída, mesmo que você não passe de um cérebro em um vaso em um laboratório em Reading. Esses tipos de cenários podem lhe fornecer razão para duvidar de suas pretensões ao conhecimento ou à certeza. Talvez, a despeito de sua vivacidade, suas atuais percepções são inteiramente não verídicas. Esses tipos de argumentos, portanto, são tentativas de induzir uma dúvida epistêmica em você. Note, porém, que nenhum desses cenários lhe dá qualquer razão para duvidar daquilo que você *acredita* no que parece estar percebendo. Pelo contrário, esses cenários céticos pressupõem uma crença e então atacam a questão de saber se a crença é adequadamente justificada de modo a se qualificar como conhecimento. É perfeitamente consistente com sua admissão de uma falta de conhecimento o fato de você acreditar, de maneira entusiástica, que esteja, decerto, desfrutando de uma descida pela neve fresca. Você simplesmente admite que suas crenças carecem da justificação requerida. Quaisquer que sejam seus propósitos finais, esses tipos de cenários céticos lhe fornecem fundamentos para dúvida doxástica.

O que chama a atenção imediatamente – e que é afinal desafiador – é essa marcante diferença entre o ceticismo pirrônico e o cartesiano: Sexto é um cético doxástico, e não epistêmico. Em outros termos, Sexto pretende que os tipos de argumentos céticos que ele desenvolve induzam seus leitores a abandonar não só todas as pretensões ao conhecimento, como a todas as pretensões à crença. Ele compreende seus argumentos, assim, como sendo tão profundos e abrasadores que qualquer um que apreenda sua força olhará para o mundo, então, e admitirá apenas que *parece* de certo modo, sem jamais formar uma crença de que *é* como parece. Pelo contrário, o cético jamais afirmará que o mundo é tal como aparece; em vez disso, admitindo que as aparências são o que são, ele ficará contente em se deter e assim viver unicamente pelas aparências, na medida em que isso é possível. Sexto, na verdade, é explícito sobre o ponto de aceitar as aparências:

> Aqueles que afirmam que os céticos negam aparências (*phainomena*) não me parecem ouvir o que dizem. Pois, como estabelecido acima, nós não rejeitamos as coisas que nos levam involuntariamente a assentir com uma impressão (*fantasia*) passivamente recebida, e estas são aparências. E, quando questionamos se o objeto externo é tal como aparece, admitimos que ele aparece, e não estamos levantando uma questão sobre a aparência, mas sobre o que é dito sobre a aparência; isto é diferente de levantar uma questão sobre a aparência ela mesma (*Esboços do pirronismo*, I, 7).

Ele sustenta que o cético não pode evitar assentir a proposições da forma "Parece-me que *p*". Mesmo assim, ao assentir a esse tipo de proposição, ao qual podemos chamar de *proposições fenomênicas*, o cético não forma crença sobre se *p* é verdadeiro, ou descreve acuradamente o mundo, ou, falando de maneira geral, se obtém[198]. Um cético que permanece em um rio degelado na primavera pode assentir à proposição fenomênica "Parece-me que esse rio está frio". Com efeito, Sexto sustenta que, se as coisas assim lhe parecem, o cético não pode fazer outra coisa senão assentir. Uma proposição fenomênica exige assentimento, mas somente aos fenômenos, às aparências: nenhuma proposição não fenomênica merece assentimento, pois toda proposição não fenomênica nos leva além dos fenômenos, na direção das coisas como realmente são. Uma vez que a crença exige assentimento a uma proposição não fenomênica, o cético não forma crenças.

---

198. Requer-se algum cuidado aqui. Em grego, como em inglês, podemos marcar uma distinção entre dois sentidos de "Parece que *p*". Considere (1) uma mulher que descobre uma carta de amor na escrivaninha de seu marido e afirma: "Parece que Fernando está tendo um caso"; e (2) uma mulher que está sobre os trilhos de uma ferrovia e diz: "Parece que os trilhos convergem". (1) traz algum tipo de convicção, enquanto (2) não tem nenhuma; (1), mas não (2), pode estar correta. Em outros termos, se ela fica sabendo que a carta foi plantada lá por um inimigo malicioso de seu marido, ela se corrige. Mas não se corrige pelo fato de que os trilhos não convergem. Esse, afinal, é um fato já reconhecido por ela quando fala da aparência de convergência. Assim, (1), mas não (2), traz consigo pelo menos alguma porção de convicção. Para um cético, uma proposição fenomênica, como (2), não traz consigo nenhuma convicção além das aparências. Essa distinção se tornará especialmente importante quando passarmos a avaliar os questionamentos feitos ao ceticismo.

Alguns poderiam contestar que o cético pelo menos formará crenças a respeito das proposições fenomênicas que exigem seu assentimento. Assim, de "Parece-me que esse rio está frio", o cético pode admitir "Eu acredito que me parece que esse rio é frio". Dessa forma, sugere o crítico, o cético de fato assente a algumas proposições não fenomênicas.

Um tipo de resposta consiste em admitir a objeção apenas para denunciá-la como uma vitória desprovida de sentido. A suspensão de juízo do cético gira em torno de uma crença não fenomênica, ou seja, uma crença sobre o mundo externo. Sexto deixa isso perfeitamente claro ao admitir que "quando questionamos se o objetivo externo é tal como aparece, admitimos que ele aparece".

Uma resposta cética mais estridente questiona até mesmo a passagem da proposição fenomênica:

- "Parece-me que p" para a proposição não fenomênica;
- "Eu acredito que me parece que p".

Com base no fato de que a segunda, mas não a primeira, atribui uma crença efetiva a um sujeito existente, a saber, o portador da crença em questão. Talvez todos os céticos precisem admitir, nesse ponto, por meio de inferência de:

- "Parece-me que p"

é

- "Parece-me que eu acredito que p".

Desse modo, o cético manterá o círculo da aparência intacto.

Semelhantes questionamentos evidenciam uma importante característica do ceticismo helenístico: ao abraçar um ceticismo extremo, doxástico, o cético se mantém aberto a todo tipo de argumento de virada de mesa. Como veremos, o cético enfrentará uma série de acusações de que seu ceticismo é autorrefutador ou, pelo menos, pragmaticamente autossabotador. Uma formulação pragmática desses tipos de críticas alega que o cético não pode de fato viver seu ceticismo. Se não podemos assentir a nenhuma proposição não fenomênica e, assim, não podemos acreditar em nada no que concerne ao mundo, como podemos conseguir andar até mesmo em nosso próprio bairro? Suponha, por exemplo, que o cético vê um grande caminhão descendo barulhentamente a rua em sua direção. Sua relutância em ficar na sua frente não trai sua não reconhecida crença de que ele será esmagado se ficar em seu caminho?

Até aqui, porém, esses tipos de questionamentos ao ceticismo são meramente preventivos. Não nos foi dada nenhuma razão, por parte do cético, para concluir que a crença jamais se justifica. Por exemplo, o estoico que se comprometeu em assentir a todas as proposições verdadeiras, e somente a elas, ficará pouco inclinado a se envolver com o cético, a menos que receba algum tipo de provocação argumentativa. Apresentemos, então, alguns tropos típicos do arsenal argumentativo dos céticos.

5.4.3 Tropos céticos

Por que o estoico, ou qualquer outra pessoa, deveria levar o ceticismo doxástico a sério? Sexto inicia sua campanha contra o dogmatismo retornando a um dos primeiros filósofos, o atomista pré-socrático Demócrito. Lembre-se que Demócrito admitira que o atomismo apresenta uma inesperada consequência epistêmica[199]. Sexto destaca essa característica do atomismo citando Demócrito de maneira apreciativa: "Demonstrou-se inúmeras vezes que, na realidade, não apreendemos o que cada coisa é ou não é [...]. É necessário perceber que, por esse critério, nós, seres humanos, ficamos separados da realidade" (Sexto, *Contra os acadêmicos*, VII, 136). Demócrito chegara a essa conclusão sugerindo que tudo além dos átomos existe por convenção (por *nomos*). Se você está dentro do rio e julga a água fria, e está bem ao lado de seu parceiro, que no mesmo momento julga a água quente, e ambos são sinceros ao relatar como as coisas parecem a vocês, então qual juízo deve ser considerado superior? Qual de vocês diz como a água *realmente* é? Sexto sustenta que nenhum dos dois: a água parece de uma maneira para você e de outra para seu parceiro, e isso é tudo o que se pode dizer com confiança sobre a questão de saber se o rio está frio ou quente.

Note, porém, que Demócrito mesmo estava perfeitamente preparado para admitir que outras coisas não existem meramente por convenção. Átomos e o vazio existem não por convenção, mas por natureza (por *physis*). Embora não possamos experimentá-las na percepção sensível, podemos inferir sua existência e, tendo feito isso, podemos ver que existem independentemente de nossas interações com elas. *Grosso modo*, e lembrando o contexto do surgimento do atomismo na esteira do monismo parmenidiano[200], porque sabemos que existe movimento e

---

199. Sobre o atomismo democriteano, cf. o subtítulo: "Demócrito e atomismo do século V a.C.".
200. Sobre o monismo parmenidiano, cf. o subtítulo: "Parmênides e Zenão".

que este exige a existência de átomos e do vazio, podemos justificadamente inferir que existem átomos e o vazio.

Aqui, no entanto, Sexto se desprende de Demócrito e outros de seu séquito. A primeira coisa que o cético apontará é que os atomistas chegaram a seu compromisso com a existência dos átomos por meio de um argumento. Esse argumento, sob reflexão, se revelará como qualquer outro argumento: neutralizado por outro argumento no sentido oposto, o qual, se formos honestos, admitiremos ser igualmente bom. Assim, por exemplo, pode-se replicar que a própria noção de um *átomo* é incoerente. Supõe-se que o átomo seja algo indivisível. Afinal, em grego, a palavra *atomon* significa exatamente "não divisível" ou "que não pode ser cortado". Contudo, os átomos têm magnitudes. Desse modo, supõe-se que sejam indivisíveis. Claramente, porém, toda magnitude, não importa o quão pequeno seja, pode em princípio ser dividida por uma lâmina de uma magnitude ainda menor. Assim, os átomos precisam ser divisíveis, afinal – o que significa que um átomo não é realmente *atomon*. Assim, um argumento nos diz que deve haver átomos; outro, diz-nos que não pode haver átomos.

Essa circunstância é realmente bastante geral. De fato, sustenta Sexto, para qualquer proposição não fenomênica *p*, há argumentos *equipolentes* para ambos os lados. Em outros termos, existem argumentos de igual força e persuasão a favor e contra toda proposição não fenomênica. Esse é o fenômeno que Sexto identificou como "o princípio fundamental" do ceticismo: "a todo argumento um argumento igual se opõe" (*Esboços do pirronismo*, 1, 12). Chamemos a esse *princípio da equipolência* e ao argumento que ele suscita de argumento fundamental pela suspensão da crença (AFSC):

> 1. Para qualquer proposição não fenomênica arbitrária *p*, se as razões para assentir à *p* não são melhores ou piores do que aquelas para assentir a não *p*, então tem-se um dever epistêmico de suspender o juízo em relação à *p*;
>
> 2. De fato, para qualquer proposição não fenomênica arbitrária *p*, as razões para assentir à *p* não são melhores ou piores do que aquelas para assentir a não *p*;
>
> 3. Logo, para qualquer proposição não fenomênica arbitrária *p*, tem um dever epistêmico de suspender o juízo em relação à *p*.

A conclusão de (AFSC) é um enunciado inteiramente geral do ceticismo doxástico. Se (AFSC-3) estiver correto, devemos suspender o juízo sobre tudo e apenas relatar as aparências. Falar de "deveres epistêmicos" a esse respeito se apoia em linguagem não desenvolvida pelos próprios céticos, mas visa capturar a reiterada afirmação de Sexto de que, tendo em vista a existência de argumentos equipolentes, é *preciso* ou *deve-se* suspender o juízo, o que, conforme nosso atual contexto epistêmico, cabe a nós fazer. É claro, o cético apontará que, felizmente, para aqueles que seguem o caminho cético, vem um grande benefício: a tranquilidade (*atarraxai*) baixará sobre eles.

No que concerne à nossa circunstância epistêmica, Sexto nos encoraja primeiro a admitir e então trazer à plena consciência o inescapável fato de que argumentos equipolentes estão disponíveis para qualquer proposição não fenomênica aleatória que possamos considerar. (AFSC-1) meramente contém o plausível pensamento cético de que, diante de argumentos verdadeiramente equipolentes em relação a *p*, devemos – e, presumivelmente, faremos isso – suspender o juízo sobre *p*.

Imagine, por exemplo, que você está doente e que, para recuperar a saúde, precisará se submeter a alguma modalidade de terapia. Um médico recomenda o caminho A, mas você recebe uma segunda opinião de outro médico, que o aconselha contra o caminho A, como ineficaz e superado; e sugere, em vez disso, o caminho B. Até onde você pode se certificar, ambos os médicos são plenamente dignos de crédito e qualificados. Assim, você pesquisa mais um pouco por conta própria. Revela-se que alguns excelentes estudos mostram, ou parecem mostrar, que o caminho A é eficaz; outros, igualmente excelentes, mostram, ou parecem mostrar, que o caminho A efetivamente não confere nenhum benefício. Infelizmente, a mesma situação se obtém para o caminho B. Você fica sabendo também que há outro estudo, muito mais abrangente, mais plenamente fundamentado em andamento, e que seus resultados logo serão publicados. Felizmente, sua doença não é debilitante e você pode se permitir esperar até que os resultados do novo estudo sejam publicados. Nessa circunstância, parece que você deve simplesmente suspender o juízo, e que, de fato, você provavelmente *suspenderá* o juízo de maneira mais ou menos automática. Certamente, para começar, seria imprudente de sua parte fazer qualquer outra coisa. Mais precisamente, seria irracional se você concluísse que o caminho A é claramente preferível a B, ou vice-versa. É melhor suspender o juízo e, à maneira de um zetético, continuar pesquisando. Isso significa, portanto, que (AFSC-1) é uma premissa perfeitamente plausível e razoável a ser apresentada pelos céticos. É claro, se você já é um cético, você dificilmente assentirá à proposição de que "(AFSC-1) é verdadeira". Ainda assim, você considerará difícil evitar assentir à proposição fenomênica de que "Parece-me que (AFSC-1)".

As questões se tornam muito mais complicadas e polêmicas quando retornamos à única premisssa restante, (AFSC-2), a surpreendente afirmação de que, de fato, para qualquer proposição não fenomênica arbitrária p, as razões para assentir a p não são melhores ou piores do que aquelas para assentir a não p. Embora possamos estar dispostos a admitir isso para vários tipos de teses avaliativas e obscuras, certamente não temos razão para suspender o juízo sobre proposições tão básicas como *Vejo palavras diante de mim bem agora enquanto leio* ou *2 + 2 = 4*. A proposição matemática é necessária e a proposição perceptual é patente. Sob esse aspecto, vale lembrar que estamos no contexto do ceticismo doxástico, e não epistêmico. Sexto não está apenas tentando mostrar que não podemos *conhecer* semelhantes proposições ou que não podemos conhecê-las *com certeza*. Em vez disso, está sustentando que cada uma dessas proposições não fenomênicas incide em um par de argumentos equipolentes, de modo que não temos razão nem mesmo para *acreditar* em qualquer um deles. Assim, sua visão é realmente radical.

Sexto oferece um argumento após o outro no sentido de que a equipolência de fato se obtém para toda proposição não fenomênica. De fato, ele pensa que, ao reproduzir os vários tipos desses argumentos, deve se seguir a suspensão. Como bom cético, porém, não pretende acreditar que esses argumentos sejam efetivamente corretos. Eles apenas parecem assim:

> Mas, para que possamos de maneira mais acurada compreender essas oposições, procurarei estabelecer os modos de argumentos por meio dos quais a suspensão de juízo se produz, sem, no entanto, afirmar qualquer coisa sobre seu número ou força. Pois eles podem ser incorretos, e pode haver mais do que aqueles que eu menciono (*Esboços do pirronismo*, 1, 35 = LS, 72 A).

Sexto fornece uma série de *modos*, ou maneiras de argumentar pela equipolência ou, de maneira mais geral, para alcançar a suspensão[201]. Dessas séries, duas exigem especial atenção, um grupo de cinco séries derivadas de Agripa, uma figu-

---

201. Ele começa com alguns modos mais gerais (*Esboços do pirronismo*, I, 31-35); e acrescenta outros dez modos; no caso os mais discutidos, isto é, aqueles que presumivelmente provêm de Enesidemo (*Esboços do pirronismo*, I, 40-163), então outros cinco modos, aqueles que, talvez, derivem de Agripa (*Esboços do pirronismo*, I, 178-179); e finalmente mais oito modos, devido a alguns céticos recentes, que visam aqueles que presumem se apoiar em explicações causais ao formar crenças (*Esboços do pirronismo*, I, 180-186).

ra obscura na história do ceticismo antigo, e outro grupo de dez, provavelmente derivadas de Enesidemo[202], o cético que rompeu com a academia cética, desgostoso com a alegação de que os acadêmicos eram dogmáticos não assumidos, não dispostos a assumir a plena medida de sua postura cética.

Sexto caracteriza os dez modos em sua maneira tipicamente não dogmática:

> Os céticos mais antigos [*scil.* Enesidemo, M, VII, 345], segundo a explicação usual, manejaram alguns modos (*tropoi*), em número de dez, mediante os quais parece que a suspensão de juízo é produzida, e que eles também chamam, como sinônimo, de 'argumentos' (*logoi*) ou 'pontos' (*topoi*). E esses modos são os seguintes: primeiro, existe um baseado na variedade de animais; segundo, aquele baseado na diferença entre os seres humanos; terceiro, baseado nas diferenças em constituição dos órgãos dos sentidos; quarto, sobre as circunstâncias; quinto, sobre posições, distâncias e locações; sexto, sobre dosagens; sétimo, sobre quantidade e constituição dos objetos externos; oitavo, sobre a relatividade; nono, sobre a frequência ou infrequência de ocorrências; e décimo, sobre os modos de vida, costumes e leis, crenças míticas e opiniões dogmáticas. Adotamos essa ordem, sem preconceito (*Esboços do pirronismo*, 1, 59 = LS, 72 A).

Alguns desses modos giram em torno das diferenças daqueles que as percebem e em suas constituições; outros, sobre diferenças em contextos doxásticos; e outros ainda, sobre diferenças nos objetos percebidos[203].

Os modos de fato se sobrepõem de várias maneiras, e sua apresentação está longe de ser clara. Isso, porém, no que concerne a Sexto, não é um problema. O que ele deseja é meramente oferecê-los com suficiente clareza para que seus leitores possam apreender sua força e, assim, suspender o juízo. Tomemos apenas o primeiro modo como ilustração de como operam.

Sexto chama atenção para as diferenças evidentes entre as constituições dos diferentes animais. Como ele corretamente aponta, diferentes tipos de animais são dotados de diferentes tipos de órgãos sensoriais, com o resultado de que eles interagirão com o mundo de maneiras diferentes:

---

202. Sexto, *Contra os acadêmicos*, VII, 345.
203. Sexto, *Esboços do pirronismo*, I, 39 = LS, 72 A.

> Se as mesmas coisas parecem diferentes devido às diferenças nos animais, então estaremos em posição de dizer como o objeto externo parece *para nós*, mas suspenderemos o juízo sobre como é sua natureza. Pois não seremos capazes de decidir entre nossas impressões (*phantasiai*) e aquelas dos outros animais, uma vez que somos parte da disputa; e, assim, precisamos de alguém para tomar a decisão, em vez de sermos competentes para emitir juízos sobre nós mesmos (*Esboços do pirronismo*, I, 59-60 = LS, 72 B).

Sexto assinala dois tipos de pontos nessa passagem. O primeiro diz respeito às diferenças nas constituições dos vários percipientes; o segundo diz respeito à maneira pela qual um dogmático pode tentar resolver o problema suscitado por essa circunstância.

De maneira geral, portanto, oferece uma espécie de argumento avançado para variação fenomênica (AVF), cuja versão mais rudimentar já nos é conhecida dos antigos atomistas[204]:

> 1. Se as faculdades sensoriais são constituídas de variadas maneiras, é razoável assumir variação fenomênica entre as espécies;
>
> 2. Se houver variação fenomênica entre as espécies, só podemos dizer como são os objetos externos por natureza se pudermos apelar a um *árbitro objetivo*;
>
> 3. Certamente não somos nós mesmos árbitros objetivos; com efeito, nenhum sujeito, aparentemente, tem qualquer pretensão melhor ou pior a ser um árbitro objetivo do que nós temos;
>
> 4. Se (3), não podemos apelar a qualquer árbitro objetivo diante da variação fenomênica;
>
> 5. Logo, somos incapazes de dizer como são os objetos externos por natureza.
>
> (AVF-5) produz o desejado resultado cético.

A primeira premissa parece razoável. Se diferentes espécies têm diferentes tipos de detectores sensoriais, então podemos esperar que detectem características do mundo fenomenicamente diferentes. Para tomar um exemplo desconhecido de Sexto, mas que ilustra perfeitamente seu ponto, certas anêmonas marinhas (*anthopleura xantho grammica*) têm células especializadas para fotorrecepção,

---

204. Sobre variação fenomênica no antigo atomismo, cf. o subtítulo: "Demócrito e atomismo do século V a.C.".

e podem assim detectar ondas de luz na gama ultravioleta indetectável por seres humanos. Assim, quando percebem um objeto x refletindo ondas nessa região, suas experiências e percepções de cores diferirão notadamente daquelas que um humano percebe. O humano não verá cor nessa gama. Digamos que a cor que essas anêmonas marinhas percebem seja Φ. Devemos dizer que x é Φ ou não Φ? É claro, podemos dizer que x é não Φ *para nós*. Também podemos dizer, como biólogos marinhos dizem, que x parece Φ *para a anêmona marinha*.

Ora, então, x é Φ ou não Φ? Sexto não adota o expediente relativista de dizer que x é Φ-para-S_1 (a anêmona marinha), mas não Φ-para-S2 (o ser humano). Visto de certa maneira, o relativista meramente adia a questão que desejamos responder: É x realmente Φ ou não Φ? Visto de outra maneira, responde à questão de maneira dogmática: *em si*, diz o relativista, x não é nem Φ nem não Φ.

Como, porém, o relativista chega a essa crença? Ele pode estar inferindo essa crença do mero fato da variação perceptual. Nesse caso, seu relativismo é apenas isso: uma inferência. Então, surge a preocupação normal: por que devemos confiar em sua inferência? Talvez a anêmona marinha tenha a visão certa, afinal. De certo modo, mesmo o relativista parece ter estabelecido a si mesmo como uma espécie de *árbitro objetivo*. Vê a si mesmo como estando na posição privilegiada de ter boa razão para acreditar que x não é nem Φ nem não Φ em si. Aqui, porém, parece precisamente tão dogmático quanto o humano provinciano que insiste que x é realmente não Φ ou como, se quiser, a anêmona marinha dogmática que insiste que x de maneira definitiva é Φ, que ela pode simplesmente *ver* que é Φ. O relativista meramente adota um ponto de vista dogmático diferente. É desse tipo de dogmatismo, seja de orientação relativista ou não, que Sexto zomba.

Esse é o ponto de (AVF-2), a afirmação de que, se existe uma variação fenomênica entre as espécies, só somos capazes de dizer como são os objetos externos por natureza se pudermos apelar a um *árbitro objetivo*. Dada a variação perceptual, a fim de resolver a questão de como as coisas realmente são, precisaríamos de algum tribunal de apelação. Em outros termos, precisaríamos de um *árbitro objetivo* para resolver a questão para nós. Um árbitro objetivo seria alguém capaz de julgar as coisas de uma perspectiva objetiva, o que significa, portanto:

> • S é um *árbitro objetivo* somente se, para todo objeto x e para qualquer propriedade fenomênica Φ, quando S julga "x é Φ", a atitude de S ao julgar nem mesmo parcialmente constitui Φ.

É claro, Sexto não sustenta dogmaticamente que não poderia haver semelhante árbitro. No entanto, indica que certamente *parece* que não existe tal criatura. Em outros termos, de sua perspectiva humana perfeitamente mundana, parece que um árbitro objetivo veria as coisas de uma perspectiva sem perspectiva. Essa tese compreensivelmente se mostra para Sexto como algo desesperado e absurdo.

Além disso, pode-se desejar montar um argumento a favor ou contra a proposição não fenomênica *de que existe um árbitro objetivo*. Não é preciso dizer que isso nos envolveria em todos os tipos de *provas* complicadas e tortuosas – e, assim, abriria caminho para a equipolência:

> Pois, além da possibilidade de não haver algo como uma prova, como indicaremos, qualquer suposta prova será aparente ou não aparente para nós. E se, por um lado, não for aparente, então não a aceitaremos com confiança. Mas se, por outro lado, for aparente, então, uma vez que o que é aparente para animais é a própria questão que está sendo discutida, e a prova é aparente para nós, e somos animais, a prova mesma estará em questão pelo fato de que, sendo algo aparente, como pode ser verdadeira. Mas é absurdo tentar resolver a questão por meio da própria questão, uma vez que a mesma coisa será tanto digna de crédito quanto o contrário, o que é impossível [...]. Se, portanto, as impressões (*phantasiai*) diferem devido à diferença entre os animais, e é impossível decidir entre elas, então é necessário suspender o juízo no que concerne aos objetos externos. (*Esboços do pirronismo*, I, 60-61 = LS, 72 B).

Quando os dogmáticos repetem suas várias provas, nós julgaremos essas provas evidentes ou não. Se não as julgarmos evidentes, então não terão valor doxástico. Se, pelo menos de início, as julgarmos evidentes, então precisaremos apenas refletir que não somos nós mesmos árbitros objetivos e, dessa forma, dificilmente estaremos em posição de afirmar a existência de qualquer juiz. Então reconheceremos novamente que nossas aparências não têm valor doxástico. Ao endossá-las, estaríamos apenas validando a própria coisa sobre a qual estamos nos questionando, a saber, se podemos de alguma forma nos colocar em uma posição de sermos capazes de adjudicar discordâncias fenomênicas transcendendo nossas determinações de perspectiva. Isso parece agora inescapavelmente circular, uma vez que evidentemente estamos tentando sugerir que pode haver um árbitro objetivo, ao apelar à possível existência de um árbitro objetivo. Afinal, seríamos forçados a admitir que, no máximo, *parece a nós que existe ou pode haver um árbitro objetivo*. Quando o dogmático oferece uma prova visando afirmar que *há de fato ou pode haver* semelhante árbitro, podemos apenas esperar uma prova equipolente do outro lado.

Cada prova, assim, será respondida com uma contraprova, e nossas provas serão certamente cada vez menos seguras na proporção direta de seu caráter cada vez mais abstrato. Estávamos nos perguntando primeiramente sobre simples propriedades de cor. Em pouco tempo, nós nos vimos sustentando provas sobre a base correta do conhecimento ou da crença, sobre as próprias naturezas do conhecimento e da crença, sobre a possibilidade de transcender nossas perspectivas subjetivas, ou sobre a possibilidade de haver um árbitro objetivo para nos ajudar em nossas aflições. As provas prosseguem, uma por uma, sempre enfrentadas por provas equipolentes. Um ser racional que testemunhe essa interminável cascata de provas e contraprovas jogará seu giz na lousa da argumentação e suspenderá a crença. Então, e somente então, seguirá o caminho cético.

Argumentos desse tipo povoam os modos do ceticismo. Cada vez que tentamos transcender nossas determinações internas – perceptuais, cognitivas, de perspectiva – somos forçados à neutralidade pelo contra-ataque de um argumento equipolente do outro lado. Assim, de acordo com o cético, não temos bases para acreditar no que concerne a qualquer proposição não fenomênica *p*. Logo, convém que paremos de flertar com os dogmáticos e suspendamos diretamente o juízo, mantendo *todas* as crenças não fenomênicas em suspenso. Tal qual Apeles, o pintor frustrado, ficaremos deliciados pelo que descobrimos: a própria coisa que procuramos, mas jamais atingimos em nossas intermináveis disputas, incidirá sobre nós como maná do céu: alcançaremos afinal a tranquilidade.

5.4.4 *Questionamentos céticos*

A história da filosofia helenística registra fascinante disputa entre céticos e dogmáticos, especialmente os estoicos. Os céticos são como moscas para as pretensões estoicas ao conhecimento, o qual, como os primeiros tentam mostrar, são enormemente superestimadas. Um estoico estará inclinado a declarar: "A virtude do homem feliz e da vida bem-ordenada consiste nisto: que todas as ações se baseiem no princípio da harmonia entre sua própria alma e a vontade do diretor do universo"[205]. Isso é um convite gravado para o cético: "Assim, você, estoico, tem conhecimento sobre *virtude*, sobre *felicidade*, sobre a *vida bem-ordenada* e sobre

---

205. DL, VII, 88 = 59 J.

a *alma*? Você, estoico, está a par da *vontade* do *diretor do universo*, a quem você encontrou exatamente onde? Você pode igualmente me pedir para reconhecer a existência das Formas platônicas". Sob pressão dos céticos, vários estoicos desenvolveram e refinaram seu sistema cada vez mais técnico e sofisticado, compreendendo lógica, teoria da ação, metafísica, epistemologia, psicologia moral, teorias da percepção, teorias do significado, entre outros. Boa parte disso foi desenvolvido como arsenal para o fim de refutar questionamentos feitos pelos céticos.

Do mesmo modo, uma contraofensiva é bastante justa. Se os céticos estão determinados a colocar seus questionamentos antidogmáticos, então precisam enfrentar questionamentos próprios e, em particular, questionamentos em relação ao fato de serem culpados de duplicidade. Isso se prova especialmente verdadeiro a respeito da forma do ceticismo zetético não dogmático professado por Sexto. Como pode ele dizer e fazer tantas coisas quando pretende viver uma vida livre de crenças?

Dois questionamentos ao ceticismo têm especial impacto. O primeiro atribui ao cético a sua própria acusação preferida: o cético é um dogmático – um dogmático não assumido, mas ainda assim dogmático. O segundo, o cético, esteja ou não sujeito à acusação de dogmatismo, é inteiramente dissimulado. O cético procura deflacionar as pretensões ao conhecimento e à crença, mas não consegue viver seu ceticismo. A vida exige fazer, e não apenas ser, mas fazer exige crença e não apenas aparência. Assim, se ele for sincero e autêntico, então o cético ficará paralisado na inação. Esse segundo argumento, conhecido como *objeção da apraxia* (*apraxia* em grego = inação), deixa o cético encurralado em um beco sem saída.

Consideremos primeiro a acusação de dogmatismo. Os céticos parecem efetuar todo tipo de pronunciamentos sobre a necessidade de suspender a crença, sobre a inevitabilidade de suspendê-la, sobre os benefícios de suspendê-la. Assim, ao apresentar seus modos de ceticismo, Sexto se torna ousado e proclama: "é *necessário* suspender o juízo no que concerne aos objetos externos"[206]. Isso soa como se fosse uma conclusão perfeitamente universal, uma projeção sobre como *devemos* nos conduzir diante da divergência fenomênica. Em outro lugar, Sexto argumenta sobre como espera que as coisas sejam no futuro: "Serei forçado [...] a suspender o juízo no que diz respeito a como é por natureza"[207]. Mais uma vez, nós

---

206. *Esboços do pirronismo*, I, 61 = LS, 72 B.
207. *Esboços do pirronismo*, I, 78.

o vemos usando a linguagem da compulsão, e falando em termos perfeitamente gerais. Nesses casos, ele está evidentemente *projetando* seu ceticismo em modos que o fazem soar mais dogmático do que zetético. Nesses tipos de casos, Sexto parece bem distante de seu autorretrato oficial como humilde cronista da presente aparência. Os céticos não dogmatizam, diz ele, pois "em cada caso estamos simplesmente relatando, como um cronista, o que agora nos parece ser o caso"[208].

Porém, um cronista meramente relata o que ocorreu até então, o que ele experimentou; um dogmático analisa e conjectura, estende e projeta. Um dogmático o faz dando uma espécie de passo indutivo para projetar como as coisas serão, até mesmo como elas *devem* ser, com base nos resultados locais até então encontrados. Esse dogmático agora parece ser ninguém menos do que o próprio Sexto. Ele está bem ciente desse tipo de causação, e oferece uma réplica:

> Nem mesmo ao proferir as fórmulas céticas sobre matérias pouco claras – por exemplo, 'Nunca mais' ou 'Não determino nada' ou uma das outras fórmulas que discutiremos mais tarde – eles dogmatizam. Pois, se você dogmatiza, então você postula como reais as coisas sobre as quais se diz que você dogmatiza; mas os céticos postulam essas fórmulas não como necessariamente sendo reais. Pois eles supõem que, assim como a fórmula 'Tudo é falso' diz ela também, junto com todo o resto, é falsa (e de modo similar para 'Nada é verdadeiro'), assim também 'Não mais assim' (*ouden mallon*) diz que isso também, juntamente com tudo mais, não é mais assim do que assado e, portanto, cancela-se a si próprio junto com tudo o mais. E dizemos o mesmo das outras fórmulas céticas. Assim, se as pessoas que dogmatizam postulam como reais as coisas sobre as quais dogmatizam, enquanto os céticos emitem suas próprias frases de tal modo que são implicitamente canceladas por si mesmas, então não se pode dizer que dogmatizam ao pronunciá-las. Mas o ponto principal é este: ao proferir essas fórmulas eles dizem o que lhes parece e relatam seus próprios sentimentos sem qualquer crença (*adoxastos*), não afirmando nada sobre objetos externos (*Esboços do pirronismo*, I, 14-15).

Ao sugerir que as proposições céticas "são canceladas por si mesmas", Sexto entende que eles são autoaplicáveis, de modo que não engendram crenças naqueles que os proferem.

---

208. *Esboços do pirronismo*, I, 4.

Por exemplo, dirá o cético, no que concerne a qualquer proposição não fenomênica *p*, "Não mais assim" (*ouden mallon*), significando que *p* não merece ser endossado mais do que não *p*. O crítico agora acusa o cético de *endossar* a afirmação: "Não mais assim", que o cético de fato profere com alarmante regularidade para alguém que supostamente não acredita nele. A afirmação: "Não mais assim" parece ser uma proposição não fenomênica, uma proposição *sobre* outras proposições não fenomênicas, com o sentido de que nenhuma delas é provavelmente mais correta do que sua oposta, que nenhuma delas é um objeto de crença mais válido do que seu oposto. Logo, provoca o crítico: você está *afirmando* uma proposição não fenomênica, a saber "Não mais assim". Se você a está afirmando, você o faz porque acredita nela; e, uma vez que a crença requer assentimento, você também lhe deu assentimento. Logo, conclui o crítico, o cético deseja ganhar dos dois lados. Sexto deseja insistir que nenhuma proposição não fenomênica merece assentimento – mas então, no processo de se defender, ele assente a essa mesma proposição não fenomênica, *que nenhuma proposição não fenomênica merece assentimento*.

A resposta de Sexto tem duas fases. Primeiro, a proposição cética "Não mais assim" se aplica a si mesmo: *é* não mais assim do que seu oposto. O crítico retruca que tal afirmação não pode ser desenvolvida se não for endossada, que se seu oposto é igualmente atrativo, então o cético terá de retirar assentimento até mesmo a ele. Que seja, diz Sexto. Mais uma vez, atingimos a equipolência e, portanto, reafirmamos a tese fundamental de todo ceticismo: "Para todo argumento um argumento igual se opõe". Em consequência, mesmo "Não mais assim" não merece o assentimento mais do que seu oposto. Aplica-se perfeitamente a si mesmo.

É por isso, na segunda fase de sua resposta, que Sexto se sente livre para insistir que o cético está meramente relatando como as coisas lhe parecem; ele está meramente relatando suas crenças fenomênicas ou, mais estritamente, relatando como as coisas lhe parecem. Seu relato é simplesmente desprovido de crença (*adoxastos*) no que concerne a objetos externos. Em resposta, portanto, Sexto sustenta que o cético apenas relata suas aparências de uma maneira que não o implica em crença não fenomênica. O quão credível é essa resposta?

Quando ele enfrenta a questão, nós inevitavelmente vamos na direção do segundo argumento anticético, a objeção da *apraxia* (OA). Esse argumento pode ser posto diretamente:

1. Se um agente *S* for se envolver em uma ação intencional, então *S* deve assentir a uma proposição não fenomênica;

2. Se *S* assente a uma proposição não fenomênica, então *S* possui crenças não fenomênicas;

3. Se *S* possui crenças não fenomênicas, então *S* não é um cético doxástico;

4. Todos os autoproclamados céticos doxásticos se envolvem em ações intencionais;

5. Logo, os autoproclamados céticos doxásticos são céticos não doxásticos.

Ou, como pode se preferir, os autoproclamados céticos doxásticos não são *realmente* doxásticos. Afinal, o ceticismo doxástico é um tipo de jogo de salão que não pode ser jogado fora do salão do próprio cético.

Mais uma vez, Sexto está ciente de uma versão de (OA) e procura refutá-la. Ele nota, de maneira consistente com o que dissera o tempo todo, que o cético assentirá, na verdade, *deverá* assentir a várias aparências (*phainomena*). Esse assentimento forçado, porém, não o obriga a ir na direção da crença sobre como as coisas são:

> Quando dizemos que o cético não dogmatiza, não estamos usando "dogma" no sentido mais geral em que alguns dizem que dogma consiste em aceitar qualquer coisa (pois o cético assente a experiências que lhe são impostas em virtude desta ou daquela impressão, por exemplo, ele não diria, quando aquecido ou resfriado, "Pareço não estar aquecido ou resfriado"). Em vez disso, quando dizemos que ele não dogmatiza entendemos "dogma" no sentido em que alguns dizem que dogma consiste em assentimento a qualquer uma das questões não evidentes investigadas pelas ciências. Pois o pirrônico não assente a nada que seja não evidente (*Esboços do pirronismo*, I, 13).

Sexto livremente admite que o cético "aceita" algumas coisas, a saber, aquelas aparências que lhe são impostas. Esse tipo de aceitação, um assentimento a uma aparência, não é um caso de dogmatismo, pois ele não afirma nada sobre objetos externos ou sobre o modo como o mundo realmente é. Assim, no que concerne à conclusão de (OA), a afirmação que aqueles que pretendem ser céticos doxásticos não são, Sexto oferece uma clara resposta. O cético doxástico certamente é um cético. No que concerne a qualquer questão não fenomênica, ele vive livre de crenças.

Ainda assim, o crítico pressionará para obter mais detalhes. O cético admite que lhe parece que um grande caminhão está se aproximando em alta velocidade. Ele *acredita* que o caminhão está se aproximando? Para o não cético, ele certamente parece ter essa crença. Decerto *age* como se acreditasse que o caminhão estivesse se aproximando. Afasta-se do caminho para evitar ser atropelado. Se estivéssemos apenas relatando que as coisas *parecem* de certo modo, sem a menor convicção de que elas são como parecem, então por que sua ação assume a direção que assume?

Em resposta, Sexto pode distinguir duas noções de aparência. Uma pode olhar para as conhecidas linhas Müller-Lyer e dizer sinceramente que elas *parecem* ser de diferentes extensões, mesmo acreditando que têm a mesma extensão:

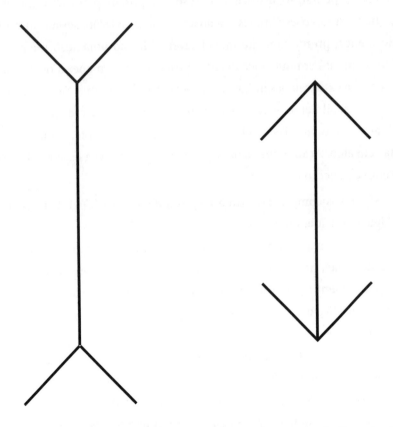

Dessa forma, há, insiste Sexto com razão, um sentido de "aparência" que não compromete. Pode-se sinceramente relatar que as linhas *parecem* ser de extensões diferentes, ao mesmo tempo que se evita a proposição não fenomênica de *que as linhas são de extensão diferente*. Assim, ao admitir que o caminhão parece estar se aproximando, o cético não expressa com isso qualquer convicção sobre essa aparência.

O crítico dogmático do cético, entretanto, pressionará ainda mais. A objeção da *apraxia* não consiste em que não existem aparências não doxásticas, mas que a *ação* intencional é profundamente inexplicável sem pelo menos alguma medida de convicção. Para relacionar o problema com as linhas Müller-Lyer: tendo dito que elas parecem ser de diferentes extensões (porque de fato são), o quanto você estaria disposto a apostar que isso é realmente assim? É de se presumir, nada. Essa aparência, ao que tudo indica, não implica em ação. Ora, o cético pode se apropriar de sua relutância em apostar insistindo que o mundo não é como parece, de modo que a suspensão se justifica. Essa resposta, porém, perde o ponto de (OA): parece que mesmo ações simples, na ausência de convicção, seriam impossíveis, ou, pelo menos, profundamente inexplicáveis. Mesmo uma ação mental é uma ação. No momento em que você decide apostar de uma maneira ou de outra no que concerne à extensão das linhas, você assente a uma proposição não fenomênica, ainda que debilmente. Além disso, insiste o dogmático, a crença admite graus, e acreditar em alguma coisa debilmente, em vez de firmemente, ainda consiste em acreditar em algo. Ação requer convicção, e é inimaginável a ausência de assentimento com convicção.

Os estudiosos compreenderam a resposta de Sexto a (OA) de maneira diferente. Alguns consideram que ele está rejeitando (AO-2), a tese de que se *S* assente a uma proposição não fenomênica, então *S* possui crenças não fenomênicas. Seu pensamento é que, nessa passagem, Sexto distingue dois tipos de assentimento; alguém pode assentir passivamente ou, talvez, simplesmente *aquiescer com* uma aparência sem chegar a acreditar em qualquer coisa não fenomênica. O cético pode assim aquiescer com a aparência de que um caminhão está correndo em direção a ele e, portanto, sair do seu (aparente) caminho, mas então negar toda crença sobre essa questão. Essa estratégia, no entanto, não é persuasiva. Para começar, Sexto em lugar algum estabelece a alegada distinção entre dois tipos de assentimento. Ele certamente pensa que o assentimento é, às vezes, forçado, involuntário ou desprovido de crença (*adoxastos*). Não se trata de tipos de assentimento passivo *versus* ativo, porém, mas antes afirmações sobre como o assentimento é ocasionado, ou como o assentimento se envolve na crença[209]. Além disso, não está claro sequer qual distinção está sendo apresentada por Sexto. Um tipo de assentimento é introduzido como ativo e o outro não. A noção de um *assentimento puramente passivo* é difícil de conceber, beirando a autocontradição. Assentir a alguma coisa é fazer um ato mental definido; ser passivo é precisamente *não* agir.

Uma estratégia mais promissora para o cético doxástico consiste em negar (OA-1), a tese de que se um agente S for se envolver em uma ação intencional, então S deve assentir a proposições não fenomênicas. Aqui pode-se legitimamente apelar à sugestão desenvolvida por Sexto de que o cético meramente "segue as aparências"[210]. Desse modo, pode-se supor que S poderia de fato se envolver em uma ação intencional baseada unicamente nas aparências, sem jamais assentir a qualquer proposição não fenomênica.

Considere um caso favorável do ponto de vista cético. Um soldado capturado pode desenvolver um plano intrépido para escapar de um campo de prisioneiros. Ele tem uma visão detalhada de como a fuga ocorrerá. Seu plano é intricado e altamente improvável, tão improvável, de fato, que não pode sinceramente assentir à proposição *se eu fizer uma série de ações a_1..., eu fugirei e serei um homem livre.* Porém, em seu desespero, ele age *como se* o plano fosse correto, pois se dá conta de que, de outro modo, morrerá no campo. Talvez seu intrépido plano funcione ou talvez, conforme temia, fracasse. Não importa. O que importa no presente contexto é que ele foi capaz de agir *como se* o plano funcionasse, mantendo em suspenso sua baixíssima probabilidade de sucesso e, certamente, não acreditando que fosse funcionar. A esperança não é o mesmo que crença. Assim, age, seguindo as aparências, na ausência de crença.

Se alguém pode manter a crença em suspenso e simplesmente agir por conformidade à aparência, então (OA-1) é falsa. Se retornarmos uma última vez às linhas de Müller-Lyer, podemos notar agora algo sobre nosso anterior comportamento de aposta. Não apostaríamos que as linhas se conformavam à sua aparência, mas isso foi porque, após reflexão, já sabíamos que as linhas eram de fato da mesma extensão. Assim, talvez estivéssemos excessivamente apressados em con-

---

209. Para assentimento forçado, cf. *Esboços do pirronismo* (I, 23-24); assentimento involuntário (I, 19); e assentimento desprovido de crenças (*adoxastos*) (II, 102).

210. *Esboços do pirronismo*, I, 21-24.

cluir que não podemos viver seguindo as aparências. Podemos, em casos em que genuinamente não temos convicção em uma direção ou outra, seguir as aparências em uma maneira desprovida de crença (*adoxastos*).

Restam diversas preocupações legítimas sobre esse tipo de resposta, incluindo a de que o cenário de fuga da prisão poderia se generalizar para a vida como um todo. Há ainda uma preocupação sobre saber se o cenário descreve adequadamente uma série de atos livres de crença. Os atos componentes do plano não exigirão crença, por exemplo, se para que esse túnel leve para fora dos muros da prisão, que ele seja cavado nessa ou naquela direção? Essas e outras questões serão postas à exaustão pelo dogmático, que corretamente pressionará o cético a caracterizar e esclarecer as consequências da ação intencional livre de crença.

Não é preciso dizer, a dialética entre os céticos e seus oponentes dogmáticos não termina aí, e de fato continuou seguindo caminhos cada vez mais complexos ao longo do Período Helenístico e além dele. Com efeito, é importante lembrar, sob esse aspecto, que estivemos até aqui acompanhando apenas uma forma do ceticismo antigo, o tipo marcado por Sexto como zetético e não dogmático. Outros céticos do período postularam seus próprios tipos de questionamentos aos dogmáticos e, por sua vez, enfrentaram seus próprios tipos de objeções contrárias. No mínimo, porém, pode-se creditar aos céticos tomados em conjunto o bem-vindo efeito de ter forçado aqueles que desejam defender determinadas teses sobre a natureza do universo – sobre suas leis, fontes de valor ou sobre seus componentes últimos – a prosseguir com cuidado, clareza e devida humildade.

5.5 Conclusões

O estudo da filosofia helenística oferece desafios diferentes daqueles encontrados no período clássico; mas oferece igualmente diferentes tipos de recompensas. Devido à história da transmissão dos escritos do período, nós carecemos, sobretudo, dos tipos de obras extensas de um só autor, tais quais as de Platão e Aristóteles. Ainda assim, textos e concepções do período foram reunidos por especialistas capazes, com o resultado que vivemos atualmente em uma época estimulante no que concerne ao nosso conhecimento das escolas filosóficas dominantes do Período Helenístico.

Como vimos, de maneiras bem diferentes, epicuristas, estoicos e céticos buscam o caminho mais seguro para a melhor a forma de vida disponível para os seres humanos. Nesse sentido, trata-se em todos os casos de filosofias práticas, focadas, em última instância, em fornecer orientação concreta para aqueles que desejam viver bem.

O ponto de concordância, porém, é duplamente enganador, a menos que interpretado com cuidado. Em primeiro lugar, embora sejam coerentes nesse nível bastante geral, as escolas helenísticas divergem agudamente no que concerne ao caráter da melhor vida para os seres humanos, e mais agudamente ainda no que diz respeito aos caminhos exigidos para se chegar a esse destino. Em segundo lugar, nenhum movimento helenístico se esquiva de se envolver em filosofia técnica, sofisticada; de maneira inevitável, os tipos de questões nas quais se envolvem os levam a desenvolver e articular teorias altamente nuançadas, às vezes, contraintuitivas e, com frequência, desafiadoras sobre o mundo e as formas de valor que nele se encontram. Isso é em parte uma função do fato de que são filósofos, desejosos de lidar com questões difíceis e exigentes, os tipos de questões que não admitem resoluções simples ou protocolares. É também, em parte, uma função das pressões que essas escolas colocam umas sobre as outras na medida em que lutam por superioridade dialética. Devido a esse tipo de pressão interescolástica, ainda que de orientação prática, as escolas helenísticas passaram rapidamente a desenvolver inovações bastante técnicas em termos de teoria filosófica.

Por esse mesmo motivo, os epicuristas, estoicos e céticos, em suas diferentes maneiras, atingiram altos pontos de sofisticação tanto em teoria quanto em método. É impossível, portanto, dar crédito à afirmação, outrora em voga, de que a filosofia se tornou decadente e degradada após a morte de Aristóteles, que permaneceu adormecida até a ressurreição cartesiana no século XVII. Embora tenhamos apenas arranhado a superfície da intricada dialética intra e interescolástica dos vários séculos de filosofia após a morte de Aristóteles, deve estar bem claro que os filósofos do Período Helenístico recompensam enormemente o esforço requerido para colocar suas concepções em evidência.

Sugestões para leituras adicionais

Textos primários

A melhor fonte única para a filosofia helenística são os dois volumes da obra:

LONG, A. A.; SEDDLEY, D. N. *The Hellenistic philosophers*. Cambridge: Cambridge University Press, 1987.

O primeiro volume contém traduções acuradas das principais fontes da filosofia helenística e vem acompanhado por penetrante comentário introdutório. O segundo volume fornece os textos nos originais em grego e em latim, e oferece uma útil bibliografia, a maior parte da qual serve para aqueles que não leem grego ou latim.

Entre outras traduções confiáveis, algumas cobrindo todo o período, outras dedicadas a escolas individuais, incluem-se:

ANNAS, J.; BARNES, J. (org.). *Sextus Empiricus*: Outlines of Scepticism. 2. ed. Cambridge: Cambridge University Press, 2000.

HALLIE, P. (org.). *Sextus Empiricus*: Selections fom the major writings on Scepticism, man and God. Tradução de Sanford Etheridge. Cambridge: Hackett, 1985.

INWOOD, B.; GERSON, L. *The Epicurus reader*. Cambridge: Hackett, 1994.

INWOOD, B.; GERSON, L. *The Stoics reader*: selected writings and testimonia. Cambridge: Hackett, 1995.

MATES, B. *The Skeptic way*: Sextus Empiricus's Outlines of Pyrrhonism. Oxford: Oxford University Press, 1995.

WHITE, N. P. *Epictetus*: the handbook (The Encheiridion). Cambridge: Hackett, 1983.

Textos secundários

Há um número cada vez maior de monografias acessíveis e guias para estudantes cobrindo a filosofia helenística. Algumas possibilidades para começar estão listadas abaixo, muitas das quais contêm bibliografias para algum estudo mais avançado.

Dois úteis compêndios são os seguintes:

BETT, R. (org.). *The Cambridge companion to Ancient Scepticism*. Cambridge: Cambridge University Press, 2010.

INWOOD B. (org.). *The Cambridge companion to Stoics*. Cambridge: Cambridge University Press, 2003.

Já estas monografias oferecem uma discussão mais extensa, visando mais aos novatos do que aos especialistas:

LONG, A. A. *Hellenistic Philosophy*: Stoics, Epicureans, Skeptics. 2. ed. Londres: Duckworth, 1986.

O'KEEFE, T. *Epicureanism*. Chesham: Acumen, 2010.

RIST, J. M. *Stoic Philosophy*. Cambridge: Cambridge University Press, 1969.

SANDBACH, F. H. *The Stoics*. Cambridge: Hackett, 1994.

SELLARS, J. *Estoicismo*. Petrópolis: Vozes, 2024.

SHARPLES, R. W. *Stoics, Epicureans and Skeptics*. Londres: Routledge, 1996.

THORSRUD, H. *Ancient Scepticism*. Chesham: Acumen, 2008.

6
Filosofia da Antiguidade Tardia

Já tivemos motivos para mencionar a rejeição da filosofia antiga após Aristóteles, sustentada sobretudo por Russell[211]; e, ao investigar as obras das escolas helenísticas, tivemos ampla razão para descartar esse juízo de que a filosofia entrou de férias durante o longo período entre Aristóteles e Descartes. Encontramos mais elementos para sustentar essa posição nos notáveis filósofos da Antiguidade Tardia. O que é tratado como "antigo tardio" é uma questão não totalmente resolvida, mas o período é assim denominado porque representa uma época de transição no Ocidente, marcando o declínio do Império Romano e a ascendência do cristianismo como fenômeno tanto cultural quanto filosófico. A Antiguidade Tardia é às vezes considerada como se iniciando com a crise do Império Romano em meados do século III e se encerrando em meados do século VIII, com as conquistas árabes do Oriente e a ascensão do Império Bizantino. Embora não sejam arbitrárias, essas fronteiras são convencionais e encontram seu uso principal apenas na medida em que servem para estabelecer o período intelectual posterior às grandes escolas helenísticas e anterior à ascensão do Império Bizantino no Ocidente e o eventual surgimento da filosofia medieval latina no Ocidente.

A atividade filosófica na Antiguidade Tardia tem estilo e conteúdos variados, alguns pagãos e outros cristãos, alguns imediatamente acessíveis a um leitor novato, outros apresentando formidáveis obstáculos mesmo a estudantes avançados, incluindo aqueles que contam com uma boa fundamentação em filosofia antiga clássica e helenística. Esse trabalho mais desafiador passou a ser chamado de "neoplatonismo" no século XIX, embora os praticantes do período não concebessem a si próprios dessa maneira, preferindo simplesmente se verem como platônicos fiéis. Em outros termos, eles não se viam como inovadores, introduzindo novidades no

---

211. Cf. o subtítulo: "O período helenístico".

sistema de Platão. Não obstante, quando estudiosos posteriores leram sua obra, passaram a vê-los como envolvendo desenvolvimentos distintos, não presentes em Platão, ou pelo menos não presentes em Platão de maneira ostensiva ou indiscutível.

Distinguindo-se de maneira notável dos neoplatônicos da Antiguidade Tardia, há a figura imponente de Agostinho (354-430 d.C.), o qual, embora em débito com Platão e com os próprios neoplatônicos, apresenta-se principalmente como defensor do cristianismo, que busca orientação e inspiração de maneira tão aprofundada nas Escrituras como nas escolas filosóficas pagãs responsáveis por seu despertar intelectual. Em uma primeira abordagem, a volumosa produção de Agostinho é comparativamente acessível, em contraste com as obras mais austeras, mais frequentemente técnicas dos neoplatônicos. Isso não significa, porém, que seu pensamento careça de complexidade ou profundidade em comparação com as obras dos últimos. Pelo contrário, como veremos, sua obra é tudo, menos fácil. Trata-se antes que Agostinho, com treinamento em retórica, escreve em um estilo imediatamente envolvente, às vezes, como Platão, em forma de diálogo, e com um tipo de vivacidade de prosa não encontrado, após Platão, nas obras sobreviventes de Aristóteles ou nos filósofos da escola helenística ou, com efeito, nem mesmo nas obras dos neoplatônicos.

Em parte, devido a seu estilo técnico e em grande parte intransigente, as obras dos neoplatônicos podem às vezes ser proibitivas para o leitor novato. Felizmente, pode-se efetuar uma introdução razoável aos diversos filósofos que trabalham na área ampla do neoplatonismo, centrando-se em apenas uma importante figura, que atua bem no fim do período, a saber: Proclo (c. 412-485 d.C.), que escreveu uma espécie de manual do neoplatonismo que tenta afirmar e estabelecer as teses que regem a escola. Após examinar uma amostra de seu trabalho, podemos nos voltar para a filosofia cristã de Agostinho. Dessa forma, Proclo e Agostinho, às suas diferentes maneiras, são representantes do rico desenvolvimento filosófico da Antiguidade Tardia.

6.1 Proclo

Apesar de o considerarmos em primeiro lugar, examinar Proclo antes de Agostinho de fato toma as coisas em ordem histórica invertida; embora suas vidas se sobreponham nas margens, Proclo é posterior a Agostinho por cerca de aproximadamente meio século. Ainda assim, faz sentido proceder desse modo, uma vez que Proclo oferece o acesso mais direto ao neoplatonismo e, assim, também à obra de suas figuras mais proeminentes, que vivem quase dois séculos antes de Agostinho. O mais notável dos primeiros neoplatônicos foi Plotino (c. 204-270 a.C.) e seu aluno Porfírio (c. 234-305 a.C.), cujas concepções Proclo se esforçou em representar de maneira fiel.

Outra razão para examinar Proclo antes de Agostinho é que, embora ambos tenham tido uma influência muito duradoura, Agostinho, em certo sentido, tem o olhar voltado mais para o futuro, no sentido de que ele se mostrou um pilar para a filosofia cristã posterior de uma maneira que Proclo não foi. Agostinho, de maneira consciente, promove e defende o cristianismo. Já Proclo considerou como sua missão intelectual defender a teologia helenística e, sobretudo, a teologia platônica, como sendo superior à teologia cristã que emergia à sua volta, a ponto de escrever um livro intitulado *Teologia platônica* (não obstante, há uma complicada questão que se refere à abrangência da influência dos neoplatônicos sobre os filósofos cristãos após Agostinho; podemos dizer aqui, simplificando: alguma influência, mas nem de perto tanto quanto a que exerceram Agostinho ou Aristóteles. Ainda assim, sua influência indireta é considerável[212]). Nesse sentido, Proclo está mais voltado para o passado do que Agostinho, que tem seu olhar voltado para o futuro.

Para inserir Proclo no contexto dos neoplatônicos, podemos começar notando que ele nasceu em 412 d.C., exatamente dois séculos após o fundador do neoplatonismo, Plotino; a segunda grande figura do movimento, Porfírio, aluno de Plotino, morreu um pouco mais de um século antes do nascimento de Proclo. Plotino nasceu no Egito e foi educado em Alexandria, antes de migrar para Roma, onde fundou uma escola. Segundo antigos relatos, Plotino deixou a Porfírio a tarefa de editar sua grande obra, as *Enéadas*. O resultado foi uma obra desigual tanto em tom quanto em direção, com uma estrutura que às vezes parece artificial, devida evidentemente às predileções editoriais de Porfírio. É um trabalho que

---

212. Parte da dificuldade dessa questão deriva do fato de que, não muito tempo depois da morte de Proclo, um apologista cristão reformulou *Os elementos da teologia*, envolvendo-a em uma roupagem cristã e a apresentou como uma obra feita por um convertido por São Paulo, a saber, Dionísio Areopagita, um juiz convertido ao cristianismo que viveu e trabalhou em Atenas no século primeiro. Sua conversão ao cristianismo é registrada em *Atos dos Apóstolos* (At 17,34). O autor do trabalho que se apropriou e remodelou Proclo é conhecido como Pseudo-Dionísio Areopagita. Seu trabalho foi submetido a comentários de uma variedade de figuras na Idade Média, incluindo Máximo o Confessor (c. 580-662), Erígena (c. 800-877), Roberto Grosseteste (1168-1253), Alberto Magno (c. 1200-1280) e Tomás de Aquino (c. 1225-1274).

merece ser estudado, embora, de alguma maneira, seja impenetrável para aqueles que não estão devidamente informados sobre as teses que o animam. Uma característica inicialmente surpreendente é que Plotino, platônico assumido, serve-se à vontade da obra de Aristóteles, cooptando tanto sua terminologia quanto seus argumentos, mas utilizando-a, sem exceção, para defender a filosofia de Platão. Sua tendência a "harmonizar" Platão e Aristóteles, como se denominou esse seu hábito, mostra-se especialmente espantosa para aqueles que aprenderam a acreditar que muitas das crenças centrais de Aristóteles não só diferem daquelas da filosofia de Platão, como, de fato, foram desenvolvidas precisamente em um esforço para minar as principais asserções do platonismo[213].

Um ponto focal de discordância entre Platão e Aristóteles, difícil de explicar sem alguma manobra criativa, está no centro do neoplatonismo e nos conduz diretamente da às vezes obscura apresentação de Plotino até a diáfana apresentação de Proclo. Também destaca um útil método para se introduzir na filosofia do neoplatonismo: ali onde Platão e Aristóteles parecem discordar, os neoplatônicos com muita frequência procuram mostrar que essa discordância é apenas aparente, e não real, mais uma vez para "harmonizar" suas concepções ali onde parecem discordantes. Isso diz respeito, sobretudo, ao papel e posição do bem. Como vimos anteriormente, Platão e Aristóteles parecem diferir, e de maneira bastante aguda, sobre a questão da univocidade do bem: Platão afirma e Aristóteles nega a univocidade do bem. Aristóteles diz, utilizando sua costumeira expressão, que a "bondade se entende de muitas maneiras", pelo que ele entende que existe uma variedade de diferentes tipos de bondade, de modo que não há uma explicação singular, ou seja, especificadora de essência da natureza do bem: simplesmente não há uma Forma unificada, a Forma do Bem. Ao chegar a essa conclusão, Aristóteles pretende rejeitar a concepção oferecida por Platão, sobretudo, em *A república* (conforme discutido no subtítulo: "Análise platônica: um estudo de caso"). Nesse livro, Platão coloca o Bem em uma

---

213. Os subtítulos "De Platão a Aristóteles", "Introdução à Teoria das Categorias de Aristóteles" e "O naturalismo político de Aristóteles" oferecem algumas razões preliminares para pensar que seja assim. Alguns estudiosos atuais do neoplatonismo fornecem argumentos para uma maior consistência, aceitando em grande medida o que às vezes é chamado, de maneira neutra, e às vezes nem tanto, as tendências "harmonizantes" dos neoplatônicos, ou seja, seus hábitos que tentam mostrar que aparentes contradições entre as filosofias de Platão e Aristóteles são apenas isso: aparentes, mas não reais. Um lugar para começar uma avaliação independentemente da questão é Gerson (2006), cujo título já indica sua direção controversa: *Aristóteles e outros platônicos* (título do original em inglês: *Aristotle and other platonics*).

elevada posição entre as Formas, tratando-o como a última coisa a ser aprendida, como algo que "supera em dignidade e força" todas as outras Formas (*A república*, VI, 509b8-10). O Bem, diz Platão, confere ser e inteligibilidade a todas as outras Formas e, assim, serve como primeiro princípio (*arché*) de todas.

O Bem tem papel similar em Plotino e em todo o neoplatonismo, e Plotino parece estar plenamente justificado ao encontrar um parentesco entre sua própria visão do Bem e a de Platão. Ele diria, de maneira mais precisa, não que sua concepção foi prefigurada pela de Platão, mas que sua concepção do Bem simplesmente *é* a concepção do Bem de Platão – tanto *A república* quanto em um diálogo posterior, o *Parmênides* (cujas seções iniciais foram consideradas anteriormente no subtítulo: "Problemas sobre as Formas"). Ao localizar sua concepção do bem em Platão[214], Plotino nos convida a ingressar em um difícil contexto interpretativo: para saber se ele está certo sobre sua herança platônica da concepção do bem; precisamos determinar, primeiro, a concepção de bem de Plotino, sua visão acerca da concepção do bem de Platão e a própria concepção do bem de Platão, que pode ou não ser a concepção que Plotino identifica. Assim é possível determinar se a identificação de Plotino de sua concepção com a de Platão é defensável. São todas questões justas, e importantes, mas nos afastariam muito de nossa própria primeira questão: Qual é a concepção neoplatônica do bem?

Aqui ela serve para voltar a Proclo, pois ele oferece uma apresentação da questão que é a mais clara e direta fornecida pelo neoplatonismo. Isso ocorre em seu tratado de pesada argumentação: *Os elementos da teologia*. Esse trabalho difere nitidamente, por exemplo, das *Enéadas* de Plotino. Por mais fascinante que seja essa obra, ela simplesmente não serve como exposição ordenada, sistemática dos fundamentos do neoplatonismo (mais uma vez, isso pode ser em parte função da maneira pela qual seu aluno, Porfírio, a editou e a organizou). Já nos *Elementos da teologia*, Proclo estabelece os princípios do neoplatonismo de uma maneira que "nada é senão sistemática"[215]. O propósito desse livro é apresentar, explicar e defender a maneira pela qual todo ser no mundo deriva ou "descende" de uma única fonte ou princípio (*arché*), o "um", que Proclo identifica como o "Bem" (*Os elementos da teologia*, 13).

---

214. Ver, por exemplo, *Enneads* V, 3.14; VI, 8; VI, 9.3.

215. Essa é a visão inteiramente razoável de Dodds (1963, p. x), cuja tradução e comentário dessa obra deve ser o primeiro lugar a procurar para quem quiser se aprofundar em seu estudo.

Ainda que posta nesses termos, a tese central do neoplatonismo é altamente abstrata e, pelo menos em um primeiro momento, um pouco distante e inabordável. Proclo oferece uma exposição que ajuda a tornar a concepção perfeitamente clara.

Antes de passar a essa exposição, três pontos devem ser ressaltados, a fim de protelar a confusão desnecessária sobre os objetivos de Proclo em *Os elementos da teologia*. O primeiro diz respeito ao título do livro. Não devemos pensar que a palavra "teologia", em *Os elementos da teologia*, apresenta o significado que tem hoje, denominando uma disciplina que estuda os deuses e os seus atributos, especialmente quando esses deuses são compreendidos como um ser pessoal, providencial. Em vez disso, Proclo usa o termo "teologia" em sentido mais próximo da maneira utilizada por Aristóteles, que chama a metafísica de "filosofia primeira" ou, o que é equivalente, de "teologia" (*Metafísica*, E, 1, 1026a18-22), sendo na prática o estudo das causas e dos princípios do ser. Esse estudo, inicialmente, pode envolver referência a seres divinos, entre outros, mas o tipo de obra que Aristóteles e Proclo oferecem não deve ser assimilado, por exemplo, ao que o padre anglicano do século XVI, Richard Hooker, chamou facil e apropriadamente, em sua época, de "a ciência das coisas divinas". Teologia, em Proclo, é a filosofia primeira, o estudo dos princípios básicos de todo ser.

Isso nos conduz à segunda importante observação introdutória. Teologia, ou filosofia primeira, tanto em Aristóteles quanto em Proclo deve ser distinguida da física, outro ramo da ciência teórica que se preocupa com o ser, mas com a parte do ser que compreende o mundo físico mutável, o mundo das substâncias materiais. Aristóteles tinha sua *Física* para esse propósito, e também Proclo escreveu um livro chamado *Os elementos da física*, no qual resume boa parte da explicação do movimento de Aristóteles, mesmo que, ao que parece, procurasse conectar o domínio físico mais plenamente e intimamente com o domínio da filosofia primeira do que o fazia Aristóteles. Proclo até mesmo sustenta, em certa passagem, que a física é uma maneira de fazer teologia[216]. Mesmo assim, sua divisão das ciências em teologia e física divide as áreas da investigação teórica em dois domínios, o mutável e o imutável. *Os elementos da teologia* dizem respeito ao reino superior, imutável e eterno. Em terceiro lugar, finalmente, essa divisão nesses domínios dei-

---

216. Proclo sugere isto em conexão com sua tese de que a explicação do universo físico de Platão é superior à de Aristóteles, em seu comentário sobre o *Timeu* de Platão (*In Tim.*, I, 217.25).

xa claro que *Os elementos da teologia* não são oferecidos como uma visão esquemática geral do neoplatonismo como um todo. Assim, embora tenha algo a dizer sobre o movimento e muito a dizer sobre "o Bem", *Os elementos da teologia* tratam a física e a teoria ética apenas de passagem. O Bem em questão aqui é o *um*, a fonte de tudo; e não, ou não imediatamente, da bondade moral, ou seja, o tipo de bondade que temos em vista quando dizemos que "é bom cuidar dos pobres". Isso não significa que não exista conexão, mas quando Proclo informa seu leitor que o *um* é o *Bem*, ele não está dizendo que ser uma coisa em vez de várias é especialmente uma maneira *moralmente* boa de ser; está dizendo que o *um*, o *Bem*, é o primeiro princípio (ou fonte, *arché*) de tudo.

Para ver sua orientação básica, vale lembrar que, ao tratar o *um* como primeiro princípio (ou fonte, *arché*) de tudo, Proclo nos leva de volta ao primeiro impulso da filosofia antiga, que já com os pré-socráticos envolvia a busca pelos princípios básicos do universo. Algumas dessas figuras, como Tales, disseram coisas que nos chamam a atenção como estranhas, ainda que explicáveis, como por exemplo que a fonte de tudo é a *água*. Tales se mostra envolvido em uma atividade intelectual interessante e importante, no fato de que ele está olhando para a água como um tipo de princípio material, como aquilo de que tudo o mais é feito[217]. Já Proclo busca um princípio gerador mais abstrato, algo que explique tanto a água como todas as outras formas de matéria, princípio que, simplesmente, é o princípio *de tudo*. Ao buscar esse princípio, Proclo investiga primeiramente Platão, sobretudo a postulação por Platão da Forma do Bem como o primeiro princípio (*arché*) não hipotético de tudo em *A república*, livro V[218].

Os elementos da teologia compreendem cerca de 211 proposições, cada uma das quais na extensão de um modesto parágrafo contemporâneo. Vemos o tom e a qualidade dessa obra ao considerar apenas duas, a primeira e a décima terceira. A primeira diz respeito à dependência de tudo em relação ao Uno; a décima terceira mostra que o Uno e o Bem são o mesmo.

Na primeira proposição de *Os elementos da teologia*, Proclo argumenta que "todo composto (às vezes traduzido como *agregado* ou *plethos* múltiplo) participa de alguma maneira do Uno":

---

217. Cf. o subtítulo: "Tales e os primeiros filósofos naturais", que discorre sobre a maneira pela qual os primeiros monistas materialistas já admitiam esse impulso.

218. Cf. o subtítulo: "O papel especial da Forma do Bem".

Pois se um composto não participa de modo algum no Uno, então nem o composto como um todo, nem qualquer uma das muitas partes das quais se compõe será um. Em vez disso, cada uma dessas partes será um composto de partes e isso procederá ao infinito e, mais uma vez, cada uma *dessas* partes, por sua vez, será um composto infinito. Pois se um composto não participasse no Uno de modo algum, seja tomado por si mesmo como um todo, seja tomado em relação a cada uma de suas partes, ele seria infinito, inteiramente e de todos os modos. Pois cada uma de suas muitas partes – tome qualquer uma que quiser – ou será uma ou nenhuma. Se for nenhuma, ou será muitas ou nada em absoluto. Se cada uma delas é nada, então nada virá delas; mas se cada uma for muitas, cada uma será feita de uma infinidade de infinidades, de maneira inumerável. Essas coisas são impossíveis. Pois nada entre as coisas que existem é feita de uma infinidade de infinidades (pois nada é *mais* do que o infinito, porém o que provém de todas elas é mais do que cada uma delas); nem pode alguma coisa ser feita de nada. Todo composto, portanto, participa de alguma maneira no Uno (*Os elementos da teologia*, 1).

Como primeira abordagem, portanto, Proclo quer que seus leitores apreciem que tudo – absolutamente tudo – de alguma maneira "participa" no Uno (*to hen*)[219]. Isso é um prelúdio para sua conclusão de que tudo depende de e deriva de – participa direta ou indiretamente em – *o* Uno, o Uno mesmo (*to autoen*).

Devemos lembrar aqui que já encontramos a palavra "participa" na filosofia de Platão, que modela a predicação sobre a participação dos particulares nas Formas[220]. Se algum *x* é *F*, então, diz Platão, *x participa* na *F*-dade. Por conseguinte, Proclo com efeito está simplesmente indicando que tudo que é composto – tudo que é feito de partes, como você e eu –, de uma maneira ou de outra, também é *uma coisa* assim como muitas coisas. Você é muitas coisas – pernas, braços, torso, cabeça – e ainda assim, também é uma coisa, um ser humano. Nesse sentido, você é ao mesmo tempo composto (ou múltiplo, um *plêthos*) e uma (*hen*) coisa. Na medida em que você é uma coisa, você participa no Uno.

---

219. Note-se que há uma controvérsia interpretativa sobre como compreender a frase *to hen* (o uno) aqui, se Proclo está falando da simples *unidade* ou antes de *o* Uno, ou seja, seu primeiro princípio de tudo. Alguns estudiosos entendem que Proclo não está afirmando que tudo participa no Uno, o princípio mais elevado de todos, mas meramente de alguma espécie de unidade. O lado oposto, refletido na tradução, supõe que ele está de fato se referindo ao Uno, o primeiro princípio de tudo, mas admitindo que as coisas podem participar imperfeitamente no Uno, de tal modo que são de fato um, mas também não um, mas muitos.

220. Cf. o subtítulo: "Três argumentos a favor das Formas".

O argumento que Proclo oferece para a participação em todo composto no Uno (PCU) é rico, mas comprimido, para parear com virtualmente todas as centenas de argumentos fornecidos em *Os elementos da teologia*. De fato, é provavelmente melhor compreender essa passagem como contendo vários argumentos interligados, mas para simplificar com vistas à clareza, o argumento geral é:

1. Se há um composto – ou seja, algo composto de partes –, esse não participa no Uno de qualquer modo que seja, então nem o composto tomado como um todo nem qualquer uma de suas partes será um;

2. Se suas partes não participam no Uno, então cada uma de suas partes será ela mesma um composto, e cada uma das partes dessas partes será igualmente composta, e assim ao infinito;

3. Se 2, então o composto como um todo será de todas as maneiras infinito e assim não será um (e assim, não pode ser um composto);

4. Além disso, se nenhuma das partes de um composto é uma, então cada parte será (a) muitas coisas ou (b) nada em absoluto;

5. As partes de um composto não podem ser nada em absoluto, pois nada pode ser feito de nadas;

6. Assim, se nenhuma das partes de um composto é uma, cada parte será muitas coisas;

7. Se cada uma das partes de uma coisa composta é muitas coisas (e cada uma de *suas* partes não é nem uma coisa nem nada, e assim, é também muitas coisas), então cada uma das partes das partes de um composto será feita de partes que, por sua vez, será feita de uma infinidade de infinidades, de maneira inumerável;

8. Se (7), então a soma de todos os infinitos de todas as partes de um composto será maior em número do que o número de cada uma de suas partes, cada uma das quais já é infinita em número;

9. Isso é impossível: nada é maior em número do que o infinito;

10. Assim, não é o caso que as partes de um composto sejam muitas coisas sem serem também uma coisa;

11. Assim, cada uma das partes de um composto é uma coisa;

12. Se (11), cada uma das partes de um composto, como o próprio composto, participa no Uno;

13. Assim, "todo composto, portanto, participa de alguma maneira no Uno".

O argumento assim compreendido apresenta vários desafios.

Comecemos com uma exposição favorável antes de levantarmos alguns problemas. Um impedimento nesse tipo de exposição, que é igualmente uma preocupação para um bom número de argumentos de Proclo, é que se trata de um longo percurso argumentativo, tal que às vezes não fica claro como ele compreende a conjugação entre vários argumentos e argumentos secundários. Mesmo assim, é claro que, nesse argumento, a preocupação dominante é provar que todo composto de algum modo participa no Uno: não há nada, em parte alguma, de qualquer tipo que seja, que não esteja, de alguma maneira, contemplado no Uno. Aqui, o principal pensamento é que todo composto tem partes. Se esse composto também é, de certo modo, uma coisa, então essa coisa, o composto como um todo, participa no Uno. Assim, todo composto, sob alguns aspectos – a respeito de si, ou de suas partes, ou de ambos – participa no Uno. Proclo observa, então, em (PCU-4) que as partes de um composto, sob o pressuposto de que elas não participam no Uno (pois se participassem, o argumento estaria terminado), deve ser muitas coisas ou nada em absoluto. Não podem ser absolutamente nada –, afinal, são alguma coisa, a saber, partes. Assim, devem ser muitas coisas. Note-se, porém, que o pressuposto implícito é que não são muitas coisas, mas antes, muitas coisas e também não, ao mesmo tempo, uma coisa (pois então, mais uma vez o argumento teria sido derrotado, pois participariam no Uno). As partes são compreendidas em (PCU-4) e (PCU-6), por assim dizer, como *meramente* muitas coisas.

Com isso estabelecido, Proclo pensa que pode ganhar a discussão. Pois então, sob o pressuposto de que todas as partes, e assim, todas as partes das partes, e suas partes também, são meramente muitas coisas e não também uma coisa, somos forçados a percorrer uma infinita cascata descendente de partes, cada uma das quais é meramente muitas, cada uma de cujas partes é meramente muitas, e assim por diante ao infinito. Para ilustrar isso, considere a si mesmo. Você é um composto. Suas partes incluem seus braços e pernas, e também seu torso e assim por diante. Seu braço esquerdo é uma coisa, nada ou meramente muitas coisas (mais uma vez, "meramente muitas" significa "muitas, mas não uma também"). Ora, certamente seu braço não é nada. Se, então, ele é alguma coisa, então o argumento está derrotado: você participa no Uno em relação a seu braço. Se não for uma coisa, então é meramente muitos; tem partes: seu cotovelo, ou punho, e sua mão, cada um dos quais, segundo a atual hipótese, é meramente muitos, e assim possui partes. Sua mão, por exemplo, possui dedos, e seus dedos possuem partes, e assim por diante.

350

Agora vem a tese teoricamente mais delicada de Proclo: seu braço, na hipótese de que seja meramente muitos, contém mais partes do que sua mão. Contém todas as partes de sua mão, mais seu cotovelo e punho e todas as partes do punho. Assim, parece que seu braço tem mais partes do que as partes de sua mão. Sua mão, porém, *ex hypothesi*, tem um número infinito de partes. Parece, portanto, que seu braço tem *mais do que* um número infinito de partes. Ora, Proclo então contesta, tais "coisas são impossíveis".

Isto chama nossa atenção para (PCU-9), a premissa de que "nada é maior em número do que o infinito". Em um nível, isso parece intuitivamente correto: se algo é ilimitado em número, nada é tal que seja maior em número do que essa coisa. Porém, como vimos antes no caso dos paradoxos de Zenão, a matemática moderna desenvolveu técnicas mostrando que isso é falso. Em relação a (PCU-9), no fim do século XIX, Georg Cantor provou que existem infinitos de diferentes tamanhos, de modo que o cardeal do conjunto de números reais é maior do que o cardeal do conjunto de números naturais. Em consequência, (PCU-9) é falsa. Ainda assim, e novamente em respeito às questões levantadas pelos paradoxos de Zenão, muitos séculos precisaram se passar antes que o princípio profundamente intuitivo sobre o qual Proclo baseou seu argumento pudesse ser rejeitado.

Onde isso nos deixa? Bem, isso dificilmente mostra que a conclusão de Proclo é falsa, mas antes que um de seus mais fortes argumentos em favor de sua desejada conclusão é incorreto. Permanece aberto para ele, ou outro neoplatônico, desenvolver e elaborar outros argumentos em seu favor. Afastando-nos das complicações desse argumento particular, pode-se continuar a ver que há algo atrativo sobre sua conclusão: se, para que x seja F significa, em algum sentido adequado, que x participe da F-dade ou, na maneira preferida de se exprimir de Proclo, de participar *no F*, então, uma vez que tudo o que existe é em algum sentido alguma *uma* coisa, tudo participa do Uno. Afinal, mesmo Cantor foi o primeiro a insistir que um conjunto infinito, como o conjunto dos números naturais, é uma coisa, a saber, um conjunto infinito, que, então, ao que parece, é uma coisa – o que significa, em terminologia neoplatônica, tal que participa do Uno.

Em todo caso, armado com essa conclusão, Proclo prossegue, em *Os elementos da teologia*, em um ritmo alucinante, mostrando, primeiro, que todas as coisas que participam do Uno também são muitas e, assim, não são exclusivamente unas, como é o próprio Uno (*Os elementos da teologia*, 2). Depois disso, mostra sucessivamente que tudo que é uno, mas também uma pluralidade, deve ter sido de algum modo *feito* uno, isto é, deve ter sido unificado (*Os elementos da teologia*, 2), e deve ter sido feito Uno por algo mais unificado do que ele (*Os elementos da teologia*, 3), e que, uma vez que esse processo não pode prosseguir ao infinito, deve haver algo absolutamente unificado, o Uno, que não necessita de unificação, pois não é também múltiplo (*Os elementos da teologia*, 4). Este, o Uno, é na verdade transcendente e tal que é unificado e não participa do todo da pluralidade. O Uno não participa de nada composto; é antes anterior a todos os compostos, com o resultado de que "todo composto procede do próprio Uno" (*Os elementos da teologia*, 5).

Proclo se volta então para a identificação do Uno com o Bem como único princípio singular (ou fonte, *arché*) de tudo, a principal conclusão de *Os elementos da teologia* (*Os elementos da teologia*, 13). Ele sustenta que tudo o que existe deseja seu próprio bem, o qual, pensa, fornece uma razão para pensar que o Bem deve ele próprio estar além de qualquer coisa existente, utilizando uma linguagem que lembra diretamente a descrição da Forma do Bem pelo próprio Platão[221], uma vez que o que é completamente bom carece de todo desejo, o desejo sendo um estado no qual alguém anseia pelo que não tem (*Os elementos da teologia*, 8). O Bem, portanto, é posicionado, assim como se posicionava a Forma do Bem, em *A república* de Platão – e certamente Proclo considera que está discutindo exatamente isso –, como algo exaltado, anterior a tudo o mais e, assim, enfim, como imediatamente afim ao Uno.

De fato, não são meramente afins: o Uno e o Bem são idênticos. Um argumento para essa identificação aparece em *Os elementos da teologia*:

> Todo Bem serve para unificar cada uma das coisas que dele participam, e toda unificação é boa, e o Bem é idêntico ao Uno. Pois se o Bem é capaz de preservar tudo o que existe (que é a razão, afinal, que ela se apresenta a elas como algo desejável), e se aquilo que preserva e mantém junto o ser de cada coisa é o Uno (pois todas as coisas são preservadas pelo Uno, ao passo que a dispersão de cada coisa as distancia do ser), então o Bem, sempre que se apresenta a elas, torna-as unas e as mantém juntas em virtude de unificá-las. Além disso, se o Uno conduz cada coisa à unidade e mantém juntas todas as coisas que existem, então ela completa cada coisa no futuro com sua própria presença. Assim, portanto, ser unificado é dessa maneira bom para todas as coisas. Mais uma vez, se a unificação

---

221. Cf. o subtítulo: "O papel especial da Forma do Bem".

é em si boa e o Bem torna as coisas unas, então o Bem inqualificável e o Uno inqualificável serão idênticos, como algo que ao mesmo tempo unifica as coisas e as torna boas. Disto se segue que as coisas que de alguma maneira se afastaram do Bem estão também, ao mesmo tempo, destituídas de participação no Uno. E coisas que perderam sua parte do Uno, tendo sido desfiadas com segmentação, estão também, da mesma maneira, destituídas do Bem. É o caso, portanto, que bondade é unificação, e unificação é bondade, e o Bem é uno, e o Uno é o bem primário (*Os elementos da teologia*, 13).

Mais uma vez, há muita coisa concentrada em poucas linhas, com uma série de argumentos compactos, todos procurando mostrar que o Bem e o Uno são idênticos, que há, portanto, um princípio básico singular (ou fonte, *arché*) de todas as coisas, chamado tanto de Uno quanto de Bem.

O argumento dominante para a identificação entre o Uno e o Bem (IUB) parece transitar por meio de uma conexão proposta entre unidade, desejabilidade e bondade. Partimos de um suposto fato observacional, que já encontramos ligeiramente disfarçado no estoicismo[222], de que cada coisa deseja seu próprio bem. Esse Bem, o Bem desejado por cada coisa, é, antes de tudo, sua própria existência, sendo que, sugere Proclo, isso envolve o fato de permanecer alguma coisa única, algum ser uno unificado, e não se dispersando em alguma pilha fragmentada, desagregada de partes. Aqui, mais uma vez você pode pensar em si mesmo: se você deseja permanecer em existência, deve desejar também que suas partes permaneçam unificadas e não espalhadas desordenadamente ao longo da praça, como estariam se você, infelizmente, estivesse sentado ao lado de uma poderosa bomba no momento em que ela explodisse. Assim, o argumento, por mais abstrata que seja sua formulação, fala a cada um de nós em nossa busca por nosso próprio bem, o que nos envolve, declara Proclo, em um desejo por nossa própria unificação.

É natural tomar o argumento como apoiado naquilo que Proclo diz sobre cada um de nós desejar nosso próprio bem, ou seja, cada um de nós desejar o que é bom para nós. Tomado desse modo, o argumento prossegue sustentando que o primeiro princípio, o Uno, é bom e, assim, um objeto de desejo, precisamente porque a participação no Uno é boa para o participante. Ele procura inferir, então,

---

222. Cf. o subtítulo: "Os estoicos".

que uma vez que o Uno é bom dessa maneira, o Uno e o Bem podem seguramente ser identificados. Se essa for a finalidade do argumento, porém, o argumento terá um problema óbvio, semelhante ao tipo de dificuldade que leitores encontram em Aristóteles, o qual, em sua *Metafísica*, livro XII, procura inferir com base no fato de que compartilham certos traços evidentes, o objeto primário de nosso desejo e o objeto primário de nosso pensamento devem ser o mesmo, devem na verdade ser o primeiro princípio, a saber, o primeiro movente (*Metafísica*, XI, 7, 1072a 27-30). Se esse fosse o argumento de Aristóteles (e assim, por extensão, o argumento de Proclo), não seria melhor do que argumentar que, uma vez que desejamos coisas boas, e uma vez que desejamos prazer, o prazer deve ser *o Bem*, contraposto a ser simplesmente *um* bem. Ora, provavelmente Aristóteles não argumenta dessa maneira, mas podemos ver o problema para ele se ele o faz e, novamente por extensão, o problema para Proclo se ele está argumentando de maneira análoga. Mais uma vez, seria como se estivéssemos sustentando que, uma vez que as pessoas desejam seu próprio bem e seu bem envolve sua própria unificação, o Uno deve ser *o* Bem, em vez de ser meramente *um* bem.

Seu argumento não precisa ser tomado dessa maneira, porém. Na verdade, ele é mais abstrato. Seu argumento pela Identificação entre o Uno e o Bem (IUB) procede desta maneira, apoiando-se fortemente no papel desempenhado pelo Bem e pelo Uno na preservação do que existe:

1. O Bem é capaz de preservar tudo o que existe;

2. x é capaz de preservar y em existência somente se x for capaz de unificar y;

3. Assim, o Bem é capaz de unificar tudo o que existe;

4. x é capaz de unificar algo que existe somente se x for o Uno;

5. Portanto, x é o Bem somente se x for o Uno;

6. Além disso, x é o Uno somente se x puder preservar uma coisa na existência.

7. x pode preservar y em existência somente se x for o Bem;

7. Assim, x é o Uno somente se x for o Bem;

8. Assim, x é o Bem se, e somente se, x for o Uno.

Estritamente falando, o argumento fica aquém de uma asserção de identidade, mas mostra, se estiver correto, que nada é o Uno, a menos que seja o Bem, e que nada é o Bem a menos que seja o Uno. Assim, se correto, IUB estabelece um enunciado bicondicional, em vez de ser diretamente um enunciado de identidade. Ainda assim, isso é tudo o que Proclo realmente precisa estabelecer, em *Os elementos de teologia*, quando conclui, mais uma vez: "É o caso, portanto, que a bondade é unificação, e a unificação, bondade, e o Bem é uno, e o Uno é o bem primário" (*Os elementos da teologia*, 13).

Com isso em mão, Proclo considera ter estabelecido que o primeiro princípio (*arché*) de tudo é o Uno, que é o Bem. Tudo o que existe, assim, sustenta ele, depende e deriva do Uno, o que é equivalente a dizer do Bem.

Várias questões podem razoavelmente ser postas a Proclo sobre várias dessas premissas, embora nenhuma seja obviamente falsa ou insensata. (IUB-1), como já notamos, parece baseada em uma tese com o efeito de que tudo tem seu próprio bem, mas que *o* Bem é aquilo que subjaz a esse fato. Duas preocupações surgem aqui. A primeira nós enfrentamos com o ataque de Aristóteles ao pressuposto da univocidade, que parece estar subjacente a essa convicção. Proclo parece assumir que, se x é bom e y é bom, então x e y são bons da mesma maneira e, além disso, que é o Bem em si que todas as coisas boas têm em comum, aqui em que, para usar sua terminologia platônica preferida, todas as coisas boas participam. Isso pode muito bem ser questionado, como de fato foi por Aristóteles[223].

Uma segunda preocupação relacionada, surgindo em conexão com (IUB-1), é uma que também encontramos antes, nesse caso, não ao adotar a postura crítica de Aristóteles em relação a Platão, mas ao desenvolver seus argumentos concernentes à existência de um único bem supremo[224]. Trata-se da preocupação de que, do fato de que F é bom para x não parece se seguir que F seja bom pura e simplesmente, o que significa dizer bom, e ponto-final. É bom para um ladrão ser desonesto, mas não se segue disso que seja bom ser desonesto. Em conexão com (IUB-1), o argumento é mais categórico do que era no caso de Aristóteles: aqui a questão é que não podemos inferir diretamente do fato de que ser unificado é bom para x, logo que unificar seja bom pura e simplesmente. Uma campanha militar perversamente eficiente será unificada por uma estratégia de conquista impiedosa. Não se segue que qualquer estratégia impiedosa de conquista seja boa. Talvez, de fato, nenhuma seja.

---

223. Sobre a dialética entre Platão e Aristóteles a respeito do pressuposto de univocidade, cf. os subtítulos: "O *elenchus* socrático", "O paradoxo da investigação de Mênon; resposta de Platão" e "O naturalismo político de Aristóteles".

224. Cf. o subtítulo: "O naturalismo político de Aristóteles".

Essa objeção é séria, mas não decisiva. Proclo, ou um neoplatônico defensor de Proclo, poderia contra-argumentar. Proclo oferece de passagem um apoio para essa afirmação, lembrando ao seu leitor que a capacidade do Bem de unificar "é a razão, afinal, que ela apresenta a eles como algo desejável" (*Os elementos da teologia*, 13). Seu pensamento aqui não parece ser aquele problemático já identificado, o de inferir que, porque o que unifica é desejável, o que unifica é bom, e inferir com base nisso que, uma vez que o Uno unifica, o uno é *o* Bem (contraposto a *um* bem). Em vez disso, seu argumento é que, porque vemos nossa própria existência e, assim, nossa própria unidade como desejáveis, nosso desejo pela eficácia daquilo que nos unifica é também evidência de que aquilo que nos unifica é propriamente algo bom. Conforme podemos dizer que nosso desejo por alguma coisa conta como evidência para nós de que essa coisa é boa, nessa medida, pelo menos, vemos aquilo que tem o poder de unificar como bom.

Mais coisas podem e devem ser ditas aqui, e com efeito, mais coisas precisam ser ditas sobre várias das premissas restantes antes de chegar à principal conclusão neoplatônica que Proclo quer colocar, a saber, que o primeiro princípio (ou fonte, *arché*) de tudo é o Uno, que não é senão o Bem. O que foi dito, porém, já oferece uma iniciação a seu sistema, e também uma iniciação ao neoplatonismo.

6.2 Agostinho

Embora Proclo não fosse um cristão, mas um pagão confesso, e até mesmo, segundo um de seus primeiros biógrafos[225], tenha precisado se exilar por um ano a fim de escapar da perseguição por promover concepções platônicas – ou seja, pagãs – do Bem, é de certo modo fácil compreender por que, não muito tempo depois de sua morte, um apologista cristão, hoje conhecido como Pseudo-Dionísio[226], procurou, com considerável sucesso, cooptar suas concepções, adequadamente ajustadas, para o propósito de promover o cristianismo. Se alguém, contrariamente aos próprios desejos de Proclo, personalizasse o Uno, o Bem, e o visse como um criador providencial, então boa parte do que ele diz sobre seu primeiro princípio (ou fonte, *arché*) de tudo traria consigo o cristianismo. De qualquer

---

225. Marino, *Vida de Proclo*, 15.

226. Sobre Pseudo-Dionísio, cf. nota 212 anteriormente mencionada. Dodds (1963, p. xxvii) nota que sua "fraude obteve espantoso e completo sucesso".

modo, não seria difícil imaginar um cristão dizendo de seu Deus o que Proclo diz sobre o Uno, que "tudo o que existe procede de uma única causa, a primeira causa" (*Os elementos da teologia*, 11).

Admitido isso, a última figura da filosofia antiga, que é também a primeira da filosofia medieval, Agostinho de Hipona (354-430 d.C.), marca um profundo redirecionamento na filosofia, de uma maneira que Proclo, mesmo apropriado, jamais poderia. Agostinho é um cristão profundamente comprometido e, embora busque Platão como âncora filosófica, busca para orientação e inspiração, de maneira mais geral e íntima, ao longo de seus escritos, a Santa Escritura.

Por esse motivo, embora haja pouco ganho em se envolver em debates em torno da questão de saber se a figura central de Agostinho é a última dos antigos ou a primeira dos medievais, faz algum sentido dizer que ele é, de certa maneira, ambas as coisas. Olhando em retrospecto para muitas das figuras que já encontramos até aqui, é inescapável que se encontra em Agostinho um grande débito com o platonismo, débito adquirido principalmente de maneira indireta, não do próprio Platão, cujos escritos ele não conhecia ou conhecia muito pouco, mas de escritores posteriores que representaram Platão. Seu conhecimento de Platão foi mediado principalmente por Cícero e, em menor medida, pelos neoplatônicos Porfírio e Plotino, os quais, como vimos, levaram adiante a causa do platonismo na Antiguidade Tardia, tal qual fez o jovem contemporâneo de Agostinho, Proclo[227]. Mesmo assim, por mais indireto que possa ter sido seu conhecimento, é impossível compreender Agostinho sem reconhecer seu débito com Platão. Ele tem um débito similar, embora em menor medida e de um tipo diferente, com seus encontros com o ceticismo acadêmico[228], cujos principais argumentos que ele conhecia intimamente, embora, mais uma vez, mediados por escritores posteriores, entre eles, Cícero. Agostinho se inquieta com a força dos argumentos céticos e reage agudamente contra eles, de maneiras que conduzem a algumas de suas

---

227. Agostinho relata que leu alguns livros dos platônicos (*Confissões*, 7.130), que haviam sido traduzidos para o latim no século IV pelo neoplatônico cristão Gaio Mário Vitorino, embora, nesse relato, não identifique qualquer platônico em particular. No entanto, menciona nominalmente tanto Porfírio quanto Plotino, em outros lugares (em *De consensu evangelistarum*, 1.23 e em *De beata vita*, 4, respectivamente). É razoável inferir que ambos tiveram duradoura influência sobre seu pensamento, assim como Cícero e, por meio deles, Platão.

228. Cf. o subtítulo: "Ceticismo" para um tratamento do tipo de ceticismo helenístico com o qual lidou Agostinho.

elaborações filosóficas mais inovadoras e marcantes. Assim, a própria filosofia de Agostinho foi receptiva a períodos anteriores da filosofia antiga, ao platonismo e ao ceticismo, que moldaram suas sensibilidades filosóficas.

Ao mesmo tempo, de um ponto de vista moderno, vemos que Agostinho é uma figura que olha para o futuro, permanecendo à frente de uma longa tradição da filosofia cristã medieval, tradição que ele ajudou a inaugurar, e com efeito, na liderança de uma forma de cristianismo filosófico que se estende até hoje. Se é impossível compreender Agostinho sem apreciar seu débito com o platonismo, é ainda menos possível compreendê-lo sem levar em conta seu abrangente compromisso com o cristianismo, uma religião e, em suas mãos, um sistema filosófico, ao qual ele se converteu quando adulto, após ter recebido uma educação pagã de primeira classe, sobretudo em retórica, mas também em formas mais amplas de cultura intelectual.

Essas várias correntes do pensamento de Agostinho, isto é, tanto pagãs quanto cristãs, criaram uma atmosfera de embriagante platonismo cristão ou, talvez, mais adequadamente expresso: de cristianismo platônico, sistema filosófico que, segundo ele, afasta as ameaças reais do ceticismo e prepara o crente para um compromisso seguro e defensável da verdade da doutrina cristã.

Conhecemos mais sobre a vida de Agostinho do que, digamos, a de Platão, Aristóteles ou Sexto, ou, por parte dos neoplatônicos, Plotino, Porfírio e Proclo. Essa situação se deve em parte ao fato de que ele foi uma figura pública institucionalmente proeminente, como Bispo de Hipona, cargo que assumiu por volta de 396 até a época de sua morte, em 430, e que o envolveu em todo tipo de deveres administrativos, judiciais e políticos, além das formas normais de deveres pastorais que competem ao sacerdote. Esse papel, junto com seu compromisso zeloso com várias doutrinas cristãs, também o projetou em debates polêmicos tanto com não cristãos quanto com outras seitas cristãs[229]. Ele deixou muitos registros públicos sobre tudo isso. Assim, era uma figura pública bem conhecida. Contudo, a principal razão pela qual o conhecemos tão bem provém de uma fonte inteiramente diferente: Agostinho foi o pioneiro em uma maneira bastante distinta de fazer filosofia, sobretudo em sua grande obra, *Confissões*, isto é, uma maneira de

---

229. Além dos pagãos, Agostinho estabeleceu polêmicas ferozes com os maniqueus, os donatistas e os pelagianos.

fazer filosofia por meio da autobiografia, e não apenas uma autobiografia factual, registrando seu *curriculum vitae*, mas intensamente pessoal, íntima, revelando suas lutas mais internas e seu autoexame. Como veremos, o platonismo cristão de Agostinho o leva a olhar para dentro de si em busca de conhecimento e verdade, e em suas explorações voltadas para dentro – em seus temores e fracassos, em seu pecado e em sua alma, e marcando uma nova direção na filosofia, em sua vontade e em sua liberdade. Tendo isso em vista, relata que adotou o conselho dos céticos de "suspender o assentimento até que se faça a iluminação" (*Confissões*, 5.25), uma certeza que ele pensa ter descoberto dentro de seu quadro de cristianismo platônico[230].

A autobiografia de Agostinho nos conduz desde sua infância e educação pagã na África do Norte (ele nasceu em 354 onde hoje é a Argélia), passando por sua adesão ao maniqueísmo, uma religião de origem persa, que na época de Agostinho se desenvolvera em uma seita cristã, ou pagã com um toque cristão, a depender do ponto de vista (foi condenada por muitos cristãos nessa época e, posteriormente, considerada herética pela ortodoxia). Narra também sua exposição aos escritos filosóficos de Cícero e alguns neoplatônicos não nomeados (embora, para ele, simplesmente "platônicos", em *Confissões*, VII, 13); sua mudança para Milão, em 383, para assumir uma posição de professor de Retórica; sua interação com Ambrósio, Bispo de Milão, que o introduziu aos métodos alegóricos de interpretação da Escritura e lhe abriu uma forma intelectualmente rigorosa de cristianismo, e que também o batizou na Páscoa de 387; seu retorno à África e sua ordenação como padre; e sua ascensão, posteriormente, ao bispado de Hipona, período durante o qual escreveu seus mais importantes trabalhos filosóficos, e posição que manteve até sua morte, em 430.

Uma seção autobiográfica extremamente severa das *Confissões* relata a recordação por Agostinho de uma transgressão de juventude, efetuada por brincadeira, em uma exuberância juvenil:

> Tua lei, Senhor, condena certamente o furto, como também o faz a lei inscrita no coração humano, e que a própria iniquidade não consegue apagar. Nem mesmo um ladrão tolera ser roubado, ainda que seja rico e o outro cometa o furto obrigado pela miséria. E eu quis roubar, e o fiz, não por necessidade, mas por falta de justiça e aversão a ela por excesso de

---

230. Sobre advertências céticas para suspender o assentimento, cf. o subtítulo: "Ceticismo".

maldade. Roubei de fato coisas que já possuía em abundância e da melhor qualidade; e não para desfrutar do que roubava, mas pelo gosto de roubar, pelo pecado em si. Havia, perto da nossa vinha, uma pereira carregada de frutos nada atraentes, nem pela beleza nem pelo sabor. Certa noite, depois de prolongados divertimentos pelas praças até altas horas, como de costume, fomos, jovens malvados que éramos, sacudir a árvore para lhe roubarmos os frutos. Colhemos quantidade considerável, não para nos banquetearmos, se bem que provamos algumas, mas para jogá-las aos porcos. Nosso prazer era apenas praticar o que era proibido.

Eis o meu coração, Senhor, o coração que olhaste com misericórdia no fundo do abismo. Que o meu coração te diga, agora, o que procurava então, ao praticar o mal sem outro motivo que não a própria malícia. Era asquerosa e eu gostava dela. Gostava de arruinar-me, gostava de destruir-me; amava, não o objeto que me arrastava ao nada, mas o aniquilamento em si. Pobre alma embrutecida, que se apartava do teu firme apoio para autodestruir-se, buscando, não algo desonesto, mas a própria desonestidade! (*Confissões,* II, 4.9)[231].

A primeira coisa a notar sobre essa passagem é que ela não defende uma tese em particular; de qualquer modo, não é ostensivamente argumentativa, à maneira, por exemplo, de Proclo, em *Os elementos da teologia.* Em vez disso, Agostinho adota aqui o tom evocativo, perscrutador, com um sentimento de urgência e perplexidade, quase a ponto de tornar a passagem aporética, como fizera Aristóteles ao colocar problemas da maneira mais prosaica e descomprometida[232].

Já a *aporia* de Agostinho, por contraste, é profundamente pessoal: ele se apresenta como inteiramente perplexo sobre si – sobre suas motivações, aspirações, sobre a mera explicação de sua conduta, até mesmo para si. Ao enfrentar sua dificuldade em explicar sua conduta ao roubar as peras, Agostinho implicitamente levanta um enigma que lembra o enigma socrático ao encarar a *akrasia*[233]. Ele diz, sem dúvida, que nem ele nem seus colegas furtaram a fruta por fome; sim-

---

231. Usamos, quando possível, a tradução brasileira da obra *Confissões* (Agostinho, 1997, p. 42); daqui por diante, citado apenas pelo livro, capítulo e seção [N.T.].

232. Sobre o método aporético de Aristóteles, cf. o subtítulo: "Tratamento por Aristóteles de um paradoxo socrático: *akrasia*".

233. Sobre isso, cf. o subtítulo: "Convicção socrática e os paradoxos socráticos", anteriormente mencionado, problema igualmente enfrentado por Aristóteles e mencionado no subtítulo: "Tratamento por Aristóteles de um paradoxo socrático: *akrasia*".

plesmente furtaram uma grande quantidade delas e as jogaram aos porcos. Não tinham em vista a satisfação dos porcos, nem o fizeram simplesmente para irritar o dono da pereira, como alguém de quem talvez não gostassem ou que lhes tivesse feito uma desfeita ou com quem tinham alguma conta a acertar. Tudo isso – fosse defensável ou não, merecedor de reprovação ou não, até mesmo digno de elogio se eles tivessem pensado em proporcionar aos porcos um inesperado festim – teria sido facilmente explicável. Em vez disso, diz Agostinho, falando sobre sua juventude do ponto de vista da maturidade, ele o fez simplesmente porque era mau: "a causa de minha maldade", relata, "não era outra senão a maldade".

Isso é de fato intrigante. Sobretudo se temos em mente o teor do problema da *akrasia*, discutido por Sócrates e Aristóteles. Agostinho traz um novo elemento para esse problema. Ele não pergunta, na terceira pessoa, "Como é possível que alguém conscientemente escolha o que é vil?"; mas, na primeira pessoa, "Como *eu* fiz isso? Quem sou *eu* que fiz algo simplesmente porque era ruim agir assim? Como é possível que não só eu tenha me afastado do bem, meu próprio bem, em direção ao que é vil e baixo, mas que *amei* me afastar do bem? Como eu desejei, *amei* desejar até meu próprio perecer em preferência ao meu próprio bem-estar, ao meu próprio florescimento, à sobrevivência de minha própria alma? Como se dá que eu seja tal que passei a amar o que é vil pela maldade em si?"

Vários temas centrais do pensamento de Agostinho se mesclam nesse relato autobiográfico: a natureza da vontade humana, o livre-arbítrio ou sua falta, a relação entre bem e mal e o papel da graça na redenção humana. No que diz respeito a este último tema, vemos a reorientação de Agostinho da filosofia pagã para uma nova filosofia, cristã. De maneira mais geral, porém, ele enfrenta esses temas com uma forma urgente de introspecção que não havíamos ainda encontrado. Ele está obcecado com o exame minucioso de suas próprias motivações, e inicia uma jornada na subjetividade, conduzida com ritmo febril, que simplesmente não encontramos antes na filosofia antiga, muito menos, por exemplo, na objetividade exibida por Proclo. Os problemas que Agostinho apresenta são problemas para todos nós, sejamos teístas ou ateus, pois somos todos sujeitos, se formos honestos e conscientes, tentando compreender nossa própria conduta; contudo a solução que Agostinho oferece, e pensa que deve ser oferecida para que possa haver qualquer solução para isso, é de caráter marcadamente teísta.

Na medida em que enfrentamos a abordagem de Agostinho para esse problema, registremos, sem desenvolvê-lo plenamente, um aspecto de seu método. Já notamos que ele está fazendo um relato sobre sua juventude do ponto de vista de sua maturidade, em uma reflexão, por mais urgente que seja seu tom, distante no tempo e no espaço dos acontecimentos intensos da noite sob exame. Agostinho relata suas próprias motivações ocasionadas simplesmente pela maldade: fez o que fez porque era mau. Podemos aceitar sua autoavaliação como perfeitamente sincera. Isso não significa, porém, aceitá-la como acurada: somos todos opacos a nós mesmos sob alguns aspectos, independentemente de nossos motivos, incluindo aqueles que motivaram nossas ações há muito tempo. Podemos ter dificuldade em reconstruir para nós mesmos o que era evidente para nós na época em que agimos, o que estava presente em nossa consciência, se nossos motivos eram muitos, e se fosse, se eram mistos, e se mistos, com que pesos relativos. Agostinho menciona um motivo singular, não misturado, absorvente e distinto: um amor pela maldade. É claro, não estávamos lá, e Agostinho sim. Ainda assim poderíamos perguntar: esse menino, nessa noite, nesse campo, com esses companheiros, disse a si mesmo, de maneira plenamente consciente: "Eu farei isso porque é mau e por nenhum outro motivo além do fato de ser mau?"

Se isso parece improvável, não significa que Agostinho esteja errado sobre o que atribui a si próprio. Em vez disso, destaca uma característica de seu método filosófico, que procura olhar para dentro, de maneira inabalável, e perguntar a si mesmo o que é possível aprender a partir do próprio autoquestionamento. Começamos a identificar aqui uma mudança na metodologia filosófica, observada por muitos, em direção ao subjetivo. A mudança suscita uma intrigante questão: Onde pode levar um engajamento com o interior? Como veremos, Agostinho pensa que o levará por meio de sua alma e a sua primeira causa, por intermédio de seu espaço interior, e daí à sua causa eterna.

Uma maneira de nos aproximarmos do método/abordagem de Agostinho envolve colocarmos uma espécie de problema para ele, um claramente presente a seu espírito, mas também curiosamente negligenciado no relato particular de sua autobiografia, pelo menos a princípio. Podemos considerar plausível, como Sócrates pensou que fosse, supor que todos agimos quando escolhemos de maneira livre e intencional um curso de ação *à guisa do Bem*. Esse é o pensamento evidentemente rejeitado por Agostinho nessa passagem de que sempre que alguém faz alguma coisa livremente, essa pessoa o faz porque e somente porque pensa que há alguma razão para fazê-lo, alguma *boa* razão que ela própria julga motivadora. Isso não significa que todos sempre agem para o próprio bem, ou mesmo para o próprio bem percebido: as pessoas agem pelo bem dos outros e, às vezes, agem de maneiras prejudiciais aos próprios interesses, sobretudo, de maneira mais óbvia, quando cometem equívocos acerca do que tomam como sendo seus interesses. Isso significa antes que, quando age de maneira livre e intencional, uma pessoa efetua qualquer ação y somente se ela pensa que é de alguma maneira *bom* fazer y. De maneira mais formal, podemos compreender como um princípio de ação à guisa do Bem (GB):

> Sempre que S efetua qualquer ação y de maneira intencional, S faz y por alguma razão; se S tem uma razão suficiente para fazer y para efetivamente fazer y em vez de se abster de fazê-lo, então S deve supor que y – sob alguma descrição ou outra – é uma boa coisa a se fazer. Afinal, de outro modo S não faria y. Assim, sempre que S age intencionalmente, age à guisa do Bem.

Nossa questão, então, torna-se: Como pode Agostinho combinar sua afirmação de que, quando furtou uma pera, ele o fez simplesmente pelo mal com (GB)?

Ora, (GB) dificilmente é uma lei da lógica. É um pouco difícil, de fato, classificá-la. Em algumas formulações, corre o risco da trivialidade (S não faria y pensando que y é uma boa coisa a menos que S pensasse que y é uma coisa boa a se fazer); e em outras parece ser simplesmente uma generalização empírica, uma que Agostinho, ou qualquer outro, estaria livre para negar. Afinal, como vimos (EP), a tese de que todos sempre agem egoisticamente[234], compreendido como uma asserção empírica, parece facilmente refutada pelo contraexemplo de uma pessoa, em determinada ocasião, agindo de maneira não egoísta. Ainda assim, nossa formulação de (GB) apresenta um problema, ou pelo menos coloca uma questão, pois Agostinho, no mesmo livro em que relata esse furto das peras, chama a si mesmo como testemunha para nossa evidente violação de (GB):

---

234. Cf. o subtítulo: "Convicção socrática e os paradoxos socráticos".

Assim, sempre que se coloca uma questão sobre saber por que algum ato criminoso foi cometido, tipicamente ninguém aceita uma resposta antes que fique evidente que havia algum bem que o criminoso podia alcançar, um dos bens a que chamamos de inferiores, ou que havia por parte do criminoso um medo de perder um desses bens; pois esses bens são belos e adequados, mesmo se forem frágeis e desprezíveis quando comparados aos bens superiores, aqueles que nos tornam felizes. Alguém cometeu um crime. Por que o fez? Ele amava a mulher ou a propriedade de sua vítima, ou desejava assegurar algum saque do qual pudesse se aproveitar, ou temia perder algo ou, tendo sido injuriado pela vítima, estava exaltado em busca de vingança. Pois ninguém poderia cometer um assassinato sem causa, simplesmente pelo prazer do homicídio em si. Quem poderia acreditar nisso? (*Confissões,* II, 5.11)[235].

Ele então volta a questão para si mesmo, em uma apóstrofe para seu próprio crime. "Eu, miserável, o que foi que amei em ti, furto meu, noturno delito dos meus dezesseis anos?" Ele continua nesse colóquio consigo mesmo, debatendo-se, lutando, procurando alguma explicação que respeite aos limites de (GB)[236].

Além de registrar, agora de forma mais ostensiva, a passagem do tempo entre sua ação e suas autorrecriminações, Agostinho convida seus leitores a um processo de profunda introspecção, numa exploração da evidência da subjetividade como fonte para especulação filosófica. Sua conformidade final a (GB) coloca sobre si mesmo uma espécie de fardo filosófico, que ele carrega à medida em que se engalfinha com duas questões, ambas destacando suas novas orientações em filosofia. Esses temas são suscitados por (GB) e preocupam Agostinho e os que vêm depois dele de um modo que não há paralelo em pensadores anteriores. São eles, primeiramente, sua obsessão com o bem e o mal, e com a explicação da existência do mal em um universo criado pela providência; e em segundo lugar, o caráter da vontade humana como faculdade de liberdade humana. Examinemos esses temas separadamente.

---

235. Traduzido do inglês. A passagem exata não foi localizada, e difere muito da tradução brasileira citada [N.T.].

236. Ele oferece uma série de especulações, dando crédito a algumas e deixando outras de lado. Chama a atenção como Aquino, quase um milênio depois, fixa-se a uma explicação, uma que Agostinho mesmo certamente oferece, inteiramente em conformidade com (GB): "Quando Agostinho diz que ele amava essa delinquência mesma, não o fruto que ele estava roubando, não devemos compreender sua afirmação como se a própria delinquência, ou a deformidade da falta moral, pudesse ser primária e intrinsecamente desejada. Antes, ele deseja de maneira primária e intrínseca seja exibir um comportamento típico a seus pares, seja a experimentar algo, ou a fazer algo contra as regras, ou algo do tipo" (*Quaestiones Disputatae De Malo*, q. 3, resp. 1-2).

A pensadora política do século XX Hannah Arendt, profundamente impressionada pela filosofia de Agostinho, tendo escrito sua tese de doutorado, *O conceito de amor em Santo Agostinho*, sob a orientação do filósofo existencialista Karl Jaspers, sustentou que Agostinho, após a leitura de São Paulo, "introduziu o livre-arbítrio de Paulo, juntamente com suas perplexidades, na história da filosofia" (Arendt, 1961, p. 167, tradução nossa). A avaliação de Arendt reflete sua crença de que a noção de vontade estava ausente, ou em grande parte ausente, na filosofia antiga antes de Agostinho, que a vontade tinha uma proveniência cristã, sobretudo no que concerne a qualquer questão em relação a ser livre ou determinada, e que Agostinho deve ser creditado com a primeira exploração plenamente filosófica do tópico. Essas afirmações podem ser debatidas de muitas maneiras, mas são dignas de crédito e embasamento: nenhum filósofo antes dele explorou a noção de livre-arbítrio de maneira tão plena, ou, mais uma vez, de maneira tão obsessiva, quanto o fez Agostinho.

A preocupação de Agostinho com a vontade é compreensível, dadas suas preocupações com (GB) e sua tese de que o cristianismo deve ao mundo uma explicação sobre a origem do mal em um mundo que é entendido como algo criado por um criador onipotente, inteiramente amoroso, o Deus dos cristãos. A esse respeito, o cristianismo difere marcadamente do maniqueísmo ao qual Agostinho subscreveu em sua juventude. Embora varie em suas várias versões, central ao maniqueísmo é a tese de que o mal é incompatível com a onipotência de Deus, com o resultado que não há – não pode haver – um Deus onipotente, omnibenevolente. Em vez disso, os maniqueus sustentam um dualismo de bem e de mal, tratando a existência da bondade (Deus) e do mal (diabo) como eternamente opostas, eternas e igualmente equilibradas, como princípios que estão sempre em disputa, ambos se enraizando na alma humana, engendrando em cada um de nós uma batalha entre a escuridão e a luz, o mal e o bem, uma luta da qual não parece haver alívio. Qualquer que seja o valor de seu sistema, os maniqueus pelo menos não devem maiores explicações sobre a origem do mal: ele está sempre lá, assim como a bondade está sempre lá no universo, um princípio original e uma causa primária para a qual não é necessária maior explicação ou, na verdade, não é possível outra explicação. Pode-se apreciar isso quando Agostinho deixou para trás o maniqueísmo para abraçar o cristianismo; ele não só precisava de uma explicação para a existência do mal, como de uma explicação de sua origem e de sua compatibilidade com a existência de um Deus que parece, pela descrição daqueles que adoram esse Deus, capaz de fazer qualquer coisa e, assim, capaz, se o quiser, de obliterar inteiramente o mal.

Eis como Agostinho coloca o tema em suas *Confissões*, apresentando, como é de costume seu, questões para si mesmo, dirigindo-se a si próprio:

> Eis Deus, e eis as suas criaturas. Deus é bom, poderosíssimo e imensamente superior a elas. Sendo bom, criou coisas boas, e assim as envolve e completa. Mas então onde está o mal, de onde veio e como conseguiu penetrar? Qual a sua raiz, qual a sua semente? (*Confissões*, VII, 5.7).

Ele prossegue então sugerindo que talvez a matéria, nossa natureza material, seja a fonte do mal, dado que ela nos arrasta para corrupções de fornicação, avareza, ira e violência. Observa que isso apenas adia a questão. Por que, então, Deus criou a matéria? Por que não usou sua onipotência para fazer com que não houvesse matéria, se ela é a raiz do mal? Pois, observa, "Que onipotência era a sua, se não podia criar algo de bom sem o auxílio de matéria não criada por Ele?" (*Confissões*, VII, 5.7).

Ora, essas preocupações colocam o problema do mal, como passou a ser chamado, e isso com frequência é posto como um tipo de argumento pelo ateísmo (PMA):

1. Se Deus existe, há um ser que é onisciente, omnibenevolente e onipotente;

2. Se um ser é onisciente, ele conhecerá todo o mal do universo;

3. Se um ser é omnibenevolente, ele desejará eliminar o mal sempre que puder;

4. Se um ser é onipotente, ele será capaz de eliminar o mal onde quer que ele resida;

5. Assim, se Deus existe, há um ser que deseja eliminar o mal sempre que for capaz de fazê-lo, sabe onde o mal reside e é capaz de eliminar o mal que ele conhece;

6. Assim, se Deus existe, não há o mal;

7. Há o mal;

8. Logo, não há Deus.

O problema do mal, expresso como um argumento a favor do ateísmo, claramente não é um problema para o ateu. Ele pode simplesmente bocejar e dizer que (PMA-8) é assim mesmo.

Trata-se, porém, de um problema para o teísta, pelo menos o teísta que aceita a existência de um Deus tal como descrito no cristianismo canônico, um Deus que conhece tudo, ama tudo, pode fazer tudo. Agostinho, assim, não tem que lidar com esse problema. Ele o faz, mas é importante compreender que (PMA) não é sua principal preocupação. Ele luta, antes, com uma espécie anterior de problema, um que de certa forma permanece por trás de (PMA), mas é distinto dele. Trata-se do problema do mal expresso como problema sobre a consistência de três proposições, cada uma das quais parece inegável, mas que não podem ser verdadeiras juntas. Esse é o problema do mal expresso como um problema da consistência (PMC):

1. Como criador onisciente do universo, Deus poderia ter criado um universo sem mal;

2. Como criador omnibenevolente do universo, Deus poderia ter desejado criar um universo sem mal;

3. Ainda assim, existe o mal.

Algo aqui precisa ceder. Mais uma vez (PMC) não está longe de (PMA), mas adentramos mais rapidamente nas preocupações principais de Agostinho se focarmos em (PMC). Sua preocupação dominante não é afastar o ateu, ele não se apresenta tanto como travando batalha com o ateu quanto consigo mesmo por sua falta de compreensão, com sua inabilidade em reconciliar suas próprias crenças com as de outros. Ele deseja, antes, determinar qual dessas três afirmações é preciso abandonar. Ou, talvez, pode querer mostrar que, a despeito das aparências, (1), (2) e (3) não formam de fato uma tríade inconsistente. Deseja compreender onde reside o mal no universo, e também determinar sua fonte, raiz e semente.

Em sua longa jornada lutando com (PMC), Agostinho tentou várias maneiras de rejeitar cada uma das três proposições ofensivas, embora, do ponto de vista da consistência, só precise realmente rejeitar uma delas.

Em um trabalho dedicado ao tópico da liberdade da vontade, *Sobre o livre-arbítrio*, Agostinho promove o pensamento de que um Deus omnibenevolente pode razoavelmente ter escolhido criar um mundo com um mal como um resultado previsível, ou pelo menos uma possibilidade previsível, ao criar os seres humanos dotados de livre-arbítrio. Escreveu e reescreveu *Sobre o livre-arbítrio* no curso de quase uma década, de 387 a 395, e isso é um sinal de que ele mudou, ou pelo menos refinou e desenvolveu sua concepção de livre-arbítrio enquanto escrevia. O texto é apresentado como um diálogo entre Agostinho e um companheiro chamado Evódio, que examina por todos os lados as perspectivas para a liberdade da vontade. Em uma passagem, do terceiro e último livro, presumivelmente escrito mais tarde, Agostinho responde a uma sugestão de Evódio de uma maneira que parece destinada a contribuir com uma questão que acabara de ser colocada:

> Certamente, quem me fez é um Deus bom e, como não posso praticar nenhuma boa ação a não ser por minha vontade, fica, pois, bastante claro que é acima de tudo para fazer o bem que a vontade me foi dada por esse Deus tão bom. Quanto ao movimento pelo qual a vontade se inclina de um lado e de outro, se não fosse voluntário e posto em nosso poder, o homem não seria digno de ser louvado quando sua vontade se orienta para os bens superiores, tampouco ser inculpado quando, girando, por assim dizer, sobre si mesmo, inclina-se para os bens inferiores (*O livre-arbítrio*, III, 1.3)[237].

A sugestão aqui é dupla: primeiro, que a vontade está preparada para girar em direção a coisas superiores ou inferiores, de modo que ela esteja em nosso poder; em segundo lugar, que ela não teria sido criada ou não poderia ter sido criada por um Deus a menos que pudesse, em princípio, girar na direção do bem.

A metáfora da vontade como uma roda é um pouco mecânica, mas suficientemente clara. Agostinho tem em mente, por exemplo, uma dobradiça de porta com uma junta em forma de bola que pode girar em duas direções, para dentro ou para fora, para abrir ou fechar a porta. Uma roda não seria uma roda se não pudesse fazer essa simples operação. Assim compreendida, sua tese é que um Deus bom não poderia criar uma vontade se não fosse uma coisa boa fazê-lo, assim como um bom carpinteiro não poderia criar uma porta que não abrisse ou fechasse girando em seus gonzos. Em seu domínio, uma porta é uma coisa boa, do mesmo modo, a vontade é uma coisa boa para os seres humanos: a escolha é um bem. Ele sugere, além disso, porém, que a vontade, embora boa por permitir escolha, não seria um bem se não fosse capaz de girar tanto em direção ao bem como ao mal. Uma vontade que pudesse girar à esquerda ou à direita, mas que fosse coagida, no entanto, a escolher entre duas opções más, como se só tivesse

---

237. Utilizamos aqui a tradução brasileira de *O livre-arbítrio* (Agostinho, 1995, p. 150-151) [N.T.].

essa opção, independentemente de para onde se vire, não seria uma boa espécie de vontade. Não está claro até mesmo se seria uma vontade, um livre-arbítrio, de tal modo é um simulacro defeituoso de uma vontade. Seria como se dessem a opção para alguém pintar um quarto com a cor que quisesse, mas então dissesse que qualquer cor serviria, contanto que fosse cinza. De qualquer modo, a escolha sem escolha para fazer o bem não mereceria a beneficência de Deus.

Como, então, essa imagem se conecta com nossa tríade inconsistente? Tomada de maneira mais natural, é uma rejeição de (PMC-2), a tese de que, como criador omnibenevolente do universo, Deus teria desejado criar um universo sem o mal. É isso que Agostinho parece sugerir de modo mais aprofundado em *O livre-arbítrio*. Ele nota que é melhor ser um cavalo que se perdeu do que uma pedra que carece inteiramente da capacidade de se perder, uma vez que o cavalo pode se perder, antes de tudo, somente porque é dotado de percepção, um bem e, precisamente, um bem de que uma pedra carece. Ele então traz a comparação para um terreno mais próximo: "Uma criatura a qual, por seu próprio livre-arbítrio, é melhor do que uma criatura que não peca, pois não possui livre-arbítrio" (*O livre-arbítrio*, III, 5.15)[238]. Uma das várias maneiras de considerar essa sugestão é que a criação, por Deus, de um universo de pedras ou, digamos, de robôs programados, não seria bom ou, em todo caso, não seria tão bom quanto um universo repleto de agentes livres.

Se esse é o pensamento de Agostinho, então (PMC-2) é pelo menos posto em questão: um criador omnibenevolente do universo *pode* ter uma razão para criar um universo com mal, ou pelo menos com a possibilidade do mal, uma vez que esse criador deseja um universo melhor, em vez de pior, em termos de ser dotado de coisas boas. Isso forneceria pelo menos o início de uma explicação de como (PMC-2) pode ainda ser falso. À resposta natural de que certamente Deus teria escolhido criar um mundo no qual os seres humanos fossem dotados de livre-arbítrio, mas que no qual, não obstante, como um fato contingente, sempre e em toda parte, escolhe fazer a coisa certa quando confrontado a uma opção entre o bem e o mal, Agostinho poderia responder, referindo-se a (PMC-1), que mesmo como criador onipotente do universo, Deus não poderia, de fato, ter criado *bona*

---

238. Traduzido do inglês, exceto quando indicado em contrário [N.T.].

fide um universo sem livre-arbítrio e que não tivesse pelo menos a possibilidade de haver o mal. É verdade, sugere, que Deus poderia ter criado um universo com pedras, mas sem seres humanos. Não é tão óbvio, porém, que um ser onipotente pudesse ter criado um mundo com seres humanos dotados de genuína liberdade e ainda assim *garantir* que nenhum agente livre pudesse jamais escolher o mal. Se Deus criasse um mundo com um bando de rapazes degenerados rondando tarde da noite, certamente, se eles são livres, deve pelo menos estar aberto a eles escolher furtar algumas peras.

Ora, esse é o início de uma discussão sobre o livre-arbítrio em Agostinho, e não uma defesa plena de sua rejeição. Isso já mostra, porém, sua inclinação a tentar várias respostas em diversos contextos e sob diversas pressões. De fato, ao longo de sua carreira, ele parece ter desenvolvido e trabalhado em diferentes tipos de abordagem para o problema do livre-arbítrio. Todos eles, entretanto, parecem ter por núcleo sua observação, evidentemente enraizada em uma tese profundamente embasada em sua própria experiência, já articulada em seu *O livre-arbítrio*: "nada está tão completamente em nossa vontade como a própria vontade" (I, 25, 26-29). O que ele pretende afirmar, ao que parece, colocando tudo o mais entre parênteses, todas as tentações externas, está aberto para ele – ou pelo menos lhe parece aberto – inclinar sua vontade como quiser, seja instilado por prazeres de mau gosto, sedutores; seja por virtudes radiantes, vistosas, ele pode direcionar sua vontade como quiser para esse ou para aquele caminho. Em caso contrário, não seria uma vontade.

Suponha, por um momento, que essa experiência interna da vontade, essa profunda convicção enraizada em nossas próprias vidas íntimas, de que pelo menos algumas vezes podemos escolher tanto em questões importantes quanto em questões indiferentes, valha alguma coisa. Suponha que valha como evidência, refutável, mas de todo modo evidência de que somos livres. Isso daria a Agostinho pelo menos um ponto de apoio para sua resposta ao problema do mal. Talvez, portanto, ele pudesse começar a conciliar suas crenças entre si e chegar ao pensamento de que possivelmente um Deus onipotente, omnibenevolente poderia coexistir com o mal sem ser sua origem, sua raiz e semente. Ainda será o caso de que seu apelo à vontade no contexto do problema do mal só servirá como resposta razoável somente se – como quer que as coisas lhe pareçam, ou pareçam a nós – de fato tivermos livre-arbítrio.

Infelizmente, Agostinho enfrenta outro tipo de desafio para seu compromisso com o livre-arbítrio, um igualmente fundado em seu vínculo com o teísmo. Até agora, ele tentou mostrar que o livre-arbítrio explica como um Deus onipotente e benevolente pode aceitar o mal no universo criado. O quadro muda, porém, uma vez que se torna claro que a existência de um Deus onisciente realmente ameaça a existência do próprio livre-arbítrio que, até aqui, foi oferecido para explicar a existência do mal. Trata-se do problema da presciência divina.

Ora, na medida em que nos lançamos nesse problema, devemos pausar para notar que esse, com efeito, é um caso especial de um problema mais geral sobre a liberdade humana que todos enfrentamos, sejamos teístas ou não. Conforme nota o próprio Agostinho, Cícero já formara uma versão frágil desse problema, desenvolvida na ausência de qualquer compromisso com o teísmo. Ele nota, em sua obra tardia *A cidade de Deus*, que Cícero observara que não podemos manter tanto a presciência (seja divina, seja meramente humana) quanto o livre-arbítrio: "afirmar uma é negar o outro. Se escolhemos a presciência, o livre-arbítrio é anulado; se escolhemos o livre-arbítrio, a presciência é abolida" (*De civitate Dei*, 5.9).

Esquecendo Deus por enquanto, imagine que encontramos um dia uma famosa cartomante que parece ser sempre capaz de prever o que as pessoas farão no dia seguinte. Ela prediz numa terça-feira que uma mulher comprará um carro na quarta-feira. Na terça-feira, a mulher ri, respondendo que não tem intenção de comprar um carro na quarta-feira, ou mesmo em qualquer outro dia. Devido a uma emergência, porém, digamos a necessidade de transportar uma criança para um hospital em uma cidade algumas centenas de quilômetros distante, em meio a uma greve dos trabalhadores de transporte e dos motoristas de ambulância, ela se vê apressadamente comprando um carro usado, conforme a previsão. Improvável, é claro, mas a cartomante, de fato, parece sempre *saber* em t_1 o que acontecerá em t_2. Ela tem, digamos, *presciência*. Mesmo quando, como em nossa história, a cartomante anuncia seu pré-conhecimento ao agente, e o agente tenta afastar sua predição, invariavelmente a predição da cartomante se prova correta.

A cartomante, sob outros aspectos, é uma mortal comum. Para contemplar a versão de Agostinho do problema, precisamos apenas substituir a cartomante por um Deus onisciente. Quando o fazemos, vemos por que o problema se torna realmente agudo para ele. No caso da cartomante, ficamos inclinados a descartar sua própria possibilidade ou, se confrontados com o que parece ser evidência irrefutável, assumir que deve haver alguma espécie de truque. No que concerne a Agostinho e seu Deus, no entanto, não há ardis, tampouco truques. Deus não somente existe, como existe *necessariamente*. Deus não apenas conhece, como é onisciente, e de maneira *necessária*. Esse é o problema da presciência divina, que é posto da maneira mais sucinta possível por Evódio, interlocutor de Agostinho em *O livre-arbítrio*:

> Digo isso porque, uma vez que Deus sabe de antemão que ele (isto é, Adão, o primeiro homem) pecaria, seria necessário que isso ocorresse, pois Deus sabe de antemão que isso aconteceria no futuro. Como, portanto, é a vontade livre (3.2.4), quando esse caráter necessário é tão inevitável?

Evódio argumenta do seguinte modo, oferecendo o problema da presciência divina (PPD):

> 1. Se Deus soubesse em t_1 que Adão pecaria em t_2, então já seria verdade em t_1 que Adão pecaria em t_2;
>
> 2. Se já fosse verdade em t_1 que Adão pecaria em t_2, então seria necessário que Adão pecasse em t_2;
>
> 3. Se fosse necessário que Adão pecasse em t_2, então Adão não tinha livre-arbítrio no que concerne a pecar em t_2;
>
> 4. Deus, como onisciente, sabia em t_1 que Adão pecaria em t_2;
>
> 5. Assim, Adão não tinha livre-arbítrio no que concerne a pecar em t_2.

Uma vez que a ação de Adão de pecar em t_2 é uma ação arbitrariamente selecionada e, como onisciente, Deus conhece de antemão *todas* as ações dele, Adão não tinha livre-arbítrio. É claro, o que vale para Adão, vale para o resto de nós. Assim, não há livre-arbítrio.

Como de hábito, Agostinho tenta várias respostas a esse argumento, em diferentes contextos e em diferentes fases de sua carreira. Uma é extremamente efetiva, mas de escopo limitado. Isso para assinalar que, tomada de certa maneira, em pelo menos uma formulação abreviada, (PPD) simplesmente não é válido. Em outros termos, tomado de certa forma, o argumento comete uma simples, mas sedutora falácia modal. Compare os dois seguintes argumentos:

(A)

1. Se triângulos têm três lados, então, necessariamente, os triângulos têm três ângulos internos;

2. Os triângulos têm três lados;

3. Logo, necessariamente, os triângulos têm três ângulos internos.

(B)

1. Se Ralph e Stanley são casados, então, necessariamente, Ralph tem um marido;

2. Ralph e Stanley são casados;

3. Assim, necessariamente, Ralph tem um marido.

É fácil pensar que (B) é como (A), e que (A) é válido, portanto, (B) também é válido.

Note, porém, que (B) é inválido (e assim, também S, embora seja mais difícil de percebê-lo em um primeiro momento). Não é o caso que Ralph necessariamente tenha um marido. Ele tem, mas essa é uma situação contingente. Como sabemos, muitos casamentos terminam em divórcio ou, infelizmente, com a morte de uma esposa, de tal modo que um homem que é casado retorna ao estado de solteiro. Embora seja verdade que "necessariamente, se S é casado, S possui uma esposa", não é verdade que "necessariamente, se S é casado, então S necessariamente tem uma esposa". Essa, porém, foi a conclusão de (B).

De fato, (A) comete a mesma falácia. Isso é obscurecido, porém, pelo fato de que triângulos, de qualquer modo, têm três ângulos internos e, de fato, *necessariamente* têm três ângulos internos. Isso se deve a um fato sobre a natureza dos triângulos, entretanto, e não se deve a qualquer argumento da forma fornecida em (A). Compare, agora:

(A*)

1. Se triângulos têm três lados, então, necessariamente, triângulos têm três ângulos interiores;

2. Necessariamente, triângulos têm três lados;

3. Assim, necessariamente, triângulos têm três ângulos interiores.

(B*)

1. Se Ralph e Stanley são casados, então, necessariamente, Ralph tem um marido;

2. Necessariamente, Ralph e Stanley são casados;

3. Assim, necessariamente, Ralph tem um marido.

Vemos agora que ambos os argumentos são válidos, mas que (B*) claramente tem uma premissa falsa, a saber, (B*-2): ninguém é necessariamente casado. A necessidade que se liga a (A*-2) deriva da natureza dos triângulos, de sua essência e, assim, permite uma inferência válida para (A*-3)[239].

Apenas com essa explicação, já podemos apresentar uma das melhores respostas de Agostinho a (PPD), quando ele convida Evódio a distinguir entre (B) e (B*); Evódio, porém, não parece apreender o argumento de Agostinho (*O livre-arbítrio*, III, 4.9.38). No entanto, a questão de Agostinho é de fato uma maneira para ele assinalar, corretamente, que de:

> 1. Necessariamente, se Deus soube de antemão em t_1 que Adão pecaria em t_2, então Adão pecaria em t_2;
>
> 2. Deus sabia de antemão, em t_1, que Adão pecaria em t_2;
>
> 3. Logo, era necessário que Adão pecasse em t_2.

Isso não se segue mais do que "Necessariamente, Adão terá uma esposa amanhã" se segue de "Necessariamente, se Adão se casar com Eva amanhã, Adão terá uma esposa amanhã". Talvez ele se case, mas talvez também fique com medo e fuja do altar.

Até aqui, Agostinho se situa em um plano bem formal. Há, porém, uma preocupação. Pode-se argumentar que a presciência de Deus é ela mesma necessária, caso em que a correta representação de seu argumento será como (A*), e não como (A) e (B), ambos os quais são inválidos, mesmo que, conforme vimos, apenas o segundo seja claramente inválido. Se a presciência divina de Deus é necessária, e não contingente, então o problema ressurge com uma vingança.

Vale a pena notar, portanto, que Agostinho tenta uma série de soluções para (PDP), uma das quais procede de maneira que lembra Proclo, mesmo que, é claro, este, que não era cristão, não tivesse que lutar com (PDP). Todavia, tentou compreender a relação entre os domínios eterno e temporal, o domínio transcendente do Uno e o domínio temporal dos seres materiais que se movem no espaço.

---

239. Para colocar a questão de maneira mais esquemática, para aqueles que preferem uma apresentação mais formal: isto é inválido: Nec. (p→q); p; logo, Nec. q. Isto é válido: Nec. (p→q); Nec. p; logo, portanto, Nec. q.

A solução paralela de Agostinho a (PDP) começa observando o fato de que, como escrito, (PDP-1) diz algo perfeitamente natural, mas, sob reflexão, profundamente problemático do ponto de vista do teísmo cristão. (PDP-1) sustenta que, se Deus soubesse em t_1 que Adão pecaria em t_2, então já era verdade, em t_1, que Adão pecaria em t_2. Isso, porém, insere Deus *no* tempo, como um ser temporal entre outros. Em obra posterior, *A cidade de Deus*, Agostinho adverte que essa não é a maneira correta de olhar para as coisas:

> Deus não olhou para o futuro, olha diretamente para o presente, e olha para o passado. Ele vê de uma maneira muito remota de qualquer coisa que experimentemos ou possamos imaginar. Ele não vê as coisas ao voltar sua atenção de uma coisa para outra. Ele vê tudo sem qualquer tipo de mudança. Em um modo temporal, as coisas no futuro ainda não existem, as coisas no presente existem agora, e as coisas que ocorreram no passado não mais existem. Porém, Deus compreende todas essas coisas em um estável tempo eterno, não com outro tipo de olhos, mas com algum outro tipo de mente (*De civitate Dei*, 11.21).

Agostinho aqui remove Deus inteiramente do domínio temporal, negando, com efeito, que Deus tenha presciência, isto é, se o *pré* em presciência for compreendido temporalmente.

Se for assim, Agostinho está distinguindo aqui entre o *eterno* e o *sempiterno*:

> Um ser *S* é sempiterno se, e somente se, *S* sempre foi, é agora e sempre será no tempo;
>
> Um ser *S* é eterno somente se *S* é atemporal e pode abarcar toda a temporalidade em um único instante.

Ora, esses enunciados não são oferecidos como definições de sempiterno e eterno; são primeiras aproximações das condições necessárias e suficientes para a sempiternidade e somente das condições necessárias para a eternidade. Isso é o bastante, porém, para distinguir as duas noções e, assim, é suficiente para os propósitos de Agostinho em relação a (PDP).

Pois, armado com essas distinções que Adão pecaria em t_2, então já era verdade em t_1 que Adão pecaria em t_2. Pois, como afirmado, (PDP-1) pressupõe que Deus é sempiterno e não eterno. Assim, responde Agostinho, (PDP-1) é falso: o Deus de Agostinho, um ser eterno, não poderia ter a presciência que (PDP-1) lhe imputa. Porém, carecer desse conhecimento não impugna a onisciência de Deus. Deus conhece tudo, diz Agostinho, mas conhece de uma maneira atemporal, de uma maneira "profundamente remota de qualquer coisa que experimentemos ou possamos imaginar".

Se isso basta para resolver o problema de uma vez por todas, é uma questão que fica em aberto. É de se presumir que o proponente do problema da presciência divina procurará reformular o argumento de modo que o problema epistêmico sobre o qual ele repousa ressurja como um problema que se mantém entre conhecimento eterno, atemporal e ações realizadas no tempo. Embora não fique imediatamente claro como semelhante argumento se desenvolveria, é claro que algo nessa direção é necessário para que o crítico de Agostinho leve a melhor. Pois no presente ponto de discussão, parece justo concordar que o Deus de Agostinho não é uma espécie de adivinho, por mais glorificado que seja esse adivinho. Um ser com uma visão do aspecto do eterno não prevê, mas vê, conforme diz Agostinho, não com outra maneira de ver, mas com outra maneira de pensar.

Tomando distância das tentativas de Agostinho para encontrar espaço para o mal e o livre-arbítrio em um mundo criado por Deus – concebido como ser necessário –, podemos ver como seus problemas, embora apresentem continuidade com problemas com os quais filósofos antes dele lidaram, assumem nova urgência, uma urgência pessoal, que o leva para dentro de si para refletir sobre o conhecimento de seus próprios estados íntimos, e a tratar esses estados como fornecendo evidência disponível para todos que são capazes de introspecção, o que significa, portanto, como evidência disponível a todos (*Confissões*, VII, 17.23; IX, 10.24).

Afinal, nota ele, mais do que um milênio antes de Descartes se tornar famoso por dizer algo muito semelhante, podemos ter bastante certeza sobre uma parte do que examinamos por meio da introspecção. Aqui sua observação característica se volta para a confiabilidade de certos estados mentais. Em particular, insiste, o mero fato de que podemos ser enganados fornece evidência de um tipo significativo: pois *se sou enganado, eu sou* – aqui, pelo menos, temos alguma certeza inabalável (*De civitate Dei*, 11.26). Encerramos, por conseguinte, com essa marcante proposta sobre os métodos abertos para a filosofia, tal como Agostinho pratica essa disciplina: se olharmos primeiramente para dentro, se olhar primeiro para as informações da alma, para aquilo que nos é dado *a priori*, podemos, insiste Agostinho, encontrar um caminho para a iluminação.

6.3 Conclusões

Em seus esforços para fundar toda a realidade em um primeiro princípio transcendente, podemos vislumbrar uma curiosa fusão das duas principais correntes da filosofia da Antiguidade Tardia, uma pagã e outra cristã. Em seus diferentes modos, as figuras de Proclo e de Agostinho buscam o conhecimento dos primeiros princípios, vistos não como componentes materiais básicos, como fora o caso anteriormente dos filósofos pré-socráticos; mas como entidades mais elevadas, mais abstratas, somente acessíveis a uma forma de razão humana suficientemente alerta, suficientemente disciplinada. Vê-se nos filósofos da Antiguidade Tardia continuidades com figuras anteriores, em débito com seus predecessores, sobretudo com Platão; mas se vê também inovações que levam a filosofia para frente, para suas próximas fases. Diretamente no caso de Agostinho, indiretamente no caso de Proclo e, até certo ponto, *malgré lui*, os filósofos da Antiguidade Tardia serviram para inaugurar a nova era da filosofia cristã, que estava então em seus primórdios. Algumas figuras desse período, incluindo Proclo, verão nesse desenvolvimento algo de significativo perdido, algo de valor insuperável, já outros, incluindo Agostinho, verão nessa nova direção nada menos do que a salvação da alma humana.

Sugestões para leituras adicionais

Textos primários

> Muitos dos textos sobre neoplatonismo ainda não foram traduzidos para o inglês. Mesmo assim, os principais trabalhos de vários autores já foram traduzidos, incluindo Plotino, cujos textos estão cada vez mais disponíveis em tradução:

DODDS, E. R. *Proclus*: The elements of theology. 2. ed. Oxford: Clarendon Press, 1963.

> Esta última sugestão de leitura, na verdade, é um texto bilíngue grego-inglês, com notas, mas é facilmente lido por um leitor que desconheça o grego.

GERSON, L. P. *The Plotinus reader*. Cambridge: Hackett, 2020.

O'BRIEN, E. S. J. *The essential Plotinus*. Cambridge: Hackett, 2012.

PLOTINO. *The Enneads*. Organizado por Lloyd P. Gerson. Cambridge: Cambridge University Press, 2017.

> A situação em relação a Agostinho é muito melhor. Para começar com os aspectos de sua obra discutidos neste livro, os melhores lugares são:

AGOSTINHO. *Confissões*. Petrópolis: Vozes, 2024.

AGOSTINHO. *On the free choice of the will*. Tradução de Thomas Williams. Cambridge: Hackett, 1993.

> Uma boa bibliografia pode ser encontrada em:

AGOSTINHO. *The essential Augustine*. Organizado por Vernon J. Bourke. Cambridge: Hackett, 1973.

Notas do tradutor

> De Proclo, encontra-se:

PROCLO. *Sobre a teologia de Platão*. Rio de Janeiro: Polar, 2020.

> De Agostinho,

AGOSTINHO. *Cidade de Deus*: Parte I. Petrópolis: Vozes, 2013 (Pensamento Humano).

AGOSTINHO. *Cidade de Deus*: Parte II. Petrópolis: Vozes, 2013 (Pensamento Humano).

AGOSTINHO. *Confissões*. Petrópolis: Vozes, 2024 (Pensamento Humano).

AGOSTINHO. *Sobre o livre-arbítrio*. Petrópolis: Vozes, 2021 (Pensamento Humano).

AGOSTINHO. *Solilóquios*. Petrópolis: Vozes, 2023 (Pensamento Humano).

Textos secundários

> Boa parte da bibliografia secundária sobre o neoplatonismo não está imediatamente acessível para o leitor novato. Alguns bons lugares para começar, pelo menos para alguns autores:

EMILSSON, E. K. *Plotinus*. Londres: Routledge, 2017.

GERSON, L. P. *Plotinus*. Londres: Routledge, 1998.

GERSON, L. P. (org.). *The Cambridge History of Philosophy in Late Antiquity*. Cambridge: Cambridge University Press, 2010.

O'MEARA, D. J. *Plotinus*: An Introduction to the Enneads. Oxford: Oxford University Press, 1993.

REMES, P.; SLAVEVA-GRIFFIN, S. (org.). *The Routledge Handbook of Neoplatonism*. Londres: Routledge, 2014.

SMITH, A. *Philosophy in Late Antiquity*. Londres: Routledge, 2004.

WALLIS, R. T. *Neoplatonism*. 2. ed. Cambridge: Hackett, 1995.

> Aqui, mais uma vez, a bibliografia crítica sobre Agostinho ultrapassa em muito o que está disponível para o neoplatonismo.

> Para sua vida e época, uma vívida biografia é:

BROWN, P. *Augustine of Hippo*. Berkeley: University of California Press, 2013.

> Alguns trabalhos introdutórios e antologias para pesquisar sobre tópicos individuais:

KIRWAN, C. *Augustine*. Londres: Routledge, 1989.

MATTHEWS, G. N. *Augustine*. Oxford: Blackwell, 2005.

MECONI, D.; STUMP, E. (org.). *The Cambridge Companion to Augustine*. 2. ed. Cambridge: Cambridge University Press, 2014.

RIST, J. M. *Augustine*: Ancient Thought Baptized. Cambridge: Cambridge University Press, 1994.

Sugestões finais para leitura

Geral

Os estudantes que queiram investigar os tópicos discutidos neste livro em maior detalhe farão bem em consultar os livros listados abaixo. Essa lista se restringe principalmente a estudos em inglês, e enfatiza obras apropriadas a estudantes, mais do que a especialistas. Muitos dos trabalhos listados também contêm suas próprias bibliografias; estudantes que desejem prosseguir investigando as questões enfrentadas neste livro são encorajados a consultar essas bibliografias para o próximo estágio de suas pesquisas. A esse respeito, [8]-[11] são especialmente úteis. A apresentação corresponde aos capítulos no texto.

Após uma lista de obras gerais, seguem-se sugestões para filosofia pré-socrática; Sócrates; Platão; Aristóteles; filosofia helenística e filosofia da Antiguidade Tardia.

Traduções recomendadas para os filósofos discutidos em cada capítulo podem ser encontradas no fim de cada capítulo.

A melhor visão geral da filosofia clássica para os estudantes é:

1. GUTHRIE, W. *A history of greek philosophy*: The earlier presocratics and the pythagoreans. Cambridge: Cambridge University Press, 1962.

2. GUTHRIE, W. *A history of greek philosophy*: The presocratic tradition from Parmenides to Democritus. Cambridge: Cambridge University Press, 1965.

3. GUTHRIE, W. *A history of greek philosophy*: The fifhth-century enlighntenment. Cambridge: Cambridge University Press, 1969.

4. GUTHRIE, W. *A history of greek philosophy*: Plato: The man and his dialogues: Earlier Period. Cambridge: Cambridge University Press, 1975.

5. GUTHRIE, W. *A history of greek philosophy*: The late Plato and the Academy. Cambridge: Cambridge University Press, 1978.

6. GUTHRIE, W. *A History of Greek Philosophy*: Aristotle: An encounter. Cambridge: Cambridge University Press, 1981.

Para um panorama sucinto e filosófico do desenvolvimento da filosofia antiga, continuando até o período após Aristóteles, cf.:

7. IRWIN, T. *Classical Thought*. Oxford: Oxford University Press, 1989.

Introduções acessíveis organizadas por tópicos, com uma orientação filosófica básica, podem ser encontradas em:

8. EVERSON, S. (org.). *Companion to ancient philosophy I*: Epistemology. Cambridge: Cambridge University Press, 1990.

9. EVERSON, S. (org.). *Companion to ancient philosophy II*: Psychology. Cambridge: Cambridge University Press, 1991.

10. EVERSON, S. (org.). *Companion to ancient philosophy III*: Language. Cambridge: Cambridge University Press, 1994.

11. EVERSON, S. (org.). *Companion to ancient philosophy IV*: Ethics. Cambridge: Cambridge University Press, 1998.

Os livros [8]-[11] também contêm extensas bibliografias.

Para uma discussão interessante sobre a concepção de explicação e causalidade na filosofia clássica e além, cf.:

12. KANKINSON, R. *Cause and Explanation in Ancient Greek Thought*. Oxford: Oxford University Press, 1998.

1. Filosofia antes de Sócrates

13. DIELS, H.; KRANZ, W. *Die Fragmente der Vorsokratiker*. 6. ed. Berlim: Weidmann, 1952. Original publicado em 1903.

14. SPRAGUE, R. (org.). *The older sophists*. Cambridge: Hackett, 2001.

Para uma seleção de fragmentos dos pré-socráticos em grego, com traduções em inglês e valiosos comentários, a melhor fonte é:

15. KIRK, G. S.; RAVEN, J. E.; SCHOFIELD, M. *The Presocratic Philosophers*. 2. ed. Cambridge: Cambridge University Press, 1983.

Está última obra publicada também em português:

KIRK, G. S.; RAVEN, J. E. Os filósofos pré-socráticos. 8. ed. Lisboa: Fundação Calouste Gulbenkian, 1994.

Para claras e acessíveis introduções aos pré-socráticos, consulte:

16. MCKIRAHAN, R. *Philosophy before Socrates*. Cambridge: Hackett, 1994.

17. HUSSEY, E. *The presocratics*. Londres: Duckworth, 1972.

18. BURNET, J. *Early greek philosophy*. Londres: A. e C. Black, 1932 (Original publicado em 1892).

| Esta última obra publicada também em português:

BURNET, J. *A aurora da filosofia grega*. Tradução de Vera Ribeiro. Rio de Janeiro: Contraponto: Editora PUC-Rio, 2006.

| Um tratamento pleno e vívido, embora um pouco menos acessível, pode ser encontrado em:

19. BARNES, J. *The Presocratics philosophers*. Londres: Routledge, 1982.

| Além disso, os estudantes encontrarão uma riqueza de informações sobre os pré-socráticos em [1], [2] e [3].

| Duas boas coletâneas, mais avançadas do que é oferecido em [16]-[19]:

20. FURLEY, D.; ALLEN, R. (org.). *Studies in presocratic philosophy*. Londres: Routledge, 1975.

21. MOURELATOS, A. *The presocratics*. Londres: Anchor Press, 1974.

2. Sócrates

22. COOPER, J. (org.). *Plato*: complete works. Cambridge: Hackett, 1997.

| Todos os diálogos individuais discutidos no texto também estão disponíveis em formatos menos dispendiosos do que [22]. Uma seleção relevante dos textos concernentes a Sócrates em [22] também pode ser encontrada em:

23. PLATÃO. *Five Dialogues (Eutyphro, Apology, Crito, Meno, Phaedo)*. Cambridge: Hackett, 1981.

| Recomendamos aqui as obras de Platão publicadas na Coleção Vozes de Bolso.

PLATÃO. *Apologia de Sócrates*. Petrópolis: Vozes, 2020 (Vozes de Bolso).

PLATÃO. *Fédon*. Petrópolis: Vozes, 2022 (Vozes de Bolso).

PLATÃO. *O banquete*. Petrópolis: Vozes, 2017 (Vozes de Bolso).

| Percorrer a vasta bibliografia secundária sobre Sócrates pode ser um pouco assustador. Bons lugares para começar, além de [4], são:

24. SMITH, N.; BRICKHOUSE, T. *The philosophy of Socrates*. Boulder: Westview, 2000.

25. VLASTOS, G. *Socrates, ironist and moral philosopher*. Cambridge: Cambridge University Press, 1991.

26. SANTAS, G. *Socrates*: Philosophy in Plato's early dialogues. Londres: Routledge, 1979.

| Outras boas leituras são as seguintes antologias, que contêm excelentes artigos sobre uma variedade de tópicos na filosofia socrática:

27. BENSON, H. *Essays on the philosophy of Socrates*. Oxford: Oxford University Press, 1992.

28. VLASTOS, G. (org.). *The philosophy of Socrates*. Londres: Doubleday, 1971.

29. VLASTOS, G. *Socratic studies*. Cambridge: Cambridge University Press, 1994.

| Alguns livros e artigos mais especializados incluem:

30. BENSON, H. The priority of definition and the Socratic elenchus. *Oxford Studies in Ancient Philosophy*, [s. l.], v. 8, p. 19-65, 1990.

31. BEVERSLUIS, J. Socratic definition. *American Philosophical Qarterly*, [s. l.], v. 11, n. 4, p. 331-336, 1974.

32. BEVERLUIS, J. Does Socrates commit the socratic fallacy? *American Philosophical Quarterly*, [s. l.], v. 43, n. 2, p. 211-233. 1987.

33. BRICKHOUSE, T.; SMITH, N. *Socrates on trial*. Oxford: Oxford University Press, 1989.

34. BRICKHOUSE, T.; SMITH, N. Socrates on goods, virtue, and happiness. *Oxford Studies in Ancient Philosophy*, [s. l.], v. 5, p. 1-27, 1987.

35. GEACH, P. Plato's Eutyphro: An analysis and commentary. *Monist*, [s. l.], v. 50, p. 369-382, 1966.

36. IRWIN, T. *Plato's ethics*. Oxford: Oxford University Press, 1995.

37. KRAUT, R. *Socrates and the State*. Princeton: Princeton University Press, 1983.

38. KRAUT, R. *The Cambridge companion to Plato*. Cambridge: Cambridge University Press, 1992.

39. MCPHERRAN, M. *The religion of Socrates*. Filadélfia: Pennsylvania State University, 1996.

40. NEHAMAS, A. Meno's paradox and Socrates as a teacher. *Oxford Studies in Ancient Philosophy*, [s. l.], v. 3, p. 1-30, 1985.

41. ROBINSON, R. *Plato's earlier dialectic*. Oxford: Oxford University Press, 1953.

42. RUDEBUSCH, G. *Socrates, pleasure, and value*. Oxford: Oxford University Press, 1999.

43. SANTAS, G. The Socratic paradoxes. *The Philosophical Review*, [s. l.], v. 73, n. 2, p. 147-164, 1964.

44. WOOZLEY, A. *Law and obedience*: The argument of Plato's Crito. Chapel Hill: University of North Carolina Press, 1979.

45. ZEYL, D. Socratic virtue and happiness. *Archiv für Geschichte der Philosophie*, Berlim, p. 225-238, 1982. https://doi.org/10.1515/agph.1982.64.3.225

3. Platão

| Existem muitas traduções dos diálogos de Platão, de qualidade variada. Algumas enfatizam a fidelidade sobre a fluidez, enquanto outras subordinam a acurácia ao estilo. O melhor e mais abrangente conjunto de traduções é [22]. Essas traduções, em sua maior parte, atingem um equilíbrio apropriado entre fidelidade e legibilidade. Muitos dos diálogos públicos nessa coleção também estão disponíveis individualmente pela Hackett. Para os diálogos discutidos no texto, estes incluem, além de [23]:

46. PLATÃO. *Republic*. Tradução de George Grube e C. Reeve. Cambridge: Hackett, 1992.

47. PLATÃO. *Phaedo*. Tradução de G. Grube. Cambridge: Hackett, 1980.

48. PLATÃO. *Meno*. Traduçao de G. Grube. Cambridge: Hackett, 1980.

49. PLATÃO. *Parmenides*. Tradução de M. Gill e P. Ryan. Cambridge: Hackett, 1996.

Ver também PLATÃO. *Parmênides*. 4. ed. Tradução de Maura Iglésias. São Paulo: Loyola, 2003.

50. PLATÃO. *Protagoras*. Tradução de S. Lombardo e K. Bell. Cambridge: Hackett, 1992.

> Especialmente recomendados para estudantes que procurem um debate minucioso e esclarecedor dos diálogos são os volumes da Clarendon Plato Series, publicados pela Oxford University Press. Relacionados aos diálogos discutidos nos textos, incluem-se os seguintes, cada um consistindo em uma tradução acurada com comentário:

51. PLATÃO. *Phaedo*. Tradução de David Gallop. Oxford: Oxford University Press, 1974.

52. PLATÃO. *Protagoras*. Tradução de C. Taylor. Oxford: Oxford University Press, 1991.

53. PLATÃO. *Gorgias*. Tradução de T. Irwin. Oxford: Oxford University Press, 1979.

54. PLATÃO. *Thaetetus*. Tradução de J. McDowell. Oxford: Oxford University Press, 1973.

> Como no caso de Sócrates, a bibliografia secundária sobre Platão é vasta. Para uma visão geral básica, cf. [4] e [5]. Um conjunto extremamente útil de discussão introdutória pode ser encontrado em [38], que também contém uma valiosa bibliografia para aprofundamento dos estudos, ordenada por diálogos. Duas coletâneas de artigos especializados de alta qualidade são:

55. FINE, G. (org.). *Plato I*: metaphysics and epistemology. Oxford: Oxford University Press, 2000.

56. FINE, G. (org.). *Plato II*: ethics, politics, religion, and the soul. Oxford: Oxford University Press, 2000.

> Os volumes [55] e [56] também oferecem bibliografias bem organizadas para estudo.

> Vale a pena consultar outras coletâneas, algumas das quais sobre tópicos mais especializados na filosofia de Platão:

57. ALLEN, R. (org.). *Studies in Plato's metaphysics*. Nova York: Humanities Press, 1965.

58. VLASTOS, G. (org.). *Plato I*: metaphysics and epistemology. Londres: Doubleday, 1971.

59. VLASTOS, G. (org.). *Plato II*: ethics, politics, and philosophy of art and religion. Londres: Doubleday, 1971.

60. VLASTOS, G. *Platonic studies*. 2. ed. Princeton: Princeton University Press, 1981.

61. WAGNER, E. (org.). *Essays on Plato's psychology*. Lanham: Lexington Books, 2001.

Alguns outros úteis estudos gerais:

62. CROMBIE, I. *An examination of Plato's doctrines.* Nova York: Humanities Press, 1963.

63. GOSLING, J. *Plato.* Londres: Routledge & Kegan Paul, 1973.

Além de [36], que é um texto especialmente bom para iniciação em uma gama de tópicos nos estudos platônicos, outros trabalhos que desenvolvem alguns dos temas discutidos neste livro incluem:

64. ACKRILL, J. Plato and false belief: *Thaetetus* 187-200. *Monist*, [*s. l.*], v. 50, p. 383-402, 1966.

65. ANNAS, J. *An introduction to Plato's Republic.* Oxford: Clarendon Press, 1981.

66. CROSSE, A.; WOOZLEY, A. *Plato's Republic*: A philosophical commentary. Nova York: St Martin's Press, 1964.

67. COOPER, J. Plato's theory of human motivation. *History of Philosophy Quarterly*, [*s. l.*], v. 1, n. 1, p. 3-21, 1985.

68. FINE, G. Knowledge and belief in *Republic* V. *Archiv dur Geschichte der Philosophie*, [*s. l.*], v. 60, n. 2, p. 121-139, 1978.

69. KRAUT, R. Reason and justice in the Republic. *In*: LEE, E. N.; MOURELATOS, A. P. D.; RORTY, R. M. (org.). *Exegesis and argument.* Assen: Van Gorcum, 1973. p. 207-224.

70. MURPHY, R. *The interpretation of Plato's Republic.* Oxford: Oxford University Press, 1951.

71. NEHAMAS, A. Confusing universals and particulars in Plato's early dialogues. *Review of Metaphysics*, [*s. l.*], v. 29, n. 2, p. 287-306, 1975.

72. WILLIAMS, B. The analogy of city and soul in Plato's *Republic*. *In*: LEE, E. N.; MOURELATOS, A. P. D.; RORTY, R. M. (org.). *Exegesis and argument.* Assen: Van Gorcum, 1973. p. 196-206.

4. Aristóteles

As obras completas de Aristóteles estão disponíveis em um conveniente conjunto de dois volumes:

73. BARNES, J. (org.). *The complete works of Aristotle*: The revised Oxford translation. Princeton: Princeton University Press, 1984.

Duas coletâneas bastante confiáveis de obras selecionadas, incluindo aquelas mais lidas pelos estudantes, são:

74. ACKRILL, J. (org.). *A new Aristotle reader.* Oxford: Oxford University Press, 1987.

75. IRWIN, T.; FINE, G. (org.). *Aristotle selections.* Cambridge: Hackett, 1995.

O glossário do vocabulário aristotélico em [75] é excelente: bem-informado, utilmente preciso e pedagogicamente alerta. Os estudantes o julgarão especialmente valioso ao desenvolverem uma pesquisa básica na filosofia de Aristóteles.

> A Clarendon Aristotle Series, publicada pela Oxford University Press, constitui uma excelente série de traduções com comentários e notas para estudantes interessados em examinar a filosofia de Aristóteles. Alguns volumes relacionados a temas discutidos no texto são:

76. BOSTOCK, D. (ed.). *Metaphysics Z and H*. Oxford: Oxford University Press, 1994.

> No Brasil, a Vozes dispõe de várias obras de Aristóteles traduzidas diretamente do grego e publicadas tanto na Coleção Vozes de Bolso quanto na Coleção Pensamento Humano:

ARISTÓTELES. *Da alma*. Petrópolis: Vozes, 2020 (Vozes de Bolso).

ARISTÓTELES. *Ética a Nicômaco*. Petrópolis: Vozes, 2024 (Pensamento Humano).

ARISTÓTELES. *Metafísica*. Petrópolis: Vozes, 2024 (Pensamento Humano).

ARISTÓTELES. *Política*. Petrópolis: Vozes, 2022 (Vozes de Bolso).

ARISTÓTELES. *Retórica*. Petrópolis: Vozes, 2022 (Vozes de Bolso).

77. ARISTÓTELES. *Physics I and II*. Tradução de W. Charlton. Oxford: Oxford University Press, 1984.

78. ARISTÓTELES. *De Anima*. Tradução de D. Hamlyn. Oxford: Oxford University Press, 1995.

79. ARISTÓTELES. *Categories and De Interpretatione*. Tradução de J. Ackrill. Oxford: Oxford University Press, 1962.

80. ARISTÓTELES. *De Generatione et Corruptione*. Tradução de C. Williams. Oxford: Oxford University Press, 1982.

> Outros volumes na mesma série são úteis se consultados para tópicos não abordados no texto.
>
> Muitos estudantes têm sua primeira exposição mais extensa a Aristóteles lendo a *Ética a Nicômaco*. A melhor tradução, que também inclui um glossário extremamente útil juntamente com um conjunto de notas explicativas é:

81. IRWIN, T. *Aristotle*: The Nicomachean Ethics. Cambridge: Hackett, 1985.

> Como ocorre com Sócrates e Platão, a bibliografia contemporânea sobre Aristóteles percorre milhares de livros e artigos. Boa parte dessa bibliografia é técnica e inadequada, exceto para estudantes avançados. Há, porém, muitas introduções claras e acessíveis. As melhores são:

82. ACKRILL, J. *Aristotle the philosopher*. Oxford: Oxford University Press, 1981.

83. BARNES, J. *Aristotle*. Oxford: Oxford University Press, 1982.

84. LEAR, J. *Aristotle*: The desire to understand. Cambridge: Cambridge University Press, 1988.

85. ROSS, W. *Aristotle*. Londres: Methuen, 1923.

> Um clássico da questão do desenvolvimento de Aristóteles como pensador é:

86. JAEGER, W. *Aristotle*: Fundamentals of the history of his development. Tradução de Richard Robinson. Oxford: Oxford University Press, 1948.

| Entre algumas úteis antologias, incluem-se:

87. BARNES, J.; SCHOFIELD, M.; SORABJI, R. (org.). *Articles on Aristotle*: 1 Science. Londres: Duckworth, 1975.

88. BARNES, J.; SCHOFIELD, M.; SORABJI, R. (org.). *Articles on Aristotle*: 2 Ethics and politics. Londres: Duckworth, 1976.

90. BARNES, J.; SCHOFIELD, M.; SORABJI, R. (org.). *Articles on Aristotle*: 3 Metaphysics. Londres: Duckworth, 1979.

91. BARNES, J.; SCHOFIELD, M.; SORABJI, R. (org.). *Articles on Aristotle*: 4 Psychology and aesthetics. Londres: Duckworth, 1975.

92. MORAVCSIK, J. *Aristotle*: A collection of critical essays. Notre Dame: University of Notre Dame Press, 1968.

93. O'MEARA, D. (org.). *Studies in Aristotle*. Washington, DC: Catholic University Press, 1981.

94. SHERMAN, N. (org.). *Aristotle's ethics*. Lanham: Rowman and Littlefield, 1999.

| Outros trabalhos que desenvolvem temas introduzidos neste livro incluem:

95. ACKRILL, J. Aristotle on *Eudaimonia*. *Proceedings of the British Aacademy*, [s. l.], v. 60, p. 339-359, 1975.

96. ACKRILL, J., Aristotle's definitions of psyche. *Proceedings of the Aristotelian Society*, [s. l.], v. 73, p. 119-133, 1973.

97. ANNAS, J. Aristotle on virtue and happiness. *University of Drayton Review*, [s. l.], v. 19, n. 3, p. 7-22, 1988.

98. COOPER, J. *Reason and human good in Aristotle*. Cambridge: Harvard University Press, 1975.

99. DAHL, N. *Practical reason, Aristotle, and weakness of the will*. Mineápolis: University of Minnesota Press, 1984.

100. GOTTHELF, A. Aristotle's conception of final causality. *Review of Metaphysics*, [s. l.], p. 226-254, 1977.

101. IRWIN, R. Aristotle's discovery of metaphysics. *Review of Metaphysics*, [s. l.], v. 31, n. 2, p. 210-229, 1977.

102. IRWIN, T. Aristotle's conception of morality. *Proceedings of the Boston Area Colloquium in Ancient Philosophy*, [s. l.], v. I, p. 115-143, 1985.

103. IRWIN, T. The metaphysical and psychological basis of Aristotle's ethics. In: RORTY, A. (org.). *Essays on Aristotle's ethics*. Berkeley: University of California Press, 1980. p. 35-54.

104. KRAUT, R. The peculiar function of happiness. *Canadian Journal of Philosophy*, [s. l.], v. 9, p. 467-478, 1979.

105. KRAUT, R. Two conceptions of happiness. *Philosophical Review*, [s. l.], v. 88, p. 167-197, 1979.

106. KRAUT, R. *Aristotle on the Human Good*. Cambridge: Princeton University Press, 1989.

107. OWEN, G. *Tithenai ta Phainomena*. In: MANSION, S. (org.). *Aristote et les problèmes de method*. Bruxelas: Louvain, 1961. p. 83-103.

108. SHIELDS, C. *Order in multiplicity*: Homonymy in the philosophy of Aristotle. Oxford: Oxford University Press, 1999.

5. Filosofia helenística

| A melhor fonte singular para a filosofia helenística é:

109. LONG, A. A.; SEDLEY, D. N. *The Hellenistic philosophers*. Cambridge: Cambridge University Press, 1987.

| O primeiro volume contém traduções acuradas das principais fontes da filosofia helenística e vem acompanhado por incisivo comentário introdutório. O segundo volume fornece os textos nos originais grego e latim, e oferece uma útil bibliografia.

| Outras traduções confiáveis, algumas cobrindo todo o período, outras dedicadas a escolas ou autores individuais, incluem:

110. ANNAS, J.; BARNES, J. (org.). *Sextus Empiricus*: Outlines of skepticism. 2. ed. Cambridge: Cambridge University Press, 2000.

111. HALLIE, P. (org.). *Sextus Empiricus*: Selections from the major writings on scepticism, man, and god. Cambridge: Hackett, 1985.

112. INWOOD, B.; GERSON, L. (org.). *Hellennistic philosophy*. 2. ed. Cambridge: Hackett, 1998.

113. INWOOD, B.; GERSON, L. (trad.). *The Epicurus reader*. Cambridge: Hackett, 1994.

114. INWOOD, B.; GERSON, L. (trad.). *The Stoics reader*: selected writings and testimonia. Cambridge: Hackett, 2008.

115. MATES, B. (trad.). *The skeptic way*: Sextus Empiricus's outlines of pyrrhonism. Oxford: Oxford University Press, 1995.

116. WHITE, N. P. (trad.). *Epictetus*: The handbook (The Encheiridion). Cambridge: Hackett, 1983.

| Existe um número crescente de verbetes para enciclopédias e monografias acessíveis cobrindo a filosofia helenística. Alguns bons lugares para começar:

117. STOICISM. *In*: Stanford Encyclopedia of Philosophia. [*S. l.*]: Stanford Encyclopedia of Philosophia, 2023. Disponível em: http://plato.stanford.edu/entries/stoicism/. Acesso em: 10 jul. 2024.

118. ANCIENT SKEPTICISM. *In*: Stanford Encyclopedia of Philosophia. [*S. l.*]: Stanford Encyclopedia of Philosophia, 2010. Disponível em: https://plato.stanford.edu/entries/skepticism-ancient/. Acesso em: 10 jul. 2024.

Três úteis compêndios são:

119. ALGRA, K.; BARNES, J.; MANSFELD, J; SCHOFIELD, M. (org.). *The Cambridge history of hellenistic philosophy*. Cambridge: Cambridge University Press, 1999.

120. BETT, R. (org.). *The Cambridge companion to ancient skepticism*. Cambridge: Cambridge University Press, 2010.

121. INWOOD, B. (org.). *The Cambridge companion to the Stoics*. Cambridge: Cambridge University Press, 2003.

Estas monografias oferecem uma discussão mais extensa, voltada mais para novatos do que para especialistas:

122. LONG, A. A. *Hellenistic philosophy*: Stoics, epicureans, skeptics. 2. ed. Londres: Duckworth, 1986.

123. O'KEEFE, T. *Epicureanism*. Chesham: Acumen, 2010.

6. Filosofia da Antiguidade Tardia

Muitas das obras sobre o neoplatonismo ainda não foram traduzidas para o inglês. Mesmo assim, os principais textos de vários autores estão agora disponíveis, incluindo, especialmente, Plotino, cujas obras estão cada vez mais disponíveis em tradução.

124. DODDS, E. R. *Proclus*: The elements of theology. 2. ed. Oxford: Clarendon Press, 1963.

Trata-se, de fato, do texto em grego com a tradução em inglês ao lado, com notas, mas pode ser facilmente usado por quem não domina o grego.

125. GERSON, L. P. The Plotinus reader. Cambridge: Hackett, 2020.

126. O'BRIEN, E. S. J. *The essential Plotinus*. Cambridge: Hackett, 2012.

127. GERSON, L. P. *Plotinus*: The Enneads. Cambridge: Hackett, 2018.

A situação em relação a Agostinho é bem melhor. Para continuar com os aspectos de sua obra discutidos no texto, os melhores lugares para começar são:

128. AGOSTINHO. *Confissões*. Petrópolis: Vozes, 2024.

129. AGOSTINHO. *Sobre o livre-arbítrio*. Petrópolis: Vozes, 2021.

Uma seleção abrangente de seus escritos pode ser encontrada em:

130. AGOSTINHO. *The works of Saint Augustine*: A translation for the 21st century. Brooklin: New City Press, 2018.

Trabalhos e trechos representativos selecionados podem ser encontrados em:

131. AGOSTINHO. *The essential Augustine*. Organizado por Vernon J. Bourke. Cambridge: Hackett, 1973.

> Boa parte da bibliografia secundária sobre o neoplatonismo não está imediatamente acessível ao leitor novato. Alguns bons lugares para começar, pelo menos para alguns autores:

132. EMILSSON, E. K. *Plotinus*. Londres: Routledge, 2017.

133. GERSON, L. P. *Plotinus*. Londres: Routledge, 1998.

134. GERSON, L. P. (org.). *The Cambridge history of philosophy in Late Antiquity*. Cambridge: Cambridge University Press, 2010.

135. O'MEARA, D. J. *Plotinus*: An introduction to the Enneads. Oxford: Oxford University Press, 1993.

136. REMES, P.; SLAVEVA-GRIFFIN, S. (org.). *The Routledge handbook of neoplatonism*. Londres: Routledge, 2014.

137. SMITH, A. *Philosophy in Late Antiquity*. Londres: Routledge, 2004.

138. WALLIS, R. T. *Neoplatonism*. 2. ed. Cambridge: Hackett, 1995.

> Aqui, mais uma vez, a bibliografia crítica sobre Agostinho ultrapassa em muito o que está disponível para o neoplatonismo.

> Para sua vida e época, uma vívida biografia é:

139. BROWN, P. *Augustine of Hippo*. Berkeley: University of California Press, 2013.

> Alguns trabalhos introdutórios e antologias para pesquisar sobre tópicos individuais:

140. KIRWAN, C. *Augustine*. Londres: Routledge, 1989.

141. MATTHEWS, G. N. *Augustine*. Oxford: Blackwell, 2005.

142. MECONI, D.; STUMP, E. (org.). *The Cambridge Companion to Augustine*. 2. ed. Cambridge: Cambridge University Press, 2014.

143. RIST, J. M. *Augustine*: Ancient Thought Baptized. Cambridge: Cambridge University Press, 1994.

Referências

AGOSTINHO. *Confissões*. Tradução de Maria Luiza Jardim Amarante. São Paulo: Paulus, 1997.

AGOSTINHO. *Sobre o livre-arbítrio*. Petrópolis: Vozes, 2021.

ARENDT, H. *What is freedom?* Between past and future. Nova York: Viking, 1961.

ARISTÓTELES. *Metafísica, Ética a Nicômaco, Poética*. Organização de José Américo Motta Pessanha. São Paulo: Abril Cultural, 1984 (Coleção Os Pensadores).

CÍCERO. *Discussões tusculanas*. Tradução de Bruno Fregni Bassetto. Uberlândia: Edufu, 2014.

DIELS, H.; KRANZ, W. *Die Fragmente der Vorsokratiker*. 6. ed. Berlim: Weidmann, 1952. Original publicado em 1903.

GERSON, L. *Aristotle and Other Platonists*. Nova York: Cornell University Press, 2006.

GÖDEL, K. What is Cantor's Continuum Problem (1964 version). *Journal of Symbolic Logic*, Ontario, n. 2, p. 116-117, 1964.

HUEMER, M. *Ethical intuitionism*. Londres: Palgrave Macmillan, 2006.

MILLER, F. D. Aristotle: Ethics and politics. *In*: SHIELDS, C. (org.). *The Blackwell guide to Ancient Philosophy*. Oxford: Blackwell, 2002. p. 184-210.

LONG, A. A.; SEDLEY, D. *The hellenistic philosophers*. Cambridge: Cambridge University Press, 1987.

PLATÃO. *Fédon*. Tradução de Carlos Alberto Nunes. 3. ed. Belém: Editora da Ufpa, 2011.

PLATÃO. *República*. Tradução de Maria Helena da Rocha Pereira. Lisboa: Fundação Calouste Gulbenkian, 2005.

RUSSELL, B. *A history of Western Philosophy*. Londres: Allen and Unwin, 1946.

SALMON, W. C. *Zeno's paradoxes*. Cambridge: Hackett, 2001.

SHIELDS, C. *Classical philosophy*: A contemporary introduction. Londres: Routledge, 2003.

SHIELDS, C. *Aristotle*. Londres: Routledge, 2007.

UNAMUNO, M. de. *The tragic sense of life*. Tradução de J. E. Crawford Fitch. Nova York: Doubleday, 1954.

WHITEHEAD, A. N. *Process and reality*. Nova York: Macmillan, 1929.

Índice remissivo

A

Acidente 28
Adequação extensional 72
Agostinho 15
Á guisa do Bem 362
Akrasia
    fraqueza da vontade 85
Alexandre o Grande 255
Alma e corpo 106
Alma tripartite 158
Alteração 22
Análise estoica 300
Análise platônica 150
Anaximandro 23
Aparências 31
Apologia de Sócrates (Platão) 94
Aporia 84
Arcesilau 256
A república (Platão) 110
Aretê 104
Argumento da função 225
Argumento do relativismo protagoreano 53
Argumento do terceiro homem 177
Argumentos equipolentes 316
Aristóteles 19
Ataraxia 261

Atomismo 45
Autopredicação 139

B

Bertrand Russell 255

C

Cármides (Platão) 71
Carnéades 256
Categorias 188
Causação 199
Causa eficiente 197
Causa final 197
Causa formal 197
Causa material 197
Caverna 167
Ceticismo 12
Céticos zetéticos 314
Concepção aristotélica 205
Concepção estoica 279
Conhecimento *a posteriori* 37
Conhecimento *a priori* 39
Copresença de opostos 133
Crisipo 256
Críton 93
Críton (Platão) 93

D

Datação dos livros 103
David Hume 280
Demócrito 45
Desobediência civil 94
Determinismo 291
Diálogos platônicos 104
Diálogos socráticos 71
Doutrina da medida 53
Doutrina da rememoração 112
Doutrina das categorias 246
Doutrina das *quatro causas* 186
Doxástico 317
Dualismo 217

E

Egoísmo psicológico 87
Elenchus 70
Emoções 62
Emoções do sábio 301
Epicurismo 259
Epicuro 258
Epistêmico 110
Essência 70
Estoicismo 277
Eterno 23
Eudaimonia 223
Eutífron 68
Eutífron (Platão) 128
Ex nihilo 40

F

Fatalismo 291
Fédon (Platão) 104
Fluxo diacrônico 33
Fluxo sincrônico 33
Forma da Justiça 131
Forma do Bem 151

G

Georg Cantor 351
Geração 39
Górgias 60
Górgias (Platão) 11
Grécia 54

H

Hannah Arendt 365
Hedonismo 87
Heráclito 30
Heródoto 54
Hilomorfismo 220
Homonímia 227

I

Identificação entre o Uno e o Bem 353
Ignorância 68
Imagem manifesta 18
Impossível 36
Impulsos 18
Impulso socrático 72
Indiferentes 77
Infinito 24
Intuicionismo ético 172
Ironia 82

J

Julgamento 48
Justiça 62

K

Kurt Gödel 173

L

Lei de Leibniz 137
Leucipo 46
Linha de Platão 170
Linhas Müller-Lyer 334
Livre-arbítrio 361
Logos 34
Lucrécio 263

M

Maniqueísmo 359
Materialismo 18
Mênon 73
Mênon (Platão) 73
Monismo 18
Monismo de valor 278

N

Natureza 19
Niilismo 64

O

Objeção da apraxia 329
Oikeiosis 280
Orthos logos 279

P

Paradoxo da investigação de Mênon 111
Paradoxo do movimento de Zenão 43
Paradoxos do movimento 42
Paradoxos socráticos 85
Parcimônia 20
Parmênides 35
Parmênides (Platão) 176
Percepção 21
Percepção sensível 21
Período Helenístico 12
Pirronismo 315
Platão 31
Prazer 85
Presciência divina 371
Pressuposto da univocidade 75
Prisão 93
Problema de Eutífron 78
Problema do mal 366
Proclo 11
Propriedades intrínsecas 49
Protágoras 51
Protágoras (Platão) 63
Psicologia 69

Q

Questão da F-dade 161

R

Realismo *ante rem* 150
Realismo *in rebus* 150
Relativismo 29
René Descartes 269

S

Semelhança de família 248
Sempiterno 375
Senso comum 17
Sexto Empírico 60
Sócrates 29
Sofistas 51
Substância primária 192

T

Tales 17
Teeteto (Platão) 118
Teleologia 208
Temor da morte 268
Temores 62
Tempo 19
Teoria da moralidade do comando divino 80
Teoria das Formas 104
Tratamento por Aristóteles 200
Tropos 320

V

Vida 23
Virtude 54

W

Wittgenstein 248

X

Xenófanes 26

Z

Zenão de Cítio 256
Zetético 315

Conecte-se conosco:

facebook.com/editoravozes

@editoravozes

@editora_vozes

youtube.com/editoravozes

+55 24 2233-9033

www.vozes.com.br

Conheça nossas lojas:

www.livrariavozes.com.br

Belo Horizonte – Brasília – Campinas – Cuiabá – Curitiba
Fortaleza – Juiz de Fora – Petrópolis – Recife – São Paulo

      Vozes de Bolso

EDITORA VOZES LTDA.
Rua Frei Luís, 100 – Centro – Cep 25689-900 – Petrópolis, RJ
Tel.: (24) 2233-9000 – E-mail: vendas@vozes.com.br